Crédit et discrédit de la Banque d'Algérie

(Seconde moitié du XIX ème siècle)

Collections CREAC-Histoire - Politique et Société
Centre de Recherches et d'Études sur l'Algérie Contemporaine

Le CREAC entend :
- Promouvoir la publication d'ouvrages anciens, tombés dans le domaine public dont la richesse historique semble utile pour l'écriture de l'histoire.
- Présenter et éditer des textes et documents produits par des chercheurs, universitaires et syndicalistes français et maghrébins.

Déjà parus :

L'immigration algérienne en France de 1962 à nos jours (œuvre collective sous la direction de Jacques Simon) publié avec le concours du FASILD.
La Fédération de France de l'USTA (Union Syndicale des Travailleurs Algériens. Regroupés en 4 volumes par Jacques SIMON, en 2002).
- Le premier Congrès (juin 1957).
- Le deuxième Congrès (novembre 1959).
- FLN contre USTA.
- Son journal : La Voix du Travailleur Algérien.
- Messali Hadj (1898-1974), Chronologie commentée. Jacques Simon
- Les communautés juives de l'Est algérien de 1865 à 1906. Robert Attal.

Publiés avec le concours du FASILD :

- Les couples mixtes chez les enfants de l'immigration algérienne. Bruno Laffort.
- La Gauche en France et la colonisation de la Tunisie. (1881-1914). Mahmoud Faroua.
- L'Étoile Nord-Africaine (1926-1937), Jacques Simon.
- Le MTLD (Le Mouvement pour le triomphe des libertés démocratiques (1947-1954)(Algérie), Jacques Simon.
- La réglementation de l'immigration algérienne en France. S. Tchibindat.
- Un Combat laïque en milieu colonial. Discours et œuvre de la fédération de Tunisie de la ligue française de l'enseignement (1891-1955). Chokri Ben Fradj.
- Novembre 1954, la Révolution commence en Algérie. Jacques Simon.
- Les Socialistes français et la question marocaine(1903-1912).Abdelkrim Mejri.
- Les Algériens dans le Nord pendant la guerre d'indépendance. Jean René Genty, sera publié avec le concours du FASILD.
- Le logement des Algériens en France. Sylvestre Tchibindat, sera publié avec le concours du FASILD.
- Le PPA (le parti du peuple algérien) 1937-1947. Jacques Simon

Mohamed Lazhar GHARBI

Crédit et discrédit de la Banque d'Algérie
(Seconde moitié du XIX ème siècle)

Publié avec le concours du FASILD

CREAC-Histoire

L'Harmattan
5-7, rue de l'École-Polytechnique
75005 Paris
France

L'Harmattan Hongrie
Hargita u. 3
1026 Budapest
HONGRIE

L'Harmattan Italia
Via Degli Artisti
1510214 Torino
ITALIE

site : www.librairieharmattan.com
e.mail : harmattan1@wanadoo.fr

ISBN : 2-7475-8792-4
EAN : 9782747587921

Préface

Enfin la véritable histoire d'une banque « coloniale » : la Banque d'Algérie. Je ne regrette qu'une chose, c'est la lenteur de son édition puisque la thèse a été soutenue en juin 1998 avec les félicitations du jury. D'ailleurs, ce laps de temps a été mis a profit par son auteur tunisien Mohamed Lazhar Gharbi pour en faire un véritable roman d'histoire économique où la grande et la petite politique rejoignent les intérêts d'État, d'actionnaires et de clients et les problèmes sociologiques d'une minorité installée en Algérie souvent depuis 1830. Elle vit presque en vase clos face à une majorité vaincue, occupée et refoulée, soumise de temps à autre à un prurit de révoltes dû aux excès non seulement de la minorité coloniale mais des éléments comme les sauterelles, les épidémies, les famines, la sécheresse etc....Les techniques les plus archaïques côtoient la modernité : routes, chemins de fer, mines, ports, écoles réservés à la colonisation.

L'Algérie a peu de capitaux. La richesse existe, mais reste très aléatoire, surtout dans le monde agricole. La petite propriété supporte mal les crises à répétition et demande, avec de plus en plus d'exigence, l'établissement du crédit qui seul peut tuer l'usure traditionnelle. Le Maréchal Randon, lié au monde européen des capitaux est fortement sollicité tant par ses amis saint-simoniens que ses relations, protestantes et genevoises, et soutenues par les généraux d'Afrique désireux de créer leur « royaume arabe ». Il va tenir sur les fonds baptismaux d'Alger : la Banque d'Algérie. Spéculation pour les uns, moyen de dresser les taux usuraires, espoir pour les colons de la terre comme de la ville de résoudre des problèmes de gestion difficile.

Avec son sens de l'autorité de l'État Randon lui assigne le rôle d'une banque d'émission afin de résoudre l'épineux problème monétaire pour refouler les douros espagnols et imposer à tous la monnaie coloniale, signe économique de sa domination en lui donnant comme parrain puissant la Banque de France qui a droit de regard sur ses bilans et sur sa stratégie. Outre ce rôle, la Banque est conçue comme une banque d'affaires à la mode depuis 1850 et doit répondre aux besoins commerciaux de la colonie naissante. C'est le roman de cet institut bancaire que nous relate Mohamed Lazhar Gharbi avec beaucoup de précision, de révélation, de crédit, de discrédit et d'humour.

J'ai connu Lazhar comme mon étudiant à l'École Normale Supérieure de Tunis de 1875 à 1877, lors de mon détachement de deux ans. Ce furent mes plus belles années pédagogiques : des étudiants triés sur le volet, peu nombreux mais pleins d'espoirs et de courage. Cela m'a permis d'honorer mon contrat tacite avec cet homme de haute culture qui désirait mettre en douceur la Tunisie dans la modernité. Economiste et militant, Hédi Nouira qui, par ailleurs a mis sur pieds la Banque de Tunisie [1], cherchait une stratégie.

Je lui faisais part de mes réflexions car c'était un ami proche de mon maître Charles André Julien. L'université tunisienne avait une tradition historique solide déjà, mais à ma grande stupéfaction, il n'existait aucun enseignement d'histoire économique. Or, cette période était la plus féconde pour des spécialistes en France avec Labrousse, et pour lui succéder Jean Bouvier. Mon plus vieil ami, Caron et leurs travaux intéressaient le premier ministre tunisien qui cherchait des éléments de réflexions et d'action. « Je vous promets, lui dis je, de former au moins deux chercheurs en histoire économique ». Mes cours portaient sur la modernisation européenne au XIXe siècle et parmi cette élite de l'École Normale Supérieure deux étudiants optent pour des recherches en histoire économique.

L'un, après sa thèse sur les phosphates de Tunisie, est devenu Directeur Général de l'Enseignement Supérieur, Noureddine Dougui [2] et l'autre, Mohamed Lazhar Gharbi, est l'auteur d'une thèse magistrale qui déborde le cadre tunisien pour englober le Maghreb financier [3]. D'autres suivront cette voie tracée et l'histoire économique est désormais un élément obligé du cursus de l'historien à Tunis. J'ai rempli mon contrat avec Hédi Nouira et la liaison avec les économistes est réalisée. De nouveaux problèmes intéressent les jeunes qui voient leur pays se modifier au pas de charge avec des structures nouvelles, des innovations hésitantes, et des modifications sociales, familiales et individuelles - rurales et urbaines - au rythme précipité.

Pédagogue, Mohamed Lazhar Gharbi a su insuffler aux jeunes la passion de la recherche, peut-être l'a-t-il transmise à sa fille, brillante polytechnicienne qui se spécialise dans les mathématiques financières. Mes disciples ont rempli le contrat avec l'État tunisien, ils ont formé à la discipline historique les jeunes générations capables d'innover et d'enrichir les études maghrébines, et la Tunisie peut se vanter d'être à la pointe du combat intellectuel en alliant à l'histoire, les données des économistes, des anthropologues, des sociologues et des géographes pour atteindre, peut-être une histoire globale. C'est en multipliant les monographies de recherche qu'on peut atteindre ce but. Mohamed Lazhar Gharbi, un exemple à suivre. Sa conscience professionnelle, son honnêteté intellectuelle, sa passion pour la recherche, toutes ces qualités en font un excellent historien.

Notes :

[1] Gharbi (M. L.), « Une volonté de décolonisation financière : la création de la Banque Centrale de Tunisie (1955-1958 », IBLA, n° 192, 2003-2, pp. 161-178

[2] Histoire d'une grande entreprise coloniale: la Compagnie des phosphates et du chemin de fer de Gafsa 1897-1930, Publication de la Faculté des Lettres de la Manouba, Tunis 1995.

[3] GHARBI (M.L.), Le capital français à la traîne. Ébauche d'un réseau bancaire au Maghreb (1874-1914), Faculté des Lettres Manouba, Tunis, 2003.

Annie Rey-Goldzeiguer

Introduction

Première et principale colonie française au Maghreb, l'Algérie mérite du point de vue recherche historique une attention particulière. L'installation précoce des Français en Algérie, leur engagement politique, économique et humain dans cette partie du Maghreb et l'immensité du territoire algérien ont donné à ce pays une place à part à l'échelle de l'empire colonial français. Ce joyau de l'empire est devenu, depuis la fin du XIXe siècle, une sorte de laboratoire où sont tentées et testées toutes les méthodes coloniales aussi bien au niveau administratif qu'au niveau économique et social. Les Français qui se sont toujours plaints, à l'instar d'un Paul Leroy-Beaulieu, de leur manque d'expérience coloniale, ont acquis dans cette partie du Maghreb un certain savoir-faire en la matière. Avec l'Algérie, ou plutôt grâce à l'Algérie, la France a trouvé son modèle colonial. Le protectorat, en tant que système politico-administratif, était choisi en Tunisie et au Maroc afin d'éviter les revers du statut de colonie adopté en Algérie. Sur le plan juridique et économique, cette colonie était souvent citée comme référence. Le statut des terres et la législation minière en constituent un bon exemple. Nous avons eu l'occasion, dans de précédentes recherches relatives au secteur ferroviaire et au domaine financier, de déceler l'existence d'une stratégie algérienne destinée à l'ensemble du Maghreb. C'est la France algérienne ou l'Algérie française qui a voulu créer un Maghreb colonial uni. Le plan Morineau lors des années 1930 n'est que l'incarnation politique et administrative de cette volonté.

Après une publication relative à l'ensemble du secteur bancaire au Maghreb colonial [1], nous avons voulu consacrer à l'Algérie et à sa banque d'émission une étude à part. Par ailleurs, les expériences bancaires tentées en Tunisie, en Algérie et en Maroc, traitées dans ce précédent travail, étaient éphémères, certaines d'entre elles avaient même échoué. La seule réussite bancaire au Maghreb du milieu du XIXe siècle était la B.A., institution de création coloniale de toutes pièces. Il est donc indispensable de procéder à une étude de ce cas - d'ailleurs unique - pour comprendre les raisons de cette réussite.

Dans notre première étude, à laquelle nous faisions allusion, nous avons étudié cette entreprise de l'intérieur, notamment ses statuts, son organisation et ses dirigeants. Nous avons tracé aussi l'évolution interne de cet établissement en nous limitant aux paramètres propres à la B.A. et qui déterminaient son développement. La marche de cette banque étant le fruit de facteurs endogènes et exogènes, nous tentons, dans cette publication, de déceler le comportement de la Banque en corrélation avec son milieu ambiant. Notre objectif dans cet ouvrage qui prolonge d'une certaine manière le précédent, est de répondre à une question centrale : quelle était *la politique de crédit de cet établissement dans ses rapports avec l'économie coloniale depuis sa création en 1851 jusqu'à la fin du siècle ? Par cette question, nous voulons savoir si cette politique est le fruit d'une stratégie finan-*

cière destinée à répondre aux besoins de la Colonie ou bien si elle est, au contraire, le produit de la conjoncture économique et des pressions politiques. La stratégie financière de la B.A. a-t-elle permis d'instaurer son crédit ou bien au contraire était-elle la source de son discrédit et de sa dérive ?

Pour comprendre les méandres de cette politique de crédit, nous avons opté pour *la longue durée,* en l'occurrence la deuxième moitié du XIXe siècle, marquée par deux phases de l'économie capitaliste en général et métropolitaine en particulier : un essor qui se maintient jusqu'au milieu des années 1870 et une crise qui s'accentue depuis le début de la décennie suivante jusqu'à la fin du siècle. Nous aurons l'occasion de développer au début de chaque partie la conjoncture métropolitaine et ses répercussions au niveau de l'économie coloniale et du contexte algérien.

Pour rester fidèle à l'évolution de la conjoncture, nous avons adopté un plan à la fois chronologique et thématique. Dans une première partie intitulée ***La B.A. et son milieu : un monopole public ou un monopole privé ?*** et couvrant la période 1851-1880, nous tenterons de savoir si elle a agi, en matière de crédit, en tant qu'institution publique ou bien en tant qu'établissement privé. Elle devait, dans sa délicate mission, répondre aux besoins au moins de trois partenaires incontournables et redoutables qui constituaient le milieu dans lequel elle opérait : l'État auquel la Banque devait son existence (et qui la surveillait de très près), le commerce algérien auquel elle devait fournir le crédit et les moyens de paiement, mais aussi les banques algériennes privées qui réescomptaient leurs papiers chez la B.A. Cette institution a-t-elle réussi à s'imposer à ces trois acteurs de la vie économique algérienne ou bien a-t-elle cédé aux pressions d'un milieu colonial très tourmenté ?

Nous avons consacré la deuxième partie, intitulée ***Le crédit agricole : solutions et illusions*** à cette aventure qui a emporté toute la Colonie lors des vingt dernières années du XIXe siècle, y compris la B.A., qui était peut-être l'instigatrice de ce mouvement. Pourquoi cet institut d'émission s'est-il engagé dans cette opération risquée ? A-t-il rompu avec sa stratégie de l'orthodoxie financière sous la pression de l'opinion coloniale ou bien était-il séduit par l'appât du gain dans un contexte euphorique ? Le crédit agricole reste-t-il, jusqu'à aujourd'hui, dans des pays comme ceux du Maghreb, un rocher sur lequel échoue toute politique audacieuse ? Est-ce la responsabilité des banques qui manquent de savoir-faire en la matière ou bien celle des agriculteurs qui abusent des crédits ? Ou bien le crédit agricole est-il, par sa nature, une opération onéreuse dans des pays où les incertitudes, surtout climatiques, sont nombreuses ?

Note :

[1] *Le capital français à la traîne. Ébauche d'un réseau bancaire au Maghreb colonial (1847-1914).* Faculté des Lettres Manouba, Tunis, 2003.

PREMIÈRE PARTIE

LA BANQUE D'ALGÉRIE ET SON MILIEU (1851-1880) : UN MONOPOLE PUBLIC OU UN MONOPOLE PRIVÉ ?

Chapitre I

La Banque d'Algérie : établissement d'utilité publique contrôlé par l'état métropolitain

Notre intention, dans ce chapitre, est d'étudier l'évolution des rapports entre la B.A. et l'État français depuis la fondation jusqu'en 1880, date du renouvellement de son privilège pour 27 années. Il s'agit de répondre aux questions suivantes : comment la relation entre les deux parties a-t-elle évolué de 1851 jusqu'à 1880 ? Quelles étaient les raisons de cette évolution ?

Les statuts de 1851 régissaient les opérations de la B.A., mais aussi ses rapports avec les pouvoirs publics. D'autres textes étaient venus, par la suite, clarifier ou compléter sur certains points cette relation entre les deux parties. Nous pouvons citer, à titre d'exemple, le décret impérial du 13 août 1853 sur l'organisation de la B.A. [1] qui établit une réglementation pour la gestion des succursales. Ces dernières étaient placées par ce texte sous le contrôle direct de l'administration centrale de la Banque, mais elles n'échappaient pas, non plus, au contrôle des pouvoirs publics qui pouvaient imposer, la création de succursales. Les statuts de 1851 étaient contraignants pour la B.A. et ils étaient en grande partie à l'origine de la politique de prudence menée par celle-ci en matière de crédit. Sollicitée à développer ses affaires, elle se tenait toujours à la stricte application de ses statuts. Un membre de l'assemblée générale de 1869 demanda la connaissance minutieuse des statuts de la Banque afin de pouvoir examiner si « la prudence qui préside à ses opérations n'est pas portée trop loin » [2].

La direction de la Banque était consciente que ses statuts, imposés par les pouvoirs publics, entravaient son développement. Pour être en mesure de répondre à l'appel du monde des affaires et afin de participer au progrès économique amorcé par la nouvelle conjoncture des années soixante, la Banque demanda la révision de ces textes dans le sens de l'allègement de la mainmise de l'État. « En instituant la B.A., jugeait son directeur, le législateur a visé, non pas à faire une œuvre de toutes pièces, complète dès l'origine..., mais à créer un instrument approprié aux conditions du pays, au profit duquel il devrait être utilisé et susceptible de se perfectionner en raison du temps et des circonstances. Tel est véritablement l'esprit des statuts de la B.A.» [3].

Les rapports du gouvernement avec cette institution devaient être différents de ceux qu'il entretenait avec la B.F. En effet, en France, les règles du crédit étaient instaurées, le pouvoir de l'institut d'émission était reconnu par tous, les lois qui régissaient les rapports de cette institution avec l'État pouvaient être maintenues pour une longue durée. D'ailleurs, cette réglementation ne fait que prescrire une réalité existante. En Algérie, la situation était différente : le rôle de l'État, et même celui de l'Empereur, était primordial, d'où cette laconique expression du directeur de la Banque : « Le législateur actuel de l'Algérie, c'est l'Empereur » [4]. Par la loi du 4 août 1851, l'État prit l'initiative, en fondant la B.A., de créer les bases du crédit. Pour initier ce pays, sans expérience en la matière, aux règles financières, l'État exerçait une sorte de tutelle sur elle. Fondée sous « la surveillance spéciale du ministre des Finances et avec le concours de l'État, la B.A. a été classée établissement d'utilité publique » [5]. Aussi bien les pouvoirs publics que les fondateurs de l'institut d'émission algérien acceptèrent, lors de sa création en 1851, sa mise en hypothèque entre les mains de l'État. Depuis l'achèvement de sa fondation à la fin des années cinquante, sa direction réclamait la main levée de l'État.

La nouvelle conjoncture libérale, les progrès internes de la Banque, ainsi que sa volonté de diversifier ses opérations l'incitaient à vouloir se libérer de l'emprise des pouvoirs publics.

I) Les rapports de la B.A. avec l'État

La direction de la B.A. considère, en 1857, que celle-ci fonctionne depuis six ans «avec une régularité qui ne laisse rien à désirer, ... que si les sollicitudes du législateur ont reçu une large satisfaction, il était sans utilité désormais de maintenir des dispositions exceptionnelles... qui n'ont plus leur raison d'être » [6]*. Il serait utile de connaître alors ces dispositions exceptionnelles et, enfin, les solutions ou les revendications sollicitées par la Banque.*

1) L'augmentation du capital et la réduction du fonds de réserve

Le capital social de la Banque se réduit à 3 millions de francs divisés en 6 000 actions de 500 F [7]. Avec un capital aussi limité, la B.A. estime ne pas être « en mesure de suivre le développement et le progrès des affaires » [8]. Elle juge cette situation « exceptionnelle», puisque le capital d'une banque d'émission est généralement un capital de garantie. Outre sa valeur réduite, le capital social doit être totalement engagé dans les opérations de la Banque qui ne dispose pas d'autres ressources qu'elle pourrait mobiliser. Ainsi donc, cette dernière dispose souvent d'un volume d'affaires limité à son capital social. En revanche, le volume des affaires de la B.F. dépasse en grande partie son capital social : avec un capital social fixé par la loi du 9 juin 1857 à 182 500 000 F [9], son bilan est « encore très positif... Si l'on compare les années 1857 et 1864, on constate une forte augmentation de la masse des opérations (6 milliards en 1857 et 7,9 milliards en 1864) et une progression sensible des effets escomptés durant l'année (5,6 et 6,55 milliards)» [10]. En citant ces chiffres, nous voulons montrer non pas la progression des opérations de la B.F. de 1857 à 1864, mais plutôt le rapport, pour chaque année à part, entre son capital social et le volume de ses opérations.

Pour cette même période de la fin des années cinquante et du début des années soixante, la situation de l'institut d'émission algérien, retracée par son directeur, est tout à fait différente puisqu'il affirme qu' « il reste requis, par une expérience de huit ans, que la B.A. ne saurait compter pour subvenir aux besoins de ses opérations que sur son capital réel, effectif et réalisé, et qu'elle ne peut, comme la B.F. le considérer comme un capital de garantie ; que l'obligation d'avoir toujours en caisse et en espèces le tiers de son passif exigible réduit ses ressources »[11].

Le maintien du capital de cet établissement à ces proportions de 3 millions de francs constitue un handicap pour son développement et pour celui de la Colonie. Cette mesure est, à notre sens, anachronique car une dizaine d'années auparavant, le Comptoir d'escompte d'Alger avait pour capital 10 millions de francs. Par ailleurs, au moment où les affaires reprennent en France vers 1860, on prive l'Algérie d'une telle opportunité en imposant à sa banque des mesures restrictives. Cette attitude paradoxale des pouvoirs publics a incité la B.A. à s'interroger sur l'avenir de l'Algérie et sur la nature de son statut : « Il faut qu'on sache quelle est la véritable position du gouvernement vis-à-vis de l'Algérie, s'il reste en état de méfiance ou si, au contraire, il reconnaît que nous sommes entrés dans une bonne voie ; il est important qu'on sache si nous devons être assimilés aux banques coloniales ou si l'expérience ne permet pas de nous placer sur le même rang que la B.F. ou tout au moins le Comptoir d'escompte de Paris »[12].

Peut-être ce scepticisme de l'État à l'égard de l'Algérie est à l'origine de sa méfiance vis-à-vis de son institut d'émission. L'insuffisance du capital social et l'immobilisation d'une partie des ressources de la Banque sous forme de réserve métallique égale au tiers du passif exigible ne sont pas les seuls obstacles pour l'institut d'émission algérien. Le maintien d'un fonds de réserve élevé est une autre entrave à son action.

L'augmentation du capital social et la réduction du fonds de réserve constituent, en cette fin des années cinquante et au début des années soixante, les deux problèmes majeurs qui sont au centre de la relation entre la B.A. et l'État français. En effet, ces deux points ont opposé les deux parties et une lutte intense est engagée par la direction de la Banque[13] pour augmenter le capital social et réduire le fonds de réserve.

Selon les statuts de 1851, ce fonds de réserve, alimenté par le prélèvement de 50 % sur ses bénéfices nets, devrait correspondre à la moitié du capital réalisé. Ces prélèvements privent la Banque et, par là le commerce, d'une partie de ses ressources qui restent improductives. Cette situation qui a pu se maintenir « ne saurait, estimaient les responsables de la B.A., se prolonger sur les mêmes bases sans devenir préjudiciable aux intérêts généraux du commerce en Algérie »[14].

Un projet de délibération est présenté, en ces termes, à l'assemblée générale de 1857 pour réduire le fonds de réserve : « considérant que le fonds de réserve de la B.F. est fixé au 10e de son capital réalisé et que celui du Comptoir de Paris doit être de 1/4 de son capital réalisé avec prélèvement de 20 % sur les bénéfices pour le constituer, qu'en prenant dès lors pour base ces dernières fixations applicables au Comptoir d'escompte de Paris..., [l'assemblée générale] décide qu'il y a lieu de demander au gouvernement la modification des articles 31 et 34 des statuts de la B.A., et de fixer désormais le fonds de réserve au quart du capital social et à 20 % des prélèvements sur les bénéfices nets pour le constituer »[15].

La réponse du gouvernement à ce vœu est exprimée par la lettre du directeur du mouvement général des fonds du 23 janvier 1858. Bien qu'il annonce son adhésion de principe aux propositions de la Banque, le gouvernement refuse de donner satisfaction à sa demande en jugeant que de telles modifications ne pouvaient se faire par un décret impérial. Il faudrait donc attendre, selon l'avis de l'autorité de tutelle, d'autres circonstances qui, après une longue période de fonctionnement de la Banque, permettraient une refonte générale de ses statuts.

Cette réponse irrite le directeur de cet établissement qui affirme à cette occasion que «l'Algérie a été exclusivement régie par des décrets présidentiels et ensuite par des décrets impériaux. On en trouve au bulletin des lois 9 pour l'année 1852, 11 pour 1853, 16 pour 1854, 14 pour 1855, 20 pour 1866 et 10 pour 1857. Pendant tout ce temps, pas une seule loi n'a été faite pour l'Algérie »[16].

Vu le refus des pouvoirs publics de répondre favorablement à ses suggestions, la B.A. menace de réduire ses escomptes et de refuser une bonne partie du papier commercial. Une nouvelle délibération est votée par l'assemblée générale de 1860 pour élever le capital et restreindre le fonds de réserve. Après avoir longuement rappelé la situation critique de la Banque et les sacrifices qu'elle a consentis au commerce et à la Colonie, cette délibération propose :

1. D'élever le capital actuel de la Banque de 3 à 10 millions.

2. De fixer le fonds de réserve au tiers du capital réalisé.

3. De n'affecter à la formation de ce fonds de réserve que le tiers des bénéfices nets, après prélèvement de l'intérêt à 6 %, destiné aux actionnaires [17].

Au bout de quelques mois, la Banque finit par obtenir gain de cause. Un arrangement est conclu entre le gouvernement et la B.A., puisque celle-ci a modéré sa position afin de ménager une réponse favorable de la part de l'autorité de tutelle. En effet, par le décret impérial du 30 mars 1861, le gouvernement apporte des modifications au statuts de 1851 dans le sens souhaité par la B.A. Son capital est « porté de trois à dix millions, représentés par vingt mille actions de cinq cent francs chacune » [18].

En ce qui concerne le fonds de réserve, le prélèvement « ne pourra, dans aucun cas, être inférieur au tiers de l'excédent des bénéfices nets après paiement aux actionnaires de l'intérêt à 6 % du capital par eux versé » [19]. Si la part prélevée sur les bénéfices est arrêtée au 1/3, le montant de ce fonds de réserve est fixé par rapport au capital social à la même proportion, c'est-à-dire le tiers. «Aussitôt que le fonds de réserve aura atteint le tiers du capital social, tout prélèvement cessera d'être opéré au profit de ce compte » [20]. Outre cette double réduction du volume du fonds de réserve et des prélèvements sur les bénéfices, ces prélèvements ne s'effectuent qu'après octroi aux actionnaires d'un intérêt de 6 %. On a donc réussi à trouver un équilibre entre les prélèvements au profit du fonds de réserve et ceux au profit du capital versé. L'équation proposée par le décret du 30 mars 1861 tient compte de l'intérêt particulier de la Banque et de l'intérêt général du commerce. Une autre mesure d'assouplissement est accordée par les pouvoirs publics, bien qu'elle ne soit pas sollicitée par l'institut d'émission algérien. Elle est relative à l'élargissement du champ de son activité : « La B.A. est autorisée à ouvrir avec l'approbation de notre ministre des Finances, toutes les souscriptions à des emprunts publics ou autres, et pour la réalisation de toutes sociétés anonymes, en commandite ou par action, mais sous la réserve que ces souscriptions n'auront lieu que pour le compte des tiers » [21].

Cette mesure qu'on pourrait qualifier de libérale ouvre de nouvelles perspectives à cette institution. Elle l'incite à prendre part au développement économique en contribuant à la fondation de sociétés anonymes et en élargissant ses opérations à de nouvelles formes de crédit. La B.A., qui s'est toujours plainte de rester prisonnière de ses statuts et des contraintes que lui impose l'État, a maintenant les mains libres avec plus de moyens financiers et moins d'entraves. Serait-elle ainsi, lors du nouveau contexte économique favorable des années soixante, à la hauteur de sa mission et des enjeux de la conjoncture ? Ou bien se déroberait-elle derrière les contraintes de l'État et de ses statuts pour continuer sa politique conservatrice en matière de crédit ?

En lisant les différents rapports et les multiples délibérations de la B.A. dénonçant les sévères restrictions que lui impose le gouvernement, on a l'impression d'être en présence d'une banque libérale et innovatrice en matière de finance et de progrès général. Cependant, en obtenant les concessions accordées par les pouvoirs publics grâce au décret du 30 mars 1861, cette institution s'est retranchée dans son ancienne enceinte pour rester dans ses propres limites de 1851 : elle n'a pris part à la création d'aucune société et elle n'a engagé aucune autre forme de crédit annonçant une nouvelle stratégie. Bref, elle est restée, au lendemain du décret du 30 mars 1861, cloisonnée dans son rôle traditionnel d'institut d'émission et de banque d'escompte. Contrairement à toute attente, elle s'est fortifiée dans ses anciens remparts. Bien plus, elle a profité du retour d'A. Fould au ministère des Finances en 1861 pour demander de modifier ses rapports avec l'État dans un sens libéral.

2) Achille Fould et la B.A. ou les revendications libérales de la Banque

Faudrait-il préciser qu'il n'est pas dans notre intention d'aborder ici les rapports de la B.A. avec A. Fould, l'homme d'affaires appartenant à une famille de banquiers ? Nous voulons uniquement appréhender les relations entre l'institut d'émission algérien et A. Fould en tant que ministre des Finances incarnant la volonté de l'État. Nous voulons traiter l'attitude de ce ministre, qualifié de « nouveau Necker » [22], à l'égard de la B.A. parce qu'il était l'instigateur, dans une phase décisive de l'évolution de l'économie française, d'une véritable politique financière touchant les banques et le crédit aussi bien en France qu'en Algérie.

Il est vrai que des liens d'intérêt existent entre Lichtlin et A. Fould qui l'a aidé, en tant que ministre des Finances, à créer la B.A. Lors du retour de Fould le 14 novembre 1861 au département des finances, cette solidarité resurgit de nouveau. En 1864, le directeur de l'institut d'émission algérien, en parlant de Fould, évoque « les intentions du ministre en fondant la Banque et en lui accordant un concours si utile » [23]. En 1865, faisant allusion aux demandes de la B.A., le même directeur juge que « M. le ministre des Finances a non pas à en venir, à son égard, à de nouvelles dispositions, mais seulement à suivre dans toutes leurs conséquences les dispositions justes et bienveillantes qu'il a ressenties pour elle dès l'origine » [24].

Comment cette « bienveillance » de Fould à l'égard de la B.A. s'est-elle traduite dans un contexte métropolitain difficile marqué par les critiques adressées lors des années soixante à l'égard de la B.F. [25], par l'éclatement de l'affaire de la Banque de Savoie et le débat sur les institutions financières incarné par l'enquête monétaire ?

Tout porte à croire que la victoire du Crédit mobilier sur la B.F., au début des années 1850, allait avoir des conséquences négatives sur la B.A.. La création, quelques années plus tard, en Algérie, d'une institution similaire à celle des frères Pereire, c'est-à-dire la Société générale algérienne (S.G.A), présentait une concurrence sérieuse à l'institut d'émission algérien. Sur un autre plan, cet établissement était souvent assimilé aux comptoirs d'escomptes œuvrant en France. Or, voilà qu'en 1865, pour ne citer que cet exemple, nous assistons à la faillite du Comptoir d'escompte de Bayeux [26]. La B.A. allait-t-elle être menacée, à l'instar des Comptoirs d'escompte, par une telle fin ? Devait-elle subir, si on la considère comme une banque locale exerçant son activité en Algérie, le même sort que les banques locales disparues dans la tourmente de la crise de 1848 et la tempête monétaire de 1865 ? La puissante S.G.A. ne fut-elle pas invitée à suppléer la B.A. qui avait failli à son devoir car ses ressources n'étaient plus à la hauteur de sa mission ?

A. Fould a réussi à rétablir « l'orthodoxie financière » [27] en France en imposant le monopole de la B.F. et il est parvenu à instaurer en Algérie le crédit de la B.A. Après le retour de ce dernier au ministère des Finances en 1861, et à peine une année après le décret du 30 mars 1861, l'institut d'émission évoque au début de l'année 1862 la question de la réduction du fonds de réserve. Il ressort son ancien projet de fixation de ce fonds au quart du capital social.

Une commission est formée au sein du conseil d'administration pour étudier cette question. Elle présente, au bout de quelques semaines, son rapport dans lequel on peut lire : « La commission est d'avis, à l'unanimité, qu'il y a lieu de solliciter la réduction du fonds de réserve au quart du capital... La B.F., pour la citer seulement, n'a qu'une réserve du dixième. Si cet établissement est hors de ligne et tout à fait exceptionnel, le Comptoir d'escompte de Paris, dont la réserve est du quart, peut très bien servir de comparaison...» [28]. La proportion du fonds de réserve à 30 % du capital est jugée élevée et la Banque voudrait être assimilée sur ce plan au Comptoir d'escompte de Paris. Le ministre des Finances A. Fould, allant plus loin que la Banque, lui propose « des modifications importantes de ses statuts » [29]. Le directeur a reçu plusieurs lettres de Paris l'engageant vivement à se rendre à cette ville afin de s'entendre avec le ministre sur les propositions qui « lui ont été soumises depuis plusieurs mois » [30].

Une assemblée générale extraordinaire est convoquée en janvier 1863 [31] pour statuer sur les modifications à apporter aux statuts. Lors de cette réunion, on revient à la même tactique en déplorant les contraintes imposées par le gouvernement à la Banque : « On a maintes fois accusé la B.A. de ne pas remplir aussi largement qu'elle le devrait le but de son institution, de ne pas répondre à toutes les exigences du commerce, enfin de rester stationnaire en présence du progrès constant des affaires, au lieu de l'aider, de le provoquer même, par un plus grand développement du crédit » [32]. On réclame lors de cette assemblée la baisse du fonds de réserve au quart du capital social, l'augmentation du capital social toujours insuffisant, l'accroissement du volume de la circulation monétaire et particulièrement la prorogation nouvelle de 20 années du privilège de la Banque qui expire le 31 octobre 1871 [33].

La direction de la B.A. profite ainsi du retour d'A. Fould au ministère des Finances pour solliciter la refonte générale de ses statuts. Mais, au surplus, les responsables de la Banque ont eu en tête le récent renouvellement du privilège de la B.F. porté par la loi du 9 juin 1857 jusqu'au 31 décembre 1897. Par l'importance des réformes qu'elle espère introduire, et qui touchent la plupart des domaines de son activité, l'institut d'émission algérien réclame, en réalité, un nouveau régime dans le cadre de la prorogation de son privilège pour une période de 20 ans.

Ces suggestions ont donné lieu à un débat, en Algérie, sur l'avenir de cette société et l'organisation du crédit dans la Colonie. Cette enquête, souvent à caractère controversé, s'est déroulée de 1858 à 1865 en même temps que celle qui s'effectue, en Métropole, sur l'activité de la B.F. C'est cette polémique sur les questions financières qui va obliger l'État à sortir de sa réserve pour appuyer la B.A. en lui accordant une certaine liberté.

II) L'amorce d'une politique libérale envers la B.A.

Il serait utile, avant d'étudier les mesures favorables accordées par l'État à la B.A., de revenir sur les diverses attitudes exprimées lors de l'enquête sur cette société.

1) Débat au sujet de la B.A.

La chambre de commerce d'Alger est l'une des premières institutions algériennes appelée à se prononcer sur le statut de l'émission monétaire et sur le crédit.

a) Des attitudes hostiles à la B.A. : la chambre de commerce d'Alger

La chambre de commerce d'Alger, qui a joué un rôle déterminant dans la création de la B.A., se désolidarise, quelques années après, de cette institution. Elle émet le vœu unanime appelant la B.F. à venir s'établir en Algérie. Dans sa délibération du 27 juillet 1858, la chambre de commerce d'Alger s'adresse à l'Empereur en ces termes : « L'Algérie, dotée d'une succursale de la B.F., entre de plain pied au point de vue cambiste dans le concert européen. Les banquiers de France accepteront le papier d'Alger, d'Oran et de Constantine aux mêmes conditions que ceux de Lyon, Marseille et le Havre. C'est la francisation de nos valeurs commerciales » [34]. En plus de son vœu hostile à la Banque, la chambre de commerce d'Alger serait encore hostile à la Banque, la chambre de commerce d'Alger serait encore à l'origine d'une pétition signée par une partie du commerce [35] réclamant l'établissement de la B.F. en Algérie. Comment expliquer alors ce désengagement de la chambre de commerce d'Alger vis-à-vis de la B.A. ?

Cette hostilité est due à la position et au rôle des deux hommes influents et actifs au sein de cette institution. Le premier est E. Robert, président de ladite chambre de 1858 à 1860. Le second est E. Ganzin, membre de la chambre de commerce d'Alger et ennemi farouche, comme son collègue, de la B.A.. E. Ganzin a mené une campagne intense contre elle pour orienter la décision de la chambre de commerce d'Alger. Cet homme, industriel, propriétaire et banquier, a rédigé en 1858 une brochure où il adresse un véritable réquisitoire contre la B.A. : « Nous ne dirons pas à notre timide et parcimonieuse Banque de l'Algérie de suivre la marche de ses sœurs américaines ou européennes : elle périrait, quoique jeune d'existence, par l'effet seul de la peur d'emboîter une allure si déterminée, allure au-dessus de sa force physique et de sa base métallique » [36].

Pour répondre à ce genre de critiques, la Banque invoque l'insuffisance de son capital, sollicite la réforme de ses statuts et le droit d'étendre son rayon d'action. Ganzin, qui pense que l'inaction est inhérente à cette dernière et à sa conception du crédit, réplique en ces termes : « Il vaudrait mieux dire franchement : la B.A. n'a pas assez de pouvoir, elle n'est pas assez omnipotente pour dominer, comme elle le voudrait, la position financière de l'Algérie, aussi faut-il agrandir son monopole jusqu'à la dernière limite du possible ; alors tout ira au mieux, financièrement parlant, dans la meilleure de nos colonies et surtout dans la poche de ses actionnaires actuels et futurs » [37]. Exerçant un véritable monopole en Algérie, la B.A. risque d'avoir une action absorbante qui empêcherait la création d'autres banques et gênerait ainsi l'extension du crédit. Son attitude est, selon Ganzin, paradoxale puisqu'elle cherche, d'une part, à renforcer son monopole et souhaite, d'autre part, se libérer des contraintes qui lui sont imposées par le gouvernement : «Vouloir être en même temps banque à privilège et monopole, et banque libre de toute entrave, est impossible » [38].

Après avoir exposé les défaillances et les limites de la B.A., puis les possibilités de la B.F., Ganzin invite celle-ci à établir trois succursales dans les trois départements algériens. « Il faut avant tout détruire le monopole là où il existe... La B.A. représente ce monopole... et la B.F. ne représentant qu'un privilège restreint au rôle de réservoir régulateur, cette dernière se prête mieux... à la création de nombreux établissements financiers qui, seuls, peuvent amener l'abondance et la concurrence des capitaux » [39].

Par sa puissance financière et son expérience, la B.F. pouvait développer le crédit et le commerce en Algérie lui donnant ainsi la chance de bénéficier du taux d'escompte métropolitain toujours inférieur à celui pratiqué en Algérie. L'établissement de la B.F. en Algérie pouvait résoudre, par ailleurs, le problème de change entre la Colonie et sa Métropole.

Ce même point de vue de Ganzin est défendu par son collègue E. Robert, président de la chambre de commerce d'Alger. Ce dernier publie en 1860 une brochure portant un titre révélateur : De la transformation nécessaire de la Banque de l'Algérie en succursale de la Banque de France. Après avoir étudié la « masse d'opérations avortées par la B.A.» [40], l'auteur de ce document lui reconnaît une certaine prospérité relative, mais il affirme que cette « progression » reste insuffisante. Il lui reproche ses moyens limités, ses privilèges exclusifs et absorbants « d'autant plus qu'elle exerce sur la condition financière du pays une prépondérance qui la laisse stationnaire, inféconde » [41]. Après avoir dénoncé sa politique de crédit et sa prudence excessive, E. Robert se demande en évoquant la B.A. et la B.F. « laquelle des deux offre une plus grande élasticité de crédit, laquelle est douée de la plus énergique aptitude pour répondre au but de son institution?» [42].

La réponse, selon le même auteur qui dresse un tableau comparatif des deux sociétés, est nette : «Voici des chiffres qui ont leur éloquence : la B.F., avec un capital de 200 millions, a porté ses escomptes à 4 milliards et demi par an, soit 22 fois et demi ce capital et la B.A., avec un capital de 3 millions, a escompté pour 30 millions, soit 10 fois son capital » [43].

Après ce bilan, E. Robert propose l'annexion pure et simple de la B.A. à la B.F., c'est-à-dire sa transformation en succursale de l'institut d'émission métropolitain. Cette « annexion est nécessaire, indispensable, urgente même » [44].

Le président de la chambre de commerce évoque, indépendamment du pouvoir financier de la B.F., son effet psychologique sur les Arabes. La population arabe qui « commence à croire» à la supériorité militaire des Français, devrait reconnaître aussi leur « supériorité financière » [45]. L'établissement parisien est donc en meilleure posture pour faciliter la domination politique, économique et morale de la France en Algérie. « Ce qui est grand... frappe les Arabes », et la B.F. est grande pour avoir sur eux cet effet. Ils vont finir par accepter ses billets en lui donnant probablement le nom de *Banque de Sultan* [46].

Grâce à cette campagne organisée par des milieux influents au sein de la Colonie, comme la chambre de commerce d'Alger et certains banquiers, l'avenir de la B.A. est plus que jamais menacé. Rares sont les parties qui ont pris sa défense. Nous avons repéré uniquement deux attitudes favorables à l'institut d'émission algérien. Il s'agit de celles de la chambre de commerce de Constantine et de J.A. Rey.

b) Soutien à la B.A.

Dans une délibération du 4 septembre 1858, la chambre de commerce de Constantine considère que cette banque « a rendu et rend encore de grands services partout où elle fonctionne » [47]. En s'opposant à l'implantation de la B.F. en Algérie, la chambre de commerce de Constantine demande le maintien de la B.A. . L'attitude favorable de cette institution constantinoise serait due au récent établissement de sa succursale à Constantine et aux crédits exceptionnels accordés à cette place.

La deuxième voix qui s'est élevée avec force pour défendre la B.A. est celle de J. A. Rey. Ce dernier écrit en 1858 un opuscule en réponse à celui de Ganzin pour appuyer l'institut d'émission algérien. Il reprend son argumentation, la développe, la critique en essayant de démontrer la spécificité de l'Algérie et les contraintes qui pèsent sur son institut d'émission : « L'Algérie ne date pour les affaires que de 1851, c'est-à-dire d'hier. Elle est peu connue, mal connue... A l'heure qu'il est, l'Algérie n'est pas un Eldorado d'affaires... et ceux qui l'assimilent aux Etats-Unis, quant à leur puissance économique, font un rêve enfantin » [48]. J.A. Rey remarque que les attaques adressées contre la B.A. relèvent d'une certaine habitude algérienne qui consiste à applaudir toute ère nouvelle pour la dénoncer ultérieurement. On avait, au départ, salué l'implantation du Comptoir d'escompte d'Alger, puis on s'était tourné contre lui en demandant la création d'un institut d'émission algérien. Une fois installé, ce dernier fut la cible de tous les milieux algériens. «Aujourd'hui c'est le tour de la B.A. . La B.F. est signalée à l'horizon et déjà les dirigeants et les impatients tirent leurs chapeaux pour saluer l'ère nouvelle » [49].

L'analyse de J.A. Rey témoigne d'une profonde connaissance des réalités algériennes, mais aussi des questions bancaires et financières.

Il considère que l'implantation de la B.F. en Algérie ne résoudrait pas les problèmes financiers et économiques de la Colonie. Quelle que soit la puissance de ses capitaux celle-ci ne pourrait accorder un crédit indéfini et illimité [50] à la Colonie, « à moins de sortir de ses attributions et de sa nature même » [51].

La divergence entre E. Robert et Ganzin d'une part, et Rey d'autre part, est liée à la conception même du rôle de la Banque d'émission. Rey, plus expérimenté en matière bancaire, considère, à juste titre, qu'une banque d'émission ne doit pas répondre favorablement [52] à toutes les demandes de crédit afin de ne pas immobiliser son capital qui devrait servir, plutôt, à la couverture de la circulation monétaire. « Si la B.F. arrive, écrit Rey, ce sera, non pas pour organiser le crédit mais pour profiter du crédit qui sera organisé de lui-même par l'impulsion naturelle et par la force des choses » [53].

D'après cette conception libérale de J.A. Rey, même si la B.F. s'installe en Algérie, elle ne peut accorder à la Colonie qu'un crédit proportionnel à sa solvabilité. L'Algérie ne vaut, comme crédit, que ce que mérite le développement de ses affaires. Le crédit accordé à la Colonie, par la B.A. ou la B.F., n'est pas en rapport avec le capital de cette société ou de l'autre, ni en rapport avec la demande de la Colonie, mais il doit être en fonction du gage que pourrait présenter l'Algérie en matière de progrès économique.

Compte tenu de l'écart économique entre la Métropole et sa Colonie, et vu la différence de solvabilité entre les deux pays, la B.F. ne pourrait appliquer en Algérie les mêmes taux d'escompte qu'en France. Le problème essentiel, pour J.A. Rey, n'est pas de choisir l'institut d'émission qui provoquerait par un coup magique la prospérité de la Colonie, mais il consisterait plutôt à commencer par stimuler l'essor économique algérien pour que le crédit se répande de lui-même. Selon cette conception spontanée de l'évolution naturelle des choses, le crédit n'est pas la cause de la croissance économique, il en est plutôt la conséquence.

Un autre argument, plutôt d'ordre politique, évoqué par les adversaires de la B.A., est développé par Rey : « Voici venir, à ce propos, un gros et emphatique argument : l'unité, l'assimilation, la centralisation, la solidarité! » [54] . Dans cette étape de l'histoire algérienne, Napoléon III amorce une assimilation politique et administrative de la Colonie avec la Métropole [55]. L'opinion publique réclame, en plus de cette assimilation administrative, l'assimilation financière de l'Algérie à la France. Encore une fois, J.A. Rey insiste sur la différence entre la situation financière de la France et celle de l'Algérie : « En France, les grandes villes spéculent grandement et agiotent superlativement : Lyon sur les soies, Marseille sur les grains et sur les huiles, Bordeaux sur les sucres, le Havre sur les cotons, Paris sur les fonds publics », alors que l'Algérie « fait ses affaires tranquillement et petitement, elle ne spécule pas et ne joue pas en grande dame » [56]. L'assimilation financière est, dans ces conditions, impossible et inconcevable. Même si elle était réalisée, elle serait néfaste à la marche des affaires de la Colonie. « Tout le monde paie les violons alors que la grande spéculation est seule à danser. En vérité, je ne vois pas ce que l'Algérie gagnerait à entrer en plain-pied dans ce concert où elle aurait à payer comme tout le monde...» [57].

Après avoir analysé les inconvénients de l'implantation de la B.F. en Algérie, J.A. Rey opte pour la B.A. « Entre la liberté absolue, écrit-il, et le monopole..., j'opte immédiatement et sans hésiter pour la liberté absolue, sauf toutefois le droit de contrôle réservé à l'État sur l'émission de la monnaie... j'opte immédiatement pour le petit monopole contre le grand monopole, pour le monopole local contre le monopole universel...» [58].

Indépendamment des points de vue des uns et des autres, concernant le statut de l'émission monétaire et l'organisation du crédit en Algérie, cette polémique nous incite à tirer quelques conclusions :

* Le débat sur les problèmes monétaires se déroule simultanément en France et en Algérie avec parfois la même acuité et la même intensité. Ce débat est souvent mêlé de passion, voire d'exaspération.

* Le déroulement, en Algérie, d'un débat aussi acharné est un signe de début de maturité économique de la Colonie. Les prémisses d'une idéologie économique coloniale sont en train de voir le jour au début des années soixante avant de s'affirmer avec Paul Leroy-Beaulieu. J.A. Rey, saint-simonien expérimenté en matière de finance, tout comme Michel Chevalier [59], est l'un des précurseurs de cette nouvelle école coloniale.

* L'affermissement de la B.A., malgré les menaces et les hostilités manifestées contre elle, semble se concrétiser de plus en plus, puisqu'elle est sortie victorieuse de cette tourmente. Elle a pu, au contraire, profiter du contexte libéral au sein duquel s'est déroulé ce débat et de la prorogation du privilège de la B.F. en 1857 pour consolider ses acquis tout en réclamant de nouveaux avantages. Conscient des limites et des insuffisances de la B.A., et voulant mettre un terme au débat algérien sur les questions financières, le gouvernement a voulu, avant de prendre les décisions nécessaires, enquêter lui-même sur ces affaires.

2) Mission D'Artigue et « décisions libérales » en faveur de la B.A.

a) Mission D'Artigue et enquête sur la B.A.

Le ministre des Finances A. Fould envoie en Algérie au début du mois de juin 1863 un haut fonctionnaire du ministère des Finances, M. D'Artigue. Le directeur de la B.A., en présentant ce délégué du ministre des Finances au conseil d'administration de la Banque, annonce l'objectif de sa mission en Algérie : « Il a été envoyé par M. le ministre des Finances, à l'effet d'étudier sur place les diverses questions qui se rattachent à la B.A.» [60]

Après un séjour d'un mois et demi pendant lequel D'Artigue a contacté les différentes parties concernées par des questions financières, il déclare que les données souvent contradictoires qu'il a recueillies au cours de son voyage à travers les trois provinces d'Algérie, et l'examen détaillé qu'il a fait des opérations de la B.A., « n'ont fait qu'accroître dans son esprit la conviction qu'il avait déjà, de nombreux services rendus au pays par cet établissement de crédit, et il émet l'avis que son remplacement par la B.F. serait non seulement impraticable, mais bien certainement dangereux pour le commerce de la Colonie » [61].

D'Artigue se prononce donc en faveur du maintien de la B.A., sous réserve de quelques modifications qu'il se propose de soumettre au ministre des Finances. [62] Il aboutit à ces conclusions après un travail sérieux et une enquête financière qui nous rappelle l'enquête monétaire métropolitaine de 1865 malgré la différence de temps et de méthode entre les deux. [63] Quant à leur impact, les deux enquêtes ont donné lieu au même résultat : l'enquête métropolitaine s'est couronnée par le renforcement des pouvoirs de la B.F.[64] et l'enquête algérienne s'est soldée par la consolidation de la B.A. Concurrencé et menacé sur son territoire avant 1865, l'institut d'émission métropolitain ne pouvait, malgré les différents appels algériens, venir s'établir en Algérie.

La B.A. est donc maintenue dans son rôle, grâce aux difficultés de la B.F. beaucoup plus qu'à sa propre réussite. Il faudrait noter aussi que cette dernière ne s'est jamais comportée en rivale ou en concurrente de l'institut d'émission algérien. Elle n'a jamais cherché à s'établir en Algérie. Elle a eu son champ d'action, ses difficultés et ses adversaires en France, pourquoi chercherait-elle d'autres fronts et d'autres problèmes ailleurs ? On dirait qu'il y a eu répartition des tâches ou plutôt un accord tacite entre les deux banques. D'ailleurs, cet accord tacite devait faciliter l'entente réelle entre elles en temps opportun.

En effet, l'enquête D'Artigue a dissipé, dans un premier temps, le spectre de l'établissement de la B.F. en Algérie, mais elle a ouvert, par la suite, la porte à une collaboration entre les deux institutions. Le ministre des Finances est déterminé à donner une nouvelle impulsion à la B.A., il l'incite à bénéficier de l'expérience, de l'aide et de la puissance de l'institut d'émission métropolitain. Au lieu de venir s'installer en Algérie, ce dernier pouvait contribuer à l'organisation du crédit dans la Colonie en appuyant sa banque et son action. C'est dans cette perspective que, suite au rapport D'Artigue, A. Fould a invité le directeur de l'institut d'émission à arrêter « les combinaisons qui paraîtraient les plus efficaces pour donner à la B.A. les moyens d'action nécessaires pour qu'elle puisse largement satisfaire à sa mission ».[65] Ainsi, cette dernière semble bénéficier, après l'enquête D'Artigue, d'un soutien de principe dont il reste à déterminer les modalités.

La mission de son directeur à Paris en octobre 1863 a pour but de mettre au point certaines décisions pratiques en sa faveur. Après son séjour à Paris, ce responsable déclare au conseil d'administration qu'il est heureux de constater qu'il a trouvé, « auprès de M. le ministre des Finances et les principaux fonctionnaires avec lesquels la nature de sa mission l'a mis en rapport, « la bienveillance la plus sympathique en faveur de la B.A., à ce point que ses démarches ont été couronnées de succès complet ». [66] Ce succès est incarné par les « décisions libérales » qu'annonce A. Fould en sa faveur.

b) «Les décisions libérales» d'A. Fould en faveur de la B.A.

Le crédit dont dispose la B.A. auprès des responsables du ministère des finances et des pouvoirs publics est dû aux dispositions « bienveillantes » qu'avait A. Fould pour elle « dès l'origine ».[67] Par une lettre du 23 octobre 1863, ce ministre informe officiellement la Banque des décisions prises par lui d'un commun accord avec le directeur de cette société. Il annonce, dans un premier point, l'autorisation d'émettre une série de 2 000 actions en vue « d'accroître les ressources dont cet établissement dispose ». [68]

En plus des ressources fournies par la souscription des 2 000 actions, elle a bénéficié d'un autre apport financier fourni par l'État. En effet, A. Fould décide que les fonds du Trésor public, composant les encaisses des trésoriers payeurs des trois provinces d'Algérie, « seront à l'avenir déposés à la Banque d'Alger [sic] et aux succursales d'Oran et de Constantine. Ces fonds devront d'ailleurs rester toujours à la disposition du trésor ; ils seront remboursables en totalité ou en partie, sur mandat des trésoriers-payeurs ».[69] Les fonds de l'État, déposés dans les caisses de la B.A., ne sont productifs d'aucun intérêt. Tout simplement, les trésoriers-payeurs des trois provinces sont appelés à assister aux réunions des conseils d'administration de la Banque et de ses succursales en tant que commissaires du gouvernement. Elle bénéficie ainsi d'un capital gratuit. Ce capital n'est pas uniquement matériel, il est aussi moral grâce à cette nouvelle confiance que lui accorde le gouvernement en lui livrant ses fonds et en la chargeant de faire désormais, en son nom, les paiements nécessaires dans les points du territoire algérien où celui-ci ne dispose pas d'administration publique.[70] En plus du privilège et du monopole attribués à cette société, le gouvernement la considère comme étant sa banque ou, du moins, comme une administration publique. Elle est désormais, aux yeux du public algérien, beaucoup plus une banque d'État qu'une banque privée, le premier client de cette banque étant l'État. Mais celui-ci est-il la seule partie à soutenir la B.A. en cette année 1863 ?

La B.F. est invitée par le gouvernement à contribuer de son côté à cette action de soutien de l'institut d'émission algérien. Le ministre des Finances A. Fould, qui a joué un rôle déterminant pour forcer la main de l'institut d'émission métropolitain afin d'obtenir son concours en faveur de la B.A., annonce que celle-ci « est autorisée à réescompter à la B.F., jusqu'à concurrence d'une somme de 4 000 000 F, les effets de commerce restant dans son portefeuille.

Des mesures seront prises pour que cette opération ait lieu sans déplacement de valeurs ». [71] Les effets de commerce algérien vont donc rester en Algérie en vue d'être gérés par un fonctionnaire de la B.F. mandaté auprès de la B.A. A leur échéance, ces effets réescomptés par l'établissement métropolitain seront payés par l'institut d'émission algérien.

Le réescompte par la B.F. des valeurs algériennes dans les limites de 4 millions de francs constitue, en réalité, « une avance de 4 millions de francs » [72] allouée par celle-ci à la B.A. Pour accepter une telle décision imposée par le ministre des Finances A. Fould, le conseil général de la B.F., dans sa séance du 20 octobre 1863, a utilisé « une démarche qui s'écarte des usages de la Banque ». [73] Quelle que soit la manière dont a été prise cette décision, elle constitue une mesure très habile, car elle met à la disposition de l'institut d'émission algérien une somme importante permettant ainsi d'éviter un nouveau recours à une augmentation de son capital. Sur un autre plan, l'injection de 4 millions de francs dans l'économie algérienne pourrait pallier, du moins en partie, l'insuffisance des investissements métropolitains.

Cette combinaison concilie les intérêts de la Colonie et ceux de sa Banque, mais aussi ceux de ses détracteurs. En effet, si la B.A. est maintenue et consolidée, la B.F. est dorénavant engagée dans les affaires algériennes, comme le réclamaient les adversaires de l'institut d'émission algérien. Toutefois, cet engagement ne s'est pas fait directement par le biais de la B.F., il est fait par le canal de la B.A. Au lieu d'être effectué au détriment de celle-ci, il est donc effectué en sa faveur.

Pour concrétiser cet accord entre les deux banques, une convention est signée entre les deux parties le 23 octobre 1863 [74], c'est-à-dire le même jour que la lettre adressée par Fould à la B.A. lui annonçant les nouvelles mesures prises en sa faveur. Cela montre à quel point ce ministre tenait à l'exécution rapide de ces mesures et au soutien inconditionnel à la B.A. D'ailleurs, cette convention du 23 octobre 1863 n'a pas manqué de rappeler le rôle du ministre des Finances et l'objectif de cet accord : « En vue de s'associer au désir exprimé par Son Excellence M. le ministre des Finances, par sa lettre en date du 1er octobre courant, de venir en aide au commerce de l'Algérie en facilitant les opérations d'escompte de la Banque d'Alger [sic], la B.F. consent à escompter, jusqu'à concurrence de quatre millions, le portefeuille de la B.A., quand celle-ci en fera la demande et à des échéances qui ne pourront excéder trois mois ».[75] La B.F. applique à l'escompte du papier algérien la même échéance que celle appliquée au papier français, c'est-à-dire trois mois et, plus important, le taux d'escompte « sera le même que celui appliqué en France, et en suivra les variations ».[76]

Par cette relation établie entre la B.F. et la B.A., cette dernière bénéficie du même régime que les banques privées métropolitaines [77] qui réescomptent auprès de l'institut d'émission parisien une partie de leur portefeuille avec le même taux et la même échéance appliqués à la B.A.

L'assimilation financière de la Colonie à la Métropole que souhaite une partie de l'opinion publique algérienne n'est pas réalisée au niveau de l'émission monétaire par l'établissement de la B.F. en Algérie, elle est plutôt effectuée à un autre niveau : le même régime de banques de dépôt et d'affaires métropolitaines est appliqué à la B.A. Celle-ci est une banque coloniale, certes, mais elle est dans certaines mesures exceptionnelle et particulière. Son directeur a raison de se poser des questions sur la nature et le statut de cet établissement qu'il gère : « Il est important, note-t-il, qu'on sache si nous devons être assimilés aux banques coloniales, ou si l'expérience ne permet pas de nous placer sur le même rang que la B.F. ?» [78].

La lettre du ministre des Finances envoyée à la Banque le 23 octobre 1863 porte une réponse à cette question. En mettant à la disposition de celle-ci les fonds du trésor, le gouvernement a consolidé le caractère public de la B.A., considérée à juste titre comme banque d'État. Mais, en l'autorisant à réescompter une partie de son portefeuille auprès de la B.F., il a renforcé son caractère privé.

Nous pouvons dire en fin d'analyse que le statut de cette institution est bien complexe et original. Par son privilège et son monopole de l'émission monétaire, la B.A. est assimilée à la B.F.. Par le réescompte de ses effets à l'institut d'émission métropolitain, elle est à rapprocher des banques françaises privées. Par son champ d'action algérien, elle est à comparer aux banques coloniales. La loi du 30 avril 1849 a institué les premières banques coloniales pour la Martinique, la Guadeloupe et la Réunion, fondées pour gérer la situation créée par l'abolition de l'esclavage. Leur capital étant formé par des rentes octroyées aux colons pour les indemniser après la libération de leurs esclaves[79], ces banques coloniales n'ont rien d'analogue, à part leur champ d'activité colonial, avec la B.A.

La date du 23 octobre 1863 est alors aussi importante dans l'histoire de l'institut d'émission algérien que celle du 4 août 1851. Lors de cette dernière, Fould a autorisé la naissance de la B.A., douze ans après, il a donné une vigoureuse impulsion à la jeune institution algérienne menacée dans la tumulte des polémiques financières et monétaires. Le vent libéral qui a soufflé sur l'économie française avec le retour de Fould aux affaires en 1861 a balayé les obstacles et les dangers qui guettaient la Banque. Pour cette raison, son directeur a qualifié les avantages accordés par Fould de « libérales décisions ».[80] Néanmoins, nous ne pouvons nous empêcher de les qualifier de généreuses et gracieuses décisions car elles ont non seulement dissipé le spectre de sa substitution par la B.F., mais elles ont donné à l'institut d'émission algérien un concours inattendu : les fonds du trésor et le réescompte des effets algériens par la B.F. Cependant, deux revendications fondamentales sollicitées par la B.A. n'ont pas trouvé écho favorable : la réduction du fonds de réserve au quart du capital réalisé et la prorogation de son privilège.

Une telle réforme nécessite une révision de ses statuts et la promulgation d'une nouvelle loi. Cela déborde les prérogatives du ministre des Finances qui vient de lui accorder des « décisions libérales » dans un contexte difficile, marqué par les critiques contre les monopoles et les banques d'émission.

A. Fould a donc évité la procédure légale et a choisi la procédure libérale pour aider la B.A. Les mesures ministérielles du 23 octobre 1863 ont certes rassuré sa direction, mais elles n'ont pas résolu tous ses problèmes. Une année après la réforme de 1863, deux délibérations sont votées par l'assemblée générale des actionnaires : «Vœu à soumettre au ministre des Finances tendant à obtenir la révision du fonds de réserve ; demande de prorogation pour une nouvelle période de 20 ans du privilège de la B.A.» [81].

3) L'enquête monétaire de 1865 et la prorogation du privilège de la B.A.

Le ministre des Finances A. Fould a donné son adhésion de principe aux propositions formulées par la Banque. Cependant, il lui a demandé d'en approfondir l'étude afin d'apprécier la nécessité des modifications et leur bien-fondé. Cette suggestion du ministre coïncide avec le déroulement de l'enquête monétaire métropolitaine de 1865 [82]. La note arrêtée par la B.A. à ce sujet le 21 février 1865 [83] au ministre des Finances pourrait être considérée comme une participation algérienne, du moins officieuse [84], à cette enquête métropolitaine relative aux questions de banques, d'émission monétaire, de crédit et de finances. Cette même note adressée au ministre des finances évoque la stratégie de la Banque qui a besoin d'une durée plus longue pour donner ses fruits. Cette stratégie était « dans l'origine, de se développer, de progresser sans cesse, d'initier au crédit un pays encore dans l'enfantement qui, pour compléter sa mission, a encore bien des sacrifices à imposer, bien des difficultés à vaincre... il est évident qu'une période de six ans est relativement très courte » [85].

Par ces propos, qui nous rappellent ceux de J.A. Rey, la Banque juge que les six ans, au bout desquels son privilège arrive à son terme, sont insuffisants pour accomplir cette mission. Elle en demande la prorogation pour 20 ans, de 1871 à 1891. Avec cette question, la note touche au problème délicat du rapport de la Banque avec l'État. Après avoir fait allusion à ses rapports privilégiés avec le ministre des Finances A. Fould, la B.A. définit sa conception de la relation qui devrait la lier à l'État. Elle considère qu'«on pourrait établir en principe que l'institution de la Banque est non pas une œuvre émanant de l'initiative et d'une libre convention des actionnaires, mais un acte de puissance législative auquel les actionnaires ont donné adhésion, qui implique de leur part la soumission absolue à la pensée, à l'intention, à la volonté du législateur » [86]. Le texte du 21 février 1865, qui essaye de définir de nouveaux rapports entre l'État et la Banque sur des bases plus libérales, propose la réduction du fonds de réserve et considère que son principal handicap réside dans la courte durée qu'elle est désormais appelée à vivre.

En plus de la réduction du fonds de réserve et du renouvellement du privilège de la Banque, on rappelle le problème chronique de l'insuffisance du numéraire [87], notamment pendant la saison des exportations algériennes.

A ce sujet, la B.A. propose la création d'un fonds de réserve destiné à couvrir les frais qu'occasionnent l'aliénation de son encaisse, et par conséquent, à exonérer le commerce des prélèvements qu'il subit périodiquement à cette fin sur l'escompte du papier en France. [88]

Tout comme les dépositions remises à l'enquête métropolitaine, la note de la Banque au ministre des Finances aborde le problème de l'escompte et ses effets sur le loyer de l'argent [89] en réclamant une marge de liberté plus grande. Aussi bien dans le domaine monétaire que dans le domaine de l'escompte, elle estime avoir accompli la mission que le gouvernement lui a conférée par l'acte de sa création du 4 août 1851. Le rôle de l'État devrait, dans ces conditions, se transformer « en une sorte de tutelle morale » [90] et la B.A. serait appelée à fonctionner désormais en banque privée beaucoup plus qu'en établissement public. Cette conception du rapport de la Banque avec l'État est indéniablement à la fois libérale et grave. Elle est libérale, parce qu'elle considère qu'en matière d'émission monétaire, le rôle de l'État se réduit à accorder un privilège et à le contrôler de moins en moins. Cela suppose que la banque d'émission se substitue peu à peu à l'État pour se transformer, par la suite, en puissance publique. Cette conception est grave car nous sommes dans un domaine colonial. En vérité, le rôle de l'État dans les affaires économiques des colonies est primordial : il concède les terres et les mines, il conçoit et lance les projets, il investit en totalité ou en partie. L'exemple des chemins de fer et des mines que nous avons étudiés en Algérie et en Tunisie [91] est, à cet égard, très révélateur.

Le rôle de l'État, concernant l'émission monétaire, devrait être plus accru et son contrôle plus rigoureux que dans les autres branches d'activité économique. Or, la B.A. a rejeté la prudence excessive de l'autorité publique et son contrôle direct. Cette position n'est pas, à notre avis, un attachement inconditionnel de sa part aux principes de la doctrine libérale, elle sert plutôt ses intérêts immédiats. Une telle conception, au cas où elle trouverait son application dans la réalité des choses, éviterait le recours à la puissance législative et laisserait la voie ouverte à une prolongation du privilège de la Banque et à toutes les modifications qu'elle voudrait introduire dans ses statuts.

En effet, la B.A. considère que la gestion de cette tutelle morale est « dévolue au chef de l'État qui l'exerce par l'office du ministre des Finances, et que dès lors, la modification des statuts, pourvu qu'elles soit conforme à l'esprit de la loi, peut être légalement effectuée par voie de décret... L'autorité de la pratique, autorité fondée sur plusieurs précédents qui ont aujourd'hui force de loi, rend désormais inutile toute discussion de principe » [92]. Selon cette logique, le ministre des Finances devrait s'entendre avec la B.A. pour trouver une combinaison de nature à résoudre les difficultés de cette dernière. Cette proposition de la Banque n'est pas gratuite, car elle sait bien qu'elle trouverait une aide inconditionnelle auprès de son protecteur A. Fould, ministre des Finances en charge. Ce dernier, « tout en appréciant la convenance des mesures sollicitées, a cru indispensable d'en ajourner la solution et d'attendre les résultats de l'enquête qui se poursuit sur les banques » [93]. Le moment ne paraît pas, aux yeux du ministre des Finances, opportun pour prendre de telles décisions.

Par une lettre du 10 septembre 1866, la direction de la B.A. rappelle au ministre des Finances ses revendications, notamment le renouvellement de son privilège pour une durée de 20 ans. Dans sa réponse, A. Fould annonce qu'il est disposé à donner en principe son « assentiment » [94]. Par ailleurs, le ministre des Finances voudrait rassurer la Banque en reconnaissant son droit à une longue période d'existence, mais il affirme en même temps que « le gouvernement ne saurait aliéner sa liberté d'action » [95]. L'attitude de la B.A. nous semble contradictoire et paradoxale : concernant ses rapports avec l'État, elle revendique le maximum de liberté et dénonce la prudence excessive des pouvoirs publics. Mais dans ses rapports avec le commerce algérien, elle défend la politique de prudence et refuse toute libéralité en matière de crédit.

Malgré son appui à la B.A. et à ses dirigeants, A. Fould est convaincu que l'émission monétaire ne peut être une affaire de libre entreprise. On a beau être libéral, cela n'empêche pas de penser que certains domaines relèvent toujours des prérogatives de l'État. A. Fould est un défenseur acharné de ce principe. Il a lutté les années 1865-66 contre la Banque de Savoie et le projet des Pereire tendant à établir la liberté de l'émission monétaire en France. Ses rapports amicaux avec les dirigeants du Crédit mobilier [96] et son soutien à la B.A. ne l'ont pas empêché d'affirmer que l'émission monétaire reste, aussi bien en Algérie qu'en France, un acte d'autorité publique.

Ce rappel à l'ordre de la part du ministre des Finances est indispensable, mais il ne menace en rien l'avenir de la B.A. Cet avenir dépend, selon le ministre, des éventualités qui peuvent se produire, telles qu'un plus grand développement des affaires, ou bien des modifications dans les conditions du crédit en Algérie. «Dans ma pensée, note A. Fould, le renouvellement du privilège pourrait être considéré pour une durée de dix années lesquelles, en tenant compte des quatre années qui restent à courir, prendraient fin le premier novembre 1881»[97]. Cette proposition habile réaffirme l'autorité de l'État et concilie les intérêts de la Banque. Mais ce compromis n'est pas inconditionnel, car le ministre des Finances, avant d'entretenir l'Empereur sur cette question, a demandé à la Banque de procéder immédiatement à trois réformes :

- La première consiste à accroître le fonds de réserve par une retenue de 5 % sur la portion des bénéfices réalisés excédant l'intérêt de 6 % accordé aux actionnaires [98].

- La deuxième se rapporte à la création d'un fonds de prévoyance, c'est-à-dire une caisse de retraite des employés et des actionnaires de la Banque.

- La troisième est afférente à l'amortissement des prix des immeubles acquis par la Banque dans les trois provinces [99].

Malgré le refus de ces propositions par la direction de la Banque, refus qui serait plutôt formel, le ministre A. Fould a présenté au Conseil d'État, quelques mois avant son départ, le projet de nouveaux statuts dont il a modifié quelques articles [100]. Ce projet est adopté par cette instance, lors de sa séance du 26 décembre 1867, tel qu'il a été proposé par A. Fould.

Promulgués le 8 janvier 1868, quelques mois après la loi libérale de 1867 sur les sociétés anonymes [101], les nouveaux statuts prolongent le privilège de la B.A., comme l'a désiré Fould, jusqu'au 1er novembre 1881 [102]. Des succursales peuvent être créées sur proposition soit de la Banque, soit des pouvoirs publics métropolitains ou algériens. Il est spécifié que « les créations dont le gouverneur de l'Algérie prendrait l'initiative ne peuvent excéder le nombre de trois ni avoir lieu après le 1er novembre 1876 » [103].

Les opérations de la B.A. définies par les statuts du 8 janvier 1868 restent celles indiquées par ses textes de 1851, mais on introduit une nouvelle possibilité pour la Banque de recevoir exceptionnellement et après une délibération de son conseil d'administration, en comptes courants à intérêts, « les fonds des grands établissements financiers pour la facilité de crédits ouverts sur ses caisses, en vue de travaux d'intérêt public » [104].

Ces statuts de 1868 rappellent, par ailleurs, le décret du 30 mars 1861 autorisant la Banque à participer à la souscription des emprunts publics ou à créer des sociétés anonymes. Une autre mesure libérale et avantageuse est accordée par les nouveaux textes, à savoir la flexibilité du taux d'escompte qui est dorénavant déterminé par le conseil d'administration. Ce taux peut dépasser 6 %, mais les bénéfices résultant de l'élévation de l'escompte au-dessus de cette limite sont portés à un compte de réserve extraordinaire [105]. Une autre innovation est stipulée par les statuts du 8 janvier 1868, quoique cette fois-ci contraignante pour la Banque, à savoir la création d'une « caisse de réserve... affectée aux retraités » [106].

Ces réformes, loin de satisfaire toutes les revendications de la B.A., comme la prorogation du privilège pour une vingtaine d'années à partir de 1871, ont permis de lui donner un nouveau souffle dans un contexte d'asphyxie de l'économie algérienne due à la crise de 1867 [107] et à la polémique sur les questions financières en Métropole. Vu ce contexte, Fould ne pouvait mieux lui accorder. Les réformes de 1868, malgré leurs limites, consolident son pouvoir, élargissent son champ d'action et lui offrent une liberté d'action incontestable.

Elle est ainsi incitée à intervenir de plus en plus dans l'activité économique de la Colonie. En effet, elle est appelée à prendre part, à l'instar de l'institut d'émission métropolitain, aux emprunts publics lancés par l'État ou par les collectivités publiques comme les communes et les villes. On sollicite son aide aux nouvelles entreprises de travaux publics, tout comme celle de la B.F. qui, par la loi du 9 juin 1857, a contribué au financement du réseau ferroviaire français.

Sur un autre plan, en attribuant à la B.A. la possibilité d'accorder des facilités de crédit aux établissements financiers algériens, cette institution est placée au sommet de la hiérarchie bancaire en Algérie. La Société générale algérienne créée en 1865 [108], quelle que soit la puissance de ses capitaux et de ses fondateurs [109], est placée sous la tutelle de l'institut d'émission algérien qui, à l'instar de celui de la Métropole, est appelée à fonctionner comme la banque des banques. Compte tenu de cette assimilation de la B.A. à la B.F., le gouvernement se trouve obligé, après avoir établi la mobilité du taux d'escompte en France, d'élargir ce même principe à l'Algérie.

Les réformes de 1868 constituent, pour la B.A., une évolution de taille : lors de sa création en 1851, elle n'était rien d'autre que le Comptoir d'escompte d'Alger transformé en une banque locale ayant pouvoir d'émission monétaire. En 1863, année marquée par la promulgation de la loi libérale sur les SARL [110], les décisions libérales d'A. Fould l'assimilèrent aux banques privées françaises dont certaines, comme le Crédit lyonnais, avaient vu le jour lors de cette même année.[111]

Après un apprentissage de cinq ans, la même autorité releva la B.A. en 1868 presque au rang de la B.F.

Toutes ces mutations ont, certes, comme toile de fond les progrès accomplis par cette institution, mais elles sont dues, en fait, à l'initiative d'A. Fould qui était à l'origine de sa naissance en 1851. Il a surveillé son « enfantement » et préparé sa maturité. En accordant de tels avantages, il entendait faire profiter la Colonie, par le biais de son institut d'émission, des bienfaits de la politique libérale des années soixante et particulièrement de l'évolution de la législation sur les sociétés. A la mort d'A. Fould en 1867, le directeur de la B.A. évoque la perte éprouvée par la France et par l'Algérie en la personne d'A. Fould auquel la Banque a été redevable « de nombreuses et généreuses marques de sympathies » [112].

Ayant les mains libres, la B.A. ne pouvait dorénavant se dissimuler derrière ses statuts ou la « prudence excessive » de l'État. S'il y a prudence, elle est de son propre choix et de sa propre volonté. Même à l'égard de l'administration algérienne, elle est tout à fait autonome, voire indépendante. Les mutations qu'elle a connues et toutes les décisions se rapportant à son fonctionnement dépendent des pouvoirs publics métropolitains et non pas du gouvernement général établi en Algérie. C'est par le biais du ministère des Finances que l'État français exerce son droit de regard sur cette institution. Jusqu'en 1870, le gouvernement général est rarement intervenu dans ses affaires, sauf peut-être pour lui demander la création d'une succursale. Cette indépendance légale et réelle vis-à-vis de l'autorité algérienne est rompue suite aux conséquences de la guerre de 1870. Cette rupture s'étend même aux rapports privilégiés établis, grâce à Fould, entre la B.A. et l'autorité métropolitaine. Mais cette rupture n'est jamais totale et définitive, elle est plutôt un choc, ou un accident qu'on a tenté de réparer, mais qui a laissé malgré tout des séquelles.

III) Le choc de 1870 : la difficile reconversion d'une « Banque impériale» en « Banque républicaine »

1) La rupture entre la B.A. et le gouvernement

La guerre de 1870 était une épreuve difficile pour l'institut d'émission algérien. Sur la brèche de cette guerre s'est brisée l'entente et la collaboration forgées, depuis deux décennies, entre la Banque et l'État. Le gouverneur général lui adresse une lettre du préfet d'Alger du 23 septembre 1870 dénonçant la Banque et son directeur. On reproche à ce dernier son attitude exprimée à la commission chargée de la préparation de la loi de prorogation des échéances.

Dans son rapport présenté à cette commission, le directeur de la B.A. expose que celle-ci « distribue par mois dans la Colonie environ 16 millions ; si elle reste un mois sans faire d'encaissement... elle ne pourra plus fournir » des moyens de paiement et « elle fermera ses guichets » [113]. Selon ces propos, la Banque n'est pas en mesure de supporter le report des échéances pour un mois, comme l'indiquent la loi du 13 août 1870 relative à ce sujet et le décret du 10 septembre 1870 interprétant son application. Cette attitude du directeur lui a valu d'être accusé d'empêcher l'application d'une loi. Il aurait même influencé, selon cette accusation, la décision des chambres de commerce : « Les chambres de commerce d'Alger et d'Oran consultées ont conclu, d'accord avec la direction de la Banque... à ce que la loi ne fût pas applicable à l'Algérie »[114]. Villiers aurait même adressé un deuxième rapport au préfet d'Alger réaffirmant son refus d'accepter la prorogation des échéances car, soulignait-il dans ce document, « n'ayant rien à recevoir pendant la durée de prorogation, il n'a rien à donner » [115].

Le préfet d'Alger Warnier a procédé à une enquête auprès des commerçants et banquiers pour se prononcer sur le comportement de la B.A. L'opinion publique algérienne, notamment le petit commerce, est unanime sur un point : ses craintes ne sont pas fondées, mais elles « sont connues du public et sont interprétées dans le sens d'un mauvais vouloir » [116]. Le directeur, selon cette source, aurait même menacé de refuser l'escompte à toutes les valeurs ayant bénéficié de la loi de prorogation des échéances. Quant à ceux qui partagent la même opinion que la Banque sur cette affaire, ils sont « ses clients directs » ou « généralement ses actionnaires » [117].

L'enquête menée par le nouveau préfet d'Alger a donc abouti à la condamnation des agissements de la B.A. par les milieux d'affaires d'Algérie. Plus grave encore, celle-ci a compliqué la situation en refusant les billets de la B.F., refus qui survient au moment où tout le monde se plaint d'une pénurie du numéraire. Quelles sont donc les dimensions de cette affaire et quels sont alors les mobiles des accusations portées contre la B.A. ? Notre souci n'est pas de savoir le bien-fondé ou non de ces accusations, c'est-à-dire de montrer qui a tort ou qui a raison, mais plutôt d'élucider les paramètres de ce problème qui surgit pour la première fois dans l'histoire de ses rapports avec l'autorité de tutelle.

Tout d'abord, ces accusations émanent toutes d'une même origine : le préfet d'Alger qui, en s'appuyant sur les déclarations du petit commerce, a mené une vive campagne contre la B.A. Pourquoi le docteur Warnier a-t-il procédé à une telle opération ?

Auguste Hubert Warnier, originaire des Ardennes, après des études de médecine à Reims, s'établit en Algérie en 1834. Son installation précoce en Algérie, ses différentes missions militaires et médicales, son séjour auprès des populations autochtones, sa connaissance pratique de la colonisation ont fait de lui un brillant connaisseur des questions algériennes. La politique de la B.A. est l'une des question qu'il connaît de très près. Le détail et la nature des accusations qu'il formule à cet égard le prouvent. Un autre paramètre est capital dans la biographie de cet homme, c'est son appartenance politique. Il était un ardent républicain de la première heure. Le gouvernement républicain confia d'importantes responsabilités, en Algérie, « à cet homme d'un esprit libéral, d'une compétence exceptionnelle. Warnier fut nommé directeur des affaires civiles d'Oran, puis appelé à Alger comme conseiller du Gouvernement » [118]. Il est ainsi chargé de plusieurs missions par l'autorité républicaine au profit de laquelle il a rédigé plusieurs rapports sur le développement de l'Algérie, comme la question des chemins de fer ou celle de la colonisation ou même l'organisation administrative de la Colonie. L'établissement de l'Empire mit un terme à cette active participation du docteur Warnier. Il prend, avec J.A. Rey, la direction du journal *L'Atlas*, organe des démocrates d'Alger [119], pour lutter contre l'Empire. Il collabora, par la suite, avec «un autre Algérien éminent, avec Jules Duval, fut avec lui comme un délégué des colons, et pendant neuf années, de 1861 à 1870, ne cessa de réclamer les mesures les plus propres à favoriser le développement de l'Algérie. Il lutta sans trêve contre les bureaux arabes..., contre les fâcheuses théories du royaume arabe » [120]. Après la défaite de 1870, Warnier, ennemi acharné de l'Empire, est désigné préfet d'Alger le 4 septembre 1870, par le Gouvernement de la Défense nationale. Au lendemain de son retour en force sur la scène algérienne, il entreprend sa campagne contre la B.A. Son hostilité à cette institution est due, en grande partie, à son hostilité à l'Empire. D'ailleurs, l'un des objectifs du docteur Warnier dans son enquête sur la B.A. était de mettre en évidence ses liaisons avec l'Empire. Son directeur, Villiers, est considéré «suspect» à cause de « ses origines impériales et ses relations intimes avec quelques-uns des grands dignitaires du régime qui n'existe plus » [121].

Par une telle accusation, il cherche à dénoncer non seulement le directeur, mais aussi l'institution qu'il dirige, soupçonnée d'avoir, elle aussi, des attaches impériales. Le comportement de la B.A. après la chute de l'Empire n'est pas fortuit, mais il est, selon la même logique, un signe de fidélité à l'Empire déchu. En plus de leurs effets commerciaux jugés néfastes, ses agissements sont interprétés par le préfet d'Alger comme une attitude politique beaucoup plus qu'économique.

La preuve, selon la même source, c'est qu'on refuse une loi promulguée et des bons de trésor émis par le nouveau gouvernement. La B.A. s'oppose, donc, à porter son concours au Gouvernement de la défense nationale dans une période cruciale de la vie de la nation. Par une telle attitude, elle est accusée d'accentuer les difficultés du nouveau pouvoir. Ces attaques lancées contre elle constituent une menace sérieuse pour son avenir, même le plus immédiat.

Ces accusations politiques et économiques sont de grande gravité, d'autant plus qu'elles sont présentées comme une sorte de consensus algérien contre la Banque : « Le public, les entrepreneurs des travaux publics, le petit commerce se plaignent avec raison » [122] de la politique de crédit menée par la Banque qui aurait manqué à sa mission.

La B.A., selon le rapport du préfet d'Alger, devrait partir avec l'Empire auquel elle est restée liée et fidèle. Telle est la conclusion implicite de ce document qui a voulu laisser à l'autorité supérieure la tâche de prendre cette décision car le docteur Warnier a l'habitude et l'art de préparer des rapports orientés qui déterminent la décision à prendre par le pouvoir central. Mais si on met un terme à l'activité de cette institution en Algérie, quelle serait la solution adoptée pour organiser l'émission monétaire et le crédit dans la Colonie ?

Warnier lui reproche son refus d'accepter les billets de la B.F. malgré le manque de numéraire. Sans vouloir prendre le parti de la B.A., nous devons signaler que ces billets avaient, avant 1870, cours légal seulement en France et non en Algérie. Après la guerre de 1870, ces billets bénéficient, certes, du cours forcé mais toujours uniquement en France. La B.A. a ainsi le droit et même l'obligation de ne pas accepter ces billets. Le préfet ignore-t-il ce fait ? Pourquoi adresse-t-il ce reproche à son encontre ?

Il envisage, en évoquant cette question, la possibilité de faire appel à l'institut d'émission métropolitain pour se substituer à celui de la Colonie. Si les choses ne sont pas arrivées jusque-là, il faudrait du moins accorder les mêmes droits aux billets de la B.F. et à ceux de la B.A. Puisqu'on estime que les coupures de 50 F sont trop rares et celles de 25 F manquent complètement [123], il est donc légitime et souhaitable de remplacer la B.A. par la B.F. On a l'habitude de menacer l'institut d'émission algérien d'une telle éventualité, mais cette fois-ci la menace est réellement sérieuse car elle survient dans un contexte de rupture avec les pouvoirs publics algériens et métropolitains.

Après une vingtaine d'années d'exercice, et pour la première fois, la Banque se trouve confrontée au pouvoir politique. Elle est accablée des pires accusations non pas par les milieux d'affaires privés algériens, comme c'était le cas avant 1870, mais par l'État auquel elle doit son existence. Son directeur, devenu lui aussi une cible, peut être plus que la Banque, en a tiré les conséquences nécessaires.

Il adresse de prime abord une lettre au gouvernement général par laquelle il essaye de justifier ses prises de positions. Il considère que les attaques menées contre sa société sont dues à la « malveillance » de leurs auteurs ou à leur « ignorance complète des principes généraux qui régissent les banques privilégiées » [124]. En rappelant les statuts de la B.A. et ses rapports avec le gouvernement, il défend, en libéral convaincu, son autonomie à l'égard de l'autorité politique : elle est « un établissement privé, sans caractère gouvernemental, ni politique » [125].

Elle n'est pas un instrument entre les mains du régime impérial comme elle ne peut pas l'être à l'égard du nouveau régime. Cela permet donc de réfuter les accusations contre ses origines impériales, mais d'expliquer ses distances à l'égard du nouveau pouvoir. Ce sont des libertés qu'elle s'est données conformément à ses statuts et à sa fonction de banque d'émission autonome. Elle n'est pas, selon son directeur, une banque d'État, que ce soit l'ancien ou le nouveau pouvoir, mais une banque privée.

En 1865, le même responsable de la Banque reconnaît la « tutelle morale » [126] de l'État, toutefois, il rejette, en 1870, ce type de relation en niant tout caractère gouvernemental et politique de cette institution.

En ce qui concerne l'application à l'Algérie de la loi de la prorogation des échéances, le directeur de la B.A. expose, dans sa lettre au gouverneur général, « que les circonstances qui avaient provoqué cette loi en France n'existaient point pour la Colonie, que le fonds des affaires était bon, ... que les intentions du commerce étaient bonnes... que par conséquent la mesure de la prorogation n'était pas nécessaire » [127].

Le directeur essaie, d'autre part, d'imputer la pénurie monétaire non pas à une politique délibérée de la Banque, mais à la nécessité pour elle de préserver une quantité de métaux précieux dans ses caisses pour couvrir la circulation monétaire et fiduciaire. En se comportant de cette manière, la Banque n'a donc fait que son devoir dans la sphère de liberté que lui accordent ses statuts, et sans liaison aucune avec tout pouvoir politique. Son directeur, qui se défend sur le plan personnel, déclare : « Je suis né en 1799, sous la république, je suis entré à la Banque en 1851, c'est-à-dire en pleine république... je ne crains pas d'en appeler à votre témoignage, Monsieur le gouverneur général, qui me connaissez depuis 25 ans » [128].

Mais cette lettre adressée au gouverneur général est-elle suffisante pour dissiper les nuages ou même les risques potentiels contre la Banque ? La vraie leçon que va tirer cette dernière, et en particulier son directeur, de cette épreuve, se traduit par des attitudes pratiques et des décisions concrètes prises en faveur du nouveau gouvernement.

2) Les avances de la B.A. au gouvernement : une occasion pour colmater les brèches

Lors de la séance du conseil d'administration du 16 octobre 1870, le commissaire du gouvernement donne lecture d'une lettre du délégué du ministre des Finances à Tours, invitant la B.A. à consentir au gouvernement des avances jusqu'à concurrence de 10 millions de francs. L'occasion est donc offerte au directeur de faire la preuve de son loyalisme au nouveau gouvernement. Il a incité le conseil d'administration à prendre une décision dans ce sens. « La France, disait-il en s'adressant à ses collègues, dans des graves conjonctures qu'elle traverse a le droit de compter sur tous les dévouements, la Banque doit s'associer patriotiquement aux efforts de tous pour procurer au Gouvernement de la défense nationale les ressources que sa modeste position lui permet de mettre à sa disposition » [129].

La situation ne se prête ni au refus ni à l'hésitation. L'occasion est offerte pour rétablir les ponts avec le gouvernement. À la « tutelle morale », puis à « l'autonomie de la Banque » succède une nouvelle position : « s'associer patriotiquement » au pouvoir. Cependant, une partie des administrateurs ne partage pas les mêmes idées que le directeur concernant cette évolution des rapports de la B.A. avec l'État.

Les discussions étaient alors vives, et il était difficile d'obtenir une unanimité ou, du moins, une majorité sur cette question. Le conseil se transforma alors en comité secret, après quoi il décida à l'unanimité moins une voix, celle d'Alphandéry, qui demanda de mentionner son nom dans le procès-verbal, « que tous les pouvoirs sont donnés au directeur pour passer sur les bases dont il vient d'être donné lecture par M. le directeur » [130] un accord avec le ministre des Finances. Un traité est signé le 18 octobre 1870 par Villiers, Directeur de la Banque et Ernest Chevallier, trésorier payeur d'Alger au nom du ministre des Finances. Après son approbation par le décret ministériel du 26 octobre 1870, ce traité entre en application. Selon cet accord, la B.A. accepte d'avancer à l'État une somme de 10 millions de francs [131]. Ces avances devaient être tenues à la disposition de l'administration des finances contre la remise de bons du trésor avec échéance de trois mois et un intérêt de 6 % par an [132].

Avec un taux de 6 % et une échéance de trois mois, ce prêt accordé au gouvernement est conforme aux règles de l'escompte utilisées par la B.A. Ce crédit serait donc une simple opération d'escompte que la Banque aurait consenti à n'importe quel client. Le souci de respecter les règles de l'escompte vise à faciliter l'approbation de ce traité par les membres du conseil d'administration, mais aussi à se conformer à ses statuts. Cela n'a pas empêché de prévoir par une clause du traité du 26 octobre 1870 un changement des statuts de la Banque par décret ministériel pour faire de ce prêt une opération légale et porter la circulation fiduciaire de 34 à 36 millions de francs [133].

Quelques jours après la conclusion de ce contrat, un membre de l'assemblée générale annuelle du 30 novembre 1870 évoque « le bruit » d'un prêt de 10 millions de francs que la Banque aurait assigné au gouvernement. Le directeur répond à cette interpellation que « l'opération proposée par l'État à la Banque est statutaire... elle est dans les attributions dévolues au conseil et à la direction... le conseil a été frappé d'abord du devoir patriotique qui lui incombait » [134].

Le traité du 26 octobre 1870 et les avantages qu'il accorde aux deux parties montrent que la fracture entre les pouvoirs publics et la Banque est réparée. Son directeur n'a épargné aucun effort pour aboutir à un tel résultat. Une deuxième opération, conclue en mars 1871 entre les deux parties, montre le rôle joué par cet homme pour continuer la politique de réconciliation entre sa société et l'État afin de réfuter les accusations contre ses origines impériales et ses relations avec les dignitaires de l'Empire. Sur demande confidentielle du trésorier-payeur d'Alger en vue d'obtenir une nouvelle avance de 5 millions à l'État, le conseil d'administration s'est réuni le 7 mars 1871 et s'est transformé en comité secret « dont la majorité n'a pas approuvé le nouveau prêt sollicité par l'État » [135]. Le 9 mars 1871, le conseil est convoqué en séance extraordinaire. Mais avant cette réunion, le directeur s'est livré à une campagne auprès des administrateurs de la Banque afin de garantir un vote favorable.

Au début de la séance du 9 mars 1871, Villiers rappelle à ceux qui se sont ralliés à sa position leur engagement préalable. « Plusieurs d'entre vous, dit-il, consultés préalablement sur l'opportunité d'accepter la proposition, en raison des difficultés et des embarras du gouvernement et des charges financières qui pèsent sur lui » [136], ont consenti cette avance de 5 millions « partageant les sentiments patriotiques» dont le directeur lui-même était animé. Tous les arguments, politiques, financiers, statutaires et juridiques, sont utilisés par le directeur, par le trésorier-payeur d'Alger et les censeurs de la Banque pour faire pression sur le conseil.

Les membres hostiles au nouveau prêt jugent que cette opération est, d'une part, antistatutaire et qu'elle risque, d'autre part, d'immobiliser, « par des avances portées à 15 millions, trois fois le capital réalisé de la Banque » [137], les ressources dont elle dispose.

Accorder ce nouveau crédit au gouvernement permettrait donc de compromettre les moyens financiers de la Banque, de créer une situation dangereuse pour elle et pour la Colonie, et finirait par l'aliéner aux pouvoirs publics. Elle devrait, selon les mêmes administrateurs [138], garder sa marge de liberté et d'indépendance. Ces derniers continuent à penser, selon l'expression du directeur qui résume leur point de vue, que « la Banque est un établissement privé, son conseil a tout pouvoir pour accueillir ou refuser toute opération qu'il croirait nuisible ou dangereuse à ses intérêts » [139].

Après un débat houleux, le conseil décide, à la majorité de six voix contre quatre, « que Monsieur le trésorier-payeur peut répondre au ministre que le conseil accepte la proposition de faire de nouvelles avances à l'État, jusqu'à concurrence de 5 millions, à condition que l'assemblée générale, convoquée extraordinairement, couvre par son vote sa responsabilité » [140]. Il s'agit alors d'un refus déguisé ou d'un accord conditionnel. Le conseil, ne voulant pas s'engager dans cette opération, propose de porter l'affaire devant les actionnaires qui engageraient leur responsabilité. Les administrateurs ayant imposé ce vote conditionnel contre le gré du directeur sont qualifiés par ce dernier, bien qu'ils constituent une majorité, de « dissidents ». Cela montre que la tension est très vive au sein du conseil d'administration qui connaît, pour la première fois de son histoire, une telle scission.

Pour se défendre, et pour plaider la cause du gouvernement qui l'a nommé à la tête de l'administration de la Banque, le directeur relance le débat malgré ce vote conditionnel. Se considérant ému et étonné par la décision prise par son conseil d'administration, il estime qu'il « n'a pas pu immédiatement présenter au conseil toutes les raisons qui font regretter profondément ce vote » [141]. Il évoque de nouveaux arguments militant en sa faveur. Il rappelle les avantages accordés par l'État à la B.A. D'ailleurs, en contrepartie d'une nouvelle avance, il l'autoriserait à une égale augmentation de sa circulation. « Ce n'est en définitive, souligne le directeur, qu'une opération fructueuse pour la Banque » [142]. En plus de l'intérêt de 6 % que celle-ci recevrait sur les cinq millions de francs, elle aurait donc droit à une augmentation de sa circulation fiduciaire. Elle profiterait doublement de ce prêt.

Évoquant la responsabilité du conseil et l'aspect antistatutaire de cette opération, le directeur remarque que cet argument utilisé par « les dissidents », n'est qu'un « fantôme, dès qu'on l'envisage, il s'évanouit. Le gouvernement garantissant et couvrant le conseil par une décision quelconque... c'est une opération d'escompte statutaire du ressort du conseil d'administration et de la direction. L'État est ici un client exceptionnel, puissant qui peut favoriser les avantages qu'il a accordés ou qu'il accorde encore ou qu'il peut réduire considérablement par le retrait de son appui » [143].

Ainsi donc, le directeur essaye de montrer les effets positifs de cette opération, mais aussi l'impact néfaste du refus qu'on aurait donné à cette demande du gouvernement. Il ne s'agit plus maintenant de convaincre, car on passe à la pression directe. D'ailleurs, il termine son intervention sur un ton qui relève beaucoup plus de la menace que d'autre chose.

Si la B.A. n'accorde pas l'avance de 5 millions de francs au gouvernement, ce dernier « sera évidemment convié à prendre les mesures dont il appartient au conseil d'apprécier la portée : envoyer les billets de la B.F., ou ce qui serait grave pour l'intérêt de la Banque, provoquer provisoirement le cours légal et forcé en Algérie des billets de la B.F. Que devient alors la Banque, sa circulation, son avenir ? » [144].

Le spectre de l'intervention de l'institut d'émission métropolitain reste l'ultime recours qu'on utilise toujours pour faire pression sur son homologue algérien. Mais cette fois-ci, la menace n'est pas évoquée par ses adversaires, elle est utilisée par son propre directeur. Il a suffit de sortir l'argument d'une éventuelle circulation des billets de la B.F. en Algérie pour que le conseil d'administration prenne la délibération suivante par neuf voix parmi les dix membres ayant droit au vote : « La B.A. s'engage à faire à l'État des avances jusqu'à concurrence de 5 millions... La Banque recevra, en contre-valeur des bons du Trésor à trois mois d'échéance remboursables à la volonté du ministre des Finances, et à l'intérêt de 6 %. L'État consentira à élever la circulation des billets de la Banque d'une somme égale au chiffre des avances » [145].

Le crédit de 15 millions de franc accordé à l'État français et les conditions dans lesquelles se sont déroulées les négociations relatives à ce sujet nous incitent à avancer certaines conclusions provisoires.

Tout d'abord, il y a un point qui n'est pas élucidé par les archives de la B.A., à savoir l'emploi des 15 millions de francs empruntés par le gouvernement. S'il est clair que les 10 millions empruntés par le traité du 26 octobre 1870 sont destinés aux dommages de guerre franco-allemande, les 5 millions de francs contractés en mars 1871 iront-ils à l'Algérie pour réparer les dégâts de la révolte de l'Est algérien ? ou bien seront-ils utilisés pour une autre fin ? Aucune réponse ne peut être avancée. Indépendamment de leur finalité, les prêts de 1870 et de 1871 constituent une étape décisive dans l'histoire de la B.A. Ces avances revêtent, en plus de leur valeur et de leur intérêt, un caractère symbolique pour la Banque et pour l'historien. Son opposition à l'application de la loi sur les échéances, son refus, en 1870, d'accepter les bons du Trésor émis par le gouvernement de la Défense nationale, l'approbation difficile des deux prêts de 10 et de 5 millions de francs, montrent que la B.A. a acquis une puissance et une autonomie qui lui permettent de s'opposer aux pouvoirs publics. Cette opposition s'est faite certes dans un contexte politique particulier, cependant elle reste très significative.

La B.A. s'est imposée en Algérie, au cours des années cinquante du XIXe siècle, au détriment de la B.F. Au cours des années soixante, elle a pu vaincre ses détracteurs grâce à l'appui de l'État impérial, d'une manière générale, et celui de Fould en particulier. Au lendemain de la guerre de 1870, elle a eu une attitude rebelle à l'égard de la nouvelle autorité. Elle a voulu profiter de la faiblesse et de la fragilité du nouveau pouvoir pour se libérer de sa tutelle et s'affirmer avec toute puissance. Toutefois, cette attitude contestataire a peu duré. Consciente des périls qui la menacent, elle a réintégré rapidement les rangs. Son directeur a hâté ce retour à l'ordre, car les menaces visaient en premier lieu sa personne. La B.A. maintient cette alliance avec le gouvernement de la République le long des années soixante-dix. La gestion du compte du Trésor constitue un exemple révélateur de sa coopération avec le pouvoir républicain.

3) Le compte du Trésor

Ce compte est institué par la lettre du 23 octobre 1863 du ministre des Finances A. Fould dans le cadre des mesures libérales et avantageuses octroyées à la Banque. Les fonds appartenant au Trésor public et composant les encaisses des trésoriers-payeurs des trois provinces algériennes sont déposés à la B.A. à Alger et à ses succursales d'Oran et de Constantine [146]. Comme nous l'avons déjà souligné, ces sommes déposées dans ces trois établissements ne sont pas productives d'intérêt et constituent, de ce fait, une sorte de capital gratuit mis à la disposition de la Banque. Cette jouissance gratuite des fonds du Trésor depuis 1863, en moyenne de 4 millions 500 mille francs [147] par an, est contestée par les pouvoirs publics au lendemain de la guerre de 1870. L'avènement de la République, la crise financière du régime après la défaite de 1870, les soupçons autour de la B.A. sont autant de facteurs qui incitent l'État à renégocier les conditions de la gestion du compte du Trésor. Selon une dépêche du ministre des Finances [148] dont il est donné lecture au conseil d'administration, « le compte des trésoriers-payeurs à la B.A. dépasse depuis quelques temps d'une manière sensible les chiffres nécessaires pour les besoins du Trésor. Le ministre ajoute qu'il ne pourrait laisser subsister ces excédants si la Banque ne consentait à tenir compte au Trésor d'un intérêt applicable aux sommes excédant celle de 4 millions, suffisants pour le fonctionnement régulier du service de la trésorerie » [149].

Par la même correspondance, le ministre demande d'accorder un intérêt de 1 % au Trésor sur les sommes dépassant les 4 millions de francs jugées nécessaires aux dépenses annuelles de l'administration publique en Algérie. La B.F., selon la même source, aurait accepté d'accorder à l'État un tel avantage. Le conseil d'administration n'hésite pas à voter à l'unanimité de ses membres l'acceptation des propositions du ministre des Finances [150]. Un traité est signé le même jour, le 24 février 1874, entre la Banque et l'État fixant les modalités de paiement de l'intérêt de 1 % sur les fonds en compte courant dépassant les quatre millions de Francs.

La B.A. n'a pas résisté, cette fois-ci, aux sollicitations du gouvernement. A peine présentée, la demande du ministre est approuvée pendant le même jour, c'est-à-dire le 24 février 1874, et concrétisée par un accord écrit.

Au bout d'une expérience de trois ans, la B.A. se rend compte des effets néfastes des conditions du traité du 24 février 1874 conclu avec l'État. Les intérêts payés au Trésor ne cessent d'augmenter aux dépens de cette société et de ses actionnaires. Une commission est nommée au sein du conseil d'administration pour étudier, s'il y a lieu, de dénoncer l'accord conclu avec l'État. Le traité du 24 février 1874, selon le rapport de cette commission, est devenu « onéreux »[151] pour la Banque et pour ses actionnaires. L'évolution de ce compte et des intérêts payés à l'État le confirme :

Tab. n° 1 : Évolution annuelle du solde du compte du Trésor et des intérêts payés par la B.A. (1870-1877) [152].

Année	Solde du compte Trésor (F)	Intérêts annuels (F)
1870	4 375 000	
1871	4 026 000	
1872	5 168 000	
1873	2 897 000	
1874	5 225 000	12 200
1875	13 200 000	92 000
1876	17 700 000	137 000
1877	17 659 000	134 000
Total		275 000

Il est clair que ce compte n'a été productif d'intérêts qu'à partir de 1874. Mais le problème majeur pour la B.A. réside moins dans l'évolution annuelle de ce compte que dans la variation saisonnière des intérêts payés à l'État. Ces derniers augmentent généralement pendant l'hiver et le printemps, deux saisons pendant lesquelles les exportations algériennes sont à leur plus bas niveau et les importations sont au plus haut niveau. Les archives du ministère des Finances nous ont permis de dresser le tableau des fluctuations saisonnières de ce compte et des intérêts payés au Trésor.

Tab. n° 2 : Évolution trimestrielle du compte du Trésor à la B.A. (1874-1877) [153].

Date des intérêts du compte du Trésor	Soldes créditeurs du compte du Trésor déduction faite de 4 millions	Intérêts payés par la Banque de l'Algérie (1 %)
31 décembre 1874	6 883 535 18	10 373 29
31 mars 1875	12 802 760 21	23 557 56
30 juin 1875	11 270 051 51	31 351 97
30 septembre 1875	5 072 623 76	22 502 54
31 décembre 1875	12 110 574 30	15 174 72
31 mars 1876	19 286 739 08	44 686 88
30 juin 1876	16 302 499 62	43 802 59
30 septembre 1876	9 200 266 94	34 756 46
31 décembre 1876	12 019 855 59	19 833 47
31 mars 1877	13 762 502 66	33 937 38
30 juin 1877	10 357 862 87	32 532 62
30 septembre 1877	4 328 392 54	17 512 73
31 décembre 1877	15 586 591 93	19 434 21
	Total	349 456 42

D'après les archives du ministère des Finances, le total des intérêts payés par l'institut d'émission algérien au Trésor entre 1874 et 1877 est de 349 456 92. En revanche, les archives de la Banque avancent, pour la même période, un total de 275 000 Francs. Cette différence de 74 456 francs 92 est due au fait que la commission de la B.A. a arrêté les comptes au cours du mois de mai 1877, alors que les comptes du ministère des Finances couvrent l'année 1877 entière. En dépit de cette différence relative au mode de calcul, les deux sources d'archive permettent de retracer la même évolution du compte de Trésor représentée par le graphique suivant :

Graph n° 1 : Évolution trimestrielle des soldes créditeurs du compte du Trésor à la B.A. (1874-1877) [154].

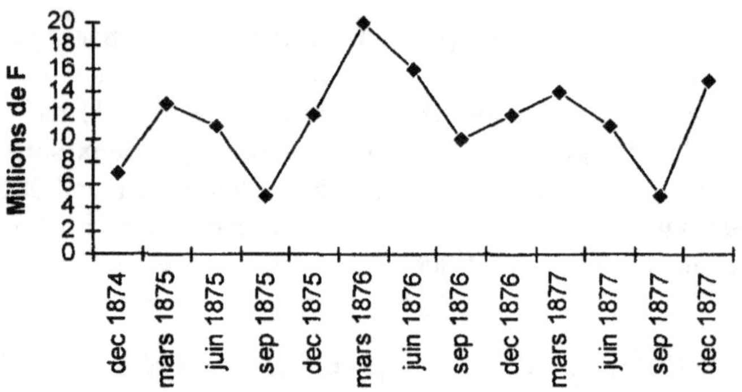

Cette courbe confirme ce que nous avons déjà souligné : l'augmentation des fonds du Trésor déposés à la B.A. pendant les saisons d'hiver et de printemps. L'évolution du compte du Trésor est d'autant plus désastreuse qu'elle intervient dans une période de difficultés et de crises. « Les années 1875 et 1876 ont été exceptionnelles, estime le directeur de la B.A., les affaires ont été rares, nos escomptes ont baissé de telle sorte que l'élévation du compte du Trésor s'est produite pendant une période dans laquelle la Banque n'a pu utiliser les sommes versées » [155]. Le problème provient moins de l'augmentation des fonds du Trésor que du blocage de la Banque qui n'a pas pu profiter de ces sommes disponibles. Cette situation est due à la conjoncture difficile des années 1875-1876 en Algérie, en général, et dans le Constantinois en particulier, question sur laquelle nous aurons l'occasion de revenir.

Indépendamment de ses causes, l'accroissement du compte de Trésor ne pouvait être maintenu. La commission nommée par le conseil d'administration est chargée de trouver une combinaison qui concilie les intérêts de la Banque et ceux du Trésor. Toutefois, une telle solution s'avère difficile sinon impossible.

Des concessions doivent être alors faites en ces temps difficiles. C'est ainsi que la commission s'est prononcée en faveur du maintien du compte du Trésor dans les conditions fixées par le traité du 24 février 1874. « Nous faisons une opération onéreuse pour nous, note le rapport de cette commission, nul doute que le soin des intérêts qui nous sont confiés ne nous commandât dans la circonstance actuelle de renoncer à cette opération. Mais nous ne pouvons nous limiter à ce point de vue doublement restreint du moment actuel et de l'intérêt des actionnaires... Votre commission a reconnu, Messieurs, que le traité du 24 février 1874 ne devrait pas être dénoncé par la Banque, car tous les intérêts et surtout ceux des actionnaires exigent de le maintenir » [156].

Pourquoi cette décision surprenante qui sacrifie les intérêts de la B.A.? Pourquoi le conseil d'administration a-t-il adopté, sans aucun débat, les conclusions de cette commission ?

Tout d'abord, une volonté de maintenir de bons rapports avec les pouvoirs publics a déterminé cette position. Il faut indéniablement éviter le retour à un accident semblable à celui de 1870. Le maintien d'une opération onéreuse pour la Banque, avantageuse pour l'État, est une occasion pour montrer de nouveau au pouvoir républicain les bonnes intentions de cette institution soupçonnée, quelques années auparavant, d'avoir des origines impériales. Sur un autre plan, les rapports entre la Banque et les pouvoirs publics ne se limitent pas à un simple compte courant. Les opérations liant ces deux partenaires « sont, multiples, de plus liées les unes aux autres » [157]. La B.A. accepte donc de perdre sur ce front pour gagner sur un autre. Elle est amenée à sacrifier certains intérêts au profit de causes plus importantes. Voilà une nouvelle conception du rôle de l'institut d'émission et de ses rapports avec l'État.

Au milieu des années soixante, la Banque défendait face aux pouvoirs publics son caractère autonome et privé. Une dizaine d'années plus tard, elle change d'attitude. Elle prétend sacrifier son intérêt privé au profit de l'intérêt général. Ainsi, elle décide de maintenir le compte du Trésor bien qu'il soit nuisible à ses actionnaires. « la B.A., affirme son directeur, n'est pas une institution purement privée et commerciale. Elle n'a pas été instituée et dotée de privilèges considérables dans le seul but d'offrir à des actionnaires l'occasion de bénéfices faciles et fructueux » [158].

Cette conception du rôle de la B.A. est la même que celle déjà formulée par ses détracteurs, comme Ganzin et de Robert, une dizaine d'années auparavant. On ne croirait pas qu'on est en présence de propos tenus par des responsables de la Banque. Cette défense de l'intérêt général et du caractère public de cet établissement étonne celui qui connaît ses positions antérieures sur cette question. Cette nouvelle attitude n'est pas fortuite, elle est liée à la question du renouvellement du privilège qui expire à la fin des années soixante-dix. Dans ces conditions, la règle fixée par ses dirigeants est claire : « Pouvons-nous perdre de vue que le Trésor, c'est l'État, s'interroge le directeur de la Banque, l'État dont nous tenons le privilège ? » [159].

Bien qu'elle ait maintenu le compte du Trésor pour les mobiles indiqués, la B.A. a essayé de modifier certaines clauses du traité du 24 février 1874 dans un sens moins défavorable pour elle. Elle ne désarme pas, d'autant plus que ce compte atteint en 1877 le solde de 24 millions de francs, soit 7 millions de francs de plus par rapport à l'année précédente. Son directeur a contacté la direction du mouvement général des fonds pour assouplir des « charges » qui pèsent sur son établissement. Il écrit au ministre des Finances pour lui demander de réserver à la B.A. le même traitement que celui assigné à la B.F. concernant la gestion du compte du Trésor : « Du moment, M. le ministre, que vous voulez nous assimiler dans la forme à la B.F., voulez-vous nous accorder les mêmes immunités qu'au grand établissement financier de la Métropole qui ne sert à l'État aucun intérêt en compte courant? » [160].

La différence de traitement accordé par le gouvernement aux deux instituts d'émission concernant ce sujet [161], constitue un argument de plus utilisé par la B.A. qui continue à plaider sa cause. Elle ne manque pas de rappeler, à toute occasion, au ministre des Finances que le compte du Trésor est onéreux et qu'il constitue, de ce fait, la partie la plus importante de son passif exigible. « Pour ces diverses considérations, note son directeur, nous avons l'honneur de vous supplier, M. le ministre, de vouloir bien dispenser la Banque de l'intérêt qu'elle paie actuellement au Trésor ou tout au moins d'élever à 10 millions le maximum des sommes qui ne sont point soumises à commission » [162].

Si la B.A. n'ose pas demander la suppression totale de l'intérêt payé au Trésor, elle espère, du moins, relever la base de cet intérêt de 4 à 10 millions de francs. Tout en plaidant sa cause, elle ne veut pas brusquer les choses. Avec un discours conciliant, elle tente de convaincre son partenaire en se présentant comme victime de cette opération qu'elle estime injuste à son égard. Cette démarche a rapporté partiellement ses fruits, puisqu'à partir de janvier 1879, le solde du compte du Trésor est producteur d'intérêt à raison de 1 % par an jusqu'à la limite de cinq millions de francs ; « il n'est dû aucun intérêt sur les sommes qui viendraient à dépasser ce chiffre » [163].

L'opération est donc inversée, puisque l'intérêt dû par la Banque au Trésor n'est plus sur les sommes dépassant 4 millions de francs, mais il est dorénavant fixé en rapport avec le solde inférieur à 5 millions de francs. Une fois que le compte du Trésor atteint 5 millions de Francs, la B.A. n'est redevable à l'État d'aucun intérêt. Ses dirigeants ont accepté cette nouvelle formule proposée par le ministre des Finances [164]. Cette nouvelle combinaison permet, du moins, de réduire l'augmentation vertigineuse de l'intérêt annuel payé au Trésor.

Bien qu'elle soit satisfaite partiellement, car elle paye toujours des intérêts au Trésor, la B.A. demeure très préoccupée en cette fin des années soixante-dix du siècle dernier. Un autre problème l'inquiète, dans le cadre de ses rapports avec l'État, à savoir la prorogation du privilège.

4) Le difficile renouvellement du privilège

Riche d'une expérience de plus d'une vingtaine d'années, la B.A. dispose de plusieurs atouts pour négocier avec les pouvoirs publics le renouvellement de son privilège. Elle était parvenue à résister, durant les années cinquante et soixante, aux attaques et menaces qui pesaient sur elle. Elle avait ménagé de bonnes relations avec le gouvernement auquel elle accordait des avances et des intérêts sur le compte des trésoriers-payeurs en Algérie. Elle pouvait, de ce fait, être rassurée de la prorogation de son privilège qui devait être le prolongement normal et la continuité tacite d'une action exercée depuis 1851.

Toutefois, de nouveaux éléments sont venus troubler cette évolution normale des choses : la crise financière dans le Constantinois qui a affecté le crédit de la Banque [165] et l'attitude du gouvernement de la République à son égard. Malgré les différents signes de loyalisme, voire de soumission de la B.A. au nouveau régime, celui-ci reste méfiant à son égard. Cette attitude réservée et parfois nettement hostile, au cours des années soixante-dix, fait partie d'une politique générale adoptée en Algérie par le nouveau gouvernement contre les entreprises financières. Le meilleur exemple est la Société générale algérienne qui est soupçonnée, elle aussi, d'avoir des liaisons étroites avec le régime impérial. Elle est liquidée et transformée, en ces années soixante-dix, en Compagnie algérienne.

La situation générale de l'Algérie et les choix du pouvoir républicain, encourageant la petite colonisation au détriment de la colonisation capitaliste [166], sont d'autres éléments qui empêchent de négocier le renouvellement du privilège dans de bonnes conditions. Toutes les tentatives entreprises par la B.A. à ce sujet se sont révélées décourageantes. En 1873, lors de son séjour à Paris, son directeur de écrit au conseil d'administration de son établissement plusieurs lettres « l'informant des difficultés » que rencontre la mission qu'il est allé remplir à Paris, et des dispositions « peu favorables du ministre des Finances » [167].

En 1874, bien que le gouvernement oblige la B.A. à créer deux nouvelles succursales, il ne l'autorise ni à une augmentation de son capital ni à une plus longue durée d'existence par une prorogation de son mandat [168]. Au moment où la Banque demande en 1877 une prorogation de son privilège pour une période d'une vingtaine d'années et une modification de ses statuts en vue de l'élargissement de ses activités, la « Section des Finances » établit un rapport au sein duquel elle se demande «s'il n'y avait pas lieu de provoquer dès à présent la fusion de la B.A. et de la B.F.» [169].

L'installation de celle-ci en Algérie a toujours constitué une menace pour l'institut d'émission algérien. Mais il semble cette fois-ci que cette menace prenne un caractère sérieux. L'établissement de l'institut d'émission métropolitain en Algérie n'est pas évoqué dans le cadre d'une campagne menée contre la B.A. par des milieux privés, comme c'était le cas pendant les années cinquante et soixante, mais il est pour la première fois soulevé par une administration officielle. Le péril n'est pas officieux, mais officiel. Contrairement aux demandes précédentes d'implantation de la B.F. en Algérie, et qui émanaient de certains milieux algériens, cette fois-ci la proposition provient de la Métropole. Elle est, certes, évoquée par certains services de l'administration métropolitaine, mais elle est soutenue par la presse parisienne.

Le journal *La France Financière* considère que la fusion des deux banques est un élément indispensable qui répond « à la nécessité de la prompte et complète assimilation des deux pays » [170], vieil argument souvent utilisé par les milieux d'affaires d'Algérie. Après avoir traité les avantages financiers de cette fusion, tel l'abaissement du taux d'escompte et l'organisation du crédit sur des « bases assez larges et assez régulières », cet article conclut que cette opération produirait « l'effet d'un cordon sanitaire qu'on établirait entre les deux pays » [171]. Dans un autre numéro du même journal, le même auteur note : « Nous croyons avoir démontré dans nos précédents articles que la réunion de la B.A. à la B.F. était opportune, qu'elle répondrait au développement industriel et commercial de la colonie » [172].

Le courant est donc inversé : la B.F. n'est plus sollicitée par l'Algérie, mais elle est stimulée par une sorte de consensus métropolitain en faveur de l'extension de ses opérations de l'autre côté de la Méditerranée. Cette nouvelle tendance traduit un changement dans l'attitude des milieux d'affaires français à l'égard de l'Algérie. Après une longue période de réticence, d'hésitation, voire de refus de s'investir en Algérie, les capitaux français acceptent au milieu des années soixante-dix du XIXe siècle de financer l'économie de cette Colonie. A part l'exemple bancaire, le domaine ferroviaire offre un autre témoignage de cette orientation des investissements français vers l'Algérie au cours des années soixante-dix, période pendant laquelle la plus grande partie du réseau ferroviaire fut construite en Algérie [173]. La B.F. accepte-t-elle d'étendre ses services en Algérie ? Comment va réagir l'opinion publique algérienne, et particulièrement la presse coloniale, à l'égard d'un tel projet ?

La B.A., contrairement aux années 1850 et 1860, est bien ancrée dans son milieu algérien. Les commerçants, les hommes d'affaires et la presse, même s'il leur arrive de dénoncer certaines de ses pratiques, ne contestent plus son existence. La presse algérienne, notamment *L'Akhbar*, la soutient et se prononce pour le renouvellement de son privilège. A chaque fois que le journal *La France Financière* aborde la question de sa fusion avec la B.F., il soulève l'attitude de *L'Akhbar* en faveur de son maintien : « En examinant cette proposition de réunion, pour la combattre, le journal *L'Akhbar* »[174] défend le renouvellement du privilège de l'institut d'émission algérien. Par ailleurs, le même organe de presse métropolitain constate que « *L'Akhbar* n'est pas de notre avis » [175] au sujet de l'établissement de la B.F. en Algérie.

Après plus d'une vingtaine d'années d'existence, la B.A. a augmenté son capital social et a renforcé, en même temps, son capital moral en réussissant à créer une entente algérienne qui s'est forgée autour d'elle. C'est ce consensus algérien qui, malgré l'hostilité du gouvernement de la République et les propositions métropolitaines d'installation de la B.F. en Algérie, a tranché en faveur du renouvellement de son privilège.

La loi du 3 avril 1880 est venue couronner l'action militante de cet établissement en étendant son privilège jusqu'au 1er novembre 1897 [176]. Le choix de cette échéance est très significatif. En effet, ce nouveau mandat était accordé « pour une période égale à celle qui reste à recourir au privilège de la B.F. » [177]

Cette liaison entre les échéances des deux sociétés prouve que la B.A. bénéficie désormais, aux yeux des pouvoirs publics, du même statut que l'institut d'émission parisien. L'aide de la Métropole à sa Colonie ne s'est pas faite en assimilant les deux instituts d'émission. L'attribution d'un tel statut par l'État français à la B.A. montre le degré de développement et de maturité de cette institution qui a acquis une certaine personnalité lui permettant de s'imposer face à l'opinion algérienne, mais aussi face aux décideurs métropolitains.

Les rapports de la B.A. avec l'État ont évolué durant une trentaine d'années de vie de cette société. En 1851, elle est créée grâce à une décision, voire à une aide financière de l'État et à un soutien particulier du ministre des Finances A. Fould. A peine fondée, elle se trouve, après le départ de ce dernier du ministère des Finances, contestée par les milieux d'affaires algériens et menacée par une éventuelle implantation de la B.F. en Algérie. Avec le retour de Fould aux affaires en 1861, son action et ses rapports avec l'État se sont consolidés. Deux exemples en témoignent : les décisions libérales de 1863 et le compte du Trésor dont elle profite gratuitement.

La B.A. doit sa naissance, le prolongement de son existence et son développement pendant la période impériale grâce, en grande partie, à la protection d'A. Fould. L'avènement de la IIIe République au lendemain de 1870 brise cette entente forgée pendant une vingtaine d'années d'harmonie et de compréhension mutuelle instaurées entre les pouvoirs publics et l'institut d'émission algérien. Les accusations portées contre elle sont graves et mettent en danger ses jours. Soupçonnée d'avoir des attaches et même des origines impériales, elle était la cible du nouveau gouvernement. Une méfiance est constamment maintenue à son égard. Malgré ses multiples sacrifices et ses différents signes de loyalisme à la nouvelle autorité, elle a eu du mal à arracher le renouvellement de son privilège et à réaffirmer de nouveau son existence.

Créée au début comme une banque locale destinée à se substituer au Comptoir d'escompte d'Alger, la B.A. œuvrait lors de ses premiers jours sur un terrain glissant, d'où l'étroite surveillance que lui imposait l'État par l'intermédiaire du ministre des Finances. Pour mieux asseoir son crédit et pour gagner la confiance des milieux d'affaires, elle trouvait un certain intérêt à être considérée comme un établissement d'utilité publique.

Ayant réussi à s'imposer comme l'intermédiaire inévitable entre l'Algérie et l'État métropolitain, la B.A. fut assimilée par l'État, dès le milieu des années 1860, aux banques métropolitaines privées. Ses dirigeants commençaient alors à aspirer à une marge de liberté plus importante en estimant que leur institution n'était pas un organisme public et qu'il bénéficiait de la latitude dont jouissait toute banque privée. Le contrôle de l'État ne devait être, en ce cas, qu' un contrôle moral. Voulant profiter du contexte de 1870, la B.A. a cherché à affirmer son indépendance totale à l'égard de l'État métropolitain en contestant l'application de lois décidées par le Gouvernement de la défense nationale et en refusant des bons du Trésor émis par cette même autorité.

Pour effacer les traces de ces faux pas accomplis à l'égard de la République, elle a montré tous les signes de loyalisme. Cette nouvelle épreuve réussie après un scepticisme qui a duré dix ans, elle obtient une nouvelle promotion : la loi du 3 avril 1880 prolonge son privilège jusqu'au 1er novembre 1897, c'est-à-dire la même échéance que celle de la B.F. Après avoir réussi à s'imposer face à l'État qui l'assimile désormais à l'institut d'émission métropolitain, du moins au niveau des échéances, la B.A. arrive-t-elle à s'imposer au commerce algérien ?

Notes :

[1] A.N.F., 65 AQ A 171.
[2] A.O.M.A., 80 S 5, A.G. du 27 novembre 1869.
[3] A.O.M.A., 80 3 123, C.A. du 21 février 1865.
[4] A.O.M.A., 80 S 12, C.A. du 28 novembre 1859.
[5] A.O.M.A., F 80 1762, lettre du directeur de la B.A. au gouverneur général de l'Algérie, 8 juin 1861.
[6] A.O.M.A., 80 S 5, A.G. du 28 novembre 1857.
[7] La B.A. a procédé le 1er novembre 1851 à l'émission de 2 000 actions. Lors de la fondation de la succursale d'Oran, elle a souscrit, en août 1856, 2 000 actions au taux de 600 F. La dernière série de 2 000 actions est souscrite en juillet 1857 suite à la création de la succursale de Constantine.
[8] A.O.M.A., 80 S 122, C.A. du 1er septembre 1860.
[9] Selon cette loi du 9 juin 1857, «le capital de la Banque représenté aujourd'hui par quatre-vingt-onze mille deux cents actions, sera présenté désormais par cent quatre-vingt-deux mille cinq cent actions, d'une valeur nominale de mille franc chacune». Loi du 9 juin 1857, art. 3, cité par A. PLESSIS, *La politique de la Banque de France de 1851 à 1870*, Genève, Droz, 1985, p. 340.
[10] PLESSIS (A.), *ibid.*, p. 296.
[11] A.O.M.A., 80 S 122, C.A. du 1er septembre 1860.
[12] A.O.M.A., 80 S 5, A.G. du 28 novembre 1859.
[13] A.O.M.A., F80 1762, lettres de la B.A. au ministre des Finances, 25 avril 1862 et 30 septembre 1862.
[14] A.O.M.A., 80 S 122, C.A. du 1er septembre 1860.
[15] A.O.M.A., 80 S 5, A.G. du 28 novembre 1857.
[16] A.O.M.A., 80 S 5, A.G. du 28 novembre 1859.

[17] A.O.M.A., 80 S 5, A.G. du 27 novembre 1860.
[18] A.N.F., 1 65 AQ A 17 1, décret impérial du 30 mars 1861.
[19] A.N.F., 1 65 AQ A 17 1, *ibid.*, art. 2.
[20] A.N.F., 1 65 AQ A 17 1, *ibid.*, art. 3.
[21] A.N.F., 1 65 AQ A 17 1, *ibid.*, art. 4.
[22] BARBIER (F.), *Finance et politique, la dynastie des Fould XVIIe-XIXe siècles*, Paris, Armand Colin, 1991, p. 203.
[23] A.O.M.A., 80 S 122, CA du 8 mars 1864.
[24] A.O.M.A., 80 S 123, CA du 21 février 1865.
[25] PLESSIS (A.), *La politique de la Banque de France...*, *op. cit.*, p. 260.
[26] LEMENOREL (A.), « La banque et la province : La faillite du Comptoir d'escompte de Bayeux (1853-1869)», dans *Revue Historique*, octobre 1988, n° 568, pp. 470-487.
[27] PLESSIS (A.), *La politique de la Banque de France...*, *op. cit.*, p. 328.
[28] A.O.M.A., 80 S 122, rapport présenté au C.A. du 8 février 1862.
[29] A.O.M.A., 80 S 122, C.A. du 29 juillet 1862.
[30] A.O.M.A., 80 S 122, *ibid.*
[31] Il est très rare que des A.G.E. soient convoquées par la B.A. . Cela montre la régularité de la marche de la Banque, mais aussi le manque d'innovations et de changements. En effet, de 1851 à 1890, l'A.G.E. de 1863 est la seule de ce genre, pendant une quarantaine d'années, à avoir eu lieu.
[32] A.O.M.A., 80 S 5, A.G.E. du 17 janvier 1863.
[33] A.O.M.A., 80 S 5, *ibid.*
[34] Cité par PICARD (E.), *La monnaie et le crédit en Algérie depuis 1830*, Paris, Plon, 1930, p. 141.
[35] GANZIN (E.), *De la situation du crédit commercial, industriel et agricole en Algérie et son organisation par la Banque de France*, Alger, Imprimerie algérienne Dubos frères, 1858, p. 4.
[36] GANZIN (E.), *ibid.*, p. 5.
[37] GANZIN (E.), *ibid.*, p 16.
[38] GANZIN (E.), *ibid.*, p 18.
[39] GANZIN (E.), *ibid.*, p. 41.
[40] ROBERT (E.), *De la transformation nécessaire de la Banque de l'Algérie en succursale de la Banque de France*, Paris, Imprimerie H. Carion, 1860, pp. 4-5.
[41] ROBERT (E.), *ibid.*, p. 7.
[42] ROBERT (E.), *ibid.*, p. 10.
[43] ROBERT (E.), *ibid.*, p. 5.
[44] ROBERT (E.), *ibid.*, p. 4.
[45] ROBERT (E.), *ibid.*, p. 13.
[46] ROBERT (E.), *ibid.*, p. 12.
[47] Cité par PICARD (E.), *La monnaie et le crédit...*, *op. cit.*, p. 141.
[48] REY (J.A), *La Banque en Algérie*, Alger, Imprimerie de A. Bourget, 1858, p. 10.
[49] ROBERT (E.), *ibid.*, p. 5.
[50] ROBERT (E.), *ibid.*, p. 9.
[51] ROBERT (E.), *ibid.*, p. 8.
[52] Anonyme, *Considérations sur les Banques d'émission*, Conférences Scientifiques et Littéraires de 1869 sous le patronage de la Société Industrielle de Mulhouse. Allocution anonyme, Paris, Typographie d'Henri Plon, (s.d.), p. 57.
[53] REY (J.A.), *La Banque en Algérie, op. cit.*, p. 13.
[54] REY (J.A.), *ibid.*, p. 20.
[55] Après l'achèvement de la conquête de la Kabylie en juillet 1857, « Napoléon III essaya d'abord de réaliser l'assimilation que réclamaient les Français». Pour mettre en application cette politique, « il supprima le Gouvernement général et institua par décret du 24 juin 1858 un ministère de l'Algérie et des colonies », JULIEN (Ch.A.), *Histoire de l'Algérie contemporaine : la conquête et les débuts de la colonisation*, Paris, PUF, 1964, p. 411.
[56] REY (J.A.), *La Banque en Algérie, op. cit.*, p. 21.

[57] REY (J.A.), *ibid.*, p. 21.
[58] REY (J.A.), *ibid.*, p. 29.
[59] Paul Leroy-Beaulieu est le gendre de Michel Chevalier.
[60] A.O.M.A., 80 S 122 , CA du 12 juin 1863.
[61] A.O.M.A., 80 S 122, C.A. du 18 juillet 1863.
[62] A.O.M.A., 80 S 122, *ibid.*
[63] L'enquête algérienne est effectuée en juin-juillet 1863. En revanche, l'idée d'une enquête financière et monétaire en France est lancée par Michel Chevalier le 30 mai 1864 et elle est reprise par les journaux pendant la même année pour être réalisée en 1865. L'antécédence de l'enquête algérienne n'empêche pas, à notre avis, de la comparer à celle de la Métropole. En ce qui concerne la méthode de travail, c'est l'administration des finances qui a procédé à l'enquête algérienne, alors qu'on a demandé en France aux banquiers, tels que les Pereire ou les Régents de la B.F., de se prononcer eux-mêmes sur les questions financières et monétaires.
[64] PLESSIS (A.), *La politique de la Banque de France..., op. cit.*, pp. 272-277.
[65] A.O.M.A., 80 S 122, C.A. du 14 septembre 1863.
[66] A.O.M.A., 80 S 122, C.A. du 30 octobre 1863.
[67] A.O.M.A., 80 S 123, C.A. du 31 janvier 1865.
[68] Ces 2 000 actions seront émises à 700 F, avec une prime de 200 F, la valeur réelle de chacune étant de 500 F. Une préférence est toujours accordée aux actionnaires de la Banque pour acheter les nouvelles actions de la B.A.
[69] A.O.M.A., 80 S 122, lettre du ministre des Finances à la B.A., 23 octobre 1863.
[70] A.O.M.A., 80 S 122, *ibid.*
[71] A.O.M.A., 80 S 122, *ibid.*
[72] PLESSIS (A.), *La politique de la Banque de France..., op. cit.*, p. 295.
[73] PV du conseil général de la Banque de France du 22 octobre 1863, cité par A. PLESSIS, *ibid.*, p. 295.
[74] Cette convention était signée à Paris par Villiers, directeur de la Banque d'Algérie et Vuitry, gouverneur de la B.F.. Elle était approuvée au préalable par le conseil général de la Banque de France dans sa séance du 22 octobre 1863.
[75] A.O.M.A., 80 S 122, Convention du 23 octobre 1863 entre la B.F. et la B.A., art. 1.
[76] A.O.M.A., 80 S 122, *ibid.*, art. 3.
[77] Le réseau de banques privées métropolitaines se compose de banques d'affaires et de banques de dépôt : le Crédit mobilier créé en 1852 et le Crédit industriel et commercial fondé en 1859 constituent les deux principales banques d'affaires de l'époque. En cette année 1863, date de la convention conclue entre la B.A. et la B.F., le Crédit lyonnais, banque de dépôt par excellence, est né.
[78] A.O.M.A., 80 S 5, A.G. du 28 novembre 1859.
[79] L'article deux de la loi du 30 avril 1849 définit les principes qui régissent les banques coloniales : «Sur la rente de 6 millions, le huitième de la portion afférente à la Martinique, à la Guadeloupe et à la Réunion sera prélevé pour servir à l'établissement d'une banque de prêt et d'escompte dans chacune de ces colonies. Les titres des rentes prélevés seront déposés dans les caisses des banques à gages et garanties des billets qu'elles sont autorisées à émettre... Tout colon indemnitaire recevra des actions de la banque de prêt et d'escompte jusqu'à concurrence de la retenue qu'aura subie sa part d'indemnité», DENIZET (P.), *Essai sur les banques coloniales*, thèse de droit, Paris, Pedone Éditeur, 1899, p. 23.
[80] A.O.M.A., C.A. du 8 mars 1864.
[81] A.O.M.A., , 80 S 5, A.G. du 26 novembre 1864.
[82] Conseil Supérieur de l'agriculture, du commerce et de l'industrie : *Enquête sur les principes et les faits généraux qui régissent la circulation monétaire et financière*, Imprimerie Impériale, Paris, (s.d.).
L'idée d'une enquête sur la B.F. était suggérée, pour la première fois, par les Pereire en mai 1864. Cette idée gagna le monde du commerce qui adressa en octobre 1864 à l'Empereur une pétition à ce sujet. Pour se défendre, la B.F. a adressé le 4 janvier 1865 Napoléon III une requête demandant «une

enquête complète» sur les finances et l'économie du pays (voir A. PLESSIS, *La politique de la Banque de France... », op. cit.*, p. 273).
Le principe d'une enquête sur les banques, les finances, la monnaie et le commerce est alors adopté par le gouvernement. Cette enquête est constituée par les dépositions des différents banquiers, hommes d'affaires et certains anciens ministres ayant relation avec le commerce et la finance. La plupart de ces dépositions sont écrites, mais d'autres dépositions sont orales. La première séance de cette enquête est ouverte par le conseil supérieur du commerce le 7 février 1865. Le conseil supérieur de commerce a consacré 29 séances à l'audition des dépositions, la dernière est celle du 30 juillet 1866. C'est le 26 décembre 1868 que le conseil supérieur du commerce clôture l'enquête et il remet un rapport à l'Empereur le 10 janvier 1869.

[83] A.O.M.A., 80 S 123, note adressée au ministre des Finances et présentée au C.A. du 21 février 1865.

[84] Cette participation algérienne à l'enquête monétaire métropolitaine est officieuse car les dépositions doivent être présentées au conseil supérieur du commerce ayant mission de discuter et d'étudier ces questions et non pas au ministre des Finances. D'un autre côté, nous avons vérifié les textes publiés de cette enquête, aucun rapport ou aucune déposition relative à l'Algérie ne figure parmi les documents de cette enquête. Toutefois, la note remise par la B.A. au ministre des Finances trace les mêmes problèmes étudiés par l'enquête métropolitaine avec la même méthodologie que les dépositions parisiennes. Par son contenu et sa conception, le document remis par la B.A. au ministre des Finances entre, du moins officieusement, dans le cadre de l'enquête métropolitaine de 1865.

[85] A.O.M.A., 80 S 123, note adressée au ministre des Finances et présentée au C.A. du 21 février 1865.

[86] A.O.M.A., 80 S 123, *ibid.*

[87] Le même problème était longuement discuté et étudié par l'enquête métropolitaine.

[88] A.O.M.A., 80 S 123 note approuvée par le C.A. du 21 février 1865 et adressée au ministre des Finances.

[89] A.O.M.A., 80 S 123, *ibid.*

[90] A.O.M.A., 80 S 123, *ibid.*

[91] Voir notre étude : *Impérialisme et réformisme au Maghreb. Histoire d'un chemin de fer algéro-tunisien*, Cerès Production, Tunis, 1994, et voir notre article « L'affaire l'Ouenza, 1900-1914 », dans *Revue d'Histoire Maghrébine*, n° 63-64, juillet 1991, pp. 259-277.

[92] A.O.M.A., 80 S 123. note approuvée par le C.A. du 21 février 1865 et adressée au ministre des Finances.

[93] A.O.M.A., 80 S 123, C.A. du 21 février 1865.

[94] A.O.M.A., 80 S 123, lettre du Ministre des Finances à la BA, en date du 19 octobre 1866.

[95] A.O.M.A., 80 S 123, *ibid.*

[96] A. Fould a contribué à la fondation du Crédit mobilier en 1852. « Parmi les fondateurs, on rencontre en effet : Benoît Fould, le frère du ministre lequel a opportunément jugé plus habile de ne pas paraître ». A. Fould parlant lui-même du projet du Crédit mobilier notait : «... je ne trouvais... personne de plus convenable sous tous les rapports que MM Émile et Isaac Pereire... », J. AUTIN, *Les Frères PEREIRE, le bonheur d'entreprendre*, Paris, Perrin, 1984, p. 110 et p. 113.

[97] A.O.M.A., 80 S 123, lettre d'A. Fould à la B.A., 19 octobre 1866.

[98] A.O.M.A., 80 S 123, *ibid.*

[99] A.O.M.A., 80 S 123, *ibid.*

[100] A.O.M.A., 80 S 123, C.A. du 3 janvier 1868.

[101] Loi autorisant la libre formation des entreprises, y compris les établissements bancaires, quelle que soit la taille du capital social. Cette loi de 1867 survient après celle de mai 1863 autorisant la libre constitution des sociétés dont le capital ne dépasse pas les 20 millions de francs. Voir BOUVIER (J.) : *Initiation au vocabulaire et aux mécanismes économiques contemporains (XIXe-XXe)*, Paris, CDU et SEDES réunis, collection Regards sur l'histoire, quatrième édition, 1982, pp. 204-205.

[102] A.N.F., 65 AQ A 171, statuts de la B.A., art. 1. Ces statuts rédigés par le notaire Porcellaga et signés par la B.A. le 8 janvier 1868 sont approuvés par le décret impérial du 15 janvier de la même année.
[103] A.N.F., 65 AQ A 171, *ibid.*, art. 5.
[104] A.N.F., 65 AQ A 171, *ibid.*, art. 15.
[105] A.N.F., 65 AQ A 171, *ibid*, art. 20.
[106] A.N.F., 65 AQ A 171, *ibid*, art. 24.
[107] JULIEN (Ch.A.), *Histoire de l'Algérie contemporaine...*, *op. cit.*, p. 439.
[108] REY-GOLDZEIGUER (A.), *Le Royaume arabe. La politique algérienne de Napoléon III (1861-1870)*, Alger, SNED, 1977, p. 593.
[109] La S.G.A. est créée pour fournir 100 millions de francs, elle est gérée par une co-direction de Louis Frémy, gouverneur du C.F.F., et Paulin Talabot, concessionnaire du P.L.M. et de la Mine MKCTA El Hadid. Nous étudierons, dans cette même partie, la création et les opérations de la S.G.A.
[110] Il s'agit des sociétés à responsabilité limitée qui peuvent selon la loi de mai 1863 se former sans autorisation gouvernementale si le capital social ne dépasse pas 20 millions de francs.
[111] Crée en mai 1963 avec un capital de 20 millions de francs, le Crédit lyonnais est le premier à profiter de la nouvelle législation.
[112] A.N.F., 65 AQ A 171, rapport à l'A.G. du 26 novembre 1867.
[113] A.O.M. A, 80 S 124, rapport inséré à la séance du C.A. du 4 octobre 1870.
[114] A.O.M.A., 80 S 415, lettre du préfet Warnier au gouverneur général, 23 septembre 1870.
[115] A.O.M.A., 80 S 415, *ibid.*
[116] A.O.M.A., 80 S 415, *ibid.*
[117] A.O.M.A., 80 S 415, *ibid.*.
[118] CAT (E.), *Biographies algériennes, colons, fonctionnaires, savants, commerçants et industriels*, Alger, Imprimerie spéciale de l'Algérie nouvelle (s.d.), p. 246.
[119] REY-GOLDZEIGUER (A.), « Les plébiscites en Algérie », dans *Revue Historique*, 1963, p. 129.
[120] CAT (E.), *Biographies algériennes...*, *op. cit.*, p. 247.
[121] A.O.M.A., 80 S 415, lettre du préfet Warnier au gouverneur général, 23 septembre 1870.
[122] A.O.M.A., 80 S 415, *ibid.*
[123] A.O.M.A., 80 S 415, *ibid.*
[124] A.O.M.A., 80 S 415, lettre de Villiers au gouverneur général, 4 octobre 1870.
[125] A.O.M.A., 80 S 415, *ibid.*
[126] A.O.M.A., 80 S 123, note adressée au ministre des Finances et présentée au CA du 21 février 1865.
[127] A.O.M.A., 80 S 415, lettre de Villiers au gouvernement général, 4 octobre 1870.
[128] A.O.M.A., 80 S 415, *ibid.*
[129] A.O.M.A., 80 S 124, C.A. du 16 octobre 1870.
[130] A.O.M.A., 80 S 124, *ibid.*
[131] A.O.M.A., 80 S 124, traité du 26 octobre 1870 entre la B.A. et l'État.
[132] A.O.M.A., 80 S 124, *ibid.*, art. 2.
[133] A.O.M.A., 80 S 124, *ibid.*, art. 3.
[134] A.O.M.A., 80 S 124, A.G. du 30 novembre 1870, 80 S 124.
[135] Le P.V. de la séance du 7 mars 1871 n'est pas indiqué dans le registre des délibérations du conseil d'administration. C'est lors de la réunion du 9 mars 1871 qu'on a fait allusion à cette décision du conseil du 7 mars 1871, A.O.M.A., 80 S 124.
[136] A.O.M.A., 80 S 124, C.A. du 9 mars 1871.
[137] A.O.M.A., 80 S 124, *ibid.*
[138] Le P.V. ne cite pas les noms des administrateurs hostiles ou favorables à cette avance de 5 millions.
[139] A.O.M.A., 80 S 124, C.A. du 9 mars 1871.
[140] A.O.M.A., 80 S 124, *ibid.*

[141] A.O.M.A., 80 S 124, *ibid.*
[142] A.O.M.A., 80 S 124, *ibid.*
[143] A.O.M.A., 80 S 124, *ibid.*
[144] A.O.M.A., 80 S 124, *ibid.*
[145] A.O.M.A., 80 S 124, *ibid.*
[146] A.O.M.A., 80 S 123, lettre d'A. Fould à la B.A., 23 octobre 1863.
[147] A.O.M.A., 80 S 124, C.A. du 9 mars 1871.
[148] A.O.M.A., 80 S 124, la date de cette dépêche n'est pas indiquée, mais elle est présentée par le directeur de la Banque au C.A. du 24 février 1874.
[149] A.O.M.A., 80 S 124, C.A. du 24 février 1874.
[150] A.O.M.A., 80 S 124, *ibid.*
[151] A.O.M.A. 80 S 125, C.A. du 22 mai 1877,
[152] A.O.M.A. 80 S 125, *ibid.*
[153] M.F.F., carton B 34 127, « Banque de l'Algérie, contrôle des intérêts trimestriels », anonyme et s.d.
[154] M.F.F., carton B 34 127, *ibid.* Rappelons que les quatre millions de francs non productifs d'intérêts, selon les modalités fixées par le traité du 24 février 1874, sont déduits de ces sommes.
[155] A.O.M.A., 80 S 125, C.A. du 22 mai 1877.
[156] A.O.M.A., 80 S 125, *ibid.*
[157] A.O.M.A., 80 S 125, *ibid.*
[158] A.O.M.A., 80 S 125, *ibid.*
[159] A.O.M.A., 80 S 125, *ibid.*
[160] A.O.M.A., 80 S 125, lettre de la B.A. au Ministre des Finances, 19 février 1878.
[161] « La B.F. reçoit des dépôts, en compte courant, sans verser jamais d'intérêt... Le Trésor bénéficie d'un tel compte qui fonctionne à la fois à Paris et dans les succursales selon les ordres du mouvement général des fonds », A. Plessis, *Politique de la Banque de France ..., op. cit.*, p. 23.
[162] A.O.M.A., 80 S 125, lettre du 19 février 1878 envoyée par la B.A. au ministre des Finances.
[163] A.O.M.A., 80 S 125, lettre du ministre des Finances du 13 janvier 1879.
[164] A.O.M.A., 80 S 125, C.A. du 22 janvier 1879.
[165] NOUSCHI (A.), « La crise commerciale et financière de 1875 en Algérie et dans le Constantinois», dans *Revue d'histoire économique et sociale*, 1958, n° 1, pp. 412-431.
[166] AGERON (Ch.R.), *Histoire de l'Algérie contemporaine, t. II. De l'insurrection de 1871 au déclenchement de la guerre de libération (1954)*, Paris, PUF, 1973, pp. 90-91.
[167] A.O.M.A., 80 S 124, C.A. du 17 juin 1873.
[168] A.O.M.A., 80 S 124, C.A. du 18 septembre 1874.
[169] A.O.M.A., 80 S 125, C.A. du 23 juin 1877.
[170] *La France Financière* du 13 décembre 1874, article écrit par J. Albert.
[171] *Ibid.*
[172] *La France Financière* du 27 décembre 1874.
[173] GHARBI (M.L.), «La stratégie ferroviaire française en Afrique du Nord ou l'unité ferroviaire maghrébine (1852-1939)», dans *Revue d'Histoire des Chemins de fer*, printemps 1991, pp. 25-33.
[174] *La France Financière* du 27 décembre 1874.
[175] *La France Financière* du 13 décembre 1874.
[176] A.N.F., 65 AQ A 171.
[177] A.O.M.A., 80 S 125, C.A. du 14 août 1878.

Chapitre II

La Banque d'Algérie : Une institution de crédit commercial

En dépit de certaines difficultés, la B.A. est parvenue, à la fin des années soixante-dix, à s'imposer face au pouvoir politique métropolitain et algérien. Mieux encore, elle est considérée comme une réussite coloniale puisqu'elle est jugée en cette période du développement de l'Empire colonial français [1] comme un modèle à suivre. Édouard Delessert, administrateur délégué de la Banque d'Indochine, évoque dans le rapport annuel aux actionnaires du 25 mai 1875 l'avenir que devait prendre son institution à l'image de la B.A. : « Nous vous ferons remarquer, dit-il, qu'une banque coloniale fonctionne depuis de longues années déjà en Algérie et que, bien que la population du pays soit disséminée sur des espaces considérables, cet établissement donne de beaux résultats ; ses actions se négocient dans les cours de 1 500 F, soit 1 000 F de prime environ » [2].

Avec ces atouts, la B.A. réussit-elle à s'imposer face à un autre partenaire aussi proche et aussi exigeant que le pouvoir politique, à savoir les milieux d'affaires algériens ? Est-elle considérée par ses dirigeants et par le négoce algérien comme étant une institution de crédit commercial ? Quelle politique de crédit adopte-t-elle avec le commerce qui est à l'origine de sa création ?

I) La politique de crédit de la B.A.

Dans leur article premier, ses statuts précisent qu'elle est une banque d'escompte, de circulation et de dépôt. Son rôle primordial est donc d'ordre commercial. Son directeur n'a cessé de rappeler que sa « Banque est une institution de crédit commercial » [3]. Elle est créée pour fournir au commerce les moyens nécessaires à son développement, à savoir l'escompte du papier commercial et l'émission monétaire. Même au niveau de son organisation administrative, elle est conçue, dès sa fondation, comme un instrument de crédit commercial. Est-elle alors parvenue à assurer cette fonction pendant une trentaine d'années d'activité, c'est-à-dire de 1851 à 1880 ? A-t-elle réussi à faire accepter par le commerce et par le public ses billets ? Est-elle arrivée à assainir la circulation monétaire ?

1) Au centre de la relation entre la B.A. et le commerce algérien : les escomptes et leur évolution de 1852 à 1880

Les comités d'escompte du siège d'Alger et ceux des succursales ont pouvoir de décider de l'admission ou du refus à l'escompte de tout demandeur de crédit. Chaque commerçant, en plus de la solvabilité de son papier, doit être appuyé par un membre du comité d'escompte, voire par un administrateur de la Banque ou de l'une de ses succursales. Il faut rappeler aussi que cette dernière accorde l'escompte au papier commercial revêtu de deux signatures. Elle en fournit la troisième signature, mais avec une autre condition relative au domicile du commerçant concerné. Ses statuts précisent à ce sujet qu'elle reçoit à l'escompte « les effets à ordre, timbrés, payables en Algérie ou en France, portant la signature de deux personnes, au *moins, notoirement solvables, et dont l'une, au moins,* doit être domiciliée à Alger ou au siège d'une succursale » [4].

Toutes ces conditions exigées par la B.A. en matière d'escompte se justifient, aux yeux des fondateurs de cet établissement, par l'absence de réglementation et de tradition algériennes dans le domaine du crédit. Mais ces conditions sont, d'un autre côté, contraignantes et restrictives, car elles limitent le nombre de demandes de crédit. Si une pareille réglementation existe en France, elle ne constitue aucune entrave au crédit, car il est facile au commerçant de trouver, auprès du réseau de banques privées, une deuxième signature. En revanche, l'absence en Algérie d'un tel réseau de banques privées pénalise un grand nombre de commerçants ayant du mal à se procurer cette seconde signature. La création, au milieu des années soixante, de la Société générale algérienne devait théoriquement faciliter les choses en fournissant la deuxième signature rare et parfois plus difficile que celle de la B.A. Compte tenu de cette situation, le papier algérien qui remplit les conditions du réescompte est par sa nature rare et limité. La troisième signature fournie par l'institut d'émission algérien trouve ainsi un nombre réduit de papier solvable.

Un autre type de limitation, à caractère géographique, est imposé au commerce et au crédit. En effet, d'après l'article 16 des statuts déjà cité, seuls les commerçants ayant domicile à Alger ou dans une ville dotée d'une succursale de la Banque peuvent bénéficier de son crédit. Aussi, les négociants de plusieurs villes dépourvues de succursales de cette institution ne peuvent-ils pas, même s'ils sont solvables, s'adresser directement à la B.A. ou à l'un de ses établissements. Ils sont obligés de s'adresser à un tiers domicilié à Alger ou dans une ville abritant le siège d'une succursale de l'institut d'émission.

Non seulement cette pratique complique les circuits de l'argent, mais elle rend le crédit, par la nécessité de la deuxième signature, de plus en plus cher. La chambre de commerce de Bône justifie en 1863 sa demande de création d'une succursale de la B.A. par les complications que lui impose l'escompte du papier d'origine bônoise à Constantine. Parlant de la succursale de Constantine, la chambre de commerce de Bône précise que « cet établissement n'offre aucun avantage à Bône. Aussi pour opérer une négociation d'effets, il est indispensable d'avoir un représentant à Constantine, de payer une commission... » [5]

Les ambitions du commerce au lendemain de la naissance de la B.A. étaient grandes. La presse algérienne, faisant l'écho des milieux d'affaires d'Algérie, parlait des « services qu'on est en droit d'attendre d'elle » [6]. Mais étant donné les différentes restrictions portées au crédit, par cette institution et par une réglementation prohibitive, les déceptions des intérêts commerciaux étaient aussi grandes que leurs ambitions.

S'il est difficile d'arrêter le nombre d'effets refusés à l'escompte ainsi que leur valeur, il est en revanche possible de cerner l'action de la B.A. dans ce domaine à travers l'évolution de ses escomptes. Après la période de naissance et d'apprentissage, qui a duré une décennie (de 1851 à 1861), deux grandes phases de l'évolution de ses escomptes se dessinent : la première de 1862 à 1871, la deuxième de 1871 à 1880.

2) L'évolution timide des escomptes de la B.A. de 1862 à 1871

Pendant cette période (de 1862 à 1871), le mouvement des escomptes est lent et l'évolution est faible. Cette évolution, en plus de sa lenteur, connaît un coup d'arrêt en deux temps : en 1867 puis en 1871. L'élément qui nous intéresse, dans ce contexte, est le ralentissement des escomptes beaucoup plus que leur accroissement. Le tableau suivant nous donne une idée des oscillations du nombre d'effets escomptés.

Tab. n° 3 : Nombre d'effets escomptés par la B.A. de 1862 à 1

Année	Alger	Constantine	Oran	Bône	Philippeville	Total
62	57 028	14 601	27 559			99 188
63	62 434	16 497	28 214			107 145
64	53 145	20 414	30 448			104 007
65	43 991	23 604	36 957			104 552
66	48 731	33 017	39 838			121 586
67	43 236	36 031	39 605			118 872
68	39 894	36 529	44 444			120 867
69	55 955	30 917	49 083	10 430		146 385
70	65 175	38 674	54 525	20 383		178 757
71	33 118	34 801	33 706	9 473		111 098
72	68 858	50 605	63 783	19 342		202 588
73	79 047	60 754	85 189	26 527		251 514
74	99 089	68 265	100 119	21 174		288 647
75	82 462	54 483	91 751	16 995		245 691
76	86 507	49 683	93 238	14 625	6 565	256 694
77	95 663	63 566	101 570	15 221	7 628	304 030
78	100 022	56 741	106 174	14 593	8 264	317 612
79	116 888	66 876	96 156	15 207	13 539	337 659
80	135 483	77 936	136 130	24 693	16 746	423 535

Représentés en graphique, ces effectifs expriment les tendances suivantes :

Graph. n° 4 : Effets escomptés par la B.A. (1862-1880) [7]

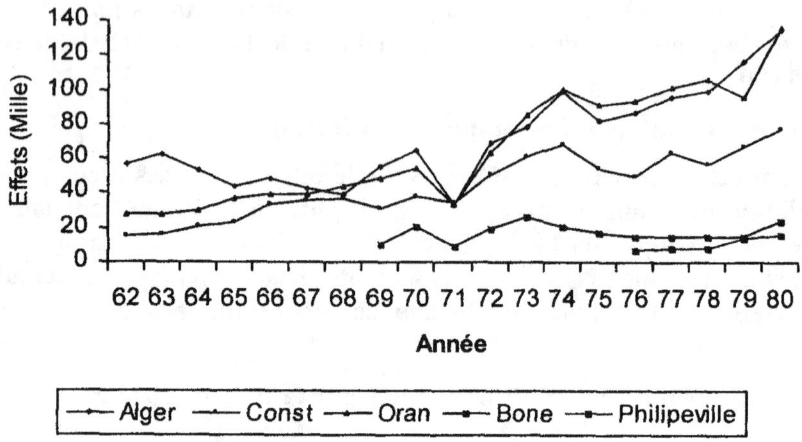

Nous constatons, à partir de cette courbe, une stagnation du nombre d'effets escomptés en 1867-1868, puis une diminution significative en 1871. Ces deux tendances, survenues lors de la crise économique de 1867 et au lendemain de la guerre de 1870, méritent d'être cernées en rapport avec ces deux contextes.

a) Attitude de la B.A. vis-à-vis de la crise de 1867

Pendant la crise économique et sociale qui a affecté aussi bien la société européenne que la société musulmane, la Banque a procédé à une restriction de ses crédits. Vu le fléchissement spectaculaire de la production et le rétrécissement des transactions commerciales, elle ne peut que limiter ses escomptes. Une telle attitude est présentée par son directeur non comme une restriction du crédit, mais comme une conséquence de « l'élévation de la moyenne des billets en portefeuille» [8]. Indépendamment du nombre d'effets escomptés, la Banque a réussi en 1867 à maintenir un volume d'escompte légèrement supérieur à celui de l'année précédente. En effet, les sommes avancées en guise d'escompte ont connu, au cours de cette dernière année, une augmentation de 1 173 568 F 89. Mais cette progression est insignifiante car, si on la situe dans le sens de l'évolution générale, elle perd sa valeur. Pour mieux élucider cette question, il faut comparer l'élévation du volume de l'escompte de 1866 à 1867 par rapport à l'année précédente, c'est-à-dire 1865 à 1866 :

Tab. n° 4 : Variation de l'augmentation du volume de l'escompte entre 1865-66 et 1866-67

De 1865 à 1866	18 005 775 F 19
De 1866 à 1867	1 173 568 F 89

Sur un autre plan, cette augmentation cache des disparités et même une diminution enregistrée dans certaines succursales.

Tab. n° 5 : Volume des escomptes de la B.A. pendant la crise de 1867 [9]

Années	Alger (F)	Constantine (F)	Oran (F)	Total du volume des escomptes (F)	Nombre d'effets escomptés
1866	34 278 909 07	34 600 151 28	27 450 668 01	96 329 727 36	121 586
1867	31 492 393 03	37 171 633 35	28 839 269 87	97 503 296 25	118 872
Différence	-2 786 515 04	+2 571 482 28	+1 388 601 86	+ 1 173 568 89	-2714

Étant donné la tendance générale de ce mouvement cerné dans une durée de plusieurs années, le faible accroissement du volume de l'escompte de 1866 à 1867 ne peut être interprété que comme un rétrécissement des crédits de la B.A. qui a touché particulièrement Alger avec une baisse de 2 786 515 F 04. En revanche, la succursale d'Oran a enregistré un accroissement de 1 388 601 F 86. Plus frappante est l'augmentation enregistrée à la succursale de Constantine qui constitue presque le double de celle d'Oran, puisqu'elle atteint 2 571 482F 28. La limitation générale des escomptes lors de la crise de 1867 cache ainsi des différences importantes. Comment les interpréter ?

Tout d'abord, la crise a affecté surtout la province centrale de l'Algérie et, à un degré moindre, l'Oranais. Le Constantinois n'est pas totalement épargné, mais il est de toutes les façons moins sinistré. Le directeur de la Banque l'a signalé en évoquant « particulièrement les provinces d'Alger et d'Oran » [10]. Des recherches ont également confirmé cette réalité [11]. Tout comme pour la crise de 1867, la B.A. agit d'une manière sélective à l'égard des provinces de l'Algérie en privilégiant celles qui offrent les meilleures garanties. Son directeur décrit cette politique « légitime» et « équitable » aussi pour la Banque et pour chacune des trois provinces en soulignant que « la diminution dans le chiffre des escomptes... ne s'est produite que dans la province d'Alger. L'activité dans les autres provinces a comblé, et au-delà, ce déficit. D'ailleurs, confiants à juste titre dans l'énergie et l'honnêteté du commerce dans toutes ses branches, soutient-il, nous n'avons appliqué aucune mesure restrictive à nos octrois de crédit » [12].

Le maintien d'une proportion de crédit élevée pour le Constantinois s'explique, aussi, par d'autres facteurs relatifs à la gestion de cette succursale. En effet, le directeur de la succursale de Constantine maintient, malgré la crise, la même politique de crédit. Les commerçants continuent à bénéficier des mêmes facilités. Vu cette attitude courageuse à l'égard du marasme général, Aubert est « chaleureusement félicité » [13] par le gouverneur général Mac Mahon lors de sa visite entreprise à Constantine en septembre 1867. En mars 1866, une année avant la crise, le conseil d'administration de la B.A. constatait avec « satisfaction » [14] l'évolution progressive des opérations de la succursale de Constantine, mouvement qui fut maintenu une année après. Des remerciements sont alors adressés au directeur de cet établissement qui, en dépit de la récession, a continué à accorder au commerce les prêts sollicités [15]. La direction de la Banque était donc au courant de la politique de crédit adoptée par Aubert et l'approuvait à toute occasion.

Néanmoins, en 1868, celui-ci présenta sa démission et fut remplacé par Outry, nommé directeur de la succursale de Constantine par décret du 12 octobre 1868. [16] Aubert fut contraint de présenter sa démission car il était jugé, par la direction de la Banque, « imprudent » et donc « responsable » des excès de crédit pendant une conjoncture de crise. Quelles que soient les responsabilités dans cette affaire, la direction de la Banque a fini par désapprouver le maintien à Constantine d'une augmentation du volume des escomptes pendant la crise de 1867. Elle tenait, somme toute, même pour la succursale de Constantine, à une restriction des crédits à l'instar de la politique adoptée par l'ensemble de ses établissements. Par une telle politique de crédit lors de la crise de 1867, l'institut d'émission contribua-t-il à apporter une solution à ce désastre économique et social ?

La crise de 1867 est, avant tout, une crise agricole. Plusieurs études l'ont démontré [17]. Les statuts de la B.A. lui interdisent d'intervenir dans ce domaine en accordant des crédits à l'agriculture. Entravée par sa propre réglementation, elle ne peut réagir à l'égard de la crise des campagnes algériennes. La chambre de commerce de Constantine, dans un rapport de février 1868, reconnaît que la Banque, « limitée par ses statuts et ses capitaux, ne peut pas venir en aide à l'agriculture qui a besoin de prêts à long terme » [18]. Ces contraintes l'empêchent de soutenir financièrement les agriculteurs sinistrés. Il est ainsi évident que cette institution n'a pas aidé l'Algérie à sortir de sa crise de 1867 et d'autres solutions ont été trouvées par les autorités algériennes [19].

Même si elle n'est pas en mesure d'intervenir dans le domaine agricole pour des raisons statutaires, la B.A. pourrait apporter son aide à l'économie algérienne en développant son crédit commercial. Les négociants et les commerçants avanceraient, à leur tour, des fonds aux colons et aux agriculteurs. Au lieu de multiplier ses crédits, au contraire, elle les réduit. Sa prudence et sa crainte excessives lui imposent un tel comportement. Elle est préoccupée en 1867 beaucoup plus par les négociations avec l'État [20] concernant le projet de ses nouveaux statuts que par la crise économique et sociale de la Colonie. Au lieu de relancer le mouvement général de l'économie, elle s'est contentée de suivre ce mouvement, d'en tirer profit et s'est gardée d'en subir les méfaits. Son directeur peut alors se vanter, en pleine période de ruine de l'économie algérienne en 1867, de n'avoir « aucune perte à enregistrer pendant le cours de cet exercice » [21]. Elle reste décidément en marge non seulement de l'économie et de la société autochtones, mais aussi en marge de l'économie et de la société coloniales. L. Paysant, ancien censeur de la B.A., témoin de son comportement et conscient de sa défaillance, lance en 1869, c'est-à-dire à la fin de la crise, un appel aux capitalistes métropolitains pour prêter leurs concours à l'économie algérienne. « Le crédit, dit-il, est solidement assuré et peut trouver ici peut-être de plus grandes garanties que dans d'autres pays. Quoique moins exposé, le capital, est dans toute spéculation ayant pour mobile la culture, les grands travaux, les entreprises, plus productif que partout ailleurs » [22].

Au lieu de sauver le pays en proie aux différentes calamités de l'année 1867, la B.A. se contente de sauver ses finances et son existence, car non seulement elle n'enregistre aucune perte, mais elle s'affirme par ses nouveaux statuts de 1868. Mais en sortant indemne de la crise économique et sociale de la fin des années 1860, elle se trouve devant de nouvelles difficultés relatives aux événements de 1870-1871.

b) La B.A. et les incertitudes de 1870-1871

Si la crise de 1867 est d'origine économique, une nouvelle crise, cette fois d'origine politique, sévit en Algérie au début des années 1870. Elle est due aux répercussions de la défaite militaire française incarnées, en Algérie, par la révolte de l'Est algérien en 1871.[23] Comment s'est comportée la B.A. devant cette situation de confusion et d'incertitudes ?

Les chiffres de l'escompte nous renseignent sur son attitude et sur sa politique de crédit en 1870-1871.

Tab. n° 6 : Volume des escomptes de la B.A. en 1870-71 [24]

Années	Alger (F)	Constantine (F)	Oran (F)	Bône (F)	Total des escomptes (F)	Effets escomptés
1870	44 504 690 45	46 820 797 56	44 974 903 37	16 851 255 67	153 151 647 05	178 757
1871	42 951 712 85	55 658 075 33	38 949 032 82	13 372 295 26	150 931 116 26	111 098
Différence	-1 552 977 60	+8 837 277 77	-6 025 870 55	-3 477 960 41	-2 220 530 79	-67 659

Le nombre d'effets admis à l'escompte est passé de 178 757 en 1870 à 111 098 en 1871, enregistrant ainsi une baisse d'environ 33 %. La Banque adopte alors face aux événements de 1870-71 la même attitude déjà affichée lors de la crise de 1867, à savoir la réduction de ses escomptes. Mais cette fois, contrairement au désastre de 1867, la baisse du volume des escomptes et du nombre des effets est beaucoup plus sensible. Nous l'avons vu pour l'année 1867, elle avait certes réduit ses escomptes, mais elle n'était jamais descendue en deçà du seuil de l'année précédente, c'est-à-dire celui de 1866. En effet, malgré la baisse du rythme de l'évolution des escomptes, ceux-ci avaient augmenté en 1867 de 1 173 588 F 89 [25].

En revanche, au cours des vicissitudes de 1870-71, la réduction fut négative, c'est-à-dire que l'on descendit, en 1871, en deçà du niveau des escomptes de l'année 1870 avec moins de 2 220 530 F 79. Les effets escomptés baissèrent à leur tour de 67 659 par rapport à ceux 1870. Pour la première fois de son histoire, et après une expérience de 20 ans, la B.A. diminua ses crédits d'une manière significative. Peut-on attribuer l'ampleur d'une telle restriction aux seuls événements politiques de 1870-1871 ?

La défaite militaire de la France et la révolte de l'Est algérien, déjà signalées, avaient des retombées économiques néfastes, mais elles ne pouvaient atteindre le degré désastreux de 1867, année pendant laquelle la B.A. avait maintenu une légère augmentation de ses escomptes. Nous sommes donc amenés à penser que la forte baisse des escomptes de 1871 était due à des facteurs autres que la révolte du Constantinois. D'ailleurs, cette province était la seule partie de l'Algérie où la Banque maintenait, durant cette même année, une élévation de ses escomptes, question que nous aborderons un peu plus loin.

La chute historique des crédits de la B.A. en 1871, passée sous silence par son directeur lors de l'assemblée générale annuelle, était faite en réaction à l'attitude hostile de la IIIe République vis-à-vis des grandes sociétés capitalistes de l'Algérie. La S.G.A., second organisme financier de la Colonie, était l'objet de plusieurs attaques du nouveau pouvoir politique [26]. L'institut d'émission était à son tour mis en cause, une polémique l'opposait aux représentants du nouveau pouvoir en Algérie [27]. Son avenir fut pour la première fois menacé. Devant un tel péril, on était contraint de serrer les vannes. Pour manifester son mécontentement à l'égard du nouveau pouvoir républicain, la B.A. refusa d'accepter les traites des trésoriers-payeurs des villes d'Algérie. Le commerce algérien s'était indigné de cette attitude de la Banque, puisqu'il décida le 16 septembre 1870 de l'assiéger. Les événements suivants sont rapportés par la presse de l'époque. « À la nouvelle tout à coup répandue que la Banque de l'Algérie refusait des traites des trésoriers-payeurs, une agitation profonde s'est produite sur la place du Gouvernement. C'est là, personne ne l'ignore, qu'à certaines heures, se réunit le commerce de la ville. L'agitation tournait à l'émeute. On parlait d'assiéger la Banque, de l'enlever d'assaut » [28].

Le refus des traites des trésoriers-payeurs et la réduction des escomptes traduisent la peur de la B.A. confrontée à la nouvelle réalité politique, mais constituent aussi un moyen utilisé par celle-ci pour exercer une pression sur le nouveau pouvoir.

Cette question étant élucidée, reste l'énigme de la succursale de Constantine dont les escomptes ont connu en 1871 une augmentation de 8 837 277 F 77. Dans le Constantinois où une révolte autochtone remet en cause le système colonial, la B.A. maintient un accroissement spectaculaire de ses crédits. Comment expliquer un tel paradoxe ? En l'absence de preuves sûres et irréfutables, nous sommes amenés à avancer trois hypothèses.

* Tout d'abord, la province orientale, compte tenu de sa richesse naturelle et agricole, a connu une forte pénétration économique coloniale, idée que nous avons soutenue dans une autre étude [29]. La S.G.A., pour ne citer que cet exemple, possède 87 000 ha dans le Constantinois et seulement 13 000 ha dans les deux autres provinces algériennes. Le chiffre élevé des escomptes de la succursale de la B.A. à Constantine confirme notre hypothèse, car une province aussi développée mérite des investissements et des crédits élevés. Une autre preuve : la province orientale de l'Algérie est la seule province dotée de 1870 de deux succursales de la Banque, celle de Bône et celle de Constantine.

* Ensuite, une autre hypothèse permet d'expliquer l'augmentation exceptionnelle des escomptes de la succursale de Constantine en 1871. Elle est relative aux conséquences de la crise de 1867. En effet, les largesses de la succursale de Constantine de 1867 à 1870 [30] étaient notoires et elles valaient le départ d'Aubert, jugé responsable de cette situation. Étant engagée depuis la crise de 1867 dans ce processus dans le Constantinois, la B.A. était obligée d'être souple et de reporter ses dettes à d'autres échéances. Cette stratégie spécifique au Constantinois est évoquée par le directeur de la Banque à la fin de l'exercice 1871. « Tout en conservant l'espoir qu'en donnant les facilités que la Banque a l'habitude d'accorder aux débiteurs de bonne foi, nous rentrerons, souligne-t-il, dans une partie notable de cette créance » [31]. Tout en décidant de récupérer certaines créances impayées, la B.A. cherche à ménager, tant que c'est possible, certains débiteurs de la province orientale de l'Algérie. Mais comment se répartissent les effets en souffrance en 1871 et quelle est la part du Constantinois ? Le tableau suivant permet de nous donner certains éléments de réponse.

Tab. n° 7 : Valeur des effets en souffrance à la fin de l'exercice 1871 [32]

Alger	14 139 F 06
Bône	21 201 F 13
Constantine	2 48 930 F 00
Oran	3 820 F 40
Total	288 090 F 59

Comparée à celle d'autres succursales, la valeur des effets en souffrance à Constantine est la plus élevée. Mais ces créances impayées qui atteignent 248 930 F 00 sont minimes par rapport au chiffre des escomptes qui correspondent, pour la même année 1871, à 8 837 277 F 77. La prorogation des échéances ne peut donc expliquer, à elle seule, la hausse des escomptes de la succursale de Constantine en 1871, d'où la nécessité, pour nous, de recourir à d'autres éléments d'explication.

Une dernière hypothèse permet d'ajouter d'autres éléments de réponse. La province orientale étant la seule partie de l'Algérie qui a connu la révolte de 1871 avec ses effets économiques et sociaux, elle avait, beaucoup plus que n'importe quelle autre région, besoin d'aide et d'effort. Afin d'éviter dans l'avenir de telles révoltes, il fallait renforcer dans cette région non seulement la présence militaire et administrative des Français, mais aussi leur engagement financier traduit par l'augmentation des crédits de la B.A.

Finalement, toutes ces hypothèses que nous venons d'avancer ne se contredisent pas. Elles peuvent, au contraire, s'interférer et se compléter pour élucider la politique de crédit de la Banque dans le Constantinois. Mis à part le cas de Constantine bénéficiant d'une situation exceptionnelle en 1867 et en 1871, cette dernière a adopté, face à ces deux crises graves qui ont secoué l'Algérie, la même attitude : la crainte, le repli et le manque de confiance dans les affaires de la Colonie. A partir de 1872, une certaine confiance semble gagner les esprits des dirigeants de l'institut d'émission qui engagent leur établissement dans un mouvement d'affaires sans précédent.

3) Progression et régression des escomptes de la B.A. de 1872 à 1880

Pour cette nouvelle phase de l'histoire de la B.A., l'évolution de ses escomptes est nettement plus remarquable que pour la phase antérieure, celle de 1862-1871. Mais cet élan des escomptes au cours de la décennie 1871-1880 n'a pas empêché leur diminution lors de la crise de 1875. Cette baisse des escomptes en 1875 était aussi forte que leur ascension accélérée de 1872-1874.

a) L'élan des escomptes de 1872-1874 et ses raisons [33]

Ce mouvement ascendant des escomptes est dû, de prime abord, à la nouvelle conjoncture politico-économique métropolitaine et algérienne. Après l'échec de la révolte de 1871 et suite à l'affermissement du pouvoir républicain, les milieux de la colonisation en Algérie sont rassurés. Après les incertitudes et les revers des méthodes précédemment tentées en Algérie, succède avec la IIIe République une politique ferme et harmonieuse. En réaction contre la stratégie de Napoléon III fondée sur l'armée et le grand capital, la République adopte, en Algérie, le programme des colons [34] avec une certaine assimilation politique et administrative.

La mise en place d'une administration civile, la relance de la colonisation officielle et privée, comme le montre le cas des Alsaciens-Lorrains, permettent une reprise incontestable des affaires et ouvrent de nouvelles perspectives. Après les désastres de la fin des années 1860, l'année de 1872 enregistre une récolte exceptionnellement bonne [35].

Cet engagement général de la société et de l'économie coloniales dans un nouvel avenir ne peut laisser la B.A. indifférente au moment où s'affirme une conjoncture mondiale favorable. En cette même année 1872, la Banque de Paris et des Pays Bas est créée en tant que première banque d'affaires française [36]. Le Crédit lyonnais entame en 1872 des opérations fort lucratives et connaît, selon J. Bouvier, « le temps des plus larges horizons » [37]. La Société générale, après de lents progrès de 1864 à 1870, s'élance, au début de la nouvelle décennie, dans des opérations de grande envergure [38].

La B.A. est donc favorablement influencée par les contrecoups de la nouvelle conjoncture de reprise commerciale et financière amorcée en France [39]. Elle suit l'exemple des banques métropolitaines et entend profiter du nouveau contexte algérien suscité, entre autres, par la politique inaugurée par la IIIe République en Algérie. Le directeur de l'institut d'émission algérien prend part à cet optimisme général en glorifiant cette « population algérienne... commerçante... agricole » [40]. Mais en plus de cette conjoncture générale favorable de l'année 1872, la Banque est arrivée aussi à résoudre ses propres difficultés.

Sans conteste, la Banque a dépassé, en 1872, son conflit avec les représentants de la IIIe République en Algérie. Elle accorde même une avance de 12 millions de francs à l'État. Après cette réconciliation, elle devait témoigner de sa loyauté en développant ses crédits afin de réfuter toutes les accusations portées contre elle. Si elle a réussi une telle épreuve, la S.G.A. n'a pas eu la même chance et elle est entrée, dès le début des années 1870, dans une période de difficultés annonçant sa liquidation après quelques années. La déconfiture de la S.G.A. est de nature à laisser pour la B.A. un champ d'activité plus large, incarné par un accroissement rapide de ses escomptes.

En plus du changement intervenu dans ses rapports avec l'État et dans son environnement financier, elle connaît d'autres modifications au niveau de son organisation et de sa stratégie.

En effet, à partir de 1872, une nouvelle dynamique est introduite au sein de son administration qui ouvre ses portes, pour la première fois, à de nouveaux administrateurs : Alcay, important et influent négociant de la place d'Alger est élu administrateur en 1872. Porcellaga, notaire à Alger, remplace pendant la même année Sarlande au poste de censeur. Ce mouvement d'entrée d'administrateurs entreprenants continue au cours des années suivantes et parvient à engager la Banque dans un mouvement ascendant de ses escomptes.

Les facteurs incitant la forte progression de 1872-1874 étant des facteurs conjoncturels, le démarrage financier et économique entrepris par la B.A. ne peut être que de courte durée. Dès l'apparition d'un nouveau contexte économique lié notamment à la conjoncture locale, en l'occurrence la crise économique algérienne de 1875, les escomptes chutent rapidement.

b) La crise de 1875 et la chute des escomptes de la B.A

Les deux tableaux suivants, retraçant le nombre d'effets escomptés et la valeur des escomptes montrent une régression enregistrée lors de cette crise. Cela est exprimé par la rubrique *différence* présentant le taux de variation entre chaque année et sa précédente.

Tab. n° 8 : Valeur des escomptes de la B.A. pendant la crise de 1875 [41]

Villes Années	Alger	Bône	Constantine	Oran	Totaux
1874	68 261 866 10	19 607 235 46	67 474 750 70	74 795 697 11	230 139 549 37
1875 Différence	53 446 114 39 **(-21,6 %)**	15 038 291 11 **(-23,3 %)**	49 043 231 51 **(-27,3 %)**	68 140 544 76 **(-8,8 %)**	185 668 181 77 **(-19,3 %)**
1876 Différence	55 047 962 79 **(+2,9 %)**	12 347 660 63 **(-17,8 %)**	38 286 285 86 **(-21,9 %)**	62 598 953 74 **(-8,1 %)**	175 361 548 86 **(-5,5 %)**
1877 Différence	57 797 531 93 **(+2,9 %)**	10 904 384 53 **(-11,6 %)**	44 556 714 63 **(+16,3 %)**	67 980 394 79 **(+8,59 %)**	193 871 776 11 **(+10,55 %)**

Tab. n° 9 : Nombre d'effets escomptés par la B.A. pendant la crise de 1875 [42]

Villes	Alger	Bône	Constantine	Oran	Totaux
Années					
1874	99 089	21 174	68 265	100 119	288 647
1875 Différence	82 462 (-16,7 %)	16 995 (-19,7 %)	54 483 (-20, 1 %)	91 751 (-8,3 %)	245 691 (-14,8 %)
1876 Différence	86 507 (+4,9 %)	14 625 (-13,9 %)	49 683 (-8,8 %)	93 238 (-1,6 %)	256 694 (+4,4 %)
1877 Différence	95 663 (+10,5 %)	15 221 (+16,3 %)	63 556 (+27,92 %)	101 570 (+8,93 %)	304 630 (+18,64 %)

Fondé sur des bases fragiles, l'édifice bâti par la B.A. à partir de 1872, c'est-à-dire la nouvelle politique de mobilisation du crédit, s'écroule très vite dès l'apparition de la récession de 1875. Cela s'est traduit par un « krach » sans précédent de la valeur des escomptes et du nombre des effets escomptés. La crise atteint son paroxysme en 1875 puisque les plus forts taux de baisse des escomptes et des effets sont enregistrés durant cette année. Le choc est amorti en 1876, année pendant laquelle une certaine reprise est amorcée, du moins pour l'établissement d'Alger (escomptes + 2,9 %, effets + 10,5 %) et pour le total des effets escomptés (+ 4,4 %).

Sur le plan géographique, la crise sévit surtout dans la province orientale de l'Algérie. La succursale de Constantine connaît le plus fort taux de réduction en 1875 (- 27,3 %) et en 1876 (- 21,9 %). De même, le taux de diminution des effets le plus élevé est enregistré à Constantine en 1875 (- 20,1 %).

Mais pour avoir une idée réelle de l'ampleur du désastre dans le département de Constantine, il ne faut pas se contenter des chiffres de Constantine, mais plutôt leur ajouter ceux de la succursale de Bône qui se situe dans la province orientale de la Colonie. Le taux de diminution du volume des escomptes pour l'ensemble du département de Constantine est de moins 50,6 % [43] pour l'année 1875 et de moins 39,7 % [44] pour l'année 1876. Concernant les effets admis à l'escompte, le taux global, c'est-à-dire celui de Bône et celui de Constantine, est en 1875 de moins 39,8 % [45] et de moins 22,7 % [46] pour l'année 1876.

Avec ces nouveaux taux[47], l'écart concernant la baisse des escomptes est énorme entre la province orientale et les deux autres provinces de l'Algérie. Le Constantinois est, sans aucune équivoque, la partie la plus sinistrée de la Colonie particulièrement en 1875. Voilà le résultat que livre l'analyse statistique d'après la comptabilité de la Banque. Après cette approche statistique, il faut procéder à l'étude économique et historique de la crise de 1875 afin de comprendre les raisons de la chute des crédits de cette institution. Cette réduction est-elle la cause ou la conséquence de la crise économique et financière de l'Algérie et particulièrement du Constantinois ?

Le directeur de la B.A. apporte une réponse intéressante à ces questions. En faisant allusion à la diminution des escomptes en 1875, il précise que « cette diminution doit être attribuée, pour une large part, à la médiocrité des récoltes qui a été générale dans toute la Colonie et particulièrement dans la province de Constantine, si féconde d'habitude en produits agricoles de toute sorte ; pour le surplus, à la stagnation des affaires et aux embarras commerciaux d'une grande place de la Métropole » [48].

D'après ces propos, la crise est due, dans sa première phase, à des facteurs algériens, mais aussi à des facteurs externes, propres surtout à la Métropole. En effet, les embarras du commerce algérien et les difficultés de l'agriculture algérienne qui se manifestent en 1875 se produisent sur un fond de récession internationale ayant touché la France, dès 1873, bien avant l'Algérie. La première phase de la crise en Algérie correspond alors aux retombées de la crise internationale de 1873-1878. Certains auteurs [49] sont allés plus loin en affirmant que la crise financière algérienne de 1875 est due à la crise internationale de 1873-1878. Cette dépression économique, après sa propagation en Europe et particulièrement en France, se répand en Algérie. Marseille est le pont par lequel cette crise européenne transite en Algérie. Le Directeur de la B.A., en évoquant « la grande place de la Métropole » [50] fait allusion à cette ville. La récession et le marasme général des affaires provoquent une chute des prix des céréales à Marseille.

D'après A. Nouschi «les cours qui étaient de 36 F le quintal pour le blé et 24,75 pour l'orge, tombent respectivement à 25-26 F pour le blé, 17-18 F pour l'orge au printemps. C'est alors qu'à Constantine, le blé, souligne-t-il, passe de 23 à 18,50 le quintal et l'orge de 11 à 8,91 »[51]. Un produit fondamental de l'agriculture et du commerce algérien est touché par la crise, à savoir les céréales. La situation est d'autant plus grave que les négociants du Constantinois, en prévision d'une bonne récolte, ont fait des spéculations sur ces produits. Voulant reproduire l'expérience de 1872, ces derniers ont acheté une grande quantité de céréales en espérant les écouler en France à prix élevé. Les Battandier, négociants parmi les plus notoires de la province orientale, installés notamment à Constantine et à Bône, représentent à cet égard un exemple révélateur.

Les Battandier sont liés à une grande maison de Marseille spécialisée dans le commerce des céréales, la maison Signoret. La faillite de cette dernière a provoqué celle des Battandier et de Buisson [52]. Les deux premières maisons de commerce algériennes affectées par la crise sont donc Battandier et Buisson établies à Constantine et liés à Marseille.

D'autres importants négociants du Constantinois subissent le même sort : Mesrine et son beau-frère Abbadie [53], Carriere et Lapalace établis à Philippeville. En plus des négociants, la crise affecte des banquiers privés : Fornarier à Alger, Aboucaya, Puech et Budinet dans le Constantinois. « Fornarier, cesse ses paiements le 7 mai avec un déficit de plus d'un million de francs » [54].

La faillite de ces banquiers privés, au cours du printemps 1875, est l'un des symptômes les plus graves de la récession à la fois commerciale et financière. Ces deux aspects de la crise sont indissociables, car, en Algérie, la ligne de démarcation entre banquier privé et négociant est difficile à établir. « Les prêteurs se sont faits marchands de grains et les marchands de grains se sont faits des prêteurs », affirment certains témoins de l'époque [55]. Les deux activités se sont souvent mêlées, car les agriculteurs ne pouvant pas rembourser leurs dettes aux banquiers privés, perdent leurs récoltes au profit de leurs créanciers. Ces derniers se transforment, de ce fait, en commerçants de céréales. Mais, le commerce des grains est une activité fructueuse permettant aux négociants de réaliser des profits qu'ils accumulent. Avec ces moyens financiers, les négociants sont presque les seuls, à côté des banquiers, en mesure de prêter [56].

Après la province orientale, la récession s'étend, dès la fin du printemps 1875, à la place d'Alger. Le 18 mai 1875, le directeur informe le conseil de la situation qui « paraît s'être aggravée encore et des dépêches ultérieures lui annonçant la suspension définitive de la maison Battandier et la demande d'une liquidation judiciaire... Sur la place d'Alger, quelques sinistres commerciaux, notamment ceux de la maison Fornarier et Lenne » [57], sont déclarés.

Aussi bien dans le Constantinois qu'à Alger, la crise de 1875 se déclenche simultanément dans la sphère du négoce et celle de la banque pour avoir les aspects à la fois d'une crise commerciale et financière. Mais, il n'en demeure pas moins qu'elle reste, avant tout, une crise commerciale ayant comme point de départ, en Algérie, la chute des prix des céréales. La faillite des banquiers privés, qui se sont engagés dans des opérations de commerce de céréales ou qui ont soutenu les négociants, n'est que la conséquence inéluctable de l'effondrement du cours des céréales. Même si elle revêt des aspects financiers, la crise dans cette première phase relative aux négociants et aux banquiers privés, demeure à caractère commercial. L'attitude de la B.A. face à cette situation est déterminante pour la nature et l'évolution de la crise économique algérienne.

En effet, la crise commerciale de 1875 se transforme en crise financière le jour où la Banque décide de réduire ses escomptes. L'entrée en scène de ce grand acteur a placé les autres, quels que soient leurs rôles, au second plan. L'acuité, l'avenir et le dénouement de la crise dépendent en grande partie de son jeu. Par sa politique de réduction des crédits, la B.A., même si elle est intervenue lors de la deuxième phase de la crise, est, dans certaines mesures, responsable du désastre économique de 1875.

L'une des premières décisions consiste dans l'ajournement de la création de la succursale de Philippeville. Après avoir décidé, au cours d'un voyage du directeur au début de mai 1875 à Philippeville, d'acheter « la maison Picon » pour le siège de la succursale projetée, l'institut d'émission renonce à cette décision et préfère la location « d'une maison convenable » [58]. Une telle décision n'est pas sans effet sur la marche des affaires dans l'Est algérien. A la fin de mai 1875, le directeur entreprend un voyage aux différentes places de la province orientale de l'Algérie : Philippeville, Bône et Constantine. Une fois qu'il s'est rendu compte de la situation des débiteurs de la Banque, il informe son conseil d'administration des nouvelles données. Il présente à cette instance dirigeante l'état détaillé de tous les débiteurs, en particulier les effets composant la fiche L. Battandier en suspension de paiement. Après avoir évoqué les 270 souscripteurs de ces valeurs, le directeur de la Banque estime que « cette liquidation... est beaucoup moins inquiétante qu'on pouvait le supposer... L'examen fait à Bône ne laisse aucun doute sur l'exagération des bruits qui ont circulé sur les embarras de quelques maisons de cette ville » [59].

Par une telle attitude arrêtée le 1er juin 1875, le directeur de la Banque veut être rassurant à l'égard de ses collègues et vis-à-vis du commerce algérien. Quelques mois après, et notamment après la récolte de l'été 1875, il change de méthode. Il adopte une politique rigoureuse vis-à-vis de ses clients, notamment à l'égard des débiteurs. Le nouveau directeur de la succursale de Constantine, Outry, reçoit des consignes sévères de la part du siège central d'Alger. « En l'absence d'offres de garanties sérieuses, je ne puis que vous confirmer, écrit le directeur de la B.A., l'ordre formel de garder votre situation envers tout débiteur de la Banque ou engagé à quel titre que ce soit, en évitant toute novation. Prenez garde d'engager votre responsabilité en consentant à n'importe quelle facilité sans une autorisation transmise par moi sur l'avis conforme du conseil d'Alger. Faites prudence et envoyez-moi d'urgence l'état des inscriptions existantes sur les biens d'Abbadie, Mesrine et Lavie à Constantine et ailleurs » [60]. Les ordres de la direction centrale de la Banque sont clairs et fermes. La rigueur de ces ordres est en rapport avec la gravité de la situation. L'exemple est donné à Alger où on traite avec un même esprit d'intransigeance la fiche d'Abbadie [61].

Pendant le mois d'août 1875, lorsque la B.A. est devenue impitoyable à l'égard de ses débiteurs [62], la crise commerciale s'accentue en se transformant en une crise financière aiguë. Les événements auraient pu prendre une autre tournure si elle n'était pas passée d'une politique conciliante et rassurante pendant le printemps 1875 à une politique de rigueur au cours du mois d'août de la même année. De tels changements dans sa politique de crédit, beaucoup plus que son intransigeance, ont ému le commerce algérien, ont semé la panique chez les négociants et ont jeté la place de Constantine dans le plus grand désarroi [63].

A ce stade de l'évolution des événements, la province orientale se trouve en pleine crise financière. Le rapport du directeur de la succursale de Constantine reconnaît, au début d'octobre 1875, que « les affaires ont été un instant suspendues et les escompteurs avaient prudemment fermé leurs comptoirs » [64]. On parle même, dans les milieux de commerce, de maisons disparues. Pour empêcher le désastre, le préfet de Constantine demande l'intervention du gouvernement général auprès de la Banque.

Toutefois, ces tentatives aboutissent à un échec.

Par sa réponse du 3 juillet 1875 adressée à l'administration algérienne [65], la B.A. décide, dès cette date, de sanctionner le commerce algérien et particulièrement celui de Constantine dont l'écroulement va se produire un mois après. Mais pourquoi adopte-t-elle une attitude aussi sévère, particulièrement dans le Constantinois ?

Dans une tentative d'analyse des causes qui ont provoqué cette situation, son directeur rappelle qu'aux « bénéfices considérables qu'a produits cette succursale, vient de succéder une période de pertes sensibles » [66]. Grâce à la politique de rigueur, la B.A. a réussi à récupérer, dans le Constantinois, la valeur des effets en souffrance sauf 400 000 F qui ont été renouvelés. « En résumé, la Banque perdra au maximum 90 000 F à Constantine et 40 000 F à Bône » [67]. Les pertes sont énormes pour le commerce, mais elles sont minimes pour la B.A.. Celle-ci s'est donc protégée, et pour préserver ses intérêts, elle a lâché et même sacrifié le commerce. Par le rétrécissement brutal de ses crédits, elle a voulu ainsi sanctionner le commerce algérien. Son directeur l'a déclaré ouvertement aux actionnaires de sa société en ces termes : « Pour vous, Messieurs, qui savez les fluctuations du commerce algérien, qui connaissez la nature des opérations spéciales à l'Algérie, il est superflu de dire que le mouvement rétrograde que nous avons le regret de signaler est purement accidentel » [68].

Mais la crise n'est pas uniquement accidentelle. Ses origines résident dans la structure particulière du commerce algérien qui a pris goût à la spéculation et l'agiotage. Le comportement de la Banque et sa politique de crédit sont aussi responsables de la récession économique et financière algérienne. Certains auteurs vont plus loin en établissant un parallèle entre la limitation de la circulation monétaire imposée par le gouvernement et le volume de ses escomptes. Selon cette attitude [69], l'institut d'émission algérien détenant des moyens financiers et monétaires limités ne peut augmenter ses crédits.

Tout en partageant ce même point de vue, il nous semble qu'un autre facteur est à l'origine de toutes ces difficultés : le conflit opposant la B.A. à l'État qui refuse d'augmenter son capital, d'élever le seuil de la circulation monétaire et surtout de proroger son privilège à cause de ses attaches impériales [70]. Pour de telles raisons, le bras de fer est engagé entre la Banque et le gouvernement général au sujet du commerce constantinois. La récession commerciale et financière de 1875 a donc comme toile de fond un différend politique opposant la B.A. à l'État. Cette dernière, à notre avis, aurait profité de la crise commerciale de 1875 en jouant le pourrissement de la situation pour persuader le gouvernement de son poids et par conséquent de la nécessité de renouveler son privilège. Pour exercer une pression sur les pouvoirs publics, elle avait intérêt à faire aggraver l'embarras du commerce et les difficultés de la Colonie.

Lors de la crise de 1867, quand aucun contentieux n'opposait la Banque au gouvernement, celle-ci s'était comportée d'une manière différente en maintenant le niveau de ses escomptes malgré le marasme général.

Déclenchée dans un contexte de conflit opposant la B.A. au pouvoir républicain et dans une conjoncture de crise internationale (1873-1878), la récession algérienne de 1875 est aggravée par la politique de rigueur de l'institut algérien dans le but d'imposer sa volonté aux pouvoir politique et aux milieux d'affaires algériens. Dans ces conditions, un arrangement entre les deux parties est indispensable pour sortir de la crise. Le départ de Villiers accusé d'avoir des liens avec l'Empire [71] et la nomination de Chevallier à la tête de la B.A. sont le signe d'une réconciliation entre ces deux partenaires pour résoudre la crise économico-politique. En effet, Chevallier exerçait pour longtemps la fonction de trésorier-payeur à Alger et il assistait comme représentant du gouvernement aux réunions du conseil d'administration de la B.A. Il connaît parfaitement la situation de cet établissement et celle du pays. Sa nomination en octobre 1875 en tant que directeur de cette institution vise à redonner la confiance aux esprits et à juguler la crise commerciale et financière de l'Algérie. Après cette nomination, nous assistons à un début de reprise des affaires dû à l'augmentation des escomptes de la Banque à partir de 1877. En effet, par rapport à l'année précédente, le nombre d'effets escomptés augmente de 18,64 % en 1877 et la valeur des escomptes s'accroît de 10,5 % [72].

Certes, à ce moment une relance générale des affaires s'engage sur le plan international, néanmoins un facteur primordial propre à la B.A. explique cette reprise des escomptes, à savoir la décision du gouvernement en août 1878 d'accorder à cette institution une prorogation de son privilège. Après un séjour à Paris et des démarches auprès du ministre des Finances, le directeur annonce au conseil d'administration que le projet de loi relatif à cette affaire « doit être déposé à la rentrée des chambres » [73]. Rassuré sur son avenir, l'institut d'émission change de politique en augmentant ses escomptes. Après avoir décidé d'aggraver la crise, la B.A. décide maintenant d'y mettre un terme. Elle est ainsi responsable de la récession, aussi bien en son amont qu'en son aval. Avec toutes ses péripéties, la crise algérienne de 1875 est-elle une crise de type capitaliste ?

Certains auteurs parlent, déjà pour la crise de 1867-1869, d'une « crise de type nouveau » [74]. D'autres, en abordant la nature du marasme économique algérien de 1875, notent que « la crise algérienne ne fut qu'un aspect de la grande crise européenne de 1873-1878 ; mais les fluctuations de la vie économique internationale prennent en Algérie et dans le Constantinois une teinte originale » [75]. Mais le problème est de savoir en quoi consiste cette originalité. Il est incontestable que la crise algérienne s'inscrit dans le cadre de la dépression mondiale du milieu des années soixante-dix du siècle XIXe. Il est aussi évident que cette récession est une crise de surproduction intervenue dans le domaine des céréales et provoquée par la baisse du prix de cette denrée. Mieux encore, cette surproduction est due à des spéculations folles sur les céréales. D'ailleurs, comme le constate le directeur de la B.A. lui-même, « beaucoup d'agriculteurs et de propriétaires ont conservé et conservent encore leurs produits de cette année dans l'espoir de les livrer plus tard au commerce à des prix plus rémunérateurs » [76]. Ainsi, nous décelons presque toutes les caractéristiques d'une crise capitaliste. Néanmoins, en plus de ces différents traits de la crise de surproduction, d'autres paramètres doivent être étudiés pour mieux cerner le retournement de la conjoncture algérienne en 1875.

Dans une crise capitaliste, l'excès de la production doit se produire, avant tout, au niveau du marché intérieur. La surproduction est un signe de saturation du marché national, et elle peut être aggravée, dans un deuxième temps, par celle du marché mondial. Or en Algérie, la surproduction est liée surtout à l'exportation. Elle ne traduit en aucun cas l'autosuffisance algérienne.

L'exportation se fait souvent au détriment du marché intérieur, comme c'était le cas pendant la guerre de Crimée. Elle n'est plus en ce moment un signe de surproduction, elle est plutôt le signe d'un déficit intérieur. Ce sont souvent les agriculteurs et les colons endettés qui perdent leurs productions en faveur des négociants qui se chargent de les exporter en réalisant un double profit. Pour cela, nous considérons que la surproduction en Algérie est artificielle. L'évolution et le dénouement de la crise le prouvent encore mieux.

Nous avons démontré que la Banque, compte tenu de ses rapports tendus avec le gouvernement, a joué le pourrissement en transférant le marasme du domaine commercial au domaine financier. Ainsi donc, l'aspect financier de la crise est artificiel dans le sens où il est dû à une volonté délibérée de la B.A. et non pas à une évolution économique spontanée. Le jour où son différend avec l'État est résolu, elle met fin à la crise en adoptant une nouvelle politique de crédit. La crise de 1875 en Algérie est, en fin d'analyse, artificielle, puisque aussi bien la surproduction, l'aggravation et la fin de cette crise sont factices. Elle est, à notre sens, beaucoup plus proche de la crise mixte que de la crise capitaliste d'autant plus qu'elle est apparue dans la commercialisation d'un produit agricole : les céréales.

En somme, la B.A. est restée, au cours d'une trentaine d'années de son histoire (1851-1880), fidèle à sa stratégie de prudence. Nous comprenons alors les oscillations de ses escomptes qui suivent les fluctuations de la vie économique et politique algérienne et métropolitaine. La prudence exige d'être attentif aux mouvements de la conjoncture pour remodeler sa politique de crédit en fonction des contraintes du moment. Cette attitude explique, malgré la tendance générale du mouvement des escomptes vers la hausse de 1862 à 1880, les baisses cycliques des escomptes revenant presque tous les quatre ou cinq ans : 1867, 1870 et 1875. Après chaque baisse des escomptes dans un contexte de marasme économique général, l'État, comme s'il voulait sanctionner l'inaction de la Banque dans ces circonstances difficiles, lui imposait la création d'une succursale : celle de Bône en 1868 et celle de Philippeville et de Tlemcen en 1875. Par de telles mesures, l'État cherche à satisfaire le commerce déçu du comportement de cette institution en temps de crises. Il tend à jouer le rôle d'arbitre entre ses exigences et celles du commerce. Sa politique, en plus de celle de la Banque, détermine la variation des escomptes de cet établissement. Mais, la B.A. a-t-elle utilisé, parallèlement à la baisse de ses escompte, deux autres atouts, à savoir le taux de son escompte et la circulation monétaire ?

II) Taux d'escompte de la B.A., circulation monétaire et leur impact sur le crédit

1) Taux d'escompte de la B.A.

Le projet de loi de création de la B.A. avait proposé de fixer le taux d'escompte à un maximum de 6 % [77]. Cette proposition trouvait son origine dans la politique adoptée par la B.F. dans ce domaine. Napoléon avait l'intention lors de la création de cette institution de lui imposer un taux maximum de 4 %. Jusqu'à la loi du 9 juin 1857, la B.F. ne pouvait dépasser 6 % pour le taux de ses escomptes. Cette limitation ne se contredit pas avec le principe de la mobilité de ce taux habilement appliqué avant la loi du 9 juin 1857 [78]. Tout en s'inspirant des règles qui régissent l'escompte de la B.F. la commission préparant la loi de création de la B.A. opte pour le principe de la flexibilité. Toutefois, cette liberté est conditionnée par l'assentiment du ministre des Finances qui doit donner son approbation à la Banque pour appliquer le taux qu'elle a « librement » choisi.

Le taux le plus couramment utilisé par la B.A. est celui de 6 %. En 1853, lors de la création de la succursale d'Oran, elle se trouve dans la nécessité d'aligner le taux d'escompte d'Oran sur celui d'Alger [79]. En janvier 1854, il est fait mention, pour la première fois, d'une augmentation du taux d'escompte au dessus de 6 %. Son directeur justifie cette mesure par la décision prise par la B.F. d'élever son escompte à 5 % l'an. Il pense que « les considérations graves qui ont motivé cette détermination, ne peuvent manquer d'exercer leur influence en Algérie et qu'en présence d'un resserrement de crédit devenu général en France, il y a lieu de demander à M. le ministre des Finances l'autorisation de mettre l'escompte de la B.A. en rapport avec celui de la B.F.» [80]. Une délibération du conseil d'administration de l'institut d'émission algérien est votée dans ce sens, elle est adressée au ministre des Finances pour obtenir son approbation.

En vérité, la B.F. a décidé le 19 janvier 1854 d'élever son taux d'escompte à 5 % à cause de la diminution d'encaisse et en prévision d'éventuels appels de Fonds de Trésor [81]. Cependant, nous ne pouvons dire si la B.A. doit prendre les mêmes dispositions. Lors de la réunion du conseil d'administration pendant laquelle est soulevée cette question, on a précisé que la B.F. a élevé son taux d'escompte de 3 % à 5 % sans prendre le soin de mentionner le nouveau taux proposé en Algérie. L'augmentation de 2 % du taux de l'institut d'émission métropolitain pourrait laisser entendre que son homologue algérien cherche à porter le sien de

6 % à 8 %. Mais, puisque rien dans nos sources ne signale l'approbation du ministre des Finances, il est alors possible que la B.A. ait préservé son taux habituel de 6 %.

Cela n'empêche pas la même opération et la même tentative de se reproduire une année après. En effet, lors de l'automne 1855, une élévation de l'escompte de 6 % à 8 % est proposée par l'institut d'émission algérien au ministre des Finances. Cette suggestion est justifiée par l'augmentation du taux de la B.F. et par la perte éprouvée par la B.A. qui se trouve obligée d'aller chercher le numéraire sur le territoire métropolitain [82]. Étant donné cette difficulté d'importation du numéraire de France, elle décide de frapper d'une commission de 1 % le papier sur France. Le taux d'escompte pour ce genre de papier est donc porté à 9 %. Cette fois, le ministre des Finances lui accorde la possibilité d'élever son taux d'escompte à 8 % pour le papier tiré sur les places d'Algérie et à 9 % sur le papier tiré sur France [83].

Aucune allusion n'est faite dans nos sources à une quelconque élévation du taux d'escompte durant l'année 1856. Il serait stabilisé à 6 %. En 1857, deux faits nouveaux incitent la Banque d'Algérie à élever le taux de ses escomptes : d'abord la crise économique et financière de 1857, première crise de type contemporain, puis l'autorisation accordée par la loi du 9 juin 1857 à la B.F. d'élever son taux au-dessus de 6 % [84]. Lors de son conseil d'administration du 24 octobre 1857, la Banque d'Algérie constate que l'institut d'émission métropolitain vient de porter son taux d'escompte à 7,5 %.

Cette institution aurait, pour la première fois, usé de la faculté que lui accorde la loi du 9 juin 1857 d'élever son taux au-dessus de 6 %. Son taux d'escompte a même atteint le 10 novembre 1857 la barre de 10 % [85]. Cela témoigne de la gravité des répercussions de la crise de 1857 sur le crédit aussi bien en France qu'en Algérie. D'ailleurs, trois jours après avoir demandé d'augmenter son taux, et sans attendre la réponse du ministre des Finances, la B.A. a pris l'initiative de ne plus utiliser le taux de 6 %. Redoutant les plus grands embarras, et vu la gravité de la situation, elle décide d'élever son taux à 7 % [86].

Toutefois, le ministre des Finances juge la situation autrement en l'appelant à reporter sans retard le taux des escomptes à 6 % [87]. La Banque ne cède pourtant pas. Son conseil d'administration remet la question à l'étude. Deux faits l'inquiètent : la persistance de la crise financière en France, d'autant plus que la B.F. vient d'élever son taux d'escompte à 8,9 et à 10 % [88], et le risque pour l'institut d'émission algérien de ne pas pouvoir maintenir l'encaisse réglementaire. Le seul moyen pour protéger son encaisse est d'augmenter son taux d'escompte. Le ministre des Finances est de nouveau sollicité pour donner son assentiment à l'élévation de son taux d'escompte [89].

Depuis la fin de la crise de 1857 et jusqu'à la fin de l'année 1860, les archives de la B.A. n'évoquent pas d'augmentation de son taux d'escompte qui doit théoriquement rester dans les limites de 6 %. Le 14 janvier 1861, suite à l'élévation subite du taux de l'escompte à la B.F. de 5,5 à 7 % [90], elle demande au ministre des Finances de l'autoriser à porter son taux à 7 %, c'est-à-dire au même niveau que celui de la B.F. Ce taux de 7 % est maintenu pendant presque une année entière, puisqu'on décide de rétablir le taux de 6 % à partir du 12 novembre 1861 suite à l'amélioration de l'encaisse de la Banque [91].

Le maintien par la B.A. de ce taux élevé de 7 %, au cours de l'année 1861 s'explique par les difficultés financières et commerciales de la Métropole dues à l'expédition du Mexique [92], celle de l'Italie et à la famine du coton provoquée par le déclenchement de la guerre de sécession. Suite à ces événements, les transactions commerciales ont été perturbées et l'argent se fait de plus en plus rare, ce qui justifie la hausse des taux d'escompte de la B.F. et de la B.A., mais aussi d'autres instituts d'émission européens comme la Banque d'Angleterre [93]. Après cette conjoncture de troubles politiques et financiers de l'année 1861, le calme semble se rétablir en 1862, année de reprise économique en France. Le taux d'escompte de l'institut d'émission algérien est alors rétabli à son niveau normal de 6 %. Il a fallu attendre 1863 pour voir cet établissement proposer de porter le taux de son escompte au même niveau que celui des principales banques d'Europe, notamment celle de France [94] qui viennent de fixer leur taux d'escompte à 7 %. La B.F. a porté son taux d'escompte le 8 octobre 1863 à 5 % et le 6 novembre 1863 à 6 % [95].

Le ministre des Finances autorise la B.A. à suivre le mouvement engagé par les banques d'émission européennes [96]. Cela s'est déroulé à la fin de l'année 1863. Après une brève accalmie, son directeur constate, le 14 mai 1864, la montée croissante des taux d'escompte de la B.F. qui, de 6 %, vient de monter à 7 % et, en dernier lieu, à 8 % [97]. Le résultat est un écart de 2 % entre le taux appliqué en France et celui en cours en Algérie resté dans les limites de ses 6 %.

Ce renversement de tendance, se produisant pour la première fois dans l'histoire des deux institutions, risque de faire affluer le papier de France sur la place d'Alger, ce qui peut avoir des répercussions néfastes sur l'encaisse de l'institut d'émission algérien.[98] Ce dernier était donc forcé d'aligner son taux sur celui de la B.F. pour éviter tous les dangers potentiels. Depuis cette hausse du printemps 1864 jusqu'à la crise de 1867, nous n'avons trouvé dans les archives de la B.A. aucune allusion à une augmentation du taux d'escompte. Ce dernier est alors stabilisé à 6% dans une conjoncture de prospérité économique. Même pour la B.F., la période tourmentée en matière de taux d'escompte est terminée avec l'année 1864[99].

Quelles conclusions pouvons-nous tirer des différentes variations des taux d'escompte de la B.A. pendant cette période agitée de 1852-1864 ? Peut-on parler d'une politique propre à cette institution en matière de taux d'escompte ?

Tout d'abord, deux constatations simples, mais fondamentales, sont à souligner :

* Il s'agit, tout d'abord, de celle relative au principe de mobilité du taux d'escompte accordé à la B.A. Cette flexibilité n'est en aucun cas synonyme de liberté cédée à la Banque en ce domaine, car la décision du ministre des Finances en la matière est déterminante. Ce sont les mêmes règles du jeu adoptées par les pouvoirs publics concernant la B.F. Toutefois, l'acuité du problème diffère concernant les rapports de chacun de ces établissements avec le gouvernement au sujet du taux d'escompte. Pour l'organisme métropolitain, de 1857 à 1864, « le problème de fixation du taux de l'escompte est au centre des rapports qu'entretiennent les dirigeants de la Banque avec le pouvoir politique » [100]. Parfois, les régents frôlent le conflit avec le ministre des Finances comme c'était le cas pendant le mois de novembre 1864.

En revanche, la B.A., n'ayant pas la même envergure et les mêmes ambitions que la B.F., ne pouvait avoir le même comportement à l'égard de l'autorité politique. Pour cela, elle s'est contentée de se résigner face aux décisions du ministre des Finances. Elle est même obligée d'adopter, contrairement à l'établissement parisien, une attitude conciliante avec le gouvernement afin de préserver certains de ses intérêts. Elle arrive ainsi à s'entendre avec le ministre des Finances pour n'exercer sur elle aucune «pression pour la diminution du taux de l'escompte afin de lui permettre d'amortir les immeubles et de former de puissantes réserves » [101].

* Ensuite, l'autre constatation à faire concernant la variation des taux d'escompte de la B.A. est relative à la nature de ces changements qui se sont produits uniquement dans un seul sens : celui de la hausse. Jamais son taux d'escompte n'est descendu au-dessous de 6 %. Elle a donc profité du principe de la mobilité du taux de l'escompte d'un seul côté : l'augmenter à son grand avantage. Dans une note adressée au ministre des Finances, la Banque reconnaît que le principe de variabilité du taux d'escompte « ne lui a servi qu'à l'élever au-dessus de 6%, jamais à l'abaisser au dessous de cette limite » [102]. En revanche, la B.F., pendant la même période, a modifié son taux d'escompte aussi bien vers la hausse que vers la baisse comme le prouve les variations de son taux d'escompte moyen annuel :

1857 --------> 6,15 %

1858 --------> 3,70 %

1859 --------> 3,45 %

1860 --------> 3,63 %

1861 --------> 5,52 %

1862 --------> 3,77 %

1863 --------> 4,64 %

1864 --------> 6,50 %

1865 --------> 3,72 % [103]

Contrairement à la B.F., la B.A. a souvent utilisé le principe de la flexibilité des taux d'escompte dans un seul sens : celui de la hausse. Par une telle politique, elle n'a fait profiter le commerce algérien d'aucune baisse de son taux d'escompte. Ce dernier est constamment pénalisé par la cherté de l'argent que la Banque distribue comme elle l'entend. Le papier commercial tiré sur les places de la Métropole subit des mesures plus lourdes en le frappant souvent d'une commission de 1 %. Si le prix de l'argent varie en France entre 3 % et 9 % par an, il varie en Algérie entre 6 et 9 %. Mis à part le mécontentement des commerçants d'Algérie qui se plaignent des taux excessifs et des taux usuraires de la B.A., celle-ci reconnaît ce fait. Elle doute même de « l'efficacité de ses services si elle ne parvenait pas à un moment donné à abaisser le prix du loyer de l'argent » [104].

Les taux d'escompte exorbitants, la difficulté d'obtenir une deuxième signature et la nécessité d'habiter une ville siège d'un établissement de la B.A. pour bénéficier de son escompte, excluent une grande partie du commerce algérien des crédits de cette institution. Pourquoi cette dernière a-t-elle toujours modifié son taux d'escompte vers la hausse ? Quelles sont les raisons d'une telle politique ?

Trois facteurs sont évoqués par l'institut d'émission algérien pour justifier cette politique :

- En premier lieu, la corrélation établie avec les taux d'escompte de la B.F. Si l'institut d'émission métropolitain est obligé d'aligner sa politique d'escompte sur celle de la Banque d'Angleterre, la B.A. suit à son tour le mouvement. Ainsi, l'Algérie est affectée, du moins dans le secteur financier et bancaire, par les différents rythmes de l'économie capitaliste. La crise de 1867 et celle de 1875 en Algérie constituent à cet égard une preuve supplémentaire.

- La volonté de maintenir l'encaisse réglementaire est une deuxième raison évoquée pour l'augmentation des taux d'escompte. La B.A. a l'obligation de garder toujours en caisse et en espèce le tiers de son passif exigible[105]. Vu cette contrainte statutaire, elle est obligée de maintenir un certain équilibre entre les sommes qu'elle engage sous forme d'escompte et les fonds disponibles dans ses caisses. Elle diffère en cela de la B.F. dont le capital est considéré comme un capital de garantie [106]. Outre son capital, celle-ci a des moyens financiers immenses qu'elle peut employer dans les opérations d'escompte.

- Un troisième élément explique les taux d'escompte souvent élevés, il est relatif au poids financier de la B.A. Ne disposant que de son capital social, elle ne peut répondre à toutes les demandes du commerce. Pour préserver une partie de ses ressources, elle est obligée d'accroître les mesures restrictives et prohibitives, entre autres la hausse de son taux d'escompte. A chaque fois que le volume des escomptes augmente, ses dirigeants s'inquiètent et cherchent à le réduire [107]. A cela s'ajoute, bien sûr, la difficulté d'importation du numéraire, d'où la commission supplémentaire de 1 % qui frappe le papier tiré sur France.

L'élévation du taux de l'escompte est donc la meilleure arme utilisée par la B.A. pour défendre son encaisse. Elle imite dans ce domaine la B.F. qui considère que la hausse de l'escompte est le moyen le plus efficace pour défendre son encaisse [108]. Tout comme cette dernière, l'institut d'émission algérien établit une corrélation étroite entre l'escompte et l'encaisse. Les mêmes mécanismes et les mêmes principes qui régissent l'escompte de l'établissement parisien décrits par A. Plessis [109] sont valables et transposables pour son homologue algérien.

En matière de taux d'escompte, tout comme dans le domaine du volume de l'escompte, la B.A. est obligée de suivre les vicissitudes de la conjoncture et les exigences du moment. Elle est souvent emportée par deux vents opposés : le vent du nord (la B.F.) et le vent local (la protection de son propre encaisse). Prise dans la tourmente des événements et subissant l'effet de la conjoncture, elle est souvent incapable de sauver le commerce et de maintenir ses propres équilibres financiers. Par une note de 1865 adressée au ministre des Finances, la Banque reconnaît cette incapacité et son inefficacité en ces termes : « Après 14 ans d'existence, de développement d'une institution de crédit fondée en vue de l'intérêt public, on serait, note son directeur, exposé à voir évoquer l'efficacité de ses services si elle ne parvenait à un moment donné à abaisser le prix de l'argent. Il est donc raisonnable de prévoir dans une perspective plus ou moins rapprochée le moment où l'intérêt bien entendu de la Banque, d'accord avec celui du commerce, exigera que le taux de l'escompte varie dans le sens de la réduction, aussi bien que dans l'élévation »[110].

Après une période de fluctuation de ses escomptes, la B.A. commence, à partir de 1865, à penser à la réduction de son taux d'escompte, sinon à sa stabilisation dans la limite de 6 %. D'ailleurs, les archives de la Banque ne font allusion à aucun changement de ce taux entre 1868 et 1880. Une seule exception en 1870 : une tentative faite par la succursale d'Oran de réduire ce taux à 4 %. Le directeur de cet établissement propose à la Banque de réduire le taux d'escompte à 4 % à cause de la concurrence faite à celle-ci par les nouvelles maisons récemment créées à Oran, notamment le comptoir de la S.G.A. établi dans cette ville. La réponse de la Banque est catégorique : aucune baisse ne doit être envisagée [111]. Le taux de 6 % est donc maintenu, de 1868 à 1880, aussi bien à Oran que dans les autres villes d'Algérie. Pourquoi la B.A. s'est elle abstenue de toute élévation de son taux d'escompte au-dessus de 6 % de 1868 à 1880 ? Est-elle maintenant de plus en plus soucieuse, contrairement à la période 1851-1867, des intérêts du commerce ?

Malgré la stabilisation de son taux d'escompte à 6 %, la B.A. n'a pas, à notre sens, changé de politique d'escompte et de crédit lors de la période 1868-1880. En effet, elle a renoncé à l'élévation du taux d'escompte au-dessus de 6 %, mais elle ne l'a jamais baissé dans une période où la B.F. a réduit parfois son taux à 3 %. Le maintien du taux de 6 % n'est pas donc synonyme d'une baisse du prix de l'argent. Il incarne, au contraire, une politique de cherté du crédit constamment appliquée par la B.A.

Par ailleurs, une raison fondamentale explique la stabilisation de son taux à savoir ses nouveaux statuts du 8 janvier 1868. Ces derniers maintiennent le principe de la mobilité du taux de l'escompte, mais apportent un élément nouveau en stipulant que les bénéfices résultant de l'élévation du taux des escomptes au-dessus de 6 % sont portés à un compte de réserve extraordinaire [112]. Les profits que la B.A. peut réaliser au détriment du commerce seraient, de ce fait, immobilisés sous forme de réserve. Pour cela, elle préfère exonérer le commerce d'une charge dont elle est incapable de tirer profit, du moins dans l'immédiat.

L'étude de l'évolution du volume et des taux de l'escompte de la Banque depuis sa création jusqu'à 1880 permet de dégager trois conclusions :

1) Le volume des escomptes, malgré sa progression, reste insuffisant par rapport à la demande du commerce algérien. La B.A. a refusé à maintes reprises des demandes d'escompte solvables. En 1873, année exceptionnelle sur le plan de la production algérienne, le directeur de la Banque évoquait « la mutilation des bordereaux présentés à l'escompte pour ne pas entraîner un désastre » [113] au niveau des finances et de la gestion de sa société. Il reconnaît même qu'il a été refusé à cette époque à l'escompte 6 207 effets pour 5 564 739 F 83 de bonnes valeurs. « Nous continuons, déclare-t-il, à marcher péniblement en restreignant les escomptes » [114]. Ainsi donc, la B.A. reste fidèle à sa stratégie de prudence.

2) Ses taux d'escompte ont connu deux phases : celle de 1851-1867 pendant laquelle ces taux ont souvent dépassé les 6 %, et celle de 1868-1880 qui correspond à leur stabilisation dans la limite statutaire de 6 %. Même à ce niveau de 6 % les taux de la B.A. restent élevés dans une période où ceux de la B.F. oscillent entre 3 % et 4 %. Ces taux sont aussi élevés par rapport à la capacité du commerce algérien d'autant plus qu'ils sont soumis à plusieurs charges telle que la commission de 1 % frappant le papier tiré sur les places de France. Avec de tels taux et de telles charges, l'activité économique de l'Algérie ne peut tourner qu'au ralenti.

Ernest Picard, ancien sous-gouverneur de la B.F. et directeur de la B.A. en 1930, défend, après un demi-siècle, la politique de crédit de cet établissement et ses taux d'escompte qu'il considère adaptés à la situation de l'Algérie coloniale en soulignant notamment que « la préoccupation constante du banquier soucieux de ses responsabilités n'est donc pas, comme le pensent trop facilement des esprits irréfléchis, celle du gain à réaliser, mais celle de la perte à éviter... dans un pays en plein développement... Ceci explique dans une certaine mesure que le taux de l'escompte courant y soit en général plus élevé qu'en France » [115].

3) Aussi bien pour le volume que pour le taux d'escompte, la B.A. suit les fluctuations de la conjoncture comme si elle n'a pas sa propre politique de crédit. Malgré sa place dans l'économie coloniale, elle ne façonne pas la conjoncture, elle la subit, ou dans le meilleur des cas, elle la suit avec une prudence et une méfiance excessives. Sur un autre plan, elle est beaucoup plus influencée par le mouvement

métropolitain et même européen des affaires que par la situation économique de l'Algérie. Ses taux d'escompte sont déterminés par la conduite de la B.F. dans ce domaine et non pas par les besoins du commerce et de l'économie algérienne. Après trente ans d'exercice, elle reste tributaire de ses statuts contraignants, du gouvernement qui exerce un contrôle étroit, et du mouvement de la conjoncture qu'elle n'arrive pas à transformer en sa faveur. Elle bénéficie du statut d'un institut d'émission, mais elle n'a jusque-là, ni l'allure ni l'envergure d'une banque centrale, notamment en ce qui concerne ses rapports avec l'économie algérienne et son rôle dans le domaine monétaire [116].

2) La circulation monétaire

La loi du 4 août 1851 créant la B.A. a jeté les bases de la circulation monétaire en Algérie. L'émission monétaire est un monopole accordé par l'État et l'autorisant à émettre les billets au porteur de mille cinq cents, cent et cinquante francs. Ces billets sont remboursables à vue au siège de la Banque [117]. Cette loi ne précise pas le volume de la circulation monétaire, mais elle établit une règle en ce domaine en stipulant que « le montant des billets en circulation, cumulé avec celui des sommes dues par la Banque en compte courant, ne pourra excéder le triple du numéraire existant en caisse » [118]. Le plafond monétaire reste donc lié à l'encaisse de cet établissement. Une autre limitation lui est imposée : l'excédent du passif sur le numéraire en caisse ne doit pas dépasser le triple du capital réalisé [119]. Avec cette réglementation, la B.A. est-elle parvenue à fournir au commerce et à la Colonie les moyens monétaires dont ils ont besoin ? Est-elle arrivée à imposer ses billets et à établir une circulation monétaire saine ? En étudiant le volume et les problèmes de la circulation monétaire en Algérie, nous constatons deux périodes distinctes : celle d'avant et celle d'après 1870.

a) La circulation et les problèmes monétaires avant 1870

Pendant cette première étape de l'histoire de la circulation monétaire, la B.A. vise certes à répandre ses billets, mais en cherchant à maintenir l'équilibre entre la circulation monétaire et l'encaisse statutaire.

Tab. n° 10 : Volume de la circulation monétaire de la B.A. de 1861 à 1880 [120]

Année	Emission monétaire (F)	Année	Emission monétaire (F)
1861	4 179 800	1871	29 060 400
1862	4 668 300	1872	42 744 120
1863	5 468 450	1873	46 374 310
1864	5 036 950	1874	38 653 375
1865	6 047 300	1875	32 961 670
1866	7 162 800	1876	37 172 155
1867	7 496 600	1877	37 629 910
1868	10 210 300	1878	38 128 730
1869	13 344 250	1879	47 955 445
1870	15 812 875	1880	59 529 990

La représentation graphique de ces données traduit l'évolution suivante :

Graphe n° 3 : Évolution de l'émission monétaire de la B.A. de 1861 à 1880

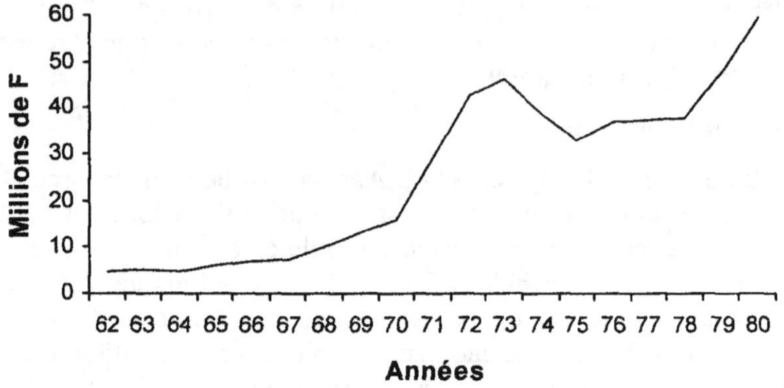

Elle cherche à diffuser ses billets pour remplacer les monnaies précoloniales notamment la piastre espagnole. En 1853, Lichtlin, directeur de l'institut d'émission, signale qu'il y a « peu d'années encore la piastre d'Espagne était seule admise par les indigènes » [121]. Loin d'éliminer les monnaies précoloniales comme le laissent entendre les propos trop optimistes de Lichtlin, les billets de la B.A. commencent à les concurrencer. Nous sommes plutôt amenés à penser qu'il y a juxtaposition de deux aires de circulation monétaire.

L'une française, acquise aux monnaies françaises et d'autres anti-françaises demeurant fermées aux signes monétaires émis par la B.A. Ces deux espaces sont deux aires monétaires, mais aussi politiques.

En plus de cette délimitation économico-politique de la circulation monétaire, une autre ligne de démarcation d'ordre géographique s'impose. En effet, les billets de la B.A., et peut-être quelques autres types de monnaies rivales, ont du mal à pénétrer dans les campagnes et vers l'intérieur du pays. Dans des zones enclavées habitées par des tribus plus ou moins fermées sur elles-mêmes, les bases et les règles de l'économie monétaire ne sont pas encore instaurées. À l'obstacle économique et politique s'ajoute l'obstacle social qui gêne la propagation des monnaies émises par l'institut d'émission algérien.

Après une expérience de six ans à la tête de cette institution, Lichtlin décrit, en termes réalistes, la situation de la circulation monétaire en Algérie : « la circulation de nos billets progresse lentement... Dans les provinces de l'Est et de l'Ouest où l'élément indigène est prédominant... le billet ne pénètre pas à l'intérieur du pays. Faut-il s'en étonner ? non sans doute. Lorsque nous voyons, sur les marchés de l'intérieur, l'or de la France refusé par les Arabes en paiement de leurs marchandises, il serait bien étrange qu'ils admissent le billet de la Banque » [122]. Certes, ce tableau est brossé en 1857 sur un fond de crise économique, mais il illustre d'une façon très nette le refus politique des signes économiques français tels que l'or et le billet de banque.

D'autres sources confirment que « le billet de la BA a subi des doutes » [123]. Nous avons constaté ce type de « boycottage » des techniques et des produits français par la population autochtone en étudiant le réseau ferroviaire de l'Est algérien [124]. La faible extension territoriale et sociale des billets de banque est l'un des facteurs qui expliquent la lente augmentation du volume de la circulation monétaire en Algérie jusqu'à 1870. Le commerce, à part la place d'Alger, souffre de la rareté des moyens de paiement. En 1860, le directeur de la B.A., après avoir tracé le mouvement croissant des escomptes, constate que « la circulation monétaire n'a pas suivi cette progression, elle ne s'élève qu'à 4 300 000 F » [125].

Le commerce algérien est confronté à une double contrainte : l'insuffisance des escomptes et la rareté des moyens monétaires. Le problème est plus grave en ce qui concerne la monnaie divisionnaire qui disparaît de temps en temps entravant ainsi les opérations commerciales les plus simples. La chambre de commerce de Bône, dans un rapport de 1860, déplore le manque de ce type de monnaie [126]. Pire, la B.A. se trouve, en cette période de manque de monnaies divisionnaires, notamment en 1859 [127] et 1861, devant un autre problème, celui des faux billets. Elle est alors obligée d'employer tous les moyens de publicité pour prévenir le public contre l'invasion de ces faux billets [128]. Cette campagne montre l'ampleur du phénomène. Ces faux billets sont tellement répandus que la Banque est incapable de les rembourser. Elle juge que ce remboursement pourrait porter atteinte à ses ressources d'autant plus qu'elle se considère avant tout comme « une institution de crédit commercial » [129]. Elle estime donc que son rôle d'institut d'émission est secondaire, et que la circulation monétaire n'est pas sa tâche essentielle. Après certaines investigations, elle est parvenue à connaître l'origine de ces faux billets : l'Espagne.

Pour pallier leur extension, résoudre le problème de l'insuffisance de ses monnaies et maintenir l'encaisse réglementaire, la Banque procède à des opérations d'importation du numéraire de France. Malgré toutes ces tentatives, ses efforts sont vains. Elle reste entravée par son capital limité et par ses statuts qui l'obligent à avoir en caisse le tiers de son capital exigible. Pour résoudre tous ces problèmes et répondre aux besoins du commerce, elle ne voit d'autre solution que l'augmentation du capital qui tend chaque jour à devenir insuffisant [130]. L'État est contraint de conjuguer ses efforts à ceux de la B.A. pour parer aux difficultés de la circulation monétaire.

En décidant dès le 23 octobre 1863 de confier les fonds du Trésor à la Banque et à ses succursales, les pouvoirs publics cherchaient, en fait, à développer les moyens d'accroître sa circulation fiduciaire [131]. Bien qu'il n'ait pas autorisé la Banque à augmenter son capital, le gouvernement l'a aidée en mettant à sa disposition une grande quantité de numéraire. C'est alors qu'on pensait qu'avec « les dépôts du Trésor, la Banque d'Alger [sic] parviendra promptement à étendre l'importance de sa circulation fiduciaire et elle se trouvera ainsi à portée de rendre au commerce de la Colonie tous les services qu'on est en droit d'attendre de cette institution » [132].

Les espoirs étaient grands, mais les déceptions étaient plus grandes que les espoirs. En 1870, la B.A. a voulu profiter de la conjoncture de l'après-guerre et du bras de fer engagé avec le gouvernement pour exiger de celui-ci l'augmentation de sa circulation monétaire.

b) La circulation monétaire de 1870 à 1880

L'élément déterminant dans cette phase est bien la guerre de 1870 avec ses conséquences financières et économiques sur la Banque et la Colonie. Le 8 août 1870, un vent de panique souffle sur la place d'Alger [133]. Le mouvement de retrait de dépôts bancaires s'intensifie. Quoique la B.A. ait réussi jusque-là à faire face à ce phénomène, elle s'est trouvée en présence d'un autre problème, celui de la convertibilité de ses billets en espèces. Au fur et à mesure que ses réserves en or s'épuisent, ses billets perdent de leur valeur. Le 10 août 1870, la Banque demande au ministre des Finances de l'autoriser à arrêter le remboursement en numéraire de ses billets [134]. Néanmoins, les pouvoirs publics agissent autrement en décidant, par la loi du 12 août 1870, d'établir le cours forcé en Algérie. Mais cette loi, tout en sauvant la B.A., a instauré deux données nouvelles : la création du billet de 25 F et l'élévation du plafond monétaire à 18 millions de francs [135].

Bien que ces nouvelles mesures protègent le numéraire de la Banque et augmentent sa masse monétaire, cette dernière les considère insuffisantes. Son directeur se trouvant à Paris le jour de la promulgation de la loi du 12 août 1870 affirme « qu'à l'heure où il parlait, les billets en circulation s'élevaient à plus de 17 millions, que l'on était en face d'une récolte abondante et que si on ne lui accordait pas une mesure plus large, les résultats les plus fâcheux pourraient se produire »[136].

Le 15 août 1870, la circulation monétaire atteint la limite réglementaire de 18 millions de F. De retour ce même jour à Alger, le directeur est obligé de repartir le 20 août 1870 pour Paris afin de plaider en faveur d'une nouvelle augmentation du seuil de la circulation monétaire. Il informe le gouvernement de l'impossibilité pour son établissement de satisfaire aux besoins du commerce par la limitation de sa circulation en insistant sur « le danger de la situation par la rareté du numéraire et surtout la monnaie divisionnaire » [137].

Par la loi du 3 septembre 1870, le plafond de la circulation monétaire est alors porté à 24 millions de francs [138]. Peu de temps après, la B.A. est autorisée, par le décret du 26 octobre 1870, à émettre des billets de 10 F et à élever le maximum de la circulation monétaire à 34 millions de francs. Il est ainsi évident que l'augmentation du plafond monétaire est, cette fois, contrairement aux décisions précédentes, importante, puisqu'elle est de 10 millions de francs [139]. D'autre part, les documents produits par la Banque ne signalent pas que celle-ci ait sollicité cette augmentation. Elle aurait demandé seulement la création des billets de 10 F. Parlant du décret du 26 octobre 1870, son directeur déclare que le gouvernement lui a permis « de porter ses émissions à 34 millions de francs en lui donnant la faculté, sur sa demande, de créer des coupures de 10 F » [140].

L'élévation du plafond monétaire à 34 millions francs est, par conséquent, due à une initiative du gouvernement. Ce dernier a pris cette décision car elle sert ses intérêts les plus immédiats. Contrairement aux augmentations antérieures du volume de la circulation monétaire qui étaient sous forme de lois, celle-ci a été arrêtée par un décret, ce qui reflète son caractère urgent. En effet, ces 10 millions de francs ne sont pas destinés à être absorbés par l'économie algérienne, ils sont plutôt destinés au gouvernement qui en est le premier bénéficiaire. Par un deuxième décret du 26 octobre 1870, c'est-à-dire le même jour que celui relatif à l'augmentation de la circulation monétaire, le gouvernement autorise la Banque à accorder des avances à l'État jusqu'à concurrence de 10 millions de francs [141].

Durant l'année 1871, la B.A. maintient le même volume de la circulation monétaire, mais cela ne prouve aucunement que les 34 millions de francs sont suffisants pour l'économie de la Colonie qui bénéficie, en réalité, seulement de 24 millions de francs. Toutefois, elle a commencé à répondre aux besoins monétaires et financiers de l'Algérie dès que le gouvernement a entamé le remboursement du prêt de 10 millions de francs [142]. Par ailleurs, elle a pu pallier l'insuffisance de ses espèces en achetant une somme de cinq millions de francs en or [143].

Au cours de l'automne 1871, elle a pensé résoudre le problème de l'insuffisance monétaire d'une manière radicale. Elle a proposé aux pouvoirs publics le dédoublement en même temps de sa circulation monétaire et de son capital par l'émission de 10 000 actions de sa circulation [144]. L'émission de nouvelles actions serait donc la garantie de la future augmentation de sa circulation monétaire.

Toutefois, par sa lettre du 26 octobre 1871, le ministre des Finances refuse cette suggestion. Si la B.A. est parvenue à répondre aux besoins du commerce en 1871 au prix de « quelques sacrifices », elle ne peut continuer à supporter ces mêmes « sacrifices » en 1872, année de bonne récolte pendant laquelle les besoins du commerce se sont accrus [145].

Par la loi du 26 mars 1872, elle est autorisée à porter sa circulation monétaire au chiffre de 48 millions de francs. La même loi oblige la Banque, sur proposition de Warnier, à émettre des billets de même valeur que la B.F.[146] Après cette décision, la B.A. a procédé à l'émission du billet de 5 F. Elle est dorénavant engagée à émettre les mêmes coupures que celles émises par la B.F. D'ailleurs, ses billets sont confectionnés dans les ateliers de cette institution métropolitaine.

Le problème de la circulation monétaire réapparaît de nouveau en Algérie en 1873 lorsque le volume de 41 millions de francs est atteint. Arrivée à ce stade, la B.A. s'est rendue compte que la limitation de son émission monétaire a pénalisé non seulement le commerce, mais aussi son propre développement.

Tab. n° 11 : Mouvement des exportations et des importations algériennes de 1870 à 1872 [147]

Année	Valeur des importations (F)	Valeur des exportations (F)
1870	172 000 000	104 000 000
1871	195 000 000	111 000 000
1872	197 000 000	164 000 000

Après une expérience d'une vingtaine d'années dominées par la sagesse et la prudence, elle s'est sentie suffisamment mûre pour bénéficier d'une certaine liberté en matière de circulation monétaire. En cette période de désaccord avec le pouvoir républicain, les propos de la Banque traduisent une certaine irritation contre le contrôle du gouvernement exprimée en ces termes : « Les théories des économistes et des financiers sur les dangers des émissions exagérées par les banques de circulation ne sauraient être, souligne le directeur de l'institut d'émission algérien, invoquées dans la phase critique que nous traversons. Aucune autre banque dans le passé ne pouvait lui être comparée... La B.A. a fourni les preuves les plus concluantes de sa prudence, elle a des réserves réelles s'élevant à 60 % de son capital réalisé de 10 millions, qui est une garantie supérieure à tout autre établissement »[148]. Le 13 mai 1873, une commission d'administrateurs est créée pour étudier le problème de la circulation monétaire.

Au cours d'une séance extraordinaire, le conseil d'administration a pris la décision suivante : « Le conseil s'appuyant sur la prudence qui a toujours présidé ses opérations, sur la solidité du portefeuille de la Banque..., sur la confiance accordée à sa circulation par le public européen et indigène, sur les besoins légitimes, urgents et importants du commerce, de l'agriculture et de l'industrie... décide que la Banque s'adresse au gouvernement pour lui demander que sa faculté de circulation soit portée à 70 000 F » [149]. En dépit du déplacement à Paris du directeur de la Banque et ses multiples démarches auprès des autorités compétentes, toutes ses tentatives aboutissent à l'échec. Elle est ainsi contrainte à se contenter du seuil de 48 millions imposés par le gouvernement le 2 mars 1872 et cela jusqu'à 1880, année de renouvellement de son privilège. Malgré la création des succursales de Tlemcen et de Philippeville [150], le soutien des chambres de commerce d'Algérie [151] et la crise financière de 1875, la B.A. est obligée de maintenir sa circulation monétaire dans la limite de 48 millions de francs pendant une durée de huit ans.

Ainsi, nous constatons que la circulation monétaire n'a pas suivi le mouvement ascendant des escomptes qui n'ont pas cessé, en dehors des périodes de crises économiques, d'augmenter chaque année. Mais exceptée cette différence de rythme de l'évolution de la circulation monétaire et des escomptes, ceux-ci restent insuffisants et ne répondent pas aux besoins du commerce en particulier et de l'économie algérienne en général. Une autre contrainte est imposée à la Banque et réduit l'efficacité de ses billets même si leur volume est élevé : chaque billet porte le nom de la succursale par laquelle il est émis et il n'a de pouvoir que dans le territoire de cette succursale. Cela constitue une entrave à une meilleure circulation de la monnaie fiduciaire et montre, de surcroît, la prudence de la Banque et des pouvoirs publics dans ce domaine.

Par sa prudence, la B.A. a renforcé son capital moral et a instauré son crédit sans parvenir à augmenter son capital réel et à répondre aux besoins de l'économie algérienne. Elle s'est imposée comme la plus importante institution bancaire de l'Algérie, mais aussi comme une institution parcimonieuse et inefficace. Son rôle économique et financier reste en deçà de sa renommée et de son envergure. Une preuve convaincante : l'argent reste très cher après trente ans d'activité de ce grand établissement de crédit. Sa politique de crédit, inadéquate et inefficace, n'a pas pu éliminer un problème structurel de l'Algérie, l'usure qui fait des ravages au sein de la société européenne et chez les populations autochtones.

III) L'usure légalisée et institutionnalisée

Les documents et études ayant traité du problème de l'usure le considèrent comme étant une « maladie » incurable de l'Algérie coloniale. « L'argent fut longtemps rare et cher et l'usure était une des plaies du pays », notent certaines recherches [152]. Cette pratique affecte aussi bien le monde européen que la société arabe et berbère de l'Algérie. Le mal est donc très répandu et très enraciné. L'usure constitue alors une composante structurelle inhérente à l'Algérie. Quelles sont les formes de l'usure ? Qui sont ces usuriers et quelles sont leurs victimes ?

Avant d'aborder l'étude de cette question, il faut soulever le problème des sources. L'usure est ancrée dans l'économie et la société de l'Algérie coloniale, tout le monde s'en plaint, mais aucune donnée statistique, aucune enquête chiffrée réalisée par les autorités ou par une autre institution n'est disponible. Aucune étude, d'après l'état actuel de notre documentation, n'est élaborée par la Banque concernant ce sujet, aucune dénonciation de cette pratique qui est même la raison d'être de cet institut d'émission. Ce silence est-il dû au fait que l'usure est par sa nature une activité « hors la loi » qu'on ne peut appréhender et mesurer ? Ou bien ce silence peut-il être interprété comme une approbation tacite de ce phénomène ?

Vu sa politique de crédit, la B.A. et les usuriers se partagent la clientèle, se complètent et s'entraident. Ils préparent le terrain à la Banque qui, à son tour, laisse une marge d'activité à ces derniers. Certaines études, élaborées en pleine période d'antisémitisme algérien de la fin du XIXe siècle, décrivent cette complaisance de l'institut d'émission avec des usuriers notamment juifs en ces termes : « Abusant de leur position commerciale et d'un crédit exagéré accordé par la B.A., crédit alimenté par un papier fictif, un groupe de mercantis juifs, présidé par un personnage ayant une fiche illimitée en banque, a pu exploiter la place d'Alger »[153].

L'usure est certes une activité marginale sur le plan économique et sur le plan légal, mais elle est une activité qui aide la B.A. et complète son rôle. Le mutisme de la Banque concernant le phénomène de l'usure facilite sa tâche et complique celle de l'historien. Nous sommes donc contraint, pour appréhender ce problème, de nous référer à certaines brochures ou ouvrages publiés à l'époque pour cerner cette question de l'usure. L'aspect parfois subjectif de ces publications destinées à mener une campagne contre les abus des usuriers ne réduit en rien la valeur de ces documents qui restent la source unique en ce domaine [154].

Au lendemain de la conquête d'Algérie, aucun texte ne réglemente les taux de l'intérêt. Ce vide juridique a laissé la porte ouverte aux pratiques usuraires qui se répandent rapidement. Le gouvernement français a dû non seulement tolérer l'usure, mais, selon certaines sources, « la régulariser, la rendre légale et même la faire pratiquer à son profit. En effet, une ordonnance de 1834 portait que le taux de l'intérêt était facultatif en Algérie » [155]. L'ordonnance royale du 7 décembre 1835 fixant le taux légal de l'argent en France à 10 % est étendue à l'Algérie, puisque le maréchal Clauzel a fixé par un arrêté du 7 décembre 1835 le taux légal d'intérêt, à défaut de convention, à 10 % [156]. Ces deux textes considèrent que tout intérêt dépassant la limite de 10 % est illégal, donc usuraire. Bien que la même réglementation soit imposée à la Métropole et à la Colonie, la situation évolue différemment dans les deux pays. Le réseau bancaire créé en France a contribué à réduire le prix de l'argent, alors que le monopole exercé par la B.A. en Algérie a aggravé le phénomène. Par ailleurs, certains contemporains connaisseurs en affaires coloniales expliquent l'élévation des taux d'intérêt en Algérie par rapport à ceux de la Métropole, et donc d'extension de l'usure, par la rareté des capitaux [157].

Étant donné cette différence de contexte et de degré de croissance économique entre la France et sa Colonie, il est donc normal que l'argent y soit plus cher et que l'usure y trouve un champ fertile. D'ailleurs, le décret du 7 décembre 1835 limitant le prix de l'argent à 10 % est délaissé et même oublié en Algérie, contrairement à la Métropole, raison pour laquelle des études évoquent le vide juridique concernant le loyer de l'argent en Algérie et considèrent que le taux de l'intérêt est libre depuis 1835 [158] dans la Colonie. Les détenteurs de capitaux jouissent, en fait, d'une liberté totale en matière de prêts et d'intérêt.

Indéniablement, l'usure en Algérie ne consiste pas, de ce fait, à dépasser la limite légale de 10 %, mais elle réside plutôt dans la possibilité accordée aux prêteurs d'augmenter leurs taux autant que le rapport de force avec le demandeur de crédit le permet. Ainsi, l'usure n'est pas seulement un rapport financier ou matériel entre deux personnes, mais aussi un rapport moral qui renforce la dépendance et même la soumission du débiteur vis-à-vis de son créancier jusqu'à son écrasement et sa ruine totale. Sur un autre plan, l'usure algérienne ne se réduit pas à une question d'intérêt, mais elle représente, en plus de cela, des pratiques et des manœuvres frauduleuses [159] utilisées par les usuriers pour s'emparer du bien d'autrui.

Après une série d'hypothèques renouvelées et même par le procédé de la vente à réméré souvent confondue avec la *rahniyya*, les biens finissent par tomber entre les mains des usuriers [160].

L'usure est, par conséquent, devenue un moyen de circulation de biens et de richesses, contrairement au crédit qui est un moyen de création de biens et de richesses. Certes l'usure produit elle aussi la valeur, mais loin d'être une forme de crédit, elle est plutôt destructive, car elle ne cesse de provoquer des désastres immobiliers et de détruire l'économie et la société rurales.[161] Elle diffère donc du crédit par ses mécanismes et par ses effets.

Après avoir défini l'usure, il serait utile de voir le degré de son extension dans le pays. Indépendamment de l'ampleur de ce phénomène pendant la période précoloniale, l'usure se développe au lendemain de la conquête française. Les Arabes étant pauvres, les premiers Français venus en Algérie n'étant pas de riches capitalistes, l'argent se fait rare au moment où les besoins de mise en valeur coloniale étaient énormes. L'usure est considérée alors comme un mal nécessaire. Les usuriers sont même appréciés comme des facteurs puissants de richesse, aucun organisme ne peut les remplacer et la structure de la vie économique en Algérie rend nécessaire le crédit par des particuliers [162]. Les juifs algériens sont les mieux équipés et les plus expérimentés pour se lancer dans ce trafic. Certains ouvrages antijuifs [163] affirment même que l'usure est une activité purement juive dont les méfaits sont à l'origine de l'échec de la colonisation française. D'autres auteurs ayant vécu cette période critique de la fin du XIXe siècle algérien prennent la position inverse en soutenant que les Européens venus après la conquête apportent avec eux le goût des spéculations commerciales et financières. Les premiers marchands de l'argent, selon ce point de vue, « venaient d'Europe, ils se nommaient l'un Bel et l'autre Garnier... On pourrait consulter les minutes des notaires de l'époque, on y verra que presque tous les prêts hypothécaires y sont faits par des maisons de banques françaises à des taux qui sont rarement au-dessous de vingt-quatre pour cent » [164].

L'usure est, à notre avis, au début de la période coloniale à la fois l'œuvre de quelques riches Français et des israélites d'Algérie. Son âge d'or correspond aux deux décennies précédant la création de la B.A. Avec le développement de la colonisation, l'usure prend une extension alarmante. Des marchands-banquiers, des colons-banquiers, de riches Mozabites, des commerçants kabyles et arabes se donnent à l'usure. Le meilleur exemple est celui de Abderrahmen El Kenal connu comme usurier à Alger où s'établissent, « plusieurs banquiers maures » [165].

Napoléon III, lors de son voyage de 1865 en Algérie, a constaté que l'usure n'est pas l'œuvre exclusive des seuls israélites « indigènes » [166], puisque quelques Européens y prennent part. Qu'ils soient Juifs, Arabes, Mozabites ou Français, ou autres, les usuriers sont avant tout des banquiers privés qui réalisent des profits illicites grâce à des taux exorbitants et à des procédures illégales. Avant 1851, date de la création de la Banque, trois noms importants figuraient parmi une liste de dix-huit banquiers-usuriers. Il s'agit de Lichtlin, Villiers et Gugenheim [167] qui vont accéder à des postes de responsabilité au sein de la B.A. Ces hommes peuvent-ils rompre avec l'usure ou bien profitent-ils de l'institut d'émission pour développer ce commerce ?

S'il est difficile d'avancer une réponse précise à cette question, il est clair que des dirigeants de la B.A. ne sont pas étrangers à cette pratique. Celle-ci serait l'école au sein de laquelle ils se sont formés pour entrer dans cet établissement. Encore une fois, la corrélation entre cette institution et l'usure est forte et elle s'affirme de plus en plus. En 1863, sur les dix-huit usuriers précédemment cités, six ont des liens d'affaires avec la B.A. : Gugenheim, Julienne, Le-Coq et Cie, J. Roure, Frinqueville et Rey et Cie [168]. Si Gugenheim est administrateur, Le Coq et Rey sont deux clients privilégiés de cette institution et ils bénéficient de grandes facilités de crédit.

Après cette première catégorie de prêteurs usuriers, constituée de banquiers privés dont la liaison avec l'institut d'émission est évidente, nous trouvons un deuxième type d'usuriers, il s'agit souvent de commerçants et, parfois, d'avocats défenseurs. Le cultivateur autochtone et le colon français ont l'habitude d'être en contact avec les négociants auxquels ils vendent leurs produits et avec des commerçants auprès desquels ils s'approvisionnent en certains produits de consommation ou d'équipement. En cas de nécessité, surtout pendant les périodes de crises, le cultivateur ou le colon s'adresse au négociant qui lui fournit des prêts souvent sous forme d'avance sur récolte. Ce genre d'avance est couramment demandé par les autochtones car il est toléré par la religion musulmane : *Baya' Essalam*. En temps de prospérité économique, le mouvement est inversé. C'est le négociant qui se déplace ou envoie ses mandataires aux marchés ou même aux douars proposer aux colons et aux Arabes des avances sur leurs récoltes. Les exemples de personnes ou de populations affectées par les difficultés économiques et demandeurs d'avances sont très nombreux. La tribu Jebela, dans la région de Mostaganem, est touchée par plusieurs années de mauvaises récoltes à la fin des années 1870. Les principaux membres de cette tribu, avec leur caïd, s'adressent à un riche israélite de Mostaganem. Celui-ci accepte de leur livrer de l'orge au prix exorbitant de 36 F le quintal. Cette somme devrait être restituée à la récolte, non en argent, mais en nature au prix courant du marché. Or au mois d'août, l'orge valant 7 F le quintal, les Jebela doivent restituer près de six quintaux pour un, c'est-à-dire qu'ils ont emprunté à 600 % [169]. Si de telles tribus n'arrivent pas à rembourser leurs dettes, elles sont dépossédées de leurs terres. En plus du profit argent, les usuriers se sont ainsi constitués de grandes propriétés : Gabay possède quelques 600 ha dans la région de Ténazet, Moise Ben Massoud, Isaac Karsenty, Chouraki sont devenus propriétaires de grands domaines dans la région oranaise.

Le marchand-banquier le plus distingué dans la province occidentale, Kanoui, est qualifié par certains de « Rothschild oranais » [170]. D'autres noms de marchands banquiers, dans d'autres régions de l'Algérie, peuvent être cités : « Les Tabet, Abraham, Jais Salomon, Isaac, Simon, Elie... qui, sous le titre de banquiers ou de changeurs, prêtent à 100 % par semaine » [171]. Il est à constater que ces noms d'usuriers sont des noms israélites. Même s'ils ne sont pas prêteurs, les juifs réussissent souvent à s'imposer entre l'usurier européen et l'emprunteur arabe ou berbère. La connaissance des deux langues est l'élément qui permet au juif d'être l'intermédiaire entre les deux partenaires de cultures différentes. L'usurier, qu'il soit juif ou non, pour se dérober derrière un titre ou une fonction honnête et légale, trafique sur tous les produits. Il s'approprie le titre de banquier et souvent celui de négociant [172] lui permettant de ménager des relations, voire d'accéder aux tribunaux et à l'institut d'émission.

Le négoce et la Banque constituent en Algérie, pendant la deuxième moitié du XIXe siècle, un seul monde solidaire et fermé. Les administrateurs de la B.A. et de ses succursales, ses comités d'escompte se recrutent dans le milieu du commerce qui vit en complète symbiose avec celui de la Banque. Sa liaison avec l'usure se vérifie à tous les niveaux : sur le plan de ses taux d'escompte prohibitifs, au niveau de ses dirigeants et de ses administrateurs qui se livrent à l'usure et, de surcroît, à l'échelle des usuriers locaux qui empruntent chez l'institut d'émission. Ainsi donc l'usure est un réseau bien contrôlé par la B.A. Celle-ci est non seulement le plus grand usurier de l'Algérie, mais elle incarne l'institutionnalisation et la légalisation de l'usure. L'usure étant une activité occulte, il est difficile de connaître les taux exigés par les prêteurs d'argent. Par ailleurs, l'absence de taux usuraires fixes ou constants ne permet pas de les déterminer et de les étudier. Néanmoins, il est possible d'indiquer, à titre d'exemple, quelques taux usuraires.

Les prêts se font en Algérie, comme souvent ailleurs, généralement en pourcentage. Des spécialistes de l'Algérie coloniale ont même constaté qu'on y prêtait à 10, 20 % et même davantage. [173] Cependant, certains usuriers utilisent une autre méthode que le pourcentage. La référence préférée par les prêteurs est celle de la pièce de 5 F, *dourou*, qui traduit une continuité de l'influence espagnole en Algérie et dans le Maghreb colonial. Par cette procédure, l'intérêt à négocier consiste dans la valeur que rapportent dix pièces de 5 F. La règle est que dix pièces de 5 F peuvent produire entre 4 et 10 pièces de la même unité. Une grille d'intérêts était même établie et connue par les marchands de l'argent [174].

Il arrive même que les prêts atteignent un taux de 100 %. Ce taux est tellement fréquent que cela a donné lieu à une règle exprimée en arabe *dûrû ab- khûh*, c'est-à-dire « un *douro* moyennant son frère » [175].

Mais ces taux qui sont plus ou moins conventionnels varient dans le temps et dans l'espace, et selon les besoins de l'emprunteur. En effet, plus on se déplace vers le Sud algérien, plus l'argent devient rare, et donc plus cher pour atteindre « ordinairement de 50 à 100 %, le taux moyen est de 50 centimes pour cinq F par mois, soit 96 % qui peuvent aller jusqu'à 600 % », expose Léon Hugonnet [176].

Dans des périodes de crises économiques et sociales, les taux montent d'une manière vertigineuse. L'usure s'est propagée en 1867 comme une épidémie ravageuse au point que Léon Hugonnet y voit un facteur principal de cette crise [177].

Même en dehors des périodes de crises économiques, l'usure connaît des variations saisonnières en fonction du calendrier agricole. Les prêts sont contractés généralement pendant la période de semence, c'est-à-dire d'octobre à décembre. Une deuxième saison ou phase de prêts se déroule pendant la période de soudure, c'est-à-dire au printemps. Ainsi l'argent est de plus en plus cher au fur et à mesure qu'on avance dans l'année agricole. Les taux les plus exorbitants correspondent à l'ultime période du calendrier agricole. L'échéance étant toujours la saison des récoltes, les prêts se font pendant la période de soudure, en mois, voire à la semaine avec des taux extravagants. L'usure est ainsi un prêt saisonnier lié aux rythmes de production anciens. Pour les populations arabo-berbères qui empruntent pour un mois, le taux est souvent de 10 pièces pour 1 par mois, soit 120 % par an. D'autres prêteurs sont plus exigeants encore. « Ce sont les prêteurs à la petite semaine, rapportent certains témoins,... ils prêtent pour 10 jours à raison d'un franc pour cinq francs. Leur argent leur rapporte en ce cas sept cent vingt francs pour cent par an » [178]. Plusieurs chants et traditions populaires arabes traduisent la souffrance des Algériens causée par ce fléau [179].

L'usure ruine donc la société et l'économie algériennes, mais à des degrés différents, puisqu'elle affecte le monde autochtone beaucoup plus que le milieu colonial. Les musulmans, vu leur marginalité économique, sont exclus du système de crédit français dominé par la B.A. Leur rejet politique et social est un autre motif de leur exclusion financière.

La propagation de l'usure en Algérie est, certes, un phénomène qui a précédé l'établissement de la B.A. Mais celle-ci, au lieu de combattre cette maladie, l'a nourrie à son grand avantage. En refusant d'accorder son escompte à une grande quantité de papier solvable, elle oblige les demandeurs de crédit à s'adresser aux banquiers privés et aux négociants qui exigent des taux usuraires. Mais ces prêteurs privés, c'est-à-dire les véritables maîtres de l'usure, avec leur renommée, sont les seuls à pouvoir emprunter auprès de la Banque. L'argent octroyé par les usuriers n'est autre que celui qu'ils se sont procuré auprès de cet établissement. Ce circuit de l'argent entre la B.A. et les victimes de l'usure est facilité par des relations de parenté et d'intérêt entre ses dirigeants et les usuriers.

Sur un autre plan, les taux d'escompte employés par l'institut d'émission, comparés aux taux des usuriers, restent toujours, quel que soit leur niveau, modestes et donc facilement acceptés par le public. L'argent des usuriers est tellement cher et les crédits de la B.A. rares que cette dernière arrive à imposer son taux d'escompte sans aucune difficulté.

Le problème des demandeurs de prêts n'était pas de contester le prix de l'argent, mais de pouvoir accéder à ces crédits. L'usure épaule donc l'activité de la Banque et donne une légitimité à sa politique de crédit. Tout en pratiquant l'usure, comme les autres prêteurs d'argent, elle se distingue, cependant, par la puissance de ses capitaux, l'honorabilité de son action et la légalité de ses taux usuraires. Elle se trouve ainsi à la tête de deux réseaux, celui de l'usure et celui du crédit. Elle reste, par conséquent, le seul maître du jeu : son action est déterminante pour le commerce, pour les usuriers, pour les candidats au crédit, pour ceux qui en trouvent et même ceux qui n'en trouvent pas. Elle danse toute seule en grand acteur, les autres regardent, applaudissent, et dans le pire des cas, se taisent.

Le triomphe de la B.A. pendant plus d'un quart de siècle n'est pas ainsi un signe de réussite et d'efficacité de son action. Elle domine la scène financière et commerciale algérienne sans pour autant être capable de répondre à tous les besoins.

Étant une institution de crédit commercial, elle n'arrive pas à satisfaire toutes les demandes de crédit. Étant aussi un institut d'émission, elle a du mal à maintenir l'encaisse garantissant sa circulation monétaire. A cause de ses moyens financiers limités, elle n'est pas parvenue à préserver l'équilibre nécessaire entre sa fonction d'instrument de crédit et sa charge de banque d'émission.

Dans certaines circonstances difficiles [180], elle trouve l'audace de mettre en veilleuse son rôle en matière d'émission en prétendant qu'elle est avant tout une institution de crédit commercial [181]. En adoptant cette attitude, elle renonce à une partie de sa mission fixée par ses statuts. Dans d'autres situations, elle se protège par ces mêmes statuts pour refuser toute opération de crédit en dehors du crédit commercial. Les agriculteurs et les colons n'ont jamais bénéficié de ses prêts. L'échec de la colonisation est dû, en grande partie, à l'absence de crédit agricole, difficile à trouver auprès de cette institution dont les statuts ne lui permettent pas d'octroyer des prêts agricoles et fonciers vu sa fonction de banque d'émission. Même les quelques organismes de crédit agricole mutuel nés à l'occasion de la crise de 1867 n'ont pas pu bénéficier de ses crédits. Un exemple : le comité de crédit agricole d'Alger créé à la fin de 1866 au lendemain de l'invasion des sauterelles et dont les responsables ont réclamé le concours de la B.A. Ces derniers estiment que cette institution « seule par ses puissants moyens d'action pouvait permettre de réunir les ressources qu'ils se proposent de mettre à la disposition des sinistrés » [182]. A cet effet, le comité de crédit agricole d'Alger émettrait des billets représentant les sommes avancées par elle, lesquels billets seraient escomptés à la B.A.[183] Néanmoins, cette dernière a refusé d'accepter à l'escompte le papier émis par cet établissement.

Deux raisons sont avancées pour justifier ce refus : d'une part, elle estime que cette demande se trouve contraire à la lettre comme à l'esprit de ses statuts, d'autre part le mode de l'opération proposée aurait, toujours selon la même logique, « pour résultat de mettre à la charge de la Banque des pertes qui pourraient résulter des avances faites aux cultivateurs » [184]. Mais le crédit agricole n'est pas le seul type de crédit rejeté par la B.A. qui ne s'est pas engagée dans d'autres branches de l'économie coloniale, comme l'industrie.

En fait, plusieurs sociétés minières et ferroviaires sont fondées en Algérie au cours des années 1860 et 1870 : la Compagnie Mokta El Hadid, les compagnies ferroviaires de l'Est algérien, l'Ouest algérien, le Bône-Guelma, la Franco-algérienne. Nous ne trouvons aucune participation financière de la B.A. dans de telles affaires. La manière dont le conseil d'administration aborde la création de quelques sociétés traduit le désintérêt quasi total à l'égard de ce genre d'entreprises. A part le crédit commercial et l'émission monétaire, la Banque semble ignorer le reste des secteurs de la vie économique de la Colonie. Cette attitude s'explique par une conception traditionnelle de la banque, par une stratégie trop prudente et par des moyens financiers très réduits. Le crédit agricole et l'investissement industriel, restés en dehors de l'activité de la B.A., sont un champ ouvert aux investissements métropolitains.

L'investissement industriel est l'œuvre des Gouin, par le biais de la Société de construction de Batignolles et par le Paribas, des Rothschild et de leur allié Paulin Talabot, directeur de Mokta El Hadid, administrateur du P.L.M. et co-responsable de la S.G.A. Quant au crédit agricole, c'est le Crédit foncier de France qui s'en occupe depuis le décret du 11 juin 1860 lui permettant d'étendre ses services en Algérie. Néanmoins, les investissements industriels et agricoles métropolitains restent à leur tour insuffisants, d'où l'engagement, à maintes reprises, de l'État dans plusieurs entreprises économiques coloniales. Des témoins de l'époque avaient raison de signaler que « l'État français... reste... dans une mesure assez importante le donateur et le bailleur de fonds de la Colonie » [185]. En plus de l'armée et de l'administration, l'État se charge de soutenir la colonisation, de mettre en place une infrastructure économique en aménageant les ports et en payant la garantie d'intérêt des chemins de fer. L'Algérie était donc « assez onéreuse pour la France » [186]. Des travaux récents sont arrivés aux mêmes conclusions pour l'ensemble de l'Empire colonial français [187]. Le meilleur exemple qui illustre l'intervention de l'État en Algérie en matière de crédit agricole et industriel est la S.G.A. dont le rôle est de financer la colonisation, mais aussi de créer certaines entreprises industrielles et de travaux publics. Ainsi donc, la B.A. se charge du crédit à court terme et la S.G.A est appelée, vu la puissance de ses capitaux, à se spécialiser dans le crédit à long terme. Créée grâce à l'initiative de Napoléon III, celle-ci réussit-elle à gagner ce pari ? Quels sont ses rapports avec la B.A. ? Quelle serait la politique adoptée par celle-ci à l'égard des banques privées de l'Algérie ? Serait-elle la banque des banques ?

Notes :

[1] MEYER (J.), TARRADE (J.), REY-GOLDZEIGUER (A.) et THOBIE (J.), *Histoire de la France coloniale des origines à 1914*, Paris, Armand Colin, 1991.
Voir chapitre «La France coloniale de 1870 à 1914» et particulièrement pp. 577 à la page 632.
Voir aussi GANIAGE (J.), *L'expansion coloniale de la France sous la Troisième République (1871-1914)*, Paris, Payot, 1968, pp. 11-26.
[2] MEULEAU (M.), *Des pionniers en Extrême-Orient. Histoire de la Banque de l'Indochine 1875-1975*, Paris, Fayard, 1990, p. 64.
[3] A.O.M.A., 80 S 122, C.A. du 4 août 1859.
[4] A.N.F., 65 AQ A 171, statuts de la B.A. du 8 janvier 1868, article 16 .
[5] Cité par PICARD (E.), *La monnaie et le crédit en Algérie, op. cit.*, pp. 127-128.
[6] *Le Moniteur algérien* du 1er novembre 1863.
[7] Les chiffres sont extraits des bilans annuels de la B.A., AN.F., 65 AQ A 171.
[8] A.N.F., 65 AQ A 171, rapport du CA à l'AG du 26 novembre 1867.
[9] A.N.F., 65 AQ A 171, rapports du C.A. aux A.G. du 27 novembre 1866 et du 26 novembre 1867.
[10] A.N.F., 65 AQ A 171, rapport du C.A. à l'A.G. du 26 novembre 1867.
[11] En étudiant la récolte de l'Algérie de l'année 1867, A. REY-GOLDZEIGUER note que «le Constantinois est privilégié par rapport à l'Algérois», *Le royaume arabe..., op. cit.*, p. 475.
[12] A.N.F., 65 AQ A 171, rapport du C.A. à l'A.G. du 26 novembre 1867.
[13] NOUSCHI (A.), *Enquête sur le niveau de vie des populations rurales constantinoises, de la conquête jusqu'à 1919. Essai d'histoire économique et sociale*, Paris, PUF, 1961, p. 362.
[14] A.O.M.A., 80 S 123, C.A. du 17 avril 1866.
[15] A.O.M.A., 80 S 123, *ibid.*
[16] A.O.M.A., 80 S 123, CA du 27 octobre 1868.
[17] Nouschi (A), *Enquête sur le niveau de vie des populations rurales..., op. cit.*, pp. 338-378.
- REY-GOLDZEIGUER (A.) , *Le royaume arabe..., op. cit.,*. pp. 442-516.
[18] Cité par PICARD (E.), *La monnaie et le crédit en Algérie, op. cit.,*, p. 134.
[19] Les autorités algériennes trouvent alors la solution de créer, en 1869, des sociétés de crédit agricole mutuel et des sociétés de prévoyance, voir PICARD (E.), *ibid.*, p. 136. et REY-GOLDZEIGUER (A.), *Le royaume arabe..., op. cit.*, p. 488.
[20] Voir le chapitre précédent concernant les rapports de la B.A. avec l'État.
[21] A.N.F., 65 AQA 171, rapport du C.A. à l'A.G. du 26 novembre 1867.
[22] *L'Akhbar* du 8 juin 1869.
[23] L'expression de NOUSCHI «de la guerre à la révolte» est révélatrice à cet égard, *Enquête sur le niveau de vie ... op. cit.*, p. 393.
[24] A.N.F., 65 AQ A 171, rapports du C.A. à l'A.G. des 30 novembre 1870 et 30 novembre 1871.
[25] Voir, dans ce même chapitre, les pages précédents réservées à l'attitude de la B.A. vis-à-vis de la crise de 1867.
[26] Voir le 3e chapitre de cette même partie où sera traité la S.G.A.
[27] Voir le chapitre précédent.
[28] *L'Akhbar* du 17 septembre 1870.
[29] *Impérialisme et réformisme ..., op. cit.*, pp. 30-54.
[30] NOUSCHI (A.), *Enquête sur le niveau de vie des populations rurales..., op. cit.*, p. 390.
[31] A.N.F., 65 AQ A 171, rapport du C.A. à l 'A.G. du 30 novembre 1871.
[32] A.N.F., 65 AQ A 171, *ibid.*
[33] Voir le graphique n° 4 de ce chapitre.
[34] AGERON (Ch.R), *Histoire de l'Algérie contemporaine de l'insurrection de 1871..., op. cit.* pp. 10-13.
[35] NOUSCHI (A.), «La crise commerciale et financière de 1875 en Algérie et dans le Constantinois», *op. cit.* p. 420.

[36] CLAUDE (H.), *Histoire, réalité et destin d'un monopole. La Banque de Paris et des Pays-Bas et son groupe (1872-1968)*, Paris, Éditions Sociales, 1969, p. 9.
[37] BOUVIER (J.), *Naissance d'une banque, le Crédit lyonnais*, Flammarion, Paris, 1968, pp. 83 et 87.
[38] GILLE (B.) , *La Banque en France au XIXᵉ*, Genève, Librairie Droz, 1970, p. 243.
[39] NOUSCHI (A.), «La crise commerciale et financière de 1875 en Algérie ... », *op. cit.*, p. 421.
[40] A.O.M.A., 80 S 5, A.G. du 30 novembre 1872.
[41] Chiffres extraits des bilans annuels de la B.A., A.N.F., 65 AQ A 171.
[42] *Ibid.* Les effets et la valeur des escomptes des deux succursales de Philippeville et de Tlemcen créées en 1876 sont insérés dans les totaux de 1876 et 1877 figurant dans les deux tableaux. 1876 Philippeville : 4 535 611 F 84 pour 6 565 effets, Tlemcen : 2 545 074 F pour 6 076 effets, 1877 Philippeville : 4 915 814 F 16 pour 7 628 effets, Tlemcen : 7 716 981 F 07 pour 20 382 effets.
[43] - 27,3 % pour Constantine et - 23,3 % pour Bône.
[44] - 17,8 % pour Bône et - 21,9 % pour Constantine.
On ne peut pas pour tous ces taux inclure celui de la succursale de Philippeville qui se situe dans le département de Constantine. Ayant commencé à fonctionner en 1876, elle ne nous permet pas, en l'absence des chiffres de 1875, d'en calculer un pourcentage pour l'année suivante.
[45] - 20,1 % pour Constantine et - 19,7 % pour Bône.
[46] - 8,8 % pour Constantine et - 13,9 % pour Bône.
[47] C'est-à-dire les taux des escomptes et des effets escomptés par la succursale de Bône et celle de Constantine en 1875 et en 1876.
[48] A.N.F., 65, AQ A 171, rapport du C.A. à l'A.G. du 28 novembre 1875.
[49] NOUSCHI (A.), «La crise commerciale et financière de 1875 en Algérie... », *op. cit.*, p. 412.
[50] A.N.F., 65 AQ A 171, rapport du C.A. à l'A.G. du 28 novembre 1875.
[51] « La crise commerciale et financière de 1875 en Algérie »..., *op. cit.* p. 428.
[52] Le directeur de la B.A. reçoit simultanément «diverses dépêches de Marseille et du directeur de la succursale de la Banque à Constantine au sujet de la catastrophe de la maison L. Battandier par suite de la suppression de la maison Signoret Frères qui a accepté 500 000 F de traites tirées de Constantine par BUISSON », A.O.M.A., 80 S 125, C.A. du 14 mai 1875.
[53] NOUSCHI (A.), « La crise commerciale et financière de 1875 en Algérie... », *op. cit.*, p. 413.
[54] *Ibid.*, pp. 412-413. Il s'agit du 7 mai 1875.
[55] GOURGEOT (F.), *Les sept plaies de l'Algérie*, Alger, Imprimerie *Fontana* et Cie, 1891, p. 155.
[56] Voilà pourquoi Fomarier est cité par la B.A. en tant que commerçant alors que Nouschi le considère comme un « banquier privé », «La crise commerciale et financière de 1875 en Algérie... », *op. cit.*, pp. 412-413.
[57] A.O.M.A., 80 S 125, C.A. du 18 mai 1875.
[58] A.O.M.A., 80 S 125, C.A. du 11 mai 1875.
[59] A.O.M.A., 80 S 125, C.A. du 1ᵉʳ juin 1875, 80 S 125.
[60] A.O.M.A., 80 S 125, Télégramme adressé par la direction d'Alger au directeur de la succursale de Constantine, 15 août 1875.
[61] Le directeur de la B.A. déclare à ce propos : « La situation de cette maison est très gravement compromise. Aucune garantie sérieuse n'est offerte à la Banque... Il n'y a pas lieu d'accorder à M. Abbadie de nouvelles facilités», A.O.M.A., 80 S 125, C.A. du 5 août 1875.
[62] Le censeur de la B.A., Blasselle, tout en approuvant cette nouvelle politique de rigueur, essaye de la justifier par l'état exagéré de certaines fiches : «Quelques négociants, soulignait-il, opéraient exclusivement sur le crédit sans que leur fortune justifiât suffisamment la confiance qui leur était accordée. L'attention de la B.A. était éveillée à temps, la vérification minutieuse de leur situation a fait prendre des mesures qui, quelques sages qu'elles fussent, eurent pour effet d'amener des liquidations et de diminuer notablement les escomptes », A.N.F., 65 AQA 171, rapport des censeurs à l'A.G. du 27 novembre 1876.
[63] A.O.M.A., 80 S 125, C.A. du 5 octobre 1875.
[64] A.O.M.A., 80 S 125, C.A. du 5 octobre 1875.

[65] Nous pouvons lire dans cette réponse les propos suivants de la direction de la B.A. : «La Banque, après un examen de la situation que vous me signalez par votre télégramme du 3, déclare qu'il lui est impossible de faire ce que vous demandez et d'empêcher des catastrophes financières qu'elle considère comme imminentes et inévitables », Cité par NOUSCHI (A.), «La crise commerciale et financière de 1875 en Algérie... », *op. cit.*, p. 430.
[66] A.O.M.A., 80 S 125, C.A. du 17 août 1875.
[67] A.O.M.A., 80 S 125, C.A. du 5 octobre 1875.
[68] A.N.F., rapport du CA à l'A.G. du 27 novembre 1876, 65 AQ A 171.
[69] NOUSCHI (A.), «La crise commerciale et financière de 1875 en Algérie... », *op. cit.*,, pp. 421 et 428.
[70] Voir le chapitre précédent consacré aux rapports entre la B.A. et l'État.
[71] Villiers est accusé d'avoir des liens avec l'Empire, et à maintes reprises il a essayé de réfuter ces accusations. Ses multiples demandes de démission ne sont pas sans rapport avec les soupçons qui tournent autour de sa personne, A.O.M.A., 80 S 125, C.A. du 23 juin 1875.
[72] Voir les deux tableaux de la page 80.
[73] A.O.M.A., 80 S 126, C.A. du 14 août 1878.
[74] REY- GOLDZEIGUER (A.), *Le royaume arabe...*, *op. cit.*, p. 474.
[75] NOUSCHI (A.), «La crise commerciale et financière de 1875 en Algérie... », *op. cit.*, p. 431.
[76] A.O.M.A., 80 S 5, P.V. de l'A.G. du 27 novembre 1876.
[77] PICARD (E.), *La monnaie et le crédit...*, *op. cit.*, pp. 110-111.
[78] PLESSIS (A.), *La politique de la Banque de France de 1851 à 1871*, *op. cit.*, pp. 160-180.
[79] A.O.M.A., 80 S 121, C.A. du 10 septembre 1853.
[80] A.O.M.A., 80 S 121, C.A. du 28 janvier 1854.
[81] PLESSIS (A.), *La politique de la Banque de France de 1851 à 1870*, *op. cit.*, p. 162.
[82] A.O.M.A., 80 S 121, C.A. du 27 octobre 1855.
La B.F. a décidé le 18 octobre 1855 d'élever son taux d'escompte à 6 %.
[83] A.O.M.A., 80 S 121, C.A. du 17 novembre 1855, 80 S 121.
[84] PLESSIS (A.), *La politique de la Banque de France de 1851 à 1870*, *op. cit.*, p. 205
[85] PLESSIS (A.), *ibid.*, p. 218.
[86] A.O.M.A., 80 S 121, C.A. du 24 octobre 1857, 80 S 121.
[87] A.O.M.A., 80 S 121, C.A. du 14 novembre 1857.
[88] A.O.M.A., 80 S 121, C.A. du 14 novembre 1857.
[89] Les archives de la B.A. ne mentionnent pas, toutefois, la réponse du ministre des Finances à de telles suggestions de la B.A.
[90] A.O.M.A., 80 S 122, C.A. du 14 janvier 1861.
[91] A.O.M.A., 80 S 122, C.A. du 11 novembre 1861.
[92] BLACK (S.J.), « Napoléon III et le Mexique : un triomphe monétaire », dans *Revue Historique* n° 527, janvier-mars 1978, pp. 55-73.
[93] PLESSIS a démontré la solidarité en matière de taux d'escompte entre la Banque d'Angleterre et la B.F. dans son étude *La politique de la Banque de France de 1851 à 1870*, *op. cit.*, p. 222.
[94] A.O.M.A., 80 S 122, C.A. du 17 novembre 1863.
[95] PLESSIS (A.), *La politique de la Banque de France de 1851 à 1870*, *op. cit.*, p. 236.
[96] A.O.M.A., 80 S 122, C.A. du 8 décembre 1863.
[97] A.O.M.A., 80 S 122, C.A. du 14 mai 1864.
[98] A.O.M.A., 80 S 122, le directeur de la B.A. parle de «grand danger pour l'encaisse de la Banque », *ibid.*
[99] PLESSIS a étudié les variations des taux d'escompte de la B.F. jusqu'à la limite de 1864. Voir *La politique de la Banque de France de 1851 à 1870*, *op. cit.*, pp. 236-238.
[100] PLESSIS (A.), *ibid.*, p. 236.
[101] A.O.M.A., 80 S 124, C.A. du 9 mars 1871.
[102] A.O.M.A., 80 S 123, Note insérée au C.A. du 21 février 1865.
[103] PLESSIS (A.), *La politique de la Banque de France de 1851 à 1870*, *op. cit.*, p. 259.

[104] A.O.M.A., 80 S 123, Note adressée au ministre des Finances et insérée au C.A. du 21 février 1865.
[105] A.O.M.A., 80 S 122, C.A. du 1er septembre 1860.
[106] A.O.M.A., 80 S 122, *ibid.*
[107] Nous pouvons citer, à titre d'exemple, un cas de développement des escomptes traité par la direction de la B.A.. Le directeur informe le conseil du « chiffre considérable auquel se sont élevés les escomptes pendant le mois dernier. Mais cette situation, toute favorable qu'elle peut paraître à première vue, présente un inconvénient qui pourrait devenir grave au point de vue de l'encaisse de la Banque » A.O.M.A., , 80 S 122, CA du 2 août 1870, 80 S 123.
[108] PLESSIS (A.), *La politique de la Banque de France de 1851 à 1870*, *op. cit.*, p. 239.
[109] De Waru, l'un des régents de la B.F., a écrit lors de l'enquête monétaire de 1865 qu' «il existe une corrélation intime entre le portefeuille et l'encaisse diminue et réciproquement, et que toute mesure qui agit sur le portefeuille réagit toujours sur l'encaisse en sens inverse», cité par A. PLESSIS, *ibid.*, p. 257.
[110] A.O.M.A., 80 S 123, note insérée au P.V. du C.A. du 21 février 1865.
[111] A.O.M.A., 80 S 124, C.A. du 1er février 1870.
[112] A.N.F, 65 AQ A 171, statuts de la B.A. du 8 janvier 1868, art. 24.
[113] A.O.M.A., 80 S 124, C.A. du 3 mai 1873.
[114] A.O.M.A., 80 S 124, *ibid.*
[115] *La monnaie et le crédit...*, *op. cit.*, pp. 420-421.
[116] Certains auteurs définissent ainsi le rôle d'une banque centrale : «La banque centrale fournit une garantie contre l'arbitraire du signe monétaire... Cette garantie doit être une croyance intime des agents privés... Ce n'est pas un échange avec les individus, mais un pacte avec la société. La confiance n'est pas établie par un contrat, mais éprouvée par un rituel..., ce qui lui confère le statut d'un médiateur impartial », AGLIETTA (M.), «Genèse des banques centrales et légitimité de la monnaie», dans *Annales ESC*, mai-juin 1992, n° 3, p. 695.
[117] A.N.F., 65 AQ A 171, loi du 4 août 1851, art. 4.
[118] A.N.F., 65 AQ A 171, *ibid.*, art. 5.
[119] A.N.F., 65 AQ A 171, *ibid.*, art. 5.
[120] Chiffres extraits des bilans annuels de la B.A., A.N.F. : 65 AQ A, 171.
[121] A.N.F., 65 AQA 171, rapport du C.A. à l'A.G. du 28 novembre 1853. Lichtlin précise à cette A.G. qu' « on ne saurait méconnaître que la progression constante de mois en mois de nos billets en circulation n'est pas seulement motivée par des transactions de la place, mais qu'elle repose aussi sur les opérations commerciales entre Européens et indigènes. Il y a peu d'années encore, la piastre d'Espagne était seule admise par les indigènes ; la pièce de 5 francs ne franchissait pas les limites du Sahel ; la monnaie française a exclu toutes les monnaies étrangères et le billet de banque est accepté». Nous pensons que ces propos sont exagérés et camouflent la réalité complexe et les débuts difficiles de la circulation des billets de la B.A.
[122] A.O.M.A., 80 S 5, P.V. de l'A.G. du 28 novembre 1857.
[123] JOURDAN, *Projet de création d'une banque agricole et d'amortissement*, Imprimerie algérienne, Dubos Frères, Alger, 1859, p. 11.
[124] GHARBI (M.L.), *Impérialisme et réformisme ....*, *op. cit.*, pp. 284-288.
[125] A.O.M.A., C.A. du 1er septembre 1860, 80 122.
[126] Ce rapport de la chambre de commerce de Bône note que «depuis plusieurs années, une pénurie très sensible de monnaies divisionnaires se fait sentir sur les places de la circonscription et particulièrement à Bône. Leur disparition avait été un moment si extraordinaire que toutes les transactions, celles du bétail surtout, avaient été tellement entravées qu'on pouvait calculer que la difficulté de change s'était présentée 90 fois sur cent ». Cité par PICARD (E.), *La monnaie et le crédit...*, *op. cit.*,, p. 120.
[127] A.O.M.A., 80 S 122, C.A. du 2 août 1859.
[128] A.O.M.A., 80 S 122, C.A. du 9 novembre 1861.
[129] A.O.M.A., 80 S 122, C.A. du 16 novembre 1861.

[130] A.O.M.A., 80 S 122, C.A. du 9 septembre 1860.
[131] A.O.M.A., 80 S 122, lettre d'A. Fould du 23 octobre 1863 adressée à la B.A.
[132] *Le Moniteur algérien* du 1er novembre 1863.
[133] PICARD (E.), *La monnaie et le crédit..., op. cit.*, p. 147.
[134] NOUSCHI (A.), «La crise commerciale et financière de 1875 en Algérie... », *op. cit.*, p. 418.
[135] A.N.F, 65 AQ A 171, loi du 12 août 1870.
[136] A.O.M.A., 805124, C.A. du 3mai 1973.
[137] A.O.M.A., 80 S 124, C.A. du 3 mai 1873.
[138] A.N.F., 65 AQA 17 1.
[139] Elle était de 3 millions puis de 6 millions puisqu'on est passé de 15 à 18 millions de francs et par la suite de 18 à 24 millions de francs.
[140] A.O.M.A., , 80 S 124, C.A. du 3 mai 1873.
[141] A.N.F., 65 AQ A 171, décret du 26 octobre 1870, art. 1.
[142] Il faut noter que l'État remboursait la B.A. non pas en ses propres billets mais en billets de la B.F. qui sont livrés à ses correspondants à Paris.
[143] A.O.M.A., 80 S 124, C.A. du 3 mai 1873.
[144] A.O.M.A., 80 S 124, *ibid.*
[145] Au cours de l'année 1872, les importations et les exportations algériennes enregistrent une forte augmentation.
[146] A.N.F., 65 AQ A 17 1, loi du 26 mars 1872, art 2,
[147] AO.M.A, 80 S 124, C.A. du 3 mai 1873.
Le vote de la loi du 26 mars 1872 a été l'occasion d'un long débat à l'Assemblée nationale sur la situation de la B.A.. Le député Calpier, s'est attaqué à la B.A. tout en proposant de fixer le maximum de sa circulation monétaire à 44 millions. Selon ce député, la B.A. a failli à sa mission : son « émission est désordonnée », sa direction n'est pas prudente, et elle se trouve même devancée par la S.G.A. qui «écrème le meilleur papier». De ce fait, « la crise que l'on prétend exister en Algérie... n'existe pas dans le commerce ; elle n'existe que dans les caisses et dans le portefeuille de quelques spéculateurs qui ont abusé de la B.A.», *Annales de l'Assemblée nationale.* Compte-rendu des séances, t. 8, Séance du mardi 26 mars 1872, p. 559.
Pour répondre à ce député, la B.A. a rédigé «une note pour servir à la réfutation du discours de M. Clapier, député à l'Assemblée nationale contre la loi du 26 mars 1872, autorisant la Banque à porter ses émissions de 34 à 38 millions», Note sans date, A.O.M.A, 80 S 415.
[148] A.O.M.A., 80 S 124, Propos du directeur adressés au C.A. du 3 mai 1873.
[149] A.O.M.A., 80 S 124, C.A. du 15 mai 1873.
[150] Décret du 22 avril 1875.
[151] Les chambres de commerce ayant émis le vœu de porter l'émission monétaire de la B.A. de 48 à 70 millions : - La chambre de commerce d'Oran le 22 juin 1873.
- La chambre de commerce d'Alger le 25 juin 1873.
- La chambre de commerce de Bône le 24 juin 1873.
- La chambre de commerce de Philippeville le 2 juillet 1873.

Il semble que ces délibérations aient été sollicitées par la B.A., puisque ces réunions des chambres de commerce tenue à des dates rapprochées, avaient toutes un seul élément à l'ordre du jour : l'élévation de la circulation monétaire de la B.A., A.O.M.A., 80 S 415.
[152] BERNARD (A.), *L'Algérie*, Paris, Librairie Félix Alcan, 1929, p. 488.
[153] MEYNIE (G.), *Les Juifs en Algérie*, Paris, Nouvelle Librairie parisienne, Albert Savine Éditeur, 1888, p. 321.
[154] Nous citerons ces publications au fur et à mesure de l'analyse.
[155] Anonyme, *L'œuvre des anti-Juifs d'Alger*, Alger, Imprimerie commerciale, 1899, pp. 204-205.
[156] DOUEL (M.), *Un siècle de finance coloniale*, Paris, Librairie Félix Allan, p. 110.
[157] Paul LEROY-BEAULIEU note à ce propos que « c'est une loi de la nature que les capitaux soient plus chers partout où ils sont rares et où le champ d'emploi est à la fois très étendu et très rémunérateur ; c'est précisément le cas des colonies nouvelles, et surtout de celles qui possèdent en

abondance des terres fertiles. Il est donc conforme à l'ordre des choses et aux lois économiques que l'intérêt, à même égalité de risque, y soit sensiblement plus élevé que dans la Métropole ; prétendre abaisser le taux de l'intérêt au même niveau en Algérie qu'en France est une puérilité », *L'Algérie et la Tunisie*, Paris, Librairie Guillaumin et Cie, 1887, p. 221.

[158] ALLINNE (J.P.), *Banquiers et Bâtisseurs, un siècle de Crédit Foncier (1852-1940)*, Paris, Éditions du CNRS, p. 57.

[159] GOURGEOT (F.), *Les sept plaies de l'Algérie*, Alger, Imprimerie Fontana et Cie, 1891, p. 135.

[160] « Dans la rahnia, le prêt est toujours remboursable, dans la vente a réméré, le prêteur devient, en droit, propriétaire définitif, 5 ans après la date du contrat par le seul fait du non-remboursement à l'échéance». REY-GOLDZEIGUER (A.), *Le royaume arabe..., op. cit.*, p. 485.

[161] JOURDAN, *Projet de création d'une banque agricole et d'amortissement*, Alger, Imprimerie algérienne Dubos frères, 1859, p. 6.

[162] BERNARD (A.), *L'Algérie, op. cit.*, p. 488.

[163] Voir surtout les ouvrages écrits lors de la crise antijuive de la fin des années 1880, exemple MEYNIE (G.), *Les Juifs en Algérie*, déjà cité. Pour la crise antijuive en Algérie, voir DERMENJLAN (G.) : *La crise anti-juive oranaise (1895-1905). L'Antisémitisme dans l'Algérie coloniale*, Paris, L'Harmattan, 1986.

[164] Anonyme, *L'œuvre des anti-Juifs d'Alger, op. cit.*, p. 205.

[165] Anonyme, *ibid.*, p. 206.

[166] Cité par REY-GOLDZEIGUER (A.), *Le royaume arabe..., op. cit.*, p. 386.

[167] PICARD (E.), *La monnaie et le crédit..., op. cit.*, p. 137, note n°1. Nous trouvons à la même page les noms suivants qui forment, en plus des trois que nous avons indiqués, les dix-huit banquiers usuriers : Ayrolles, A. Boissiere, Bru fils et Cie, Veuve Cabanillas, G. Citati, Gougéot, Gimbert et Cie, Julienne, Laisne, J. Mekalski, Menager, Philip Aîné, L. Pihan, J. Roure, A. Tuon.

[168] PICARD (E.), *ibid.*, p. 137.

[169] MEYNIE (G.), *Les Juifs en Algérie, op. cit.*,, p. 58.

[170] MEYNIE (G.), *ibid.*, p. 143.

[171] MEYNIE (G.), *ibid.* , p. 318.

[172] GOURGEOT (F.), *Les sept plaies de l'Algérie..., op. cit.*, p. 151.

[173] BERNARD (A.), *L'Algérie, op. cit.*,, p. 488.

[174] «N°1 : 10 pièces pour 4 = 50 F reçus + 20 F d'intérêt = 70 F à rembourser.
N°2 : 10 pièces pour 5 = 50 F reçus + 25 F d'intérêt = 75 F à rembourser.
N°3 : 10 pièces pour 6 = 50 F reçus + 30 F d'intérêt = 80 F à rembourser.
N°4 : 10 pièces pour 7 = 50 F reçus + 35 F d'intérêt = 85 F à rembourser.
N°5 : 10 pièces pour 8 = 50 F reçus + 40 F d'intérêt = 90 F à rembourser.
N°6 : 10 pièces pour 10= 50 F reçus + 50 F d'intérêt = 100 F à rembourser»
Cité par GOURGEOT (F.), *Les sept plaies de l'Algérie, op. cit.*, p. 153.

[175] GOURGEOT (F.), *ibid.*, p. 153.

[176] REY-GOLDZEIGUER (A.), *Le royaume arabe..., op. cit.*, p. 484.

[177] REY-GOLDZEIGUER (A.), *ibid.*, p. 484.

[178] GOURGEOT (F.), *Les sept plaies de l'Algérie, op. cit.*, p. 153

[179] Nous citons, à titre d'exemple, cette chanson populaire arabe qui montre les méfaits de l'usure : «Nous sommes perdus dans les dettes, c'est Dieu qui l'a voulu. Nous avons beau payer, boucher les ouvertures, les créances augmentent sans cesse, chaque jour surgit un avertissement. Lorsque l'huissier arrive, on croirait voir un aigle ravir ce que l'on tient dans les mains et l'emporter pour lui...», Cité par GOURGEOT (F.), *ibid.*, p. 168. D'auteurs poèmes arabes, parlant des ravages de l'usure au sein de la société musulmane, sont reproduits et traduits par le même auteur. Nous pouvons citer, à titre d'exemple, un extrait du poème suivant : «L'Arabe, jadis plein de fierté, a perdu aujourd'hui son amour propre. Il appelle le juif "mon père » , il le supplie de l'écouter, l'usure cause la décadence de notre religion », p. 170.

[180] Lors de l'extension de faux billets qu'elle n'a pas pu rembourser.

[181] A.O.M.A., 80 S 122, C.A. du 4 août 1859.

[182] A.O.M.A., 80 S 123, C.A. du 16 novembre 1866.

[183] A.O.M.A., 80 S 123, *ibid.*
[184] A.O.M.A., 80 S 123, *ibid.*
[185] LEROY-BEAULIEU (P), *L'Algérie et la Tunisie, op. cit.*, p. 207.
[186] LEROY-BEAULIEU (P), *ibid.*, p. 215.
[187] MARSEILLE (J), *Empire colonial et capitalisme français. Histoire d'un divorce*, Paris, Albin Michel, 1984, p. 461.

Chapitre III

La B.A. : la banque des banques ?

Théoriquement, la B.A. dispose d'un monopole légal. Cependant, ce monopole est loin d'être réel. Le champ reste donc libre à d'autres initiatives. Par ailleurs, cette institution a besoin pour son propre fonctionnement d'autres organismes de crédit. Elle peut fournir sa signature uniquement au papier commercial ayant déjà bénéficié de deux signatures de deux autres banques. La création de ces banques privées est faite, quelques années après celle de la B.A., pour compléter son action. Après quelques expériences timides de banques privées, la fondation d'un instrument de crédit destiné à seconder l'institut d'émission était indispensable : on décida alors la création de la S.G.A.

I) Des expériences timides et des projets peu probants

Trois établissements bancaires ont lié leur action à celle de la B.A. Ces organismes sont de petites sociétés, souvent en commandite par action, et disposent de moyens financiers modestes.

1) Les banques privées d'Algérie et leurs carences

a)La Caisse du commerce algérien (E. Robert et Cie)

Lors de la transformation en 1851 du Comptoir d'escompte d'Alger en B.A., le besoin s'est fait sentir pour le commerce algérien d'un organisme financier destiné à répondre aux besoins du commerce de la place d'Alger. Les moyens et surtout les petits commerçants incapables de se procurer du crédit auprès de cet établissement pouvaient trouver des facilités auprès d'un organisme local de moindre importance. E. Robert, « homme de progrès et d'initiative » [1], qui ne serait autre que le président de la chambre de commerce d'Alger de 1858 à 1860, comprit cette situation. Il fonda la Caisse du commerce Algérien, dont la création a suivi de près la naissance de la B.A. [2] avec un capital de 1 200 000 F dont seulement le 1/3 fut réalisé jusqu'au 1858.

Malgré ses débuts difficiles, la Caisse du commerce algérien trouvait un appui appréciable auprès de l'institut d'émission. La valeur des escomptes qui lui sont accordés par l'institut d'émission au cours de l'année 1857 est de 2 347 000 F, c'est-à-dire cinq fois son capital réalisé. En 1861, Emile Robert envisagea d'élargir son entreprise afin d'intervenir dans le domaine agricole [3]. Cette volonté a buté contre l'opposition de la B.A. L'échec de son projet expliquerait son hostilité à l'égard de cette institution, question déjà traitée dans le premier chapitre de cette même partie. Un autre établissement de crédit est créé pour compléter l'action de la Caisse du commerce algérien, il s'agit du Comptoir algérien de circulation.

b) Le Comptoir algérien de circulation (A. Rey et Cie)

Ce comptoir, dont le fondateur est le saint-simonien et habile écrivain d'origine marseillaise Auguste Rey, est créé en 1854. Dès le début, cet organisme est conçu comme une institution financière « démocratique » [4] : la valeur de ses actions est de 25 F chacune et son rôle est de fournir le crédit au petit commerce. Cet établissement se fixe alors comme objectif l'application des idées saint-simoniennes en matière de crédit. Cette stratégie est l'une des raisons de la polémique engagée entre E. Robert et A. Rey. Ce dernier consacre son talent d'écrivain à la défense des principes et de l'action de sa société. Un autre sujet de différend entre les deux hommes : l'aide privilégiée dont jouit le Comptoir de circulation auprès de la B.A. La valeur des escomptes dont il a bénéficié en 1857 s'élève à 896 300 F « somme représentant 8 fois et 1/7e le renouvellement de son capital espèce » [5]. Cette proportion est cinq fois supérieure aux crédits assignés à la Caisse du commerce algérien d'E. Robert et Cie. Malgré cette aide avantageuse de la Banque et en dépit de la valeur réduite de ses actions, le Comptoir algérien de circulation ne parvient, en 1858, qu'à réaliser le 1/5e de son capital de 500 000 F. Il subit donc le même sort que l'établissement d'E. Robert. Cependant, le Comptoir algérien de circulation a innové en émettant des actions à 25 F et des mandats dits de circulation payables en France. Ces mandats sont émis à « sept jours de vue sur Paris » [6]. Le Comptoir de circulation pourrait disposer, en France, du numéraire que détiennent ses correspondants sur la place de Paris. Ces mandats de circulation permettent de résoudre les difficultés de transport et d'importation de numéraire, problème qui a souvent porté atteinte aux équilibres financiers de la B.A. L'habileté de J.A. Rey, l'aide de l'institut d'émission algérien et les innovations introduites par le Comptoir algérien de circulation ne l'ont pas empêché de péricliter. Malgré ce résultat, d'autres hommes d'affaires tentent la même expérience.

c) La Caisse d'escompte et de recouvrement (F. Le Coq et Cie)

Créée le 1er janvier 1858, cette institution financière dispose d'un capital de 500 000 F dont le 1/4 est fourni par son fondateur F. Lecoq. L'importance de cette participation témoigne du sérieux de cet homme qui « s'était fait connaître par ses services rendus au commerce en escomptant le papier commercial au taux de la Caisse du commerce algérien au lieu de l'escompter au taux des banques privées»[7]. La Caisse d'escompte, tout comme la Caisse du commerce algérien et le Comptoir algérien de circulation, a pu bénéficier des crédits de la B.A. Toutefois, la société Lecoq et Cie a connu, après quelques années d'exercices, des difficultés, et elle a fini par suspendre ses paiements en 1864 [8]. Suite à cet événement, l'institut d'émission a décidé d'être de plus en plus méfiant à l'égard des banques privées algériennes et vis-à-vis de toutes les maisons de commerce. Son conseil, estimant que les facilités d'escompte accordées au commerce lors des premières années de sa naissance ont cessé d'avoir une raison d'être depuis la création de maisons particulières de banque, « décide que la faveur d'admission à l'escompte sera refusée à l'avenir à toute maison dont le chiffre de crédit n'atteindra pas un minimum de 10 000 F » [9]. Par cette décision, la B.A. s'est désistée d'une partie de sa clientèle, c'est-à-dire la moins riche, en faveur des banques privées qui s'affirment de plus en plus, en dépit de quelques obstacles.

Plusieurs points communs caractérisent ces banques privées : elles sont toutes limitées à la place d'Alger avec un capital social restreint, elles trouvent presque les mêmes facilités auprès de la B.A. et elles utilisent généralement un même taux d'escompte, toujours supérieur à celui de l'institut d'émission. Ces établissements privés sont, de surcroît, spécialisés dans l'escompte commercial tout comme la B.A. et sont « l'intermédiaire entre elle et le commerce » [10].

Le système bancaire algérien est ainsi constitué d'une hiérarchie de trois niveaux : au sommet se trouve l'institut d'émission dont la fonction est à la fois monétaire et commerciale, au deuxième rang viennent les banques privées organisées sous forme de sociétés, et au bas de l'échelle se situent les banquiers privés qui exercent leur commerce en tant que « particuliers » [11]. Les banquiers privés J. Roure, Franqueville, Ourier fils et Levy [12] peuvent être cités à titre d'exemple. Ces banquiers privés sont les véritables maîtres de l'usure. Levy, banquier à Oran, tout comme ses collègues à Alger et à Constantine, était connu par ses pratiques usuraires. « Nous ne parlerons pas, notent certains auteurs de l'époque, du nombre considérable de colons et de commerçants ruinés par ce personnage, la liste en serait longue ! nous citerons cependant une de ses victimes... M. Sazie avait placé à peu près toute sa fortune, environ 80 000 F dans la maison Levy. En apprenant la faillite de son banquier, ce malheureux se vit complètement ruiné » [13] et se suicida.

Mais indépendamment des pratiques des banquiers privés et de la politique de crédit de la B.A., le réseau bancaire algérien est destiné uniquement au commerce. Encore une fois, le crédit agricole est le grand perdant ou le grand absent de l'organisation bancaire algérienne. Le crédit agricole n'entre ni dans les prérogatives des banques métropolitaines ni dans celles des banques d'Algérie. Le crédit agricole reste exclu du système bancaire algérien. Pourtant, les besoins en capitaux se font sentir le plus dans ce domaine agricole, et particulièrement dans le domaine de la colonisation. La mise en valeur agricole et le développement de la colonisation exigent un engagement des organismes bancaires puissants dans ce domaine, or aucun établissement bancaire algérien ne fait de telles opérations. À cause de cette défaillance du réseau bancaire algérien et vu l'urgence du crédit agricole, certains proposent la reconversion pure et simple de la B.A. en banque agricole dont les opérations reposeraient exclusivement sur le papier des colons [14].

La future banque agricole devait contribuer au développement de l'agriculture coloniale, voire préparer la création d'un crédit mobilier et la naissance d'un crédit foncier algériens. De cette manière, la banque agricole, pouvait aider l'Algérie à se doter d'un réseau de crédit agricole dont elle devait être le pivot. Toutefois, ces propositions n'aboutirent pas. En effet, au lieu de se transformer en banque agricole, la B.A. a continué sa mission initiale : jeter les bases d'une circulation monétaire saine et d'un crédit commercial solide. Néanmoins, cette proposition concernant sa transformation en banque agricole montre à quel point l'opinion coloniale sentait la nécessité et l'urgence du crédit agricole. D'autres suggestions visant la création d'établissements de crédit agricole ont été faites. Des projets, conçus en grande partie par des colons et des hommes d'affaires installés en Algérie, sont présentés aux pouvoirs publics. Étant tous de même nature, ces projets pourraient être classés chronologiquement.

2) Les projets d'institutions de crédit agricole et foncier

Nous constatons à cet égard trois vagues de projets proposés à l'autorité de tutelle.

a) Les projets du début des années 1850

En 1852, fut proposé au maréchal Randon un projet de « société au capital de 3 millions » [15] avec une garantie de 4 %. Cet établissement devait se charger des prêts hypothécaires et d'émission de billets de banque. « Ce mélange d'opérations financières et d'émission de billets, outre qu'il constituait une concurrence à la B.A., n'était guerre fiable en lui-même » [16]. Ce premier projet est mort-né, car il n'était pas solide, mais aussi parce que la législation algérienne dans ce domaine n'était pas encore claire. Les conseillers Mercier-Lacombe, Doux et Seryeix, compétents en matière financière proposèrent au maréchal Randon de constituer une commission afin de mettre sur pied une réforme de la législation financière.

Cette commission est formée en septembre 1852. Son rôle est d'étudier « les modifications à apporter au décret du 28 février 1852 créant le Crédit foncier français (C.F.F) et pour approprier ce décret à l'Algérie » [17]. On pensait alors résoudre les problèmes du crédit agricole en créant, comme en France, une institution de crédit foncier destinée à se charger des prêts sur titres de propriété rurale.

Ainsi, nous constatons une sorte d'amalgame entre le crédit foncier et le crédit agricole dont l'origine est due à la politique du C.F.F qui, malgré sa charge officielle « de se vouer à l'agriculture, ou, du moins, à la multitude de paysans endettés » [18] s'est spécialisé dans les opérations foncières.

Un deuxième projet de crédit agricole est proposé en juin 1853, mais il subit le même sort que le premier. Il est refusé par le rapporteur du comité consultatif de l'Algérie à Paris, Victor Foucher [19]. Un troisième projet est présenté par un ancien capitaine converti en colon. Il publie en 1853 un article dans *Les Annales de la colonisation algérienne* où l'on peut lire notamment : «... En attendant, Monsieur, veuillez je vous prie, insister pour que le crédit foncier soit le plus tôt possible appliqué en Algérie. Pour mon compte, je viens de consentir une obligation à 36 %. Les intérêts retenus d'avance, le coût de l'acte et des autres frais font monter le tout de 48 à 50 % » [20].

Ces tentatives de 1852-1853, qui se sont soldées par un échec, ont comme toile de fond un besoin urgent en matière de crédit agricole et foncier. Leur apparition dans ce contexte précis de l'histoire française et algérienne s'explique par ces quatre facteurs essentiels :

- la création de la B.A. le 4 août 1851 a encouragé certains hommes d'affaires à compléter et même à concurrencer son action,

- la fondation du C.F.F. en 1852 a incité quelques capitalistes à créer une institution similaire en Algérie,

- le décret du 28 février 1852 encourageant la formation, en France, des établissements de crédit agricole et la volonté d'étendre ses effets à l'Algérie [21].

- les nouvelles perspectives et l'optimisme général suscités par les débuts du Second Empire après le coup d'État du 2 décembre 1851 qualifié par certains de « coup d'État bancaire » [22]. En nommant le 11 décembre 1851 un gouverneur général ayant des relations avec les milieux protestants, à savoir le maréchal Randon, l'Empereur vise à donner un élan à l'économie coloniale. Néanmoins, tout cela n'a pas aidé la mise en place d'un organisme de crédit agricole, ce qui relance de nouveaux projets à la fin des années cinquante.

b) Les projets de la fin des années 1850

Un seul projet de crédit agricole est évoqué au milieu des années 1850 : celui de Casimir Bounevialle présenté à l'autorité algérienne en 1856. Ce propriétaire algérois s'est associé avec « 382 participants qui offriraient des propriétés évaluées à plus de 10 millions comme garantie d'une émission de lettres de gage » [23] dont le produit servirait à effectuer des prêts fonciers avec un intérêt de 8 %. Cette tentative a trouvé les mêmes réticences que celles des années 1852-1853.

A partir de 1858, plusieurs projets de crédit agricole et foncier sont présentés aux autorités compétentes. En1858, « Cl. Duvernois, préconisait la création de banques cantonales » [24] qui devaient être alimentées par des fonds provenant de la vente des terres par l'État. Ces établissements pouvaient fournir aux colons leurs besoins saisonniers en argent et en semence. Le projet le mieux accueilli, en 1858, par les autorités qui réagissent rarement à de telles propositions, est celui de Jourdan, négociant à Alger. Il est présenté au conseil général de la province d'Alger le 7 décembre 1858 et étudié par cette instance dans sa séance du 11 décembre 1858. La « Banque agricole et d'amortissement qui serait à l'agriculture ce que la B.A. est au commerce » [25] aurait un capital de 4 millions de F répartis en 8000 actions de 500 F chacune. Un intérêt de 6 % est garanti aux actionnaires pendant la durée de la société fixée à 50 ans. Le rôle de cette entreprise est de prêter aux colons par première hypothèque sur biens ruraux et urbains [26]. Ces emprunts sont remboursés par semestre et échelonnés sur vingt ans avec un intérêt de 10 %. Sur un autre plan, tout colon a droit à un compte courant garanti par hypothèque. Toutefois, seuls les colons aisés peuvent avoir des lettres de gage négociables émises par la banque agricole et dont les délais n'excèdent pas six mois. L'objectif de cette société de crédit agricole, selon son promoteur, est de ne plus voir « l'usure ronger les campagnes » [27]. Malgré le soutien du conseil général d'Alger, ce projet de banque agricole est refusé par le préfet d'Alger.

Après l'échec de cette tentative de Jourdan, l'année 1859 voit deux propositions de création de deux institutions de crédit. La première est formulée dans une brochure intitulée *Greniers d'abondance - Banques agricoles communales* [28] dont l'auteur, J. Tiron, est propriétaire à Blida. La deuxième proposition est celle de la « banque mobilière agricole de l'Algérie » [29] dont le promoteur est J.A. Jaubert, membre du conseil général de la ville d'Alger. Cette banque, destinée à se spécialiser dans l'escompte du papier agricole, n'a pu, elle aussi, voir le jour, d'ailleurs comme les autres projets similaires.

L'apparition de ces projets de 1858-1859 est due à deux facteurs, l'un économique, l'autre politique : d'une part, la crise financière mondiale de 1857 dont les effets étaient néfastes sur l'économie algérienne, d'autre part, la suppression du gouvernement général, la création du ministère de l'Algérie par le décret du 24 juin 1858 et la nomination à sa tête du prince Jérôme Napoléon, ont ouvert de nouvelles perspectives. Cette décision politique s'est traduite par des réformes financières notamment l'établissement de trois budgets départementaux totalement distincts. Avec les retombées de la crise internationale et les réformes financières introduites par le ministère de l'Algérie, les besoins en capitaux se font de nouveau sentir dans le domaine agricole.

c) Les projets des années 1860

La nouvelle conjoncture de croissance économique et la politique libérale de l'Empire des années soixante ont incité certains capitalistes à envisager la création d'institutions de crédit agricole et foncier en Algérie. Un projet de « Banque agricole de l'Algérie » [30] d'E. Robert est élaboré en 1861. « Un membre du conseil général d'Alger » [31] établit en 1863 les statuts d'un Comptoir de crédit agricole d'Algérie qu'il entend créer. Un projet de « Compagnie de crédit foncier algérien » est présenté en 1865 au ministre de la Guerre par Léon Razouz, banquier à Toulouse [32]. Un projet de « dotation franco-arabe » [33] est proposé par un autre Toulousain, Duprat, au ministre de la Guerre le 10 décembre 1865. Mais, aucune suite n'a été donnée par l'autorité à de tels projets.

Des capitalistes non français entrent alors en scène pour tenter de fonder, en Algérie, un établissement de crédit agricole. Ricordeau, consul de Belgique à Bône, établit en 1865 une demande de création de banque agricole en Algérie [34]. « Une Banque de colonisation algérienne » est même constituée avec le concours de capitaux britanniques. Son assemblée générale est réunie le 15 avril 1863 sous la présidence de Léon Fouilère [35], mais cette institution ne manifeste, par la suite, aucun autre signe de vie.

Plus sérieuse est l'offre faite à l'Empereur par un groupe d'hommes d'affaires français et britanniques pour fonder « une société anglo-française, au capital de 50 millions de francs ayant son siège principal à Paris et destinée à entreprendre en Algérie » [36] plusieurs opérations parmi lesquelles le crédit agricole.

Comme les projets d'institutions de crédit agricole des années 1850-1860, ce dernier trouve, auprès des pouvoirs publics, une fin de non-recevoir. Comment expliquer un tel résultat ? Le gouvernement n'est-il prêt à reconnaître et à appuyer qu'un seul établissement bancaire en Algérie : la B.A. ?

Tout d'abord, parmi ces projets certains proposent l'émission de billets de banque ou de billets de circulation. Cela porterait atteinte au monopole de la B.A., d'autant plus qu'une banque agricole ne devait pas, par sa nature, se charger de telles opérations. Par ailleurs, l'administration française avait sa propre stratégie qui consistait à procéder par étapes. Après avoir mis en place les structures du crédit commercial et de l'émission monétaire, les pouvoirs publics ont estimé qu'une certaine durée est nécessaire pour juger les résultats de cette première expérience. Une fois que cet apprentissage est réalisé, un deuxième pas pouvait être franchi en instaurant les bases du crédit agricole. Le temps n'est donc pas venu pour approuver les différentes initiatives de crédit agricole. En plus de l'acuité de ce problème, on juge que l'Algérie n'est pas encore mûre pour accueillir des entreprises financières assez ambitieuses et peu réalistes.

Une autre spécificité des projets de sociétés de crédit agricole, qui constitue aussi une raison de leur échec, réside dans la réduction du capital proposé. A part la société anglo-française qui propose un capital de 50 millions de francs (car elle est conçue comme une banque d'affaires beaucoup plus qu'une banque agricole), l'offre la plus sérieuse est celle de la banque agricole d'amortissement dont le capital est de 4 millions de francs. Or, le crédit agricole exige des capitaux plus élevés que le crédit commercial. Le prêt commercial est remboursable à court terme pour une période de 90 jours. « En agriculture, emprunter pour rembourser par le revenu paraît impossible. Le capital employé à l'amélioration des terres... permettra au propriétaire d'augmenter sa fortune, mais jamais il ne pourra arriver au remboursement par le produit du sol » [37]. En matière de crédit agricole, le remboursement se fait donc à long terme. Une institution spécialisée dans ce type de crédit doit avoir un capital élevé et des réserves immenses pour ne pas voir ses ressources s'immobiliser. Les projets de banques agricoles algériennes présentent des risques énormes, car leurs capitaux sont limités et ne peuvent, en aucun cas, faire face aux besoins de la colonisation.

Une autre source de difficultés en Algérie : la confusion juridique inhérente au statut des terres.

« Le défaut d'uniformité dans le régime de propriétaire foncière » [38] algérienne entrave l'action de tout établissement de crédit agricole. L'absence ou l'ambiguïté des titres de propriété font que le papier agricole ne peut pas avoir de vrais gages. Avant de créer ces sociétés, il faut commencer par réformer les structures juridiques de la propriété foncière dans ce pays. Consciente de la complexité de la situation, l'autorité publique a refusé de donner son accord à de tels projets. Si les besoins sont jugés considérables, les risques le sont davantage. Aucun organisme de crédit agricole, aussi puissant soit-il, ne peut se maintenir dans cette situation de confusion et de risque dus aux statuts des terres et aux problèmes de la colonisation. Les autorités métropolitaines ont préféré s'adresser à la puissance et à l'expérience financières du C.F.F. pour l'appeler à étendre ses opérations à l'Algérie. Les pouvoirs publics avaient choisi en 1851 la solution locale, c'est-à-dire algérienne, en matière d'émission monétaire et de crédit commercial, néanmoins ils adoptèrent, en 1859, dans le domaine du crédit agricole et foncier, la voie métropolitaine. « C'est qu'on ne peut raisonner en crédit agricole, affirment certains banquiers, comme on raisonne en crédit commercial » [39].

3) Le C.F.F. en Algérie : une solution provisoire ?

Le Crédit foncier français (CFF) est créé à Paris en 1852 dans le cadre de la nouvelle politique financière de l'Empire soutenant les grandes affaires et la formation des institutions financières. Chasseloup-Laubat, ministre des Colonies et de l'Algérie a proposé en 1859 au C.F.F. d'étendre ses opérations à l'Algérie [40]. Cette proposition a trouvé un avis favorable auprès du ministre des Finances Magne qui « souhaite de plus le percement des rues à Alger » [41]. Une commission est nommée en 1859 au sein du C.F.F. pour préparer le projet d'établissement de cette société en Algérie. Elle se consacre à l'étude de tous les textes relatifs à la propriété en Algérie [42] et constate, avec un certain optimisme, excessif, que « toutes les garanties sont accumulées pour assurer un prêteur » [43]. Les titres de propriété sur lesquels pèsent des incertitudes sont nombreux en Algérie, mais ils ne constituent, aux yeux de cette commission, aucun risque pour l'établissement de leur société en Algérie. Le risque majeur pour cette société réside dans l'idée que vont se faire les colons du rôle du C.F.F. en Algérie.

La situation particulière de cet établissement qui le rapproche d'une institution publique et « place à sa tête des fonctionnaires nommés par le gouvernement ne pourraient-ils pas la faire passer aux yeux du conquérant pour une dépendance de l'administration publique sur laquelle il aurait droit de mettre la main » [44].

Après avoir insisté sur le caractère privé du C.F.F., la commission a tenu à écarter tous les dangers potentiels en Algérie comme celui des insurrections ou des guerres. Ce climat est jugé rassurant pour venir initier l'Algérie au crédit agricole. La commission a fini par lancer un appel aux administrateurs de cette société pour faciliter l'extension de ses opérations à l'Algérie tout en fixant la stratégie à adopter : «Vous trouverez le terrain bien préparé en Algérie pour recevoir l'institution du Crédit foncier. Assurément, toutes les propriétés ne seront pas également accessibles à vos opérations. Au début, il faudra savoir faire un choix, accorder peu et refuser beaucoup ; il faudra avancer avec circonspection, tant qu'on marchera sur un terrain connu, et s'arrêter aussitôt qu'on sentira le sol fléchir sous ses pas » [45]. Le C.F.F. est donc appelé à s'engager en Algérie, mais il doit avoir la même stratégie que la B.A., c'est-à-dire la prudence, d'autant plus que les deux établissements œuvrent sur un même terrain de nature glissante. Grâce à sa prudence et sa sagesse, il a pu s'établir et réussir en France, son implantation en Algérie constitue un autre pari destiné à être gagné à la faveur des mêmes principes.

Après les conclusions favorables de la commission interne du C.F.F., un projet de convention est préparé par cette société en septembre 1859 en vue d'être approuvé par le gouvernement. Le ministre de l'Algérie et des Colonies Chasseloup-Laubat demande à Frémy [46] de lui adresser le texte de cette convention avant d'être proposé au conseil d'administration de sa société [47]. Après avoir étudié ce projet, le ministre de l'Algérie et des Colonies propose certaines modifications [48].

En dépit de quelques réserves du conseil d'administration relatives aux produits des opérations à engager en Algérie [49], la convention est signée le 22 novembre 1859 par le gouverneur de cette société et le ministre de l'Algérie et des Colonies. Un projet de décret ratifiant cet accord est préparé le 2 décembre 1859 [50]. Il est signé par l'Empereur le 11 janvier 1860. Ce texte stipule, entre autres, que les prêts accordés en Algérie ne peuvent en aucun cas dépasser 5 % des prêts effectués en France [51]. Ce même décret fixe le taux des prêts alloués en Algérie par le C.F.F et qui « ne pourra dépasser huit pour cent, et l'allocation pour frais d'administration n'excédera pas un franc vingt centimes » [52].

L'établissement de cette société en Algérie a des répercussions non seulement sur les finances de cet organisme, mais aussi sur son nom qui porte celui de l'Algérie. Il est désormais dénommé : « Crédit foncier de France et d'Algérie ».

L'opinion publique coloniale a accueilli avec enthousiasme cette entreprise. Le journal *L'Akhbar*, dans son numéro du 25 décembre 1859, a souligné les avantages pour l'économie coloniale de l'engagement de cet établissement en Algérie.

Le maire de Blida a écrit à son gouverneur pour l'informer des « demandes de renseignements » qu'il recevait « à chaque instant » au sujet du C.F.F., jugé par celui-ci, comme étant « la seule institution de crédit capable de doubler, de tripler la valeur immobilière et d'augmenter dans des proportions incalculables la valeur des terres » [53]. La B.A. a accueilli, à son tour, favorablement l'élargissement des prérogatives du C.F.F. à l'Algérie. Elle n'a pas hésité à accepter la proposition de cet organisme de payer « pour son compte à découvert sur place d'Alger avec la facilité de se rembourser immédiatement sur l'établissement central à Paris » [54].

Bénéficiant de l'appui des pouvoirs publics et des milieux d'affaires algériens, le C.F.F. jouit, en Algérie, d'un monopole de fait en matière de crédit agricole et foncier. Mais comment va-t-il intervenir et entreprendre ses opérations dans ce pays ? Trois fonctionnaires de cette société, MM. Anquetil, Delisle et Cotelle sont désignés pour organiser en Algérie le service du C.F.F. [55].

Ce dernier a entamé ses opérations en Algérie à l'occasion de la visite de l'Empereur qui a débarqué à Alger le 17 septembre 1860.

Après avoir créé un simple « service » à Alger, il a établi trois agences dans les trois principales villes de la Colonie : Alger, Constantine et Oran. Les opérations que le C.F.F. est appelé à entreprendre en Algérie sont celles qu'il fait en France. Ses statuts [56] et ses textes réglementaires, en vigueur en France, sont applicables à la Colonie. Il doit, donc, intervenir dans l'économie algérienne en effectuant deux types de prêts : les prêts aux collectivités, comme les départements, les villes et les communes, et les prêts fonciers moyennant hypothèque d'immeubles urbains et ruraux. Les prêts sur gage de biens ruraux sont considérés comme une forme de crédit agricole.

Toutes ces opérations ont un dénominateur commun : elles entrent dans le cadre du crédit à long terme remboursable par annuités. Par ce genre d'action, le C.F.F. est venu compléter, en Algérie, l'action de la B.A. spécialisée dans le crédit commercial à court terme. Celle-ci a toujours refusé l'octroi de prêts aux villes, aux départements et aux chambres de commerce qui se sont par la suite orientés vers le C.F.F. Une entente, du moins tacite, régnait donc entre les deux institutions pour se partager le champ algérien. L'antériorité de la B.A. et sa situation acquise en Algérie ne constituaient en aucun cas une entrave à l'action du de l'organisme parisien. Après avoir abordé les modalités d'installation de cette société en Algérie, il serait utile de voir le volume de ses prêts accordés dans ce pays.

J.P. Allinne note à ce propos que, de 1861 à 1878, « le Crédit foncier n'aura apporté à l'Algérie que 8 millions de francs » [57]. Un tableau dressé par les services du C.F.F. donne le détail et l'évolution de ces opérations.

Tab. n° 12 : Prêts fonciers réalisés en Algérie par le C.F.F. de 1861 à 1877 [58]

Année	Nombre de prêts	Montant(F)
1861	22	291 800
1862	43	627 900
1863	46	533 900
1864	53	861 700
1865	54	940 200
1866	39	434 700
1867	62	536 700
1868	123	1 079 200
1869	68	547 000
1870	49	345 100
1871	7	134 900
1872	42	377 700
1873	28	180 900
1874	31	285 163 80
1875	26	230 200
1876	41	437 608
1877	41	507 700
Total	**775**	**8352 371 80**

Projetés en graphique, les mouvements des prêts fonciers accusent les tendances suivantes.

Graph. n° 4 : Évolution des prêts fonciers réalisés en Algérie par le C.F.F. (1861-1877)

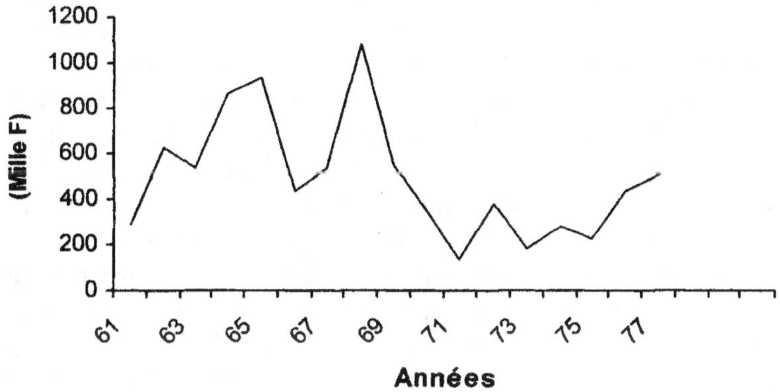

Le mouvement de ces prêts nous incite à souligner trois changements importants survenus entre 1861 et 1878 :

1) Après une évolution constante des opérations de 1861 à 1865, une chute brutale est enregistrée en 1866 : les prêts ont baissé presque de 52 %. Cette réduction sensible serait due, à notre sens, à la création de la S.G.A. en cette année 1866. Le C.F.F., étant l'un des principaux actionnaires de cette nouvelle société dont le président n'est autre que son propre gouverneur [59], il a limité ses prêts directs en Algérie pour laisser toutes les chances de réussite à la S.G.A. D'ailleurs, depuis la naissance de cette compagnie, les prêts du C.F.F. se sont stabilisés en Algérie presque au même niveau, sauf en 1868.

2) L'augmentation des prêts en 1868 atteint 50 % par rapport à l'année précédente. Cet accroissement est dû, sans doute, au contexte de la crise de 1867-1868, période pendant laquelle les autres établissements de crédit ont connu la même évolution nécessitée par un effort exceptionnel pour soutenir les populations sinistrées.

3) Le maintien d'une diminution des crédits de 1871 à 1875 s'explique par les événements militaires et politiques survenus en France et en Algérie comme la révolte de l'Est algérien et l'hostilité de la IIIe République aux grandes sociétés capitalistes. Cette conjoncture difficile a affecté tous les organismes financiers de la Colonie. Mais, au-delà de ces oscillations du mouvement des prêts accordés par le C.F.F. en Algérie, une constante demeure pendant toute la période 1861-1877,

à savoir le faible niveau de ces prêts, compte tenu de la puissance financière de cette institution et vu les besoins énormes de la Colonie en matière de crédit foncier [60]. Comment expliquer cette stagnation des prêts accordés par cet établissement qui aurait alors failli à sa mission ? Pour répondre à cette question, trois éléments pourraient être avancés :

- Il faut évoquer, de prime abord, les risques des prêts liés à la situation de la propriété en Algérie. L'absence ou l'ambiguïté des titres de propriété, notamment dans les campagnes, entrave l'octroi de prêts hypothécaires. Dans cette situation de confusion, le C.F.F. s'est fixé comme stratégie en Algérie une extrême prudence semblable à celle de la B.A. Son nouveau gouverneur, Albert Christophe, était obligé de rappeler aux responsables des trois agences d'Algérie cette ligne de conduite à respecter : « Le Crédit foncier attachera toujours une importance bien plus grande à la qualité qu'à la quantité, à la solidité et à la sûreté de ses placements bien plus qu'à leur étendue et à leur marche » [61]. La stratégie de prudence et les incertitudes du statut de la propriété foncière ont obligé les dirigeants à adopter un système de zones en matière de taux d'intérêt : « le taux d'Alger » [62] où les biens immeubles présentent des garanties sûres, un taux légèrement plus élevé appliqué aux propriétés urbaines de Constantine et d'Oran. Une troisième zone est constituée par les biens ruraux limitrophes des villes et une quatrième zone est constituée des régions rurales éloignées [63]. Cette politique se traduit par des taux d'intérêt que la population juge trop élevés.

- Depuis l'extension de ses opérations à l'Algérie, le C.F.F. a exigé des taux élevés. Le taux moyen, qui était de 10 %, s'élevait quelquefois à 15 et 18% [64]. Les emprunteurs, les hommes d'affaires et les notaires ont protesté contre ces taux jugés excessifs. D'ailleurs, les notaires on mené une véritable campagne contre cette société [65]. Les résultats de la politique de crédit de cette institution et l'hostilité d'une bonne partie de l'opinion publique à son égard se traduisent par une hésitation des demandeurs de crédit. « Il s'ensuit un désappointement, explique le directeur de la succursale d'Alger, lorsque nous sommes obligés d'apprendre aux emprunteurs, qui se présentent, que le taux d'intérêt des prêts hypothécaires est jusqu'à présent resté le même. Les uns se retirent sans donner suite à leurs demandes, les autres, et ce ne sont pas généralement les meilleurs emprunteurs, se résignent en se plaignant des rigueurs de la société » [66]. Ainsi une bonne partie des opérations de crédit de la Colonie échappe [67] à cette institution. Ce sont les emprunteurs de faible solvabilité qui se présentent à ses guichets. Cette situation profite aux autres établissements de crédit algériens.

- Le troisième facteur qui explique le peu d'engagement du C.F.F. en Algérie est en rapport avec l'activité de la S.G.A. Ce dernier étant, comme nous le démontrerons ultérieurement, l'un des principaux fondateurs de cette société, il a voulu lui laisser le champ libre. En effet, après la liquidation de cette dernière au milieu des années 1870, il décide de changer de stratégie pour une meilleure participation dans les affaires algériennes.

Au début de l'année 1878, une enquête est entreprise par le C.F.F. en Algérie. Les directeurs des trois succursales d'Algérie sont sollicités par l'administration centrale de Paris pour exprimer leurs avis sur la marche de leurs établissements. Ces trois responsables mettent en évidence, dans leurs rapports, les modifications profondes qui se sont opérées dans les conditions économiques du pays : « Les capitaux, rares autrefois, abondent aujourd'hui et le loyer de l'argent tend à s'abaisser de plus en plus... » [68] . Malgré les progrès de la colonisation, des travaux publics, et la baisse des taux d'intérêt, le C.F.F. « est resté stationnaire » [69]. Même s'il est contraint d'abaisser son taux à 8 %, les frais d'administration le portent en réalité à 9,2 % [70]. Le gouverneur général Chanzy est intervenu auprès de son nouveau gouverneur, les deux hommes se sont « échangé les idées » [71] sur l'action et la politique de la société en Algérie, entre autres sur la question des taux élevés qu'elle exige.

Dans sa séance du 26 mars 1878, le conseil d'administration du C.F.F. a pris trois mesures pour donner un nouvel élan à ses opérations en Algérie :

- La suppression du droit de commission et l'abaissement de l'intérêt pour les prêts hypothécaires à 7 %.

- Concernant les prêts à long terme, l'annuité, calculée d'après les bases nouvelles, est abaissée à 8 %.

- L'intérêt des prêts à consentir aux communes et aux départements est désormais de 6 % [72].

Ces décisions seraient, à notre avis, liées à la liquidation en 1877 de la S.G.A. En effet, après son retrait de cet organisme algérien, le C.F.F. a voulu intensifier sa participation directe dans la mise en valeur des richesses algériennes. Depuis son intervention en Algérie en 1860 et jusqu'à 1878, il s'est donc peu engagé dans les affaires algériennes. Dès son implantation en Algérie, son action est constamment contestée et critiquée, surtout à Oran et à Constantine dont les milieux d'affaires sont moins favorisés que ceux d'Alger.

Au cours du mois d'octobre 1863, *L'Écho d'Oran* continue ses critiques à l'égard du Crédit foncier [73]. Le conseil général de la province de Constantine, dans sa séance du 22 octobre 1864, a dénoncé ses pratiques dans la province et a demandé que son taux d'intérêt soit « uniforme dans toute l'Algérie » [74]. L'opinion publique algérienne finit par avoir à l'égard du C.F.F. la même attitude qu'elle avait vis-à-vis de la B.A. En dépit de la différence de leurs natures, les deux institutions adoptent la même politique de crédit : des prêts limités avec des taux excessifs, une sélection des clients et de certaines parties du territoire algérien au détriment d'autres, une prudence injustifiée à l'égard des affaires de la Colonie. L'Empereur, qui suivait de près l'évolution de la situation en Algérie et se renseignait par le biais de plusieurs enquêtes, se rendit compte de l'insuffisance de l'action de la B.A. et du C.F.F. Voilà pourquoi l'usure reste le véritable maître du pays et produit des effets désastreux, puisque la propriété, estime-t-il, « risque d'échapper... aux propriétaires à moins que la totalité de leurs biens ne passent à leurs avides créanciers » [75]. L'Empereur est convaincu que le crédit, sous toutes ses formes, restait rare et introuvable en Algérie. Lors de son voyage en 1865, il annonce à l'Algérie la constitution d'un puissant établissement de crédit : La Société générale algérienne. Par la création de ce nouvel organisme de crédit, Napoléon III a voulu sanctionner l'impuissance et l'inaction de la B.A. et du C.F.F.

L'Empereur reste convaincu, il l'a réaffirmé dans sa lettre de juin 1865, que le décollage colonial ne peut se faire que grâce à « la liberté commerciale » et à « l'organisation du crédit » [76]. Après l'échec de la B.A. et du C.F.F., en Algérie, cette mission est confiée à la puissante Société Générale Algérienne (S.G.A).

II) La S.G.A. : un défi lancé par l'état à la B.A.

1) Naissance de la S.G.A.

Si la création de la S.G.A. s'inscrit dans l'évolution du contexte économique et financier de l'Algérie, elle s'insère, cependant, dans le cadre de la conjoncture économique métropolitaine. Au début des années 1860, une période de libéralisme et de croissance économiques s'annonce en France. Suite au traité franco-britannique du 23 janvier 1860 qui ouvre de nouveaux horizons à l'industrie française, et au lendemain de la loi libérale de 1863 sur les sociétés anonymes, les investissements se développent et les « perspectives changent » [77]. Les banques sont l'un des secteurs de ce changement, puisque deux importants établissements bancaires sont créés dans le cadre de la nouvelle législation : le Crédit lyonnais est fondé en 1863 et la Société générale, héritière de la Réunion hostile aux Pereire, est formée en 1864 avec un capital de 120 millions de francs [78]. Face à l'échec de l'expérience du Crédit mobilier, l'Empereur était obligé d'adopter pour l'Algérie la méthode utilisée en France par la Société générale [79]. Les difficultés économiques de la Colonie, l'évolution de la conjoncture et des instruments de crédit métropolitains amenèrent l'Empereur à opter pour la formule de la S.G.A. Mais ce modèle était déjà préétabli par les théoriciens de l'école saint-simonienne en Algérie.

Depuis 1845, le père Enfantin rêvait de créer une société de colonisation agricole en Algérie. A la fin des années 1840, il prenait les dispositions nécessaires pour la création d'une « société générale de colonisation de l'Algérie... pour entreprendre les grands travaux d'utilité publique, de communication, d'irrigation et de dessèchement » [80]. L'assemblée constituante de la société projetée devait se tenir le 20 novembre 1849 [81], son capital était fixé à 60 millions de francs divisés en 120 000 actions de 500 F. La société pouvait émettre successivement des obligations remboursables « selon des règles déterminées » [82]. Cependant, le contexte de la crise de 1848 et ses conséquences ne permettaient pas la fondation d'une telle entreprise.

Néanmoins, le même projet fut relancé dix ans plus tard. Après la création en 1858 du ministère de l'Algérie, le Père Enfantin reprend son vieux projet. Il rédige lui-même « de sa main tremblante les statuts du nouvel organisme » [83]. Il prévoit la création d'une puissante société productive capable non seulement de fournir les capitaux à l'Algérie, mais de les engager dans de vastes programmes de mise en valeur agricole et industrielle, voire dans des grands travaux d'utilité publique. Par ce projet ambitieux, le père Enfantin condamne la petite colonisation et cherche à ouvrir la voie au grand capital. Il a essayé au début des années 1860 d'en convaincre notamment Frémy, les Pereire, Arlès-Dufour et Paulin Talabot. Mais ce dernier, ne « voulait pas s'engager à la légère » [84]. Ces capitalistes cherchaient la garantie de l'État.

D'emblée, le père Enfantin était contraint d'engager l'opération simultanément sur le front économique et sur le front politique. A l'occasion de tout changement politique, il reprenait son offre. Le général Chabaud-Latour, polytechnicien et saint-simonien convaincu, a aidé le Père dans cette action en dressant un plan de grands travaux en Algérie que l'État ne pouvait à lui seul financer, donnant ainsi la possibilité aux capitalistes d'intervenir. L'association des efforts de l'État et ceux des bailleurs de fonds devait se concrétiser par la création d'un puissant organisme de crédit algérien. En pensant à résoudre les problèmes financiers de l'économie coloniale, l'Empereur ne pouvait mieux trouver que ce projet conçu depuis quelques années par les saint-simoniens. Les bases sur lesquelles fut fondée la nouvelle société sont définies dans la convention du 18 mai 1865 signée par le ministre de la Guerre, L. Frémy, gouverneur du C.F.F. et P. Talabot directeur général du PLM. Les deux hommes d'affaires s'engagent à créer dans un délai de trois mois une société anonyme sous le nom de S.G.A. et dont la tâche est de fournir au gouvernement 100 millions de francs destinés à être investis dans l'économie algérienne.

La Société s'engage, selon la convention du 18 mai 1865, « à réaliser... et jusqu'à concurrence de cent millions, dans un délai de six années, les sommes qu'elle devra employer en Algérie aux travaux ou opérations énumérées dans le préambule de la présente convention » [85]. Par ailleurs, elle accepte de prêter au gouvernement français 100 millions de francs que celui-ci emploierait en Algérie. Elle promet de mettre à la disposition de l'État un autre crédit de cent millions de francs destiné à être employé, « dans un délai de six années, à l'exécution de grands travaux d'utilité publique » [86]. Les versements de cette dernière somme de 100 millions devaient être effectués par trimestre, à partir du premier avril 1866, et produire un intérêt de 5,25 F % par an. L'État promet, pour sa part, de « vendre à la compagnie cent mille hectares de terres... Le prix de chaque hectare est fixé à un franc de rente par hectare et par an » [87].

Outre les terres, les pouvoirs publics concéderaient à la compagnie les gisements miniers à découvrir par celle-ci. La convention du 18 mai est rapidement approuvée par la loi du 12 juillet 1865. Le gouvernement est donc pressé et il mobilise tout son appareil politico-administratif pour faciliter la constitution de cette société. « L'affaire fut menée par l'Empereur lui-même, rapportent certains auteurs, dans un certain mystère. Des tractations se poursuivent, dont le détail n'est pas connu, avec plusieurs grands entrepreneurs et des financiers » [88]. Toutefois, la naissance et le démarrage de la société semblent piétiner. En effet, il a fallu presque une année pour que ses fondateurs arrivent à mettre sur pied leur nouvel édifice dont la création est autorisée par le décret impérial du 15 octobre 1866 [89]. Ce retard, dont les causes étaient ignorées même à l'époque du lancement de l'affaire, a provoqué nombreuses suppositions et spéculations, entre autres de « graves désaccords avec le gouvernement » [90]. Certains attribuent cette lenteur qui a accompagné la formation de la S.G.A. à l'action hostile de ses « détracteurs à Paris en la personne du banquier Mires, et en Algérie dans certains milieux » [91]. En effet, Sautter de Beauregard, banquier protestant et président de la Compagnie genevoise de Sétif, affirme dans une longue lettre au ministre de la Guerre que « les renseignements données par quelques-unes des principales maisons de banque de Paris font penser que la S.G.A. ne s'est pas constituée, ne se constituera pas et ne versera point les cent millions qu'elle doit mettre à la disposition du gouvernement » [92].

En plus de cette campagne entreprise par certains milieux d'affaires contre la future société, des responsables politiques ont agi dans le même sens en contribuant directement ou indirectement à ajourner sa fondation. Tel est le cas du gouverneur général d'Algérie qui a voulu obtenir le maximum de privilèges pour la Colonie et déterminer même la nature de la future entreprise qu'il appelait « la Compagnie de Frémy et Tabalot » [93]. Il a cherché à modifier certains articles des statuts de la société en l'obligeant à créer une succursale à Alger [94]. Le ministre de l'Agriculture, du Commerce et des Travaux publics, lui aussi, expliquait dans une longue lettre à l'Empereur les points sur lesquels son département « est en dissentiment avec MM. Frémy et Tabalot » [95].

Quant aux dirigeants de la S.G.A., ils avancent une autre raison par laquelle ils tentent de justifier le piétinement de leur affaire, à savoir les « événements politiques... [liés] à la pacification de l'Allemagne » [96]. Une pareille situation dans ce pays pouvait effectivement avoir un impact sur la constitution de l'établissement projeté qui cherchait dès le départ à être une compagnie internationale. Mais de tels arguments ne sont pas de nature à convaincre le ministre des Finances et celui de la Guerre qui croient à une certaine mauvaise volonté des promoteurs de cette entreprise. Le ministre de la Guerre rapporte les propos de son collègue des Finances à ce sujet : « MM. Frémy et Talabot n'ont jamais eu sérieusement l'intention de constituer leur société... Ils évoquent aujourd'hui les circonstances politiques, ils trouveront un autre prétexte ...» [97].

Outre ces différentes tractations et ces vicissitudes politiques qui ont prévalu lors de la création de la S.G.A., d'autres éléments méritent d'être signalés pour comprendre les raisons de ce retard relatif à la mise en place de cette société. Il nous semble que les différentes propositions de modifications du projet de statuts formulées par le gouverneur général, par le ministre de la Guerre, voire par le ministre de l'Agriculture, du Commerce et des Travaux publics [98], ont rendu l'élaboration des statuts définitifs très difficile. La lettre de Frémy et Talabot au ministre de la Guerre fait allusion à ce problème en signalant que « l'examen des statuts s'est prolongé jusqu'à décembre dernier » [99].

Sur un autre plan, les promoteurs de la nouvelle société avaient, à notre avis, du mal à rassembler les capitaux nécessaires à leur entreprise dans un contexte de «retournement conjoncturel général » [100]. En effet, dans une lettre adressée au ministre de la Guerre, Frémy et Talabot se plaignaient des « circonstances financières n'ayant pas permis de constituer le capital de la société » [101] et proposaient même de revoir leur contrat avec l'État en établissant une nouvelle convention annexe à celle du 18 mai 1865.

Le gouvernement a, peut-être, pris compte de ce « resserrement assez prononcé » [102] de la conjoncture en désignant à la tête de la S.G.A. une codirection : Frémy-Tabalot. D'ailleurs, cette même formule était adoptée, en 1865, pour la Société générale métropolitaine dirigée par un « triumvirat composé de groupes fondateurs éminents » [103].

Une fois que les capitaux nécessaires à la fondation et au démarrage de la S.G.A. sont réunis, Louis Frémy est nommé président de cette société, sur proposition de son conseil d'administration du 6 novembre 1866 [104] et par décret impérial du 10 novembre 1866.

Louis Frémy, de formation juriste, commence au début des années quarante une carrière administrative, puis il entre au Conseil d'État. Son expérience dans cette institution lui donne le sens des affaires, notamment des entreprises ferroviaires et urbaines. Il doit sa promotion à Persigny, ministre de l'Intérieur qui le charge « des questions urbaines dans le ministère de l'Intérieur. Il... supervise la reconstruction des villes : Paris, mais aussi Marseille où sa connaissance du dossier l'amène à siéger personnellement dans l'affaire de son ami Tabalot, les Docks de Marseille » [105]. Grâce à cette percée dans le monde politique [106] mais aussi dans le monde des affaires, Frémy est nommé gouverneur du C.F.F. Il incarne ainsi « un nouveau type d'hommes d'affaires venus de l'appareil d'État alors que l'itinéraire des banquiers empruntait jusqu'alors la trajectoire inverse » [107]. Frémy, grâce à ses liaisons financières et politiques, contribue au lancement de plusieurs affaires, en dehors de France, comme le Crédit foncier autrichien ou celui des Etats-Unis, et réussit en 1858 à intégrer le C.F.F. dans le cercle de la haute banque.

En nommant Frémy président de la S.G.A., le gouvernement cherche à faire profiter l'Algérie de son expérience et de ses attaches internationales et à fournir à la nouvelle compagnie toutes les chances de réussite. Avec la nomination de son président et la promulgation de ses statuts le 10 octobre 1866, la société est définitivement constituée.

Après un rappel des principes de la convention du 18 mai 1865 passée avec le gouvernement, ces statuts définissent le rôle de la nouvelle société. Celle-ci a pour objet de :

«1°) faire directement, ou en participation avec des tiers, soit en Algérie, soit en dehors de l'Algérie, mais pour des entreprises algériennes, tous travaux publics, toutes opérations agricoles, industrielles et commerciales et notamment ouvrir des crédits, fournir ou procurer des capitaux, faire tous placements ou émissions d'actions, faire des avances sur hypothèques.

2°) recevoir en dépôt des titres, fonds, matières d'or et d'argent, ouvrir des comptes courants »[108]. La société peut faire toutes opérations d'escompte, de réescompte et accorder des avances à l'État, aux départements, villes et communes. Le rôle de la S.G.A. est très large, son pouvoir est très étendu. Elle est un organisme de dépôt, d'escompte et d'investissements de tout genre : agricoles, commerciaux et industriels. Elle devait non seulement réunir les capitaux mais les placer dans tous les secteurs de l'économie algérienne. Elle pourrait même intervenir en dehors de l'Algérie, mais toujours pour réaliser des profits destinés à l'économie algérienne.

Pour accomplir cette mission, elle est dotée d'un capital social élevé : 100 millions de francs formés de 200 000 actions de 500 F divisées en quatre séries de 50 000 actions chacune[109]. Lors de la fondation, le premier quart des actions est souscrit pour réaliser une somme de 25 millions de francs.

En plus des actions, la société est autorisée à émettre des obligations pour fournir la somme de 100 millions de francs à mettre à la disposition de l'État sous forme d'annuités déterminées par la convention du 18 mai 1865. « En outre des dites obligations, la société a la faculté de créer et d'émettre des obligations à long terme et à court terme dont le produit sera exclusivement appliqué à des entreprises industrielles et agricoles »[110]. Le Crédit mobilier et la Société générale avaient déjà procédé à l'émission d'obligations pour financer une partie de leurs affaires. En dehors de certaines sociétés algériennes de chemin de fer créées au cours des années 1870, l'émission d'obligations n'était pas employée en Algérie.

Utilisant des procédés financiers exceptionnels, la S.G.A., fondée pour une durée de 50 ans, tenait à une autre exception : avoir son siège social à Paris. Elle diffèrerait en cela de la B.A. dont le siège social était à Alger. Après l'installation d'une succursale à cette ville, elle était appelée, tout comme le C.F.F. et l'institut d'émission algérien, à créer de nouvelles succursales dans d'autres villes algériennes[111].

Fondée sous forme de société anonyme, la S.G.A. est dirigée par un conseil d'administration de 25 administrateurs élus par l'assemblée générale des actionnaires. Quant à son président, il est nommé par l'Empereur sur proposition du conseil d'administration [112]. Sa désignation du président par l'autorité politique constitue une anomalie juridique puisque, selon la réglementation sur les sociétés anonymes, le président doit être élu par les actionnaires au cours de leur assemblée générale annuelle. Cette entorse à la législation et à l'esprit libéral de l'époque montre, encore une fois, que cette entreprise n'est qu'un instrument entre les mains du pouvoir politique pour agir en Algérie.

Ses statuts précisent, de surcroît, que le président doit, au cours de son mandat, justifier de la propriété de 200 actions de la société. De même, chaque administrateur est propriétaire d'au moins de 100 actions, et tout membre de l'assemblée générale dispose d'un minimum de 40 actions. Nous constatons que le seuil exigé pour ces trois catégories est élevé. La société doit rester, avant tout, une affaire de grands capitalistes, d'ailleurs à l'instar de la Société générale métropolitaine [113].

Par dérogation spéciale, le premier conseil d'administration se compose de dix membres, au lieu du nombre statutaire de 25, avec possibilité d'être complété. D'après la composition de son conseil d'administration indiquée dans ses statuts[114], cinq groupes d'intérêts ont contribué à sa formation : le C.F.F., la Société générale, la Compagnie des services maritimes et des messageries impériales, le P.L.M. et la Banque Hentsch d'origine protestante.

La S.G.A. est donc formée grâce à une « coalition » [115] de plusieurs intérêts métropolitains. Ces capitalistes ont en commun une conception saint-simonienne du crédit et un rapport étroit avec le pouvoir politique de l'époque. Au lieu d'être l'émanation de l'assemblée générale des actionnaires, son conseil d'administration est composé de « personnages amis de Frémy et de l'Empire. Ainsi, le Gouvernement pouvait tenir la société dans sa main » [116].

Une fois constituée, cette entreprise va s'élargir et intégrer dans son conseil d'administration d'autres milieux d'affaires. Ceux de l'Algérie sont les premiers à profiter de cette ouverture de la société des 100 millions.

* Des intérêts algériens : Barrot (Frédéric), propriétaire en Algérie et futur administrateur de la Compagnie Bône-Guelma ; Chappon, propriétaire en Algérie ; De Portalès (comte de Robert), propriétaire en Algérie et de Ruze, propriétaire en Algérie font tous leur entrée, notamment en 1867, au conseil d'administration de la S.G.A. En 1868, le général De Chabaud Latour est devenu membre de cette même instance. en sa qualité de vice-président du conseil d'administration de la Compagnie des docks et entrepôts du Havre [117].

L'entrée de ce polytechnicien de conviction saint-simonienne au conseil d'administration de la S.G.A. ne saurait ainsi tarder, d'autant plus qu'il a fourni depuis 1861 à son ami Enfantin des éléments de base du projet de cette société [118]. Au milieu des années 1870, cette dernière se trouvant confrontée aux nouvelles menaces républicaines qui pèsent sur elle, essaye de se rapprocher de la B.A. et de l'opinion publique coloniale. Elle intègre alors dans son conseil d'administration deux éminentes personnalités algériennes : Lichtlin, ancien directeur de la B.A. et Villenave administrateur de cette même institution [119]. Mais cette intégration d'hommes d'affaires de l'Algérie coloniale ne pouvait se faire sans la consolidation des intérêts du C.F.F. au sein de la S.G.A.

* Renforcement de la participation du C.F.F. :

Deux importantes personnalités de cette institution font leur entrée au conseil d'administration de la S.G.A. Le premier est Schnapper, banquier et administrateur du Crédit foncier d'Autriche. Il fait une forte entrée en souscrivait à lui seul 3 500 actions de la nouvelle société. Cet homme, appartenant à la haute banque, et allié des Rothschild, est un ami de Frémy avec qui il fonde en 1867, grâce au concours des Mallet, le Crédit foncier des Etats-Unis. Il est aussi bien implanté en Autriche où il a contribué à la création du Crédit foncier et à celle de « l'Anglo-Austrian Bank » [120].

En plus de Schnapper dont le rayonnement financier a une dimension internationale, un deuxième homme d'affaire notoire siège dorénavant au sein du conseil d'administration de la S.G.A., à savoir le baron Soubeyran sous-gouverneur du C.F.F. et du Crédit agricole. « L'imposante stature, d'un sous-gouverneur, Soubeyran, qui se profile derrière la plupart des grandes opérations entre 1860 et 1880 » [121], incite à penser qu'il est l'instigateur du renforcement du groupe du C.F.F. au sein de la S.G.A. Avec ces deux nouveaux administrateurs, Soubeyran et Schnapper, il se tisse la part de lion dans les affaires et la gestion de la nouvelle société [122].

* Deux nouveaux éminents hommes d'affaires entrent au conseil d'administration de la S.G.A. : le premier est De Witt Cornelis, administrateur de la Grand-Combe. Le deuxième est Vernes Théodore, « propriétaire », mais appartenant à la riche famille Vernes de banquiers protestants [123].

En plus de l'augmentation du nombre de ses membres, le conseil d'administration de la société garde son harmonie, tout en étant toujours dominé par des éléments protestants et des éléments favorables à une conception moderne de la banque et des affaires. En dépit de l'évolution de son conseil d'administration, la nouvelle société est arrivée à mettre sur place l'armature nécessaire à son fonctionnement et à son intervention en Algérie. Elle bénéficie de plusieurs atouts : l'appui des pouvoirs publics, la puissance de ses capitaux, la cohésion de son conseil d'administration et une stratégie courageuse qui n'a rien à voir avec la prudence de la B.A.. Mais, quelle est la nature de la S.G.A. comparée à cette Banque ?

Contrairement à cette dernière qui dispose d'un capital modeste, la nouvelle société est dotée d'un capital élevé : 100 millions de francs. Par un capital plus important, celle-ci est appelée à jouer un rôle plus étendu et plus diversifié dans l'économie algérienne. Les dirigeants de l'institut d'émission algérien ont une conception conservatrice de la banque et de la finance, en revanche ceux de la

S.G.A. sont imprégnés d'idées saint-simoniennes qui accordent une place déterminante à la banque en matière de progrès économique. La présence dans son conseil d'administration d'éléments protestants comme Vernes, Barrot renforce cette tendance. Elle est ainsi une sorte de banque d'affaires beaucoup plus que toute autre chose. Elle est plutôt, selon l'expression de Jean Bouvier, « une banque à tout faire ». Sur un autre plan, la B.A. est créée, à l'instar de la B.F., sur le modèle d'une banque d'émission, alors que la S.G.A. est constituée sur le modèle de la nouvelle banque comme le Crédit mobilier [124], le Crédit industriel et commercial et la Société générale. Par son recours au procédé d'obligations, la S.G.A. est un crédit mobilier algérien, certains la qualifient de « crédit mobilier de colonisation» [125].

Mais étant donné les récents échecs de 1864 du Crédit mobilier, la S.G.A. a essayé de s'inspirer beaucoup plus du modèle de la Société générale métropolitaine que de celui de l'établissement des Pereire. Créée comme sa sœur aînée avec un capital élevé [126], elle en adopte la même stratégie : développer un « nouveau courant de capitaux vers les agents premiers de la production et des échanges » [127]. La présence de Denière, président de la Société générale métropolitaine au sein de son conseil d'administration est significative : il est là pour veiller à l'application de la même stratégie. Mais l'adoption du modèle et de la stratégie de la Société générale n'exclut pas l'influence du C.F.F. qui la dirige par son gouverneur et son sous-gouverneur, en plus de trois de ses administrateurs : Levier, Latimier Du Clesieux et Schnapper.

En somme, la souscription des actions de la S.G.A. se fait en même temps dans les guichets des deux sociétés mères à Paris : le C.F.F. et la Société générale. Concernant la souscription à l'intérieur de la France, le ministre des Finances a autorisé les trésoriers-payeurs généraux des principales villes à prêter, à cet effet, leur concours au C.F.F. et à la Société générale [128]. En Algérie, la B.A. a accepté d'ouvrir ses guichets à la souscription des titres de la nouvelle société [129]. Son directeur annonce à son conseil d'administration une dépêche de Frémy et Talabot, l'informant que leur société est définitivement constituée et que « la souscription aura lieu du lundi au mercredi 8 août [1866]. Ces messieurs annoncent également qu'ils ont désigné la B.A. pour recevoir les souscriptions que pourra fournir le pays » [130].

Ainsi donc, l'émission des titres de la S.G.A, composés de 100 000 actions et de 200 000 obligations [131], se déroule en France et en Algérie au cours du mois d'août 1866. Suite à cette opération, la société se constitue définitivement. Mais à part ces jeux d'influence et des intérêts différents représentés au sein de la S.G.A., le problème fondamental demeure celui de la nature de cette nouvelle institution.

Sur le plan juridique, elle est une société par actions, et elle en remplit toutes les conditions. La convention du 18 mai 1865 et ses statuts le prouvent. En plus de l'émission d'obligations pour fournir les 100 millions de francs, elle présente des particularités qu'il faudrait souligner. Elle est une société privée avec un contrôle de l'État qu'on n'a pas l'habitude de rencontrer dans ce genre d'organisme, exception faite, toutefois, des instituts d'émission qui exigent une surveillance du gouvernement à cause de leur privilège monétaire. Bien qu'elle soit un établissement bancaire privé, elle est placée sous la tutelle de l'État. Cette tutelle est manifestée, comme nous l'avons déjà expliqué, par l'intervention du gouvernement qui nomme son président et contrôle régulièrement sa gestion.

Ce caractère hybride de cette institution a permis à certains de la qualifier d'organisme « semi-étatique » [132] et à d'autres de la considérer comme « un État de producteurs dans l'État des gouvernements » [133]. Frémy n'a pas hésité, quant à lui, à voir dans la S.G.A. « une œuvre d'intérêt public » [134].

Malgré son caractère privé, la S.G.A. est fondée par une décision politique, raison pour laquelle elle est liquidée en 1877 par le pouvoir républicain. Cette osmose entre les décideurs politiques et les opérateurs économiques explique les facilités et la protection accordées à celle-ci par les pouvoirs publics. En parlant d'elle, Frémy souligne avec fierté « la protection dont le gouvernement tiendrait à entourer sa marche et ses efforts » [135]. Comment appréhender alors cet engagement de l'État dans une affaire aussi ordinaire que celle de la S.G.A. ?

Cette protection des pouvoirs publics s'explique, avant tout, par l'engagement personnel de l'Empereur qui a annoncé aux Algériens, lors de son voyage de 1865, la formation de cet établissement. Rouher, ministre des Finances de l'époque, a souligné « l'insistance personnelle de l'Empereur sur cette affaire » [136] qui, d'ailleurs, lui tenait à cœur. En souscrivant pour deux millions de francs des actions [137] de la S.G.A., Napoléon III cherchait-il à imiter l'exemple de Napoléon qui avait souscrit une partie du capital de la B.F. ?

Un autre élément pourrait expliquer le contrôle exercé par l'État sur la S.G.A., à savoir la conception initiale de cette affaire. Le premier projet élaboré, à cet égard, est celui du père Enfantin. La Société générale devait être, selon les termes de ce dernier, « une véritable puissance productive, en dehors de l'État, mais sous sa surveillance la plus directe et son contrôle permanent » [138]. En plus de l'attachement personnel de l'Empereur à cette société, le père Enfantin a prévu ou même préconisé cette intervention de l'État. Dans l'idéologie saint-simonienne, la puissance politique pourrait appuyer la puissance financière.

Cette intervention, dans la pensée de cet homme, est indispensable dans la gestion de la nouvelle société. Elle empêcherait, tout d'abord, les actions de l'entreprise de passer entre les mains d'hommes d'affaires non français. Elle dissuaderait, ensuite, ses dirigeants de se livrer à la spéculation. Il fallait, enfin, « éviter d'engager l'avenir, car, après les saint-simoniens, pourraient venir des hommes d'affaires dépourvus d'idéal social » [139].

Ainsi donc la contribution et l'aide de l'État, d'après les saint-simoniens qui étaient à l'origine de la société, étaient jugées indispensables pour éviter les risques, les aléas et les pertes. L'intervention gouvernementale et les profits élevés sont « légitimes » dans le domaine colonial où les risques sont considérés énormes. Grâce à cette théorie des risques élevés, le grand capital a pu bénéficier du soutien de l'État dans les affaires coloniales. Après l'exemple des chemins de fer que nous avons étudié [140], la banque constitue un autre champ de collaboration entre pouvoir financier et pouvoir politique en milieu colonial. L'aide matérielle et morale de l'État à tout projet colonial[141] est une garantie contre toute sorte d'échec. La S.G.A. est, par conséquent, une entreprise à caractère mixte. En plus de sa nature semi-publique, elle présente un autre caractère qui mérite d'être analysé : sa polyvalence. Elle est, comme nous l'avons démontré plus haut, une société polyvalente, capable de tout faire. Elle est un établissement de crédit, une entreprise de colonisation et de travaux publics et en même temps un organisme industriel et commercial.

Ce vaste champ d'action défini par la convention du 18 mai 1865 est réaffirmé par ses statuts qui lui donnent une grande marge de manœuvre. A cause de leurs termes généraux et vagues, pour ne pas dire confus, ses textes vont être librement interprétés par ses dirigeants. Certaines études n'ont pas manqué de souligner, à propos de l'accord du 18 mai 1865, signé entre cet organisme et le gouvernement, que « ce qui n'apparaissait pas nettement dans cette convention, c'est le caractère vrai de la société » [142]. Plusieurs éléments sont passés « sous silence » [143] aussi bien dans la convention de 1865, véritable charte de la S.G.A., que dans ses statuts. Ce silence des textes fondateurs n'est, encore une fois, qu'une liberté d'action accordée à cette société. Cette liberté pourrait être jugée contradictoire avec le contrôle imposé par les pouvoirs publics. Bien au contraire, cette souplesse est délibérément octroyée à cet établissement pour compenser l'intervention du gouvernement dans la gestion de ses affaires.

Indépendamment de son caractère hybride et de sa nature polyvalente, la nouvelle société est une création liée à la volonté impériale conjuguée à la stratégie du grand capital voulant tester le champ algérien. Le projet saint-simonien ne peut être qu'un ciment qui renforce cette alliance. La S.G.A. est hybride car elle est simplement le produit de ces trois forces : celles des saint-simoniens, du grand capital et de l'Empereur. En voulant reproduire l'expérience métropolitaine en matière de banque et de crédit [144], l'Empereur a jugé, en 1865, qu'après l'étape de l'institut d'émission algérien, le temps est venu de doter la Colonie d'un instrument de crédit plus puissant et plus dynamique. Mais la relation entre ces deux organismes de crédit algériens va-t-elle rester dans le cadre de cette complémentarité conçue par Napoléon III ?

2) Rapports de la B.A. avec la S.G.A. : l'impossible stratégie d'entente

La B.A. a accepté sans hésitation l'ouverture de ses guichets à la souscription des actions et des obligations de la S.G.A. qu'elle a considérée comme « une œuvre aussi éminemment utile à la Colonie » [145]. Avec des statuts différents et des conceptions de crédit divergentes, ces deux établissements bancaires ont deux champs d'action distincts dans une Algérie où les capitaux se font rares.

Les deux sociétés sont donc condamnées à s'entendre et à se partager les affaires financières de la Colonie. Cette stratégie d'entente et de collaboration est proposée par la B.A. dans un document qui établit une sorte de programme commun entre les deux établissements. Dans une note adressée à la S.G.A., l'institut d'émission algérien considère « que l'apport des puissants moyens financiers de cette compagnie et sa grande influence morale aideront au développement des affaires du pays, à la création de nouvelles entreprises... » [146]. L'institut d'émission a donc salué l'avènement de la nouvelle société qui serait bénéfique au pays et aux différentes forces de production, « la Banque, la première » [147].

Dans la note déjà citée, la B.A. est frappée par l'énormité des capitaux, l'importance de l'action, voire « la puissance » de la S.G.A. Bien qu'elle bénéficie d'une antériorité de 15 ans, la Banque est obligée de solliciter l'alliance de la nouvelle société, d'autant plus que celle-ci a le soutien personnel de l'Empereur. « Les deux établissements, selon la même source, peuvent marcher parallèlement et pacifiquement sans aucun antagonisme d'intérêts, ils peuvent en se prêtant un appui réciproque, trouver largement leur place dans le vaste champ qui leur est ouvert tout en servant les intérêts du pays » [148].

Le programme proposé est axé sur la question du taux d'escompte. L'institut d'émission se voit menacé par un taux d'escompte de la S.G.A. plus bas que le sien. Ce risque est d'autant plus grand que cette dernière a des bases financières plus solides que la B.A. Celle-ci essaye toujours, en se référant à son expérience, de convaincre son nouveau partenaire des dangers d'une politique de baisse du taux d'escompte : « La théorie du bas pris du capital en Afrique paraît séduisante, d'abord aux meilleurs esprits, mais en s'appuyant sur les méfaits pratiqués, constants, l'application en paraît encore prématurée »[149].

La conception saint-simonienne du crédit, selon cette logique qui incarne le conservatisme financier en Algérie, ne peut être appliquée aux colonies. Cette politique de baisse de taux d'escompte risque d'engendrer, de prime abord, une guerre inutile entre les deux sociétés. Elle peut ruiner, en second lieu, le commerce qui n'est pas encore préparé à ce genre de pratique. La réduction du taux d'escompte aurait pour conséquence la spéculation et l'engagement du commerce dans une voie trop large et « promptement dangereuse » [150].

Un autre argument est avancé par la Banque : les risques élevés, en matière de crédit dans les colonies, justifient les intérêts élevés. Il faut donc songer à la « juste rémunération des capitaux qui s'engagent dans ce pays et à la constitution des réserves dans le cas où des pertes viendraient à se produire » [151]. Les capitaux ne peuvent être attirés en Algérie, sous forme d'actions et d'obligations, que s'ils trouvent, toujours selon la B.A., une rémunération de 15 à 20 %. Selon cette conception de la finance, pour drainer les investissements en Algérie, il faudrait non pas réduire les taux d'intérêt, mais au contraire les maintenir les plus élevés possible. La réalité et l'expérience démontrent, de ce fait, que « le besoin le plus impérieux du pays gît plutôt dans les facilités de l'escompte que dans la réduction du taux de l'intérêt » [152].

Selon cette manière de voir, le problème de l'Algérie n'est pas celui d'une pénurie de capitaux, il réside plutôt dans la baisse du prix de l'argent. La B.A. s'est souvent vantée dans ses rapports destinés aux actionnaires ou dans sa correspondance adressée aux pouvoirs publics d'avoir contribué à l'abaissement du loyer de l'argent en Algérie. Mais par ce contrat qu'elle propose à la S.G.A., elle démontre qu'elle a toujours pratiqué le contraire de ce qu'elle a souvent déclaré. En effet, dans le document proposé et résumant son expérience, elle défend une politique conservatrice de crédit qui tend à stériliser le capital et à le préserver dans l'attente d'une opération fructueuse et avantageusement rémunératrice. Quelle est la réponse à de telles propositions ?

Nous n'avons trouvé dans les archives des deux sociétés aucun document retraçant cela. Néanmoins, dans une note interne adressée au président de la S.G.A., un fonctionnaire du C.F.F. [153] étudie minutieusement les suggestions de la B.A. Dans ce document, cet homme, qui semble appartenir aux deux établissements, écrit : « Je n'hésite pas, monsieur le président, après mûre réflexion, à déclarer que ces propositions sont inacceptables à tous les points de vue » [154].

Riche par son capital, confiante dans l'avenir et fière de sa conception du crédit, la nouvelle société ne peut prêter l'oreille aux conseils et aux propositions de l'institut d'émission. Ce refus de collaboration est une sorte de déclaration de guerre. En effet, Aubert, ancien directeur de la succursale de Constantine de la B.A. est recruté au début de l'année 1868 comme directeur des services financiers de la S.G.A. [155] En août 1869, Desvignes, secrétaire général de la Banque, démissionne pour avoir le poste de gérant du comptoir d'Alger proposé par la nouvelle société [156] qui cherche à faire pression sur sa sœur aînée par son propre personnel.

En effet, Aubert, fraîchement venu à la S.G.A., propose à son ancienne institution, dans une lettre du 19 octobre 1868, « de faire adresser à l'escompte le papier sur l'Algérie que la société se procurera à Paris, et dont le net produit sera versé à son crédit, sans déduction d'un intérêt basé sur le taux de la B.F. augmenté d'un pour cent ». [157] Cette proposition est grave et habile en même temps. Elle vise, en premier lieu, à mettre fin à l'uniformité du taux d'escompte utilisé par l'institut d'émission en accordant à la S.G.A. un taux différentiel, c'est-à-dire un taux de faveur, chose que la Banque n'a jamais faite à l'égard de quiconque parmi ses clients. La proposition d'Aubert cherche, en deuxième lieu, à fixer les taux d'intérêt sur des bases métropolitaines et non algériennes, d'autant plus qu'elle évoque le comportement de la B.F. à cet égard comme règle de jeu. Au lieu de vouloir bénéficier « du taux de la B.F. augmenté de un pour cent », la S.G.A. aurait pu suggérer une réduction de 1 % du taux courant de la B.A., ce qui aurait donné presque le même résultat.

Considérer la B.F. comme référence en matière de crédit en Algérie n'est pas innocent. Non seulement la nouvelle société tend à bénéficier d'un taux de faveur, mais elle ose mettre en question la B.A. et son monopole en Algérie. Le caractère provocateur de ces propositions n'a pas empêché la Banque de les étudier avec l'attention la plus appropriée car elle reconnaît que cette puissante compagnie jouit d'une « haute position dans le pays ».[158] Après d'âpres discussions au sein du conseil d'administration, une commission est nommée pour étudier cette question. Elle présente son rapport à cette instance qui en approuve les conclusions en affirmant que « les termes formels des statuts et l'impossibilité d'établir un taux différentiel ne permettent pas d'accueillir » [159] de telles propositions.

Cette attitude négative n'a fait que développer la rivalité entre les deux établissements. La S.G.A. décide alors d'attaquer tout azimut. Elle le fait à la fin de l'année 1868 et au cours de l'année 1869. Elle a réussi, pendant cette courte période, à attirer les clients les plus notoires de sa rivale qui a souvent débattu de ce problème dans son conseil d'administration : « Un membre croit devoir appeler l'attention du conseil sur la concurrence de plus en plus prononcée que la S.G.A. lui paraît établir contre la B.A. Il cite à l'appui la réduction très sensible du chiffre des escomptes... Il attribue cette réduction aux démarches de la S.G.A. auprès des clients de la Banque et notamment auprès des deux principaux établissements d'escompte de la place dont les bordereaux alimentaient dans une large proportion le portefeuille de la Banque et qui portent aujourd'hui tout leur papier à la Société générale » [160]. Une semaine après ce cri d'alarme, les dirigeants de l'institut d'émission furent obligés de prendre des mesures exceptionnelles contre la baisse notable des escomptes. [161]

Mais au moment où la B.A. essaie de réduire les dégâts sur ce front, sa concurrente attaque sur un autre. Au début de mai 1869, elle a informé le commerce « par un avis inséré dans les journaux qu'elle délivre, à dater de ce mois, des mandats sur Paris, Rouen et Marseille à cinq jours de vue ».[162] Elle innove et améliore ses services au commerce en émettant des mandats à échéance plus courte que celle pratiquée par la Banque. Celle-ci est obligée de prendre part à ce mouvement en adoptant une mesure capable de « réduire provisoirement à cinq jours de vue l'échéance de ses mandats sur France ». [163] Tout en restant fidèle à ses statuts, l'institut d'émission a essayé de suivre sa rivale dans la limite de ses moyens. L'avènement de la IIIe République et son hostilité à l'égard de la S.G.A. ont mis fin à une concurrence qui n'a duré que deux ans. Cette guerre menée par celle-ci contre la B.A. est révélatrice de la stratégie qu'elle a adoptée.

3) Stratégie et action de la S.G.A. : un bilan qui se solde en promesses beaucoup plus qu'en actes

Une fois créée, cette société va définir sa stratégie et son champ d'action en Algérie. Cette stratégie dépend, avant tout, de la nature de la société fixée par la convention du 18 mai 1865 et de ses statuts. Son président redéfinit, en 1868, sa nature et par conséquent son action en ces termes. Elle « est surtout un établissement de crédit. Elle devait avoir ce caractère puisqu'elle était appelée non à étendre une industrie spéciale et déterminée, mais à exercer une influence générale sur toutes les branches d'industrie et de production ». [164] Par ces propos, Frémy a donné une interprétation aux statuts de la S.G.A. en établissant des priorités ou bien un ordre d'intervention de sa société.

Cette interprétation relève d'une certaine conception saint-simonienne de l'activité économique considérant le crédit comme fondement de toute forme de production. C'est le crédit qui « vivifie et développe toutes les professions » [165], affirme encore Frémy. Pour assumer ce rôle, la S.G.A., se vantant d'être à la fois une société européenne et « africaine » [166], est appelée à établir « le va-et-vient des capitaux » [167] entre la France et l'Algérie, entre l'Europe et l'Afrique. Ce rôle de société financière prime donc sur celui d'une compagnie de colonisation et de mise en valeur. Il s'agit alors d'une première démarcation des statuts de la société et, en même temps, d'une première ébauche de définition de sa stratégie.

Un deuxième pas est, par la suite, franchi vers une plus grande distance vis-à-vis de ses textes fondateurs. « Dans un pays neuf, il était utile, estiment ses responsables, que la société ne fût pas empêchée par les dispositions rigoureuses et étroites des statuts ». [168] Cette conception du rôle d'un établissement de crédit œuvrant en milieu colonial est radicalement l'opposée de celle des dirigeants de la B.A. qui insistent, à maintes reprises, sur la nécessité d'une rigueur des statuts dans les colonies et dans les pays neufs afin d'éviter tous les aléas. Frémy va même plus loin en soulignant avec véhémence que « la plus grande liberté d'action était indispensable à notre succès ».[169] Cette liberté, élément fondamental de la stratégie de la société, est encore liée, d'après cette affirmation, à la nature de la société et à son champ d'action. Elle a, selon ses dirigeants, la liberté de sortir du cadre algérien pour mieux fructifier ses capitaux. Cela a été fait depuis les premières années de la société et a donné les résultats escomptés : « Si nous nous étions amenés, déclarait son président, à ne chercher qu'en Afrique un emploi productif des fonds que vous nous avez confiés, nous ne serions pas en mesure de vous annoncer les bénéfices dont nous allons vous proposer la répartition ».[170]

La S.G.A. s'est donc lancée, dès sa création, dans des opérations de spéculation financière en dehors de l'Algérie. Au lieu d'engager dans le pays des investissements qui rapportent à long terme, elle s'est hâtée de chercher ailleurs « la rémunération immédiate » [171] d'une partie de son capital, déclarait son président. Mais, lors de la même assemblée générale, le même responsable évoque le problème de la « pénurie des capitaux » [172] en Algérie. Elle a, dès le début, manqué à sa mission car, étant attirée par l'appât d'un gain immédiat, elle a délaissé l'Algérie. Son engagement dans des opérations financières en dehors de l'Algérie est demeuré un choix stratégique et une politique constante.

Dans les comptes-rendus à l'assemblée générale, une rubrique est toujours réservée aux « participations financières », sans pour autant en donner tous les détails. A titre d'exemple, en 1873, le président informe les actionnaires que « la société a, dans le courant du dernier exercice, participé, de concert avec les principaux établissements de crédit de Paris, à plusieurs opérations financières afin d'utiliser ses capitaux disponibles ». [173] En 1875, elle a pris part à l'emprunt lancé par le gouvernement égyptien sur la place de Paris. En 1876, ce dernier a décidé la conversion de sa dette désormais unifiée et la S.G.A. s'est trouvée porteuse de « nouvelles obligations » [174] égyptiennes. Suite à cette opération, le chiffre de ses participations financières s'élevait à la fin de l'exercice 1876 à 1 833 466 95 F. L'Algérie occupe-t-elle alors une place secondaire dans sa stratégie ?

Pour s'établir en Algérie, la S.G.A., dont le siège social se trouve à Paris, aurait pu choisir la formule de la succursale qui signifie une présence plus importante dans la Colonie. Or, elle a opté pour la formule du comptoir moins déterminante pour elle. Par cette structure administrative, elle est beaucoup plus proche d'une banque d'affaires que d'un organisme de colonisation. Le 15 octobre 1866, un comptoir d'escompte est ouvert à Alger. Au début de l'année 1877, deux comptoirs similaires sont installés dans les deux principales villes des deux autres provinces. En 1868, un comptoir est établi à Bône et le 1er février 1869 « la société a ouvert un comptoir à Marseille ».[175]

Ce réseau de comptoirs d'escompte est donc le premier signe de son action en Algérie par lequel elle cherche à remplir ses engagements définis par la convention du 18 mai 1865. Ce texte est un contrat entre elle et l'État. Ce dernier, en plus de son aide morale, a fourni à cette société les 100 000 ha de terres algériennes. Le maréchal Randon, ministre sous-secrétaire d'État de la Guerre, traduisant en ces termes l'engagement personnel de l'Empereur dans cette affaire, a écrit au maréchal Mac Mahon : « Sa majesté s'est préoccupé de l'opportunité qu'il y aurait, avant de se dessaisir des ressources territoriales qui peuvent être disponibles sur divers points de l'Algérie, de rechercher les cent mille hectares dont la vente a été promise à la S.G.A. par la convention du 18 mai 1865. Vous comprendrez, en effet, M. le maréchal, combien il est important de venir en aide à cette compagnie... en lui assurant la possession d'avantages qui lui faciliteront la réalisation de son capital et lui fourniront les moyens d'engager immédiatement ses opérations en Algérie ».[176] Mac Mahon lui-même a déjà pris l'initiative, en tant que gouverneur général, en écrivant aux responsables des trois départements algériens, dans une lettre du 4 août 1865, les invitant à choisir des terres fertiles à mettre à la disposition de la S.G.A. Les 100 000 ha livrés à cette société se répartissent de la manière suivante : 5999 ha 89 ares 50 dans l'Algérois, 4 521 ha 21 ares 40 dans l'Oranais et 89 42189 ha 89 ares 10 dans le Constantinois. L'essentiel du domaine constantinois se trouve dans la région de Bône avec 10 430 ha et de Guelma avec 61 570 ha à Oued Zenati.[177] Elle s'est trouvée ainsi en possession d'un grand domaine constitué de terres fertiles et étendues. La détermination de l'État à lui octroyer de si riches et de si vastes terres est à l'origine de cette concentration du domaine dans le Constantinois, région où l'État était propriétaire de terres remplissant ces conditions. Qu'a fait la S.G.A. de ce pittoresque domaine ?

Bien que des études historiques relatives à cette entreprise insistent sur l'engagement de celle-ci à implanter une population européenne sur ses terres, afin d'en faire de nouveaux centres de colonisation européenne, aucun texte légal n'oblige, en fait, la société à le faire. La convention du 18 mai 1865 et ses statuts reproduisent à cet égard les mêmes clauses sans aucune mention d'une quelconque obligation imposée à cette entreprise. En effet, ces deux textes précisent à ce sujet que « l'État promet de vendre cent mille hectares de terres, qui lui sont délivrées par le gouvernement parmi celles disponibles dans le domaine de l'État en Algérie.

Le prix de chaque hectare est fixé à un franc de rente par hectare et par an, payable annuellement, à partir de chaque mise en possession, et pendant cinquante années ». [178] Encore une fois, la S.G.A. a les mains libres : elle est libre de son capital et souveraine de son domaine. Seule la lettre du maréchal Mac Mahon, gouverneur général, aux responsables des trois provinces fixant les principes de choix des terres à lui livrer, remarque que « les intentions de cette compagnie paraissent être d'installer des populations européennes sur les terres qui lui seront attribuées ». [179] Ce document ne constitue pas un engagement officiel de la compagnie, d'autant plus qu'il fait allusion seulement à son « intention ». Sur le plan juridique, le domaine ou la colonisation constitue une activité secondaire pour la société dont le président rappelle sans cesse qu'elle est, avant tout, un établissement financier. Elle peut donc mettre en valeur ses terres d'une manière directe ou indirecte, voire même les délaisser. Rien ne l'oblige à y engager des travaux d'infrastructure ou une installation de population française.

D'ailleurs, il a fallu attendre 1873 pour que deux rubriques « terres de la société » et « colonisation » apparaissent dans la comptabilité de la compagnie. En cette même année 1873, c'est-à-dire après l'avènement de la IIIe République, on prend le soins de signaler qu' « à l'Oued Besbes, qu'est notre premier village en formation, 625 ha avaient été aliénés à la date du 31 décembre 1872 en faveur de 17 familles... Depuis le 1er janvier, 77 hectares ont été concédés à trois nouvelles familles... A Aïn Mokra, les concessions faites au 31 décembre dernier portaient sur 97 hectares... Sept concessions, comprenant 320 hectares, ont été récemment réalisées à Aïn Abid ». [180] Tel est le bilan de la S.G.A. après cinq ans d'action : 1 117 ha sur un ensemble de 100 000 ha sont livrés à une population européenne pour y créer des centres de colonisation.

Depuis leur acquisition en 1867, les terres de la S.G.A. ont été louées. Cette opération a produit depuis « une somme nette totale de 558 000 F, soit une moyenne annuelle de 106 000 F. La société y a dépensé dans la même période, en travaux de toute nature, et sans compter le prix d'achat qui se paye sous forme de redevance annuelle, une somme totale de 824 000 F. L'excédent des dépenses sur les recettes est de 266 000 F ». [181] Les résultats sont, donc, très modestes. Une bonne partie de ces « locations» sont des opérations de fermage ou de métayage conclues avec les paysans autochtones.

En 1869, le nombre de ces locations était de 171 pour les 100 000 hectares ; en 1878, il était de 963 pour 93 000 hectares. [182] Malgré les efforts de l'administration pour développer la colonisation par le biais des Alsaciens-Lorrains, le domaine de la S.G.A. reste mis en valeur en grande partie par une population araboberbère. Le domaine de l'Oued Zenati, « malgré nos efforts pour trouver des colons, est encore en grande partie occupé et cultivé par des indigènes » [183], rappelle en 1877 Frémy reconnaissant une certain échec. Malgré ses revers sur le plan de la colonisation et du peuplement européen, cette entreprise aurait-elle réussi, du moins, sur le plan financier ?

Son engagement, dans ce domaine, est de fournir 100 millions de francs pour financer les grands travaux d'infrastructure telle que la construction de routes, barrages et canaux. La convention du 18 mai souligne que « la société s'engage à réaliser... et jusqu'à concurrence de cent millions, dans un délai de six années, les sommes qu'elle devra employer en Algérie aux travaux ou opérations énumérées dans le préambule de la présente convention ».[184] Le même article de cette convention engage la société à mettre à la disposition de l'État une autre somme de 100 millions de francs sous forme de prêt remboursable à 5,25 %, que celui-ci emploierait à son tour en Algérie.[185] Le premier versement à l'État était effectué par les fondateurs de la société [186] avant même qu'elle fût définitivement constituée. Au 1er avril 1868, l'État s'est procuré la somme de 37 millions de francs. En avril 1869, la société a versé à ce dernier 54 millions de F. Au cours du mois de juillet 1870, celle-ci a effectué « le 18e versement trimestriel de l'emprunt de 100 millions, ce qui a porté à 74 999 999 F 88c la somme avancée à l'État ».[187] A l'expiration du délai de 6 ans au bout duquel la société est appelée à fournir au gouvernement la somme de 100 000 millions de francs, elle n'a pu réaliser qu'une avance de 87 millions de francs. Cependant, l'État n'a jamais manifesté de signe de protestation pour demander les 13 millions. Mais, fait plus grave encore, la S.G.A. n'a jamais investi ses propres cent millions, à part ceux qu'elle devrait fournir aux pouvoirs publics, dans de grands travaux en Algérie. La même attitude du côté de l'État et du côté de la société : un mutisme absolu. « Et d'ailleurs, se demandaient certains, pouvait-il en être autrement puisque les hommes qui dirigent la société étaient ceux-là même qui avaient le pouvoir ».[188]

Néanmoins, et contrairement à l'opinion affirmant qu'elle « n'a jamais dépensé un centime » [189] dans des travaux publics, celle-ci a utilisé une bonne partie des 87 millions prêtés à l'État dans des travaux d'assèchement et d'aménagement de voies de communication. Cela a permis de financer la construction de la route d'Oran à Alger et d'Alger à Constantine et de réaliser les travaux du Chélif et d'autres ouvrages.[190] Par ailleurs, avec les mêmes ressources, la S.G.A. a procédé à des plantations d'eucalyptus, à l'exploitation des carrières de Filfila. Elle a aidé à la construction des chemins de fer algériens en appuyant la Compagnie Bône-Guelma dont le réseau dessert le domaine de l'Oued Zenati.[191] Sur un autre plan, elle a engagé plus de deux millions de francs pour fonder la Société des mines de

Soumah et de La Tafna. En 1875, un projet de chemin de fer destiné à relier Tlemcen à la mer est étudié par la S.G.A.

Ce projet se rattache à la construction d'un port qui, « tout en permettant de développer l'exploitation de nos mines, affirment les promoteurs de ce projet, donnerait un utile débouché aux produits de la riche et industrieuse contrée de Tlemcen ».[192] En plus de ces travaux d'infrastructure, l'apport de cette compagnie à la Colonie était considérable dans le domaine financier. Elle a créé, nous l'avons étudié, quatre comptoirs d'escompte à Alger, Constantine, Oran et Bône, c'est-à-dire les villes déjà dotées d'une succursale de la B.A. . Ces comptoirs fonctionnent chacun avec un nombre réduit d'administrateurs, et cela jusqu'à 1875. Depuis cette date, les administrateurs sont aidés dans leur action par des comités d'escompte.[193]

La S.G.A. est intervenue dans l'économie algérienne par le biais de ce réseau de comptoirs d'escompte. Elle a inauguré en Algérie le système de comptes courants avec chèque, qui « commence à s'acclimater parmi nous »[194], affirme Frémy. En plus de cette innovation à mettre au crédit de cette institution, celle-ci a avancé, dès sa création, pour pallier les méfaits de la crise de 1867, des prêts aux douars et aux tribus sur instruction de l'Empereur [195], elle a mis à la disposition des tribus nécessiteuses, à la fin de l'année 1867, un crédit de 3 357 789 F 50 avec un taux de 8,5 % pour deux ans. Cette « aide » est répartie de la manière suivante :

La province d'Alger	300 000 F
La province de Constantine	457 789 F 50
La province d'Oran	2 600 000 F
Total	3 357 789 F 50 [196]

Ainsi la S.G.A., qui s'est engagée à fournir 9 millions de francs aux tribus sinistrées par la crise de 1867, n'a pu leur avancer, en fait, que la somme de 3 357 789 F 50. Mais l'essentiel pour elle, c'est que cette opération lui a permis de se vanter d'avoir contribué à abaisser le prix de l'argent dans un pays où la loi « a laissé, juge-t-elle, aux partis la libre stipulation de l'intérêt ».[197]

Du reste, les opérations d'escompte accordées au commerce algérien, et par lesquelles elle cherche à concurrencer la B.A., constituent son concours financier le plus important. Ses sommes avancées au commerce sont les suivantes :

Tab. n° 13 : Volume des escomptes de la S.G.A de 1868 à 1876. [198]

Année	Montant de l'escompte
1868	22 405 704 F 45
1869	58 634 236 F 86
1870	80 823 433 F 15
1871	76 986 440 F 56
1873	88 095 557 F 47*
1874	85 720 571 F 93
1875	133 382 298 F 08
1876	112 165 392 F 65

* Les archives de la S.G.A ne mentionnent aucun chiffre concernant les escomptes de l'année 1872.

En dépit de la crise de la fin des années 1860, la valeur des escomptes a augmenté d'une manière constante. En 1871, ces escomptes ont baissé à cause des événements militaires et politiques de cette année, aussi bien en France qu'en Algérie. Les opérations de la S.G.A. se sont ralenties pendant les premiers mois de 1871 et sont rendues plus difficiles par la suppression pendant tout un semestre des services de l'administration centrale à Paris.[199] Ayant son siège social dans cette ville, elle est plus affectée par les événements militaires de 1870 que la B.A. dont les établissements se trouvent uniquement en Algérie.

En 1874, suite à la faillite d'importantes maisons de commerce d'Algérie, la S.G.A. enregistre une perte de 4 416 654 F 72. Pour pallier ce déficit, son président a pensé à certains terrains de la société non représentés dans l'actif [200] dont la valeur est équivalente à 400 000 F environ. Or, dit-il, « notre passif est grevé de la même somme ». [201] Ainsi, les pertes pourraient être épargnées par cette combinaison qui permet d'inclure dans le bilan la valeur des terrains non représentés jusque-là dans l'actif de la société. Toutefois, cette démarche n'a pas, semble-t-il, convaincu les actionnaires qui ont jugé qu'il était sage et prudent de procéder par la voie de l'amortissement [202] en répartissant le déficit sur plusieurs exercices. La baisse spectaculaire des escomptes en 1876 révèle qu'en plus du contexte de la crise de 1875-76, la S.G.A. s'est engagée, d'une manière irréversible, dans une crise structurelle. Le président est obligé de déclarer aux actionnaires que « l'impuissance et le mauvais vouloir de nos débiteurs ont réduit à néant »[203] les efforts des dirigeants de la société.

Le poids des amortissements annuels à faire s'ajoute, par conséquent, aux difficultés de la conjoncture. « Dans ces conditions, affirme le président de la S.G.A., notre marche est entravée, nos actions sont dépréciées ».[204] Ces propos sont une déclaration de faillite explicite.

Un appel au secours est lancé au gouvernement : « La nécessité d'une transformation de la société nous paraît donc s'imposer et nous en avons étudié les moyens... et nous en avons à cet effet entamé les négociations avec le ministre des Finances ».[205]

Il semble donc que cette solution de liquidation et de transformation de la S.G.A. en une nouvelle entreprise, la Compagnie algérienne, est préparée d'une manière occulte entre le gouvernement de la IIIe République et ses dirigeants. En effet, le nom de la société est lié à celui de la Colonie et son action reste placée sous le contrôle et la tutelle du gouvernement. Une pure dissolution de la société serait une catastrophe pour le crédit de l'Algérie. Les propos d'un administrateur de cette compagnie sont révélateurs à cet égard : « Parce que cette compagnie se présentait sous le patronage officiel du gouvernement qui serait, bon gré, malgré, tenu devant l'opinion publique comme responsable du désastre ».[206]

Le nouveau pouvoir républicain hostile à la S.G.A., profite de ses difficultés financières pour se débarrasser de cet héritage impérial indésirable. Sa transformation en une nouvelle société est un règlement de compte politique, mais en même temps un règlement d'une anomalie juridique qui permet la conversion d'une entreprise semi-étatique en société anonyme libre, sous l'emprise de la loi de 1867. Il s'ensuit alors que la nomination du président par le gouvernement disparaît et la nouvelle société obtient sa liberté complète d'action. [207] Le 27 décembre 1877 est née la Compagnie algérienne. Tout en se libérant des engagements et des pertes de la S.G.A., elle a hérité la totalité de son domaine : 94 000 ha reconnus comme sa propriété exclusive. Cette liquidation est approuvée par le Conseil d'État le 12 décembre 1878.[208]

Les difficultés financières de la S.G.A. aggravées par la crise de 1875-1876, ses attaches avec l'Empire et l'hostilité de la IIIe République constituent-elles les seules raison de sa liquidation ? Un certain nombre d'éléments doit être évoqué pour comprendre la fin inattendue de cette société. L'un de ces éléments est lié à sa stratégie fondée sur les spéculations financières et les prêts aux gouvernements. L'opération la plus onéreuse à cet égard est l'achat d'obligations égyptiennes. En 1873, les dirigeants de la société se rendent compte que le khédive « n'était plus solvable ».[209] Trois années plus tard, ils sont obligés de reconnaître que la dépréciation constante du cours des obligations égyptiennes pèse sur l'avenir de leur établissement.[210] Ainsi donc, la S.G.A. « se trouve, comme l'a écrit M. Emerit, victime de la vieille tendresse des saint-simoniens pour l'Égypte ».[211]

La conjoncture algérienne des années 1870 n'est pas aussi favorable que la conjoncture égyptienne ou le contexte international de la même période. Au lendemain de la guerre de 1870 et de la révolte de l'Est algérien de 1871, les obligations de la S.G.A, notait son président en 1873, « de 510 F tombèrent à 430 F, et puis... à 410 et 400 F, cours dont elles ne se sont pas encore relevées ».[212] Des pertes dans les opérations financières engagées hors d'Algérie, dépréciation de titres de cette société, mais aussi une faible contribution financière de la part de cette entreprise sur son propre domaine algérien, voilà ce qui est de nature à dresser l'opinion coloniale contre la S.G.A. et sa politique de crédit. En janvier 1869, les escomptes de ses trois comptoirs établis à Alger, Oran et Constantine demeurent dérisoires : 13 598 210 F à Alger, 11127543 à Constantine et 4 736 933 à Oran.[213]

Ce faible engagement dans l'économie coloniale est à l'origine de l'hostilité des milieux de la petite colonisation à son égard. Ces derniers, voulant prendre leur revanche contre la colonisation capitaliste, critiquaient avec hardiesse la S.G.A. *L'Akhbar,* proche des colons, a porté le drapeau de cette campagne. Dans un long réquisitoire dressé contre cette société, ce journal conclut ainsi : « On est amené à penser qu'il y avait au fond de tout cela le désir de satisfaire quelques privilégiés. Ce qui le fait supposer, c'est cette liberté laissée aux administrateurs tout puissants de se lancer dans des spéculations étrangères à l'Algérie ».[214]

Selon ces propos, la société a failli à sa mission, elle n'est, de surcroît, qu'une affaire liée à la grande spéculation capitaliste. La même attitude est affichée par un autre journal algérien soulignant qu'elle a « éveillé peu de sympathie »; et en évoquant sa liquidation, le même quotidien fait état du « sentiment unanime de satisfaction avec lequel l'opinion a salué l'espoir de voir les cent mille ha qu'elle détient, faire retour à la colonisation ».[215]

Les hommes politiques de l'Algérie expriment, à leur tour, un sentiment d'exaspération contre la S.G.A. G. Thomson, député de Constantine et figure notoire des nouveaux hommes d'affaires d'Algérie apparus avec le pouvoir républicain, dresse, en novembre 1878, dans un rapport sur le budget algérien, un véritable réquisitoire contre elle et met en question la légalité de la propriété de son domaine qu'elle n'a jamais exploité : « Loin d'être employés aux usages convenus, les terrains sont demeurés stériles entre les mains de la Société qui s'est bornée à en louer la plus grande partie aux Arabes. Ici encore, elle a été infidèle à son mandat et elle a entravé cette œuvre de colonisation à laquelle elle avait contracté l'engagement de se consacrer ».[216]

Le bilan de la S.G.A. est établi dans plusieurs rapports et notes rédigés par l'autorité algérienne qui aboutissent tous au même constat : « La société n'a pas complètement tenu ses promesses ».[217] Le gouverneur général écrit lui-même au pouvoir central de Paris pour dénoncer son inefficacité à tous les niveaux de son action : « La société s'est particulièrement occupée jusqu'ici d'opérations d'escompte, de réescompte et de banque ; les ouvrages exécutés sur les terres dont l'aliénation a été consentie à son profit, n'ont que peu d'importance au point de vue de la colonisation, son bilan se solde beaucoup plus en promesses qu'en actes».[218] La nouvelle classe politique métropolitaine, les hommes politiques français d'Algérie, les milieux des colons sont tous unanimes sur un point : la S.G.A. a failli à sa mission, d'où la nécessité de sa liquidation.

Les milieux de la colonisation algérienne lui reprochent alors de se comporter comme une banque beaucoup plus qu'une société de mise en valeur agricole en se contentant des opérations financières liées à l'escompte et au réescompte, comme l'affirmait le gouverneur général dans la lettre déjà citée.[219] Les autorités de Paris ne sont pas prêtes, quant à elles, à lui reconnaître une quelconque réussite ou intervention financière en Algérie. En effet, lors de l'avènement de la IIIe République, il lui restait à fournir 25 millions de francs à l'État, comme dernier reliquat des 100 millions qu'elle s'était engagée à avancer à cette autorité. Or, les embarras de la société et la situation du marché financier ne lui ont pas permis d'émettre les obligations destinées à fournir de telles sommes. Ses dirigeants ont, par ailleurs, buté contre une détermination du gouvernement qui dénonçait l'impuissance de la société.

Ils ont plaidé leur cause en évoquant « les circonstances de cause majeure » [220]. Ils ont avancé plusieurs solutions pour sortir de l'impasse comme l'ajournement de l'avance [221] à payer à l'État ou même la révision de la convention du 18 mai 1865[222], mais en vain. Rien ne peut, par conséquent, ébranler la détermination des pouvoirs publics métropolitains qui, comme l'administration et les milieux de la colonisation algériennes, réclament sa liquidation.

Liquidée ou non, elle n'était pas de grande utilité pour l'économie algérienne. Elle n'a ni résolu les problèmes structurels du crédit dans la Colonie ni drainé une masse suffisante de capitaux vers l'Algérie. Elle n'a pas, non plus, réussi à combattre l'usure et trouver des solutions radicales à la question du crédit agricole.

Pour ne pas connaître le même sort que la S.G.A., en cette fin des années 1870, la B.A. ne pouvait mieux faire que sauver son existence face à la crise financière de 1875-1876 et en présence de l'hostilité du pouvoir républicain à l'égard des établissements financiers créés pendant la période impériale. La prudence de l'institut d'émission se révéla, en fin de compte, plus efficace pour l'économie algérienne et pour cet établissement qui était moins ambitieux.

Au demeurant, cette stratégie de prudence a permis à la B.A. de résister à vents et marées, d'éviter les menaces d'un gouvernement républicain hostile, mais aussi de négocier le renouvellement de son privilège. La prorogation de ce privilège était une hantise pour la Banque de 1875 à 1880. Ses opérations de crédit et son soutien au commerce demeuraient, en ces temps difficiles, de seconde importance. Ils ne sont indispensables que dans la mesure où ils servent à appuyer les multiples demandes de renouvellement du privilège.

L'expérience des banques et du crédit de 1851 à 1880 n'a pas donné les résultats escomptés et n'a pas permis de répondre aux besoins de l'économie coloniale. La B.A. est restée enfermée dans ses statuts avec une conception conservatrice du crédit. La S.G.A., influencée par l'idéologie saint-simonienne, était trop audacieuse et peu réaliste. Ces deux politiques de crédit, au lieu de se compléter, comme l'a prévu l'Empereur, pour couvrir tout le champ colonial, sont entrées dans un antagonisme et une concurrence injustifiés. Le C.F.F., malgré l'extension de ses pouvoirs en Algérie, a préféré, dès la création de la S.G.A., limiter ses opérations dans ce pays pour laisser le champ libre à cette société. Dans cette situation, le grand perdant est le crédit agricole délaissé par tous ces établissements. L'usure fait alors rage dans les campagnes. Seul le commerce, dans les grandes villes dotées de succursales de la B.A., de comptoirs de la S.G.A. et de quelques maisons de banques privées, trouve des ressources plus ou moins suffisantes. Les contrées de l'intérieur sont toujours dépourvues de telles structures et de tels moyens financiers. Le peu d'engagement des banques algériennes dans l'économie coloniale a donné aux organismes financiers métropolitains la possibilité d'intervenir dans la Colonie. Le Crédit lyonnais, dispose en 1878 d'agences à Alger et à Oran. [223]

D'autres intérêts capitalistes préfèrent intervenir en Algérie par le moyen d'investissements industriels notamment dans le domaine de la construction ferroviaire : le Comptoir d'escompte de Paris, la B.P.P.B. et les Gouin. Après trente ans d'activité, les institutions algériennes de crédit ont certes initié le pays au crédit, mais elles n'ont pas donné l'impulsion et l'élan nécessaires à l'économie coloniale. Cette économie est restée l'affaire de la petite colonisation privée et de l'État qui demeure le principal bailleur de fonds en Algérie. Le capitalisme financier algérien a du mal à s'affirmer et à se développer. Cependant, un ordre des choses est créé et une organisation est établie : la B.A., même si elle n'est pas « la banque des banques », à l'instar de la B.F., se trouve au sommet de la hiérarchie du réseau du crédit. Elle est secondée par la Compagnie algérienne derrière laquelle se trouvent plusieurs banquiers privés avec des ressources limitées. Même si des liens forts et des traditions ne sont pas tissés entre les éléments de cette hiérarchie, ces derniers ne s'ignorent pas, et ils ont tous un but commun : asseoir le crédit de la Colonie. Un autre élément de consensus entre les différentes composantes du système bancaire algérien : la confiance dont bénéficie la monnaie émise par la B.A. Sur ces bases, l'Algérie va tenter, au cours des deux dernières décennies du XIXe siècle, de bâtir le reste de son édifice bancaire et financier en inaugurant une nouvelle expérience : la création d'un établissement algérien de crédit foncier et agricole.

Conclusion de la première partie

La B.A. a-t-elle réussi à s'imposer au sein de son milieu en affirmant son monopole public, celui de banque d'État, ou son monopole privé, celui d'un établissement de crédit commercial et d'une banque des banques ?

Il faut, tout d'abord, rappeler que le milieu dans lequel la Banque a opéré est un milieu difficile, pour ne pas dire hostile. L'État républicain qui la soupçonne d'avoir des attaches impériales, les Arabo-berbères qui refusent ses billets, les commerçants peu initiés au crédit ne constituent-ils pas certaines composantes de ce milieu hostile ? C'est dire que le chemin parcouru par l'institut d'émission algérien pendant la première trentaine d'années de son histoire est loin d'être facile. Elle a alors tenté tant bien que mal de ménager les différents éléments de son milieu en remodelant sa politique en fonction des uns et des autres, tout en restant fidèle à sa stratégie de prudence.

Prudente, la B.A., l'était, avant tout, face à l'État qui lui avait accordé son privilège d'émission monétaire. Elle l'était aussi en matière d'escompte du papier commercial. Elle était méfiante et réservée à l'égard de la puissante S.G.A. et de sa politique de crédit trop aventureuse. Voulant écarter toute mésaventure et éviter tout faux pas, elle s'est fixée sa propre stratégie fondée sur une lente, mais efficace conquête du sol bancable algérien. Elle s'est contentée, dans une première étape, d'agir en tant qu'un institut d'émission. Bénéficiant de l'appui de L'Empire et surtout de Fould, elle a voulu dans un deuxième temps se donner la stature d'une banque d'État. Les décisions libérales de ce ministre des Finances qui viennent lui donner en 1863 un nouvel élan, le compte de trésor qu'elle gère avec une certaine confiance témoignent du nouveau dessein de la Banque en ce milieu des années 1860 : imposer son monopole public. Toutefois, le choc de 1870 provoqué par l'hostilité de la République à son égard et les effets de la crise commerciale et financière de 1875 lui ont redonné sa juste valeur : celle d'un simple institut d'émission menacé à tout moment par la disparition et dont la survie dépend en grande partie de la bonne volonté des pouvoirs publics. Pour réintégrer les rangs républicains, cet institut d'émission est disposé à accepter tous les sacrifices pourvu qu'il évite un sort similaire à celui de la S.G.A. qui vient d'être liquidée en 1877.

Après avoir réussi à sauver son existence, la B.A. multiplie les signes de son loyalisme et accepte toutes les concessions afin d'obtenir en 1880 le renouvellement de son privilège. Pour ces raisons, elle n'a pas cessé d'accorder des avances au gouvernement pour faire face aux conséquences financières de la défaite de 1870.

Si elle s'est cantonnée dans son rôle d'institut d'émission sans pour autant parvenir à se transformer en véritable banque d'État, est-elle alors arrivée à s'affirmer comme « banque des banques »? Sur ce plan, elle a encore déçu. Elle a échoué dans une telle mission parce que, dans un premier temps, notamment au cours des années 1850, il n'existait pas en Algérie un véritable réseau de banques privées de nature à seconder son action. Mais, lorsque le C.F.F. est installé en Algérie en 1861 et la S.G.A. est créée en 1866, elle n'a pas réussi, en dépit de son antériorité et de son expérience, à intégrer ces deux organismes dans un système de crédit harmonieux et solidaire. Chacun des trois principaux établissements de crédit opérant en Algérie a ses propres raisons pour agir d'une manière isolée. Forts de leurs capitaux, de leur stratégie saint-simonienne et du soutien de leurs administrations parisiennes, ses dirigeants n'avaient aucune considération pour cette parcimonieuse B.A. demeurée le symbole du conservatisme financier et d'un capitalisme local sans aucune envergure. Celle-ci estimait, de son côté, que le C.F.F. et la S.G.A., qui avaient leurs sièges à Paris, venaient agir ou spéculer sur un terrain qui ne leur appartenaient pas et qui devait lui être réservé. Même si elles étaient autorisées à intervenir en Algérie, ces deux entreprises, selon la logique de l'institut d'émission algérien, devaient le faire dans le domaine de mise en valeur agricole, domaine qui n'était pas de son propre ressort. Toutes ces raisons sont valables pour la Banque pour les considérer comme deux institutions rivales. Ainsi, au lieu de compter sur ces deux organismes pour développer ses opérations et ancrer son rôle de banque des banques, elle a continué a réescompter les effets des commerçants endossés des banquiers privés comme Rey, Robert et autres, qui fournissent la deuxième signature. La Banque accordant la troisième signature demeure ainsi un établissement de crédit à caractère commercial.

Mais, qu'ils soient reconnus par la B.A. ou non, la S.G.A. et les établissements du C.F.F. en Algérie constituent deux pièces maîtresses d'un système bancaire embryonnaire algérien. Ainsi la trame d'un réseau bancaire commence à se mettre en place tout en étant constituée d'une hiérarchie d'institutions de crédit formée de trois niveaux : au sommet se trouve la B.A., elle est secondée par une autre strate regroupant la S.G.A. et les agences algériennes du C.F.F. À la base de cette hiérarchie figure une multitude de banquiers privés associant souvent l'activité marchande à l'activité bancaire.

Deux défaillances majeures de cette hiérarchie bancaire algérienne nous empêchent de parler d'un véritable réseau bancaire. Tout d'abord, l'absence ou la faiblesse de relations verticales au sein de cet ensemble, notamment entre le commerce, la S.G.A. et le C.F.F. ou entre ces deux derniers et l'institut d'émission. La deuxième insuffisance de cette hiérarchie bancaire demeure la défaillance de sa strate moyenne qui ne joue pas son rôle de canal de transmission entre la base et le sommet, d'où la fin malheureuse de la S.G.A. et des agences algériennes du C.F.F.

Après trente années d'exercice, la B.A. est restée enfermée dans le rôle et la stratégie fixés par ses fondateurs : l'émission monétaire et le réescompte du papier commercial. Ce sont deux seules réussites prouvant qu'elle a exercé uniquement une partie infime de son monopole public et une marge dérisoire de son monopole privé. Elle n'est alors parvenue ni à s'intégrer dans son milieu en devenant « la banque des banques », ni à intégrer ce milieu en s'érigeant comme une puissante banque d'État dans une Colonie où tout dépend de l'État.

En effet, en 1848, l'État a décidé la mise un place du Comptoir d'escompte d'Alger. En 1851 il autorise, sous la pression du commerce algérien, la création d'un institut d'émission. Cette stratégie financière algérienne incarnée par les milieux soutenant la B.A. s'est révélée, après une décennie, timide et peu efficace. L'État fait alors appel, à deux reprises, au grand capital métropolitain pour s'engager en Algérie. En 1860, le C.F.F. est sollicité pour élargir ses opérations à l'Algérie, mais une pareille expérience n'a pas donné les résultats escomptés. En 1865, une véritable « coalition » financière s'est formée, sous l'impulsion personnelle de l'Empereur, pour constituer la puissante S.G.A. qui, elle aussi, a déçu. Pour doter l'Algérie d'un réseau de crédit, l'État, en l'absence d'une stratégie claire et précise, a parfois fait agir les milieux d'affaires algériens, et en d'autres occasions, il a fait intervenir le grand capital métropolitain. Néanmoins, la stratégie de la B.A. était peu efficace et celle du grand capital métropolitain échoua totalement.

Au début des années 1880, le gouvernement est obligé de tirer les conclusions de cet échec. Il ne peut désormais compter en Algérie que sur cette institution, malgré ses faiblesses et ses carences. Il a essayé de la convaincre de s'engager dans le crédit agricole afin d'épauler la colonisation. Stimulée par l'État et les milieux d'affaires algériens, elle tente de le faire à partir de 1880 en adoptant une nouvelle stratégie de conquête. Cette nouvelle aventure se révèle-t-elle une réalité ou une pure illusion ?

Notes :

[1] Ganzin (E.), De la situation du crédit commercial, industriel et agricole en Algérie ... op. cit. p.62.
[2] Ganzin (E.), ibid., p. 62.
[3] Robert (E.), Banque agricole de l'Algérie, Imprimerie Duclaux, Alger, 1861, 31 pages.
[4] Ganzin (E.), De la situation du crédit commercial et industriel..., op. cit., p. 66.
[5] Ganzin (E.), ibid., p. 67.
[6] Picard (E.), La monnaie et le crédit, op. cit., p. 121.
[7] Ganzin (E.), De la situation du crédit commercial et industriel..., op. cit., p. 68.
[8] Picard (E.), La monnaie et le crédit..., op. cit., p. 129.
[9] A.O.M.A., 80 S 122, C.A. du 1er mars 1864.
[10] Rey (J.A.), La Banque en Algérie, op. cit., p. 27.
[11] Rey (J.A.), ibid., p. 27
[12] Picard (E.), La monnaie et le crédit..., op. cit., p. 137.
[13] Meynier (G.), Les Juifs en Algérie, op. cit., p. 89.
[14] Ganzin (E.), De la situation du crédit commercial, industriel et commercial en Algérie, op.cit.,p72.
[15] Douel (M.), Un siècle de finances coloniales, op. cit., p. 309.
[16] Douel (M.), ibid., p. 309.
[17] Picard (E.), La monnaie et le crédit en Algérie, op. cit., p. 130, note n° 1.
[18] Allinne (J.P.), Banquiers et Bâtisseurs, un siècle de Crédit foncier, 1852-1940, op. cit., p. 13.
[19] Douel (M.), Un siècle de finances coloniales, op. cit., p. 309.
[20] Cité par Picard (E.), La monnaie et le crédit en Algérie, op. cit., p. 130, note n° 1.

[21] A.O.M.A., F80 1762, rapport de la commission instituée par le gouverneur général le 19/8/52.
[22] Allinne (J.P.), Banquiers et Bâtisseurs, un siècle de Crédit Foncier, op. cit., p. 29.
[23] Douel (M.), Un siècle de finances coloniales, op. cit., p. 309.
[24] Douel (M.), ibid., p. 310.
[25] Jourdan, Projet de création d'une banque agricole et d'amortissement,...op. cit. p. 4.
[26] Jourdan, ibid., p. 6.
[27] Jourdan, ibid., p. 10.
[28] Cité par Picard (E.), La monnaie et le crédit en Algérie... , op. cit., p. 136.
[29] Picard (E.), ibid., p. 136, note n° 4.
[30] Robert (E.), Banque agricole de l'Algérie, Alger, Imprimerie Duclaux, 1861, 31 pages.
[31] A.O.M.A., F80 1762, statuts du comptoir de crédit agricole d'Algérie.
[32] A.O.M.A., F80 1762, lettre du 25 août adressé au ministre de la Guerre.
[33] A.O.M.A., F80 1762, lettre de Duprat au ministre de la Guerre, 10 décembre 1865.
[34] A.O.M.A., F80 1762, minute d'une lettre écrite le 23 avril 1865 par le ministre de la Guerre.
[35] A.O.M.A., F80 1762, extrait des délibérations de l'A.G. du 15 avril 1865.
Une série de lettres est échangée au sujet de cette institution entre M. Masslac, principal actionnaire de cette société, demeurant à Paris, et Donanal Esquire de Bath, capitaliste britannique.
[36] A.O.M.A., F80 1762, lettre des promoteurs de la Société franco-anglaise à l'Empereur, 29 août 1864.
Les promoteurs de cette affaire sont :
«MM. Champon, président de impérial mercantile crédit association,
Ballu, administrateur de cette société,
Benat, administrateur du chemin de fer d'Orléans et de la société financière de l'Égypte,
Pasquali, administrateur de cette dernière société».
[37] Jourdan, Projet de création d'une banque agricole, op. cit., p. 10.
[38] A.C.F.F, « Rapport au gouverneur du C.F.F. sur la nécessité d'une réforme dans le régime de la propriété musulmane en Algérie », rapport établi le 18 juillet 1868 par Maillard, chef de service au C.F.F.
[39] Jourdan, Projet de création d'une banque agricole et d'amortissement, op. cit., p. 9.
[40] Allinne (J.P.), Banquiers et Bâtisseurs, un siècle de crédit foncier..., op. cit., p. 51.
[41] Allinne (J.P.), ibid., p. 51.
[42] Il s'agit surtout de l'ordonnance du 21 juillet 1846 sur la vérification des titres, du décret du 26 avril 1851 sur les concessions par l'État, et de la loi du 16 juin 1851 sur la propriété foncière.
[43] A.C.F.F., « Rapport sur la constitution de la propriété privée en Algérie », rapport imprimé et s.d., p. 3.
[44] A.C.F.F., ibid., p. 12.
[45] A.C.F.F., ibid., p. 13.
[46] Gouverneur du C.F.F.
[47] A.C.F.F., lettre du 4 novembre 1859 adressée par le ministre de l'Algérie et des Colonies au gouverneur du C.F.F.
[48] A.C.F.F., lettre du 7 novembre 1859 du ministre de l'Algérie et des Colonies au gouverneur du C.F.F.
[49] A.C.F.F., lettre du 11 novembre 1859 du ministre de l'Algérie et des Colonies au gouverneur du C.F.F.
[50] Ce projet est préparé par le Conseil d'État.
[51] A.C.F.F., Bulletin officiel de l'Algérie et des Colonies n° 74, décret du 11 janvier 1860, art. 2.
[52] A.C.F.F., ibid., art. 3.
[53] A.C.F.F., lettre du 6 janvier 1860 adressée par le maire de Blida au gouverneur du C.F.F.
[54] A.O.M.A., 80 S 122, C.A. de la B.A. du 20 avril 1861.
[55] A.C.F.F., lettre du 30 juillet 1860 envoyée par le préfet d'Alger au ministre de l'Algérie et des Colonies.
Ces trois fonctionnaires se sont installés à la maison sise à la rue de la Révolution que le ministre de l'Algérie a prescrit de mettre à la disposition du Crédit foncier.

[56] Ce sont surtout les articles allant de 52 à 73, qui fixent les modalités du crédit. On peut lire dans l'article 52 que « la Société ne prête aux propriétaires d'immeubles que sur première hypothèque ». L'article 56 précise que « le montant du prêt ne peut dépasser la moitié de la valeur de l'immeuble hypothéqué. Il est au plus du tiers de la valeur pour les vignes, les bois et les autres propriétés dont le revenu provient de plantations ».
[57] Banquiers et Bâtisseurs, un siècle de Crédit foncier 1852-1940, op. cit., p. 51.
[58] A.C.F.F., tableau dressé en 1878 par l'inspecteur du C.F.F. à Alger.
[59] Il s'agit de Frémy qui a fondé la S.G.A. avec Talabot.
[60] Les prêts réservés par le C.F.F. à l'Algérie ne doivent pas dépasser, selon l'article 2 du décret du 11 janvier 1860, 5 % de la totalité des prêts effectués en France. Le montant des prêts réalisés en France étant de 1 280 000 000 F, l'Algérie pourrait bénéficier de 64 000 000 F fournis par le C.F.F.
[61] A.C.F.F., lettre du 26 mars 1878 adressée par le gouverneur du C.F.F. à Maillard, Coulanges et Luys inspecteurs respectivement à Alger, Constantine et Oran.
[62] A.C.F.F., rapport envoyé par Luys inspecteur à Oran au gouverneur du C.F.F. le 3 avril 1878.
[63] A.C.F.F., le chef du Service du C.F.F. en Algérie adresse au gouverneur du C.F.F. le 18 juillet 1868 un rapport sur la «nécessité d'une réforme dans le régime de la propriété musulmane». Il évoque dans ce rapport le statut et les problèmes de la propriété musulmane qui entravent l'action du C.F.F.
[64] A.C.F.F., «Modifications proposées dans les conditions des prêts hypothécaires du crédit foncier en Algérie», note anonyme rédigée par les services du C.F.F. en 1878.
[65] A.C.F.F., lettre du 3 avril 1878 envoyée par le directeur de la succursale d'Oran au gouverneur du C.F.F.
[66] A.C.F.F., «Note relative à l'abaissement du taux de l'intérêt» établie en 1878 par le directeur de la succursale d'Alger.
[67] L'inspecteur de la succursale de Constantine note dans son rapport envoyé le 15 avril 1878 à Paris que «la plupart des bonnes affaires échappent à la société», A.C.F.F.
[68] A.C.F.F., «Note relative à l'abaissement du taux de l'intérêt», établie en 1878 par le directeur de la succursale d'Alger.
[69] A.C.F.F., ibid.
[70] A.C.F.F., lettre du directeur de la succursale d'Oran au gouverneur de C.F.F., 3 avril 1878.
[71] A.C.F.F., lettre du gouverneur général d'Algérie au gouverneur du C.F.F., 9 avril 1878.
[72] A.C.F.F., lettre d'Albert Christophe au gouverneur général Chanzy, 27 juillet 1878.
[73] A.C.F.F., lettre envoyée par le chef du service du C.F.F. à Alger au gouverneur de ladite société, 20 octobre 1863.
[74] L'Africain du 11 novembre 1864.
[75] Lettre de l'Empereur datée du 20 juin 1865, citée par A. Rey-Goldzeiguer, Le royaume arabe..., op. cit., p. 386.
[76] Rey-Goldzeiguer (A.), ibid., p. 385.
[77] Caron (F.), «La stratégie des investissements en France aux XIXe et XXe siècles», dans Revue d'Histoire Economique et Sociale, année 1976, 54e volume, n° 1, p. 69.
[78] Gille (B.), La Banque en France au XIXe, Genève, Librairie Droz, 1970, p. 214
[79] La Société générale a réussi sur le territoire français et même en dehors de la France, puisqu'elle a établi dès 1871 une succursale à Londres, voir : Bonin (H.), La Société générale en Grande-Bretagne, Société générale, Paris, 1996, pp. 7-25.
[80] A.S.S (Fonds Enfantin), 7839, pièce 28, société de colonisation de l'Algérie, note anonyme et s.d.
[81] A.S.S (Fonds Enfantin), 7839, pièce 24, lettre de Léon Talabot au père Enfantin, nov. 1849.
[82] A.S.S (Fonds Enfantin), 7839, pièce 29, la Société générale de l'Algérie, note anonyme et s.d.
[83] Emerit (M.), Les saint-simoniens, Paris, 1941, p. 306.
[84] Emerit (M.), ibid., p. 307.
[85] A.C.F.F., Convention du 18 mai 1865, art. 1.
[86] A.C.F.F., ibid., art. 1.
[87] A.C.F.F., ibid., art. 3.
[88] Douel (M.), Un siècle de finance coloniale, op. cit., p 273.

[89] A.C.F.F., le décret du 15 octobre 1866 autorise dans son art. 1 la constitution de la S.G.A. mais il établit, notamment dans les art. 3 et 4, le contrôle des pouvoirs publics concernant la gestion de la société.
[90] Douel (M.), Un siècle de finance coloniale, op. cit., p. 274.
[91] Picard (E.), La monnaie et le crédit..., op. cit., p. 133.
[92] A.O.M.A., F80 1794, lettre de Sautter de Beauregard au ministre de la Guerre, 31 mai 1866. l'auteur de ce document, qui semble avoir pris part d'une manière ou d'une autre à la fondation de la S.G.A., se plaint des conséquences d'une telle campagne contre la S.G.A. IL écrit à ce propos que «la persistance de ces bruits, accueillis par plusieurs journaux, fait naître les plus grandes inquiétudes chez tous ceux qui ont des intérêts engagés en Algérie et découragent ceux des capitalistes qui seraient disposés à porter quelques fonds dans ce pays».
[93] A.O.M.A., F80 1794, lettre du gouverneur général au Ministre de la guerre, 13 juin 1866.
[94] A.O.M.A.,F80 1794, lettre du gouverneur général au Ministre de la guerre, 13 septembre 1865.
[95] A.O.M.A., F80 1794, note du ministre de l'Agriculture, du Commerce et des Travaux publics à l'Empereur, s.d. Dans ce document ledit ministre propose la modifications de plusieurs clauses des statuts de la S.G.A. dans un sens plus contraignant pour cette dernière.
[96] A.N.F., 65 AQ A 937, rapport du C.A. de la S.G.A. à l'A.G. du 6 avril 1868.
[97] A.O.M.A., F80 1794, note du ministre de la Guerre, 22 mai 1866.
[98] Nous avons déjà cité dans les notes de la page précédente l'attitude de ces responsables à l'égard de la S.G.A.
[99] A.O.M.A., F80 1794, lettre de Frémy et Talabot au ministre des Finances, 19 mai 1866.
[100] Verley (P.), «Secteur forts et secteurs faibles dans l'économie française des années 1860 : une simulation collective», de l'ouvrage collectif (sous la direction de P. Fridenson et A. Straus), Le capitalisme français (19e-20e). Blocages et dynamismes d'une croissance», Paris, Fayard, p. 167.
[101] A.O.M.A., F80 1794, lettre de Frémy et Talabot au ministre de la Guerre, 19 mai 1866.
[102] Gille (B.), La Banque en France au XIXe, op. cit., p. 209.
[103] Gille (B.) ibid., p. 210.
[104] A.O.M.A.: F80 1794, on peut lire dans le P.V. du C.A. de la S.G.A. du 6 novembre1866 : «Le conseil à l'unanimité a désigné M. Frémy. Indépendamment des hautes qualités personnelles qui ont motivé et qui justifient ce vote, le conseil a pensé qu'il était du plus grand intérêt pour la société et son avenir que sa direction et le soin d'assurer sa marche au milieu des difficultés inhérentes à cette période de création, restassent confiées aussi longtemps que les préoccupations de M. Frémy lui permettraient d'accepter ce fardeau, à l'un des signataires de la convention passée avec son excellence le 18 mai 1865».
[105] Allinne (J.P.), Banquiers et Bâtisseurs, un siècle de Crédit foncier 1852-1940, op. cit., p. 61.
[106] Il est considéré par la police comme le financier de l'impératrice.
[107] Allinne (J.P.), Banquiers et Bâtisseurs, un siècle de Crédit foncier 1852-1940, op. cit., p. 61.
[108] A.C.F.F., statuts de la S.G.A., art. 2.
[109] A.C.F.F, ibid., art. 6.
[110] A.C.F.F, ibid., art. 3.
[111] A.C.F.F., ibid., art. 5.
[112] A.C.F.F., ibid., art. 21.
[113] Le président de la Société générale devait avoir 500 actions.
[114] Selon l'ordre indiqué dans les statuts de la S.G.A., ces administrateurs sont :
«M. Talabot (Paulin), directeur général des chemins de fer de Paris à Lyon et à la Méditerranée et à l'Algérie,
M. Blount (Ed.), administrateur des chemins de fer de Paris à Lyon et à la Méditerranée,
M. Denière, administrateur de la Société générale pour favoriser le développement du commerce et de l'industrie en France,
M. Denion Du Pin, administrateur de la compagnie des services maritimes des messageries impériales,
M. Féré, administrateur de la Société générale pour favoriser le développement du commerce et de l'industrie en France,

M. Hentsch, de la maison Hentsch, Lutscher et Cie, administrateur de la Société générale pour favoriser le développement du commerce et de l'industrie en France,
M. Lacroix Saint Pierre, administrateur de la compagnie des services maritimes des messageries impériales,
M. Latimier Du Clesieux, administrateur du Crédit foncier de France et de l'Algérie,
M. Leviers (Ernest), sous-gouvenreur du Crédit foncier de France et de l'Algérie»,
A.C.F.F., statuts de la S.G.A., art. 26. Il est à rappeler que Denière sera promu à partir de 1867 président de la Société générale.

[115] Gille (B.), La Banque en France au XIXe siècle, op. cit., p. 211.

[116] Passeron (R.), Les grandes sociétés et la colonisation dans l'Afrique du Nord, Alger, Imprimerie La Typo-Litho, 1925, p. 91.

[117] A.N.F., 65 AQ A 937, rapport du président de la S.G.A. à l'A.G. du 12 avril 1869.

[118] Rey-Goldzeiguer (A.), Le royaume arabe..., op. cit., p. 102.

[119] A.N.F., 65 AQ A 937, rapport du président de la S.G.A. à l'A.G. du 24 avril 1875.

[120] Allinne (J.P.), Banquiers et Bâtisseurs, un siècle de Crédit foncier 1852-1940, op. cit., p. 61.

[121] Allinne (J.P.), ibid., p. 3.

[122] C'est ce qui explique le dépôt d'une grande partie des archives de la S.G.A. au C.F.F.

[123] Coston (H.), Dictionnaire des dynasties bourgeoises et du monde des affaire, Paris, Alain Moreau, pp. 560-563.

[124] Le Crédit Mobilier devait avoir lors de sa création en 1852 le nom de «Société générale du crédit mobilier», voir J. Autin, Les frères Pereire, le bonheur d'entreprendre, op. cit., p. 112.

[125] Allinne (J.P.), Banquiers et Bâtisseurs. Un siècle de Crédit foncier 1852-1940, op. cit., p. 61.

[126] La S.G.A. a un capital de 100 millions de francs et la Société Générale pour favoriser le développement de commerce et de l'industrie en France est dotée d'un capital de 120 millions de francs.

[127] Gille (B.), La Banque en France au XIXe siècle, op. cit., p. 208.

[128] A.C.F.F., lettre du sous-gouverneur du C.F.F. à Mr Maillard inspecteur à Alger envoyée le 26 juillet 1866.

[129] A.C.F.F.., lettre du sous-gouverneur du C.F.F. à M. Maillard inspecteur à Alger envoyée le 30 juillet 1866.

[130] A.O.M.A., 65 AQ A 937, C.A. de la B.A. du 31 juillet 1866.

[131] A.C.F.F., la lettre du 26 juillet 1866 adressée par le sous-gouverneur du C.F.F. à Maillard précise qu'on a décidé : «1°) une émission de 100 000 actions de 500 F, 2°) une émission de 200 000 obligations réservées aux souscripteurs d'actions à raison de deux obligations».
Il faut signaler, par ailleurs, que ni les archives de la S.G.A., ni celles du C.F.F., que nous avons consultées, ne signalent quel était le produit de cette première souscription.

[132] Voir notre étude : Impérialisme et réformisme au Maghreb ... op. cit., p.36.

[133] Emerit (M.), Les saint-simoniens en Algérie, op. cit., p. 307.

[134] A.N.F., 65 AQ A 937, rapport du président de l'A.G. des actionnaires de la S.G.A. du 6 avril 1868.

[135] A.N.F., 65 AQ A 937, rapport du président à l'A.G. du 6 avril 1868.

[136] Cité par Rey-Goldzeiguer (A.), Le royaume arabe..., op. cit., p. 603.

[137] Picard (E.) : La monnaie et le crédit, op. cit., p. 132.

[138] Cité par Emerit (M.), Les saint-simoniens en Algérie, op. cit., p. 306.

[139] Emerit (M.), ibid., p. 306.

[140] Les garanties d'intérêts exorbitantes accordées au cours des années 1870 et 1880 aux compagnies de chemin de fer coloniales dans une période pendant laquelle on a abandonné cette formule en Métropole.

[141] Voir Impérialisme et réformisme ... op. cit.,

[142] Douel (M.), Un siècle de finance coloniale, op. cit., p. 273.

[143] Rey-Goldzeiguer (A.), Le royaume arabe..., op. cit., p. 593.

[144] C'est-à-dire la naissance de l'institut d'émission français en 1800, à savoir la B.F., puis la création après 1851 de puissantes sociétés bancaires privées comme le Crédit mobilier, le Crédit industriel et commercial, le Crédit lyonnais et la Société générale. De même en Algérie, on a créé la B.A., puis la puissante S.G.A.

[145] A.O.M.A., 80 S 123, C.A. du 31 juillet 1866.
[146] A.C.F.F., note adressée par la B.A. à la S.G.A. Cette note n'est pas datée, mais vu son contenu, elle serait rédigée au début de l'année 1867.
[147] A.C.F.F., ibid.
[148] A.C.F.F., ibid.
[149] A.C.F.F., note de la B.A., ibid.
[150] A.C.F.F., note de la B.A., ibid.
[151] A.C.F.F., note de la B.A., ibid. On peut lire dans le même document concernant le prix élevé de l'argent : «... On peut croire que, dans l'intérêt du pays, l'appât d'un bénéfice sérieux est nécessaire pour attirer les capitaux, ils feront défaut si les détenteurs ne voient pas d'une manière certaine que les placements, dont il ne faut se dissimuler le caractère aléatoire, ne produisent pas ces résultats».
[152] A.C.F.F., note de la B.A., ibid.
[153] Il ne faut pas oublier que L. Frémy est à la fois président de la S.G.A. et gouverneur du C.F.F.
[154] A.C.F.F., note adressée au président de la S.G.A. par un fonctionnaire du C.F.F. et portant sa signature. Cette note est anonyme et sans date.
[155] Aubert était accusé en 1887, lorsqu'il dirigeait la succursale de Constantine de la B.A., de largesses de crédit accordées au commerce, comportement qui aurait aggravé la crise de 1867 dans l'Est algérien.
[156] A.O.MA., 80 S 123, C.A. de la B.A. du 17 août 1869.
[157] A.O.M.A., 80 S 123, C.A. du 3 novembre 1868.
[158] A.O.MA., 80 S 123, C.A. du 10 novembre 1868.
[159] A.O.MA., 80 S 123, ibid.
[160] A.O.M.A., 80 S 123, C.A. du 15 décembre 1868.
[161] A.O.M.A., 80 S 123, C.A. du 22 décembre 1868.
[162] A.O.M.A., 80 S 123, C.A. du 7 mai 1869.
[163] A.O.M.A., 80 S 123, ibid.
[164] A.N.F., 65 AQ A 937, rapport du C.A. à l'A.G. du 6 avril 1868.
[165] A.N.F., 65 AQ A 937, ibid.
[166] A.N.F., 65 AQ A 937, rapport du C.A. à l'A.G. du 12 avril 1869.
[167] A.N.F., 65 AQ A 937, rapport du C.A. à l'A.G. du 6 avril 1868.
[168] A.N.F., 65 AQ A 937, rapport du C.A. à l'A.G. du 6 avril 1868.
[169] A.N.F., 65 AQ A 937, rapport du C.A. à l'A.G. du 12 avril 1869.
[170] A.N.F., 65 AQ A 937, ibid.
[171] A.N.F., 65 AQ A 937, bid.
[172] A.N.F., 65 AQ A 937, ibid.
[173] A.N.F., 65 AQ A 937, rapport du C.A. à l' A.G. du 19 avril 1873.
[174] A.N. F., 65 AQ A 937, rapport du président à l'A.G. du 28 avril 1877.
[175] A.N.F., 65 AQ A 937, rapport du président à l'A.G. du 23 avril 1869.
[176] Lettre du 21 juillet 1866 citée par Passeron (R.), Les grandes sociétés et la colonisation dans l'Afrique du Nord, op. cit. p. 99.
[177] A.O.M.A., F80 1794 délibération du conseil du gouvernement du 14 juillet 1869 au sujet de la «dotation territoriale de cent millions d'ha faite à la S.G.A.». Le P.V. de cette séance du conseil du gouvernement de la Colonie indique le nom des propriétés acquises par la S.G.A. dans chaque région et signale que les «terrains choisis par la S.G.A., sont en général bien situés et de bonne qualité». Le domaine de la S.G.A. est réalisé en deux étapes par arrêté du 4 mars 1867 lui octroyant 82 000 ha et par un deuxième arrêté du 1er juin 1869 livrant à la même société 18 000 ha.
[178] A.C.F.F., art. 3 de la convention du 18 mai 1865 et des statuts de la S.G.A.
[179] Lettre du 4 août 1865 citée par Passeron (A.), Les grandes sociétés... , op. cit., p. 101.
[180] A.N.F., 65 AQ A 937, rapport du C.A. à l'A.G. du 19 avril 1873.
[181] A.N.F., 65 AQ A 937, ibid.
[182] Passeron (R.), Les grandes sociétés ..., op. cit., p. 103.
[183] A.N.F., rapport du C.A. à l'A.G. du 28 avril 1877, 65 AQ A 937.
[184] A.C.F.F., convention du 18 mai 1865, art. 1.

[185] « La société s'engage, en outre, à mettre à la disposition de l'État une autre somme de cent millions, qu'il devra employer dans un délai de six années, à l'exécution de grands travaux d'utilité publique... Ladite somme sera versée au Trésor public par sixième, d'année en année, et par trimestre, le premier versement devant avoir lieu le 1er avril 1866. Le montant de chaque versement sera remboursé par l'État à la compagnie au moyen d'annuités calculées au taux d'intérêt de cinq francs vingt-cinq centimes pour cent... ». Article 1 de la convention du 18 mai 1865, A.C.F.F.
[186] A.N.F. , 65 AQ A 937, rapport du C.A. à l'A.G. du 6 avril 1868.
[187] A.N.F., 65 AQ A 937, rapport du C.A. à l'A.G. du 11 août 1871.
[188] Passeron (R.), Les grandes sociétés..., op. cit., p. 95.
[189] Passeron (R.), ibid., p. 93.
[190] Emerit (M.), Les saint-simoniens en Algérie, op. cit., p. 310.
[191] Frédéric Barrot est administrateur de la S.G.A. et de la Compagnie Bône-Guelma, ce qui suppose une relation d'intérêt entre les deux entreprises.
[192] A.N.F, 65 AQ A 937, rapport du président à l'A.G. du 24 avril 1845.
[193] A.N.F, 65 AQ A 937, rapport du président à l'A.G. du 24 avril 1875.
[194] A.N.F, 65 AQ A 937, rapport du président à l'A.G. du 6 avril 1868.
[195] Décret impérial du 24 juillet 1867 instituant les commissions dites de centimes additionnels dans le but de procurer aux tribus les crédits nécessaires à l'achat de blé et de semences.
[196] A.N.F, 65 AQ A 937, rapport du président à l'A.G. du 6 avril 1868.
[197] A.N.F, 65 AQ A 937, rapport du président à l'A.G. du 6 avril 1868.
[198] Tableau dressé à partir des rapports annuels de l'A.G. annuelle, A.N.F., 65 AQ A 937.
[199] A.N.F., 65 AQ A 937, rapport du C.A. à l' A.G. du 22 avril 1872.
[200] A.N.F., 65 AQ A 937, rapport du C.A. à l'A.G. du 24 avril 1875.
[201] A.N.F., 65 AQ A 937, ibid.
[202] A.N.F., 65 AQ A 937, ibid.
[203] A.N.F., 65 AQ A 937, rapport du C.A. à l'A.G. du 28 avril 1877.
[204] A.N.F., 65 AQ A 937 ibid.
[205] A.N.F., 65 AQ A 937, ibid.
[206] Lettre de M. De Malglaive au gouverneur général de l'Algérie du 29 août 1877, citée par Passeron (R.) , Les grandes sociétés ..., op. cit., p. 107.
[207] A.N.F., 65 AQ A 937, rapport du C.A. à l'A.G. du 28 avril 1877.
[208] A.O.M.A., F80 1794, extrait du registre des délibérations du Conseil d'État, 12 décembre 1878.
[209] Emerit (M.), Les saint-simoniens en Algérie, op. cit., p. 312.
[210] A.N.F., 65 AQ A 937, rapport du président à l'A.G. du 28 avril 1877.
[211] Les saint-simoniens en Algérie, op. cit., p. 312.
[212] A.O.M.A., F80 1762, lettre du président de la S.G.A. au ministre de l'Intérieur, 1er février 1873.
[213] A.O.M.A., F80 1794, lettre du gouverneur général au ministre de la Guerre, 5 mai 1869.
[214] L'Akhbar du 29 novembre 1878.
[215] Moniteur de l'Algérie, 26 et 27 août 1878.
[216] Journal officiel, Chambre des Députés, Annexe n° 901, p. 11461, 14 novembre 1878.
[217] A.O.M.A., F80 1794, note sur la convention du 18 mai 1865 et son exécution par la S.G.A, (s.d.).
[218] A.O.M.A., F80 1794, lettre du gouverneur général au ministre de l'Intérieur, 9 mars 1872.
[219] A.O.M.A., F80 1794, ibid.
[220] A.O.M.A., F80 1762, lettre de la S.G.A. au ministre de l'Intérieur, 1er février 1873.
[221] A.O.M.A., F80 1762, délibération du C.A. de la S.G.A. du 24 février 1872.
[222] A.O.M.A., F80 1762, lettre de la S.G.A. au ministre de l'Intérieur du 18 mai 1872.
[223] Picard (E.), La monnaie et le crédit en Algérie, op. cit., p. 157.

Deuxième partie

Le crédit agricole en Algérie : solutions et illusions (1880 - 1900)

Avant d'amorcer l'étude du crédit agricole en Algérie à partir de 1880, il est utile de rappeler brièvement les grands traits qui marquent la nouvelle conjoncture métropolitaine de la fin des années 1870 et du début des années 1880. La plupart des études relatives à l'économie française démontrent que cette période constitue une phase de croissance et d'expansion.[1] Il s'agit du deuxième élan de la révolution industrielle suite au traité de libre échange de 1860 [2]. La période de la fin des années 1870 se traduit par une augmentation des investissements français ayant atteint une hausse exceptionnelle dans les années 1876-1883. [3]

Au surplus, cette nouvelle vague d'investissements s'oriente désormais vers les secteurs clef de l'économie française. Elle touche avant tout les travaux publics dans le cadre du plan De Freycinet. [4] L'industrie profite à son tour de ces investissements. Le montant des émissions de valeurs industrielles, d'après certaines études, « quintuplait » entre 1879 et 1880 ; lors de l'année 1881, 430 sociétés nouvelles se créaient.[5] Les entreprises industrielles réalisent, lors de cette période, des profits élevés. Pour les charbonnages du Massif central, le revenu net atteint son apogée en 1880.[6] Le même constat se confirme pour les charbonnages du Nord et du Pas-de-Calais. Les investissements et les profits bancaires connaissent aussi une phase ascendante. Les profits du Comptoir d'escompte de Paris arrivent à leur plus haut niveau en 1881 avec 9,2 millions de francs ; ceux de la Banque ottomane atteignent en 1882 leur maximum avec 22,3 millions.[7] Quant au Crédit foncier de France, il connaît son âge d'or en 1880. [8]

Néanmoins, l'essor du capitalisme français ne doit pas occulter les difficultés qui s'opèrent dans certaines industries, comme celle de la construction des locomotives [9], et ne doit pas cacher non plus le retard structurel de l'agriculture française au moment où la plupart des puissances capitalistes ont réalisé déjà leur révolution agricole [10]. Cette carence de l'agriculture française explique l'introduction des blés du nouveau monde sur le marché français dans une période de libre échange sur le plan du commerce international.

Quoi qu'il en soit, le développement du capitalisme français, en dépit de ses blocages internes, est l'une des origines fondamentales de la politique expansionniste de la France des années 1880. Avec ses forces et ses faiblesses, la croissance économique française de cette période demeure un élément essentiel d'explication de la politique coloniale française entamée lors de cette conjoncture. Il semble même « s'établir, selon, J. Marseille, un consensus entre historiens et économistes se réclamant d'écoles opposées » [11] concernant la périodisation de la croissance économique et de l'expansion coloniale françaises, les deux phénomènes étant bien sûr liés. [12] La périodisation citée par cet auteur concernant la mise en valeur de l'empire colonial est comparable à celle utilisée par d'autres études de l'économie métropolitaine qui établissent des coupures chronologiques décelant une phase de hausse entre 1871 et 1882. [13]

En plus du facteur économique, les facteurs politique et stratégique ont leur rôle dans la politique expansionniste de la France. Après la mise en place du nouveau pouvoir républicain, les opportunistes avides d'enrichissement [14] et de puissance cherchent à compenser la perte de l'Alsace-Lorraine et inaugurent avec Jules Ferry une politique d'expédition militaire : la Tunisie en 1881, le Tonkin en 1882, sans oublier la tentative manquée en Égypte et les différentes expéditions et explorations sahariennes. Une idéologie coloniale est élaborée afin d'épauler ce mouvement expansionniste, Le Roy-Beaulieu, gendre de M. Chevalier et partisan de libre échange, en est le théoricien le plus chevronné.

Quelles sont les conséquences de cette conjoncture sur l'essor de l'Algérie ? Quel est le rôle des banques et du crédit dans cette phase du développement économique de la Colonie et de sa Métropole ?

Notes :

[1] Cameron (R.), La France et le développement économique de l'Europe (1800-1914), Paris, Seuil, 1971, pp. 16-17.
[2] Cardier (G.), « Les conséquences du traité de 1860 sur le commerce franco-britannique », dans *Histoire économie et société*, 3ᵉ trimestre 1988, pp. 355-380.
[3] Caron (F.), « La stratégie des investissements en France aux XIXᵉ et XXᵉ siècles », dans *Revue d'histoire économique et sociale*, 1976, 54, Vol n° 1, p. 69.
[4] Gharbi (M.L.), Réseau de la compagnie Bône-Guelma...., op. cit., pp. 31-36.
[5] Flamant (M.) et Singer-Kerel (J.), Crises et récessions économiques, Paris, Que sais-je ?, PUF, 1974, p. 37.
[6] Bouvier (J.), Furet (F.), Gillet (M.), Le mouvement du profit en France au 19ᵉ siècle, Paris-La Haye, Mouton, 1965, p. 39.
[7] Bouvier (J.), Furet (F.), Gillet (M.), ibid., p. 222.
[8] Allinne (J.P.), Banquiers et bâtisseurs, un siècle de Crédit foncier..., op. cit. p. 106.
[9] Crouzet (F.), «Essor, déclin et renaissance de l'industrie française des locomotives (1838-1914), dans *Revue d'Histoire Économique et Sociale*, 55° volume, année 1977, n° 1-2, pp. 112- 210.
[10] Bairoch (P.), «Les trois révolutions agricoles du monde développé : rendements et productivité de 1800 à 1989», dans *Annales E. S. C.* 44ᵉ année n° 2, mars-avril 1982.
[11] Empire colonial et capitalisme français . .., op. cit., p. 29.
[12] La simultanéité du fait colonial et de l'élan économique français a donné lieu à un débat, parfois polémique, concernant la corrélation entre les deux phénomènes, voir à titre d'exemple :
- Brunschwig (H.), Mythes et réalités de l'impérialisme colonial français 1871-1914, Paris, Librairie Armand Colin, 1960, pp. 19-28.
- Marseille (J.), Empire colonial et capitalisme français..., op. cit., pp. 20-33.
- Ageron (Ch. R.), France coloniale ou parti colonial, Paris, P.U.F., 1978, p. 85-93.
- Ganiage (J.), L'expansion coloniale de la France sous la Troisième République (1871-1914), Paris, Payot, 1968.
-Thobie (J.), La France coloniale (1880-1914), Paris, éditions Mégrelis, 1982.
- Bouvier (J.), «Les traits majeurs de l'impérialisme français avant 1914» dans *Mouvement Social*, janvier-mars 1974, n° 86, pp. 3-24.
[13] Bouvier (J.), Furet (F.), Gillet (M.) , Le mouvement du profit en France..., op. cit., p. 222.
[14] Estebe (J.), « Les gouvernants de la IIIᵉ République et leur fortune 1871-1914», dans *Revue d'Histoire Économique et Sociale*, 1976, 54, Vol n° 2, p 212-237.
Dans cette étude, l'auteur démontre que «les hommes du gouvernement décédés avant le conflit mondial se sont généralement enrichis au cours de leur vie», p. 225.

Chapitre I

La B.A. et l'euphorie du crédit agricole dans l'Algérie des années 1880

La formation de nouvelles colonies lointaines ne peut que renforcer les liens entre la Métropole et l'Algérie. Celle-ci est appelée, dans le cadre du nouvel empire colonial français, à jouer un rôle de champ d'expérimentation en matière de gestion administrative et de mise en valeur économique coloniales. A la politique du royaume arabe [1] se substitue la politique d'assimilation cherchant une meilleure intégration de la Colonie. Le décret du 26 août 1881 sur les rattachements inaugure officiellement une nouvelle phase d'assimilation administrative. Ainsi, les principales affaires de l'Algérie relatives à l'organisation administrative, à la colonisation et aux finances sont traitées désormais par le service spécialisé de la Métropole. Le gouverneur général n'est plus, selon l'expression de Jules Ferry, « qu'un inspecteur de la colonisation dans un palais d'un roi fainéant ».[2]

Par cette politique d'assimilation, le gouvernement républicain cherche à développer les liens économiques entre la Métropole et la Colonie : un réseau ferroviaire est construit au cours des années 1880, des ports sont aménagés dont le plus important est celui de Bône, l'exploitation minière de quelques produits commence, notamment les phosphates. Non seulement cette activité permet à des régions algériennes de se transformer profondément, mais les puissantes sociétés minières arrivent à faire la loi en Algérie et à se faire écouter à Paris.[3]

De telles entreprises sont souvent créées par des investissements métropolitains, mais elles sont bien épaulées par la nouvelle représentation algérienne mise en place après l'avènement du pouvoir républicain. Une caractéristique essentielle de la conjoncture algérienne pendant les années d'opportunisme républicain mérite d'être évoquée : c'est la faible ligne de démarcation entre la politique et les affaires. On ne peut obtenir une concession, un crédit, un embranchement ferroviaire qu'avec l'appui d'un député « algérien ». Thomson, député de Constantine, Jacques, député d'Oran, et leurs collègues maîtrisent bien ce jeu du pouvoir et des affaires qu'ils orientent dans un but électoral. Les députés métropolitains et le gouvernement de Paris ne peuvent se passer de leurs avis et de leurs consignes pour toute décision se rattachant à la politique coloniale.

En dépit de cet effort de mise en valeur des richesses algériennes, l'agriculture n'a subi aucune amélioration. Le gouvernement républicain et la nouvelle administration algérienne sont conscients de ce retard de l'agriculture par rapport aux travaux publics et à la mise en valeur des gisements miniers. Trois éléments sont jugés indispensables pour la relance de la colonisation : le peuplement, les terres et l'argent. Concernant le premier élément, on encourage, sur proposition du D^r^

Warnier, l'émigration des victimes de la guerre. Au 30 octobre 1872, 2 030 Alsaciens-Lorrains et 2 986 immigrants venus d'autres régions ont pu bénéficier de concessions.[4]

L'expérience du groupe alsacien-lorrain incite le pouvoir à encourager la colonisation par des groupes homogènes (des protestants, des Lyonnais...). Pour fournir des terres à ces nouveaux arrivants, on inaugure un nouveau procédé. Après le système de grandes concessions capitalistes de la période impériale, et celui de vente aux enchères utilisé entre 1870 et 1880, on revient, au cours de la décennie suivante, au système de la concession à des petits colons. [5]

Après un demi-siècle de colonisation, les terres se font de plus en plus rares. On accorde désormais des concessions de forêts et de terres en broussaille : la première tâche à entreprendre par tout concessionnaire consiste alors à défricher, opération difficile et coûteuse. La solution qu'on trouve, pour avoir de bonnes terres, est la colonisation par la dépossession de l'Arabe : la loi Warnier de 1873 oblige les Arabes « à sortir de l'indivision quand un Européen devient leur copropriétaire ». [6] Il suffit alors au colon d'acquérir une partie d'une propriété autochtone pour exclure par la suite le propriétaire initial. L'enquête sénatoriale de 1891 a retracé ainsi le bilan des terres livrées à la colonisation de 1830 à 1888 :

Tab. n° 14 : Terres livrées à la colonisation (1830-1888).

Années	Nombre de centres	Nombre d'ha concédés	Population concernée
1830 - 1840	-	2743	1 580
1840 - 1850	126	101 675	40 913
1850 - 1860	85	251 556	14 957
1860 - 1870	11	84 496	4 582
1870 - 1879	158	250 000	30 000
1880 - 1888	113	200 000	23 987

La colonisation a progressé pendant les deux décennies 1870 - 1890 beaucoup plus que pendant les deux décennies du Second Empire. Néanmoins, le mouvement des capitaux n'a pas suivi celui de la concession des terres. Les problèmes et les risques du crédit agricole sont responsables de cette réticence des capitaux à l'égard de l'agriculture. N'étant pas commerçant, le colon ne peut négocier directement son papier. L'emprunt sur hypothèque lui impose des formalités compliquées et coûteuses à la fois sans oublier son incapacité, souvent, à rembourser dans les délais. [7] Ainsi, certains prêteurs d'argent redoutent ce discrédit du colon.

Aussi bien les nouveaux arrivants que les colons établis depuis longtemps ne disposent pas des moyens financiers nécessaires à la mise en valeur de leur terre, d'autant plus qu'ils sont obligés de faire des défrichements, de construire des installations et de se procurer des équipements. Le régime de mise en valeur coloniale reste inefficace dans la mesure où les maisons de crédit ne suivent pas le mouvement du commerce et de l'agriculture. Ce problème n'est pas dû à une pénurie de capitaux, mais à l'absence « d'une organisation satisfaisante du crédit agricole », affirment certaines études. [9] Les capitaux sont certes abondants dans cette conjoncture de croissance et d'expansion, en témoigne la loi du 27 août 1881 qui a abaissé le taux légal de l'argent en Algérie de 10 % à 6 %.

Mais ces capitaux préfèrent s'orienter vers les mines, les travaux publics et rarement vers l'agriculture et la colonisation. Cette méfiance des capitaux à l'égard de l'agriculture a incité certains contemporains à reconnaître l'échec des Français face à la réussite d'autres expériences coloniales soutenues par un puissant réseau de maisons de crédit : « A côté de l'école et du temple, toute cité nouvelle dans une colonie anglaise possédait sa banque ». [10] En 1872, au Conseil supérieur, on demande à la Métropole une somme de 9 millions de F pour créer une caisse de crédit aux colons, mais en vain. Plusieurs projets d'organisations de crédit agricole sont discutés au sein de la même institution. La création d'une caisse de crédit agricole à créer par la Banque franco-austro-hongroise est proposé en 1873 par un certain Cohen, un projet Seyman envisage la fondation d'une caisse d'État [11] destinée à effectuer des prêts aux colons, l'établissement d'une banque coloniale agricole est proposé au Conseil supérieur par Depoisson, mais sans aucun résultat. Le décret du 30 septembre 1878 a vainement décidé l'octroi de privilèges aux prêts destinés aux « concessions à installer » [12].

Face à l'échec de toutes ces tentatives, et pour pallier l'absence d'un système de crédit, on cherche par tous les moyens à trouver les fonds nécessaires à la colonisation, mais en Algérie, comme l'affirment certains témoins, « tout contribuait à écarter l'aide des capitalistes à l'agriculture » [13]. Devant ce constat, le seul bailleur de fonds reste l'État. En avril 1881, les députés algériens et le nouveau gouverneur général Tirman préparent un projet d'emprunt de 50 millions présenté au Parlement. Approuvé par le Sénat et refusé par la Chambre, ce projet est enterré.[14]

Dans cette conjoncture de pénurie de capitaux nécessaires à la colonisation, on sollicite la création d'un crédit foncier algérien et on s'adresse en même temps à la B.A. Le gouvernement métropolitain, l'administration et la représentation algérienne, voire l'opinion publique coloniale, sollicitent l'engagement de cet institut d'émission dans la colonisation. A cette époque, on pensait que le vrai maître de l'Algérie n'était pas le gouverneur général, ou les délégations financières ou encore l'administration coloniale, mais, pour certains « le vrai maître, c'est la B.A., maître silencieux, invisible dans la coulisse et tout puissant ».[15]

Cette banque se trouve ainsi confrontée à une nouvelle situation et à un nouveau défi, celui du crédit agricole.

I) Le Crédit agricole : un nouveau défi pour la B.A.

Nous avons évoqué dans la première partie de cette étude les difficultés rencontrées par la Banque, suite à l'avènement de la IIIe République et à la crise financière de l'Est algérien de 1875. Ces embarras sont l'occasion, pour une partie de l'opinion coloniale,[16] d'insister sur la nécessité de sa fusion avec la B.F. En voulant renouveler son privilège qui expire en novembre 1881, la B.A. bute contre l'hostilité des pouvoirs publics. Elle est alors obligée de céder à toutes les pressions de l'administration et de l'opinion coloniale. Le tribut qu'on exige d'elle, en contre partie du renouvellement de son privilège, est son aide à l'agriculture.

Le projet de renouvellement du privilège est déposé à la Chambre par le ministre des Finances Léon Say le 28 février 1879. Toutefois, les conditions qu'on veut imposer à la Banque pour s'engager à aider la colonisation retardent l'issue de cette affaire. Les députés Brice et Lucet [17] sont désignés pour prendre contact avec l'administration de la Banque et préparer un rapport sur son attitude concernant son engagement dans le domaine du crédit agricole.

Le rapport est établi et présenté à la Chambre le 3 août 1880 et son auteur René Brice exhorte la B.A. « à ne pas borner ses opérations à l'escompte du papier commercial, mais à apporter son aide à l'agriculture ».[18]

Au Sénat, Marcel Lucet, rapporteur du projet de renouvellement du privilège de cette institution, entretient des propos similaires en la sollicitant de prêter son concours à l'agriculture.[19] Cette suggestion des deux rapporteurs traduit l'idée des députés algériens Jacques et Thomson. Ce dernier a même réclamé, en cas de refus de la B.A. d'accepter les propositions des deux rapporteurs, sa fusion avec la B.F.[20] Nous pouvons lire dans le rapport de René Brice présenté à la Chambre des députés : « Messieurs Thomson et Jacques... demandaient qu'on lui impose :

1) de multiplier ses affaires avec le colon et le petit commerçant, ...

2) d'employer une partie de son capital en prêts hypothécaires ».[21]

L'effort que la B.A. est appelée à déployer dans le domaine agricole doit être égal à celui qu'elle fournit en matière commerciale et monétaire. En effet, pour répandre sa monnaie ou entrer en contact avec ses correspondants, elle met en place des « conducteurs de voitures» qui se rendent aux fermes et aux villages les plus éloignés. [22]

Avec cette expérience et cette insistance des pouvoirs publics, la B.A. ne peut refuser de porter son aide à l'agriculture. Assuré du concours que la Banque s'est engagée à apporter à l'agriculture, René Brice prend alors, à la Chambre, le parti de défendre cette institution en soulignant qu' « il n'est pas exact de soutenir que la B.A. est une banque aristocratique réservée à l'usage de gros banquiers, elle est la banque de tout le monde. Monsieur le directeur de la banque nous a donné l'assurance formelle que son conseil administratif et lui étaient d'accord pour s'efforcer de la rendre de plus en plus accessible au petit commerce aussi bien qu'aux colons ». [23]

Devant ces assurances données par la Banque qui cherche à réfuter ces accusations d'être une banque aristocratique, la loi du 3 avril 1880 est votée. Elle n'est pas simplement une loi prolongeant son privilège, mais elle a la valeur d'un accord de réconciliation avec le nouveau pouvoir. La toile de fond de cette entente est bien sûr le crédit agricole. La loi du 3 avril 1880, vu son arrière-plan, devait être l'amorce d'une nouvelle stratégie de la Banque fondée sur la mobilisation du crédit en vue de soutenir l'activité économique générale du pays. Mais cette loi constitue-t-elle le seul mobile de cette nouvelle stratégie ?

D'autres facteurs ont incité l'institut d'émission algérien à aller dans ce sens. Tout d'abord, la conjoncture métropolitaine et algérienne, marquée par un certain optimisme général, a encouragé la Banque à abandonner sa stratégie de prudence. Ensuite, la concurrence d'autres établissements de crédit récemment implantés en Algérie, comme le Crédit Foncier et Agricole d'Algérie (C.F.A.A) créé en novembre 1880, l'a incitée à adopter une stratégie audacieuse. C'est, entre autres, pour devancer cette nouvelle et puissante institution algérienne, dirigée par Wittersheim, [24] ancien sous-directeur de la B.A., que celle-ci s'est orientée vers les prêts agricoles et fonciers.

En plus du C.F.A.A., un autre établissement financier est fondé le 26 janvier 1881. Il s'agit du Crédit algérien pour favoriser le développement agricole, communal et industriel de l'Algérie. Cet organisme a pour objet toutes les opérations financières en France, en Algérie, en Tunisie et au Maroc.[25] Son siège social est au 10, place Vendôme à Paris. Son capital est de 8 millions de francs divisés en 40 000 actions de 500 F.

Un autre établissement de crédit métropolitain est venu rivaliser avec la B.A. dans son propre fief, à savoir le Crédit lyonnais qui s'installe en Algérie en 1878. Cet organisme métropolitain qui pratique dans ses deux succursales d'Alger et d'Oran des taux d'escompte très faibles fait une sérieuse concurrence aux autres banques.[26] Se sentant menacée sur son propre terrain, elle est obligée d'abaisser les taux de ses prêts et d'élargir ses opérations au crédit agricole.

En plus de ces facteurs propres au contexte algérien, d'autres éléments relatifs à l'expérience de banques coloniales en matières de crédit agricole encouragent la B.A. à adopter une stratégie similaire. La Banque d'Indochine, créée en 1875, conclut un accord avec les pouvoirs publics pour accorder des « prêts sur récoltes pendantes ».[27] Sa succursale de Saïgon entame l'expérience du crédit agricole avec une rémunération élevée de 12 %. Avec une échéance de 8 mois, le prêt sur récoltes pendantes assure le financement de toutes les étapes de toute l'activité agricole, des labours à la vente de la moisson.[28] La fondation de la succursale de Pondichéry de la Banque d'Indochine est liée au développement de la culture des arachides. Depuis, le crédit et cette culture se sont associés, permettant à la Banque d'Indochine de réaliser, entre 1875 et 1884, « des résultats flatteurs ».[29] Cette institution jeune, dynamique a tracé la voie et elle constitue dorénavant, pour la B.A., un modèle à suivre ».[30]

Une autre banque coloniale « à tout faire » a enregistré des résultats avantageux pendant la même période, à savoir la Banque du Sénégal. En 1880, cette institution a réalisé un volume d'opérations « jamais atteint » [31]. Le financement de l'activité commerciale et agricole de l'année 1880-1881 a contraint la banque à élever son taux d'escompte de 6 % à 8 %. Ses profits lui ont permis un dividende de 26 F au cours du 1er trimestre de l'année 1881, l'exercice suivant réalise « un chiffre record des opérations » [32]. Certainement informée sur la marche de ces banques coloniales, la B.A., ne peut que suivre le mouvement en élargissant ses opérations au crédit agricole.

Parallèlement à ces influences externes, d'autres déterminants propres à cet établissement agissent dans le même sens. La nouvelle composition du conseil d'administration est révélatrice à cet égard : de puissants hommes d'affaires d'Algérie sont devenus, à la fin des années 1870, administrateurs de la B.A. comme Alcay, Tachet et Alphandéry. Par leur expérience dans le négoce et leurs compétences juridiques, ces hommes d'affaires « algériens » avaient des positions privilégiées dans les tribunaux et dans les chambres de commerce. Ils se transforment en même temps en de grands cultivateurs aménageant des domaines sur lesquels ils tentent les nouvelles plantations et les nouvelles expériences agricoles. La meilleure réussite à cet égard est celle de Tachet qui s'engage dans la vigne. Ces puissants responsables ont contraint certains de leurs collègues craintifs et prudents, comme Blasselle, à quitter l'administration de la Banque. Ces administrateurs dynamiques sont devenus les instigateurs de sa politique de crédit. Ils arrivent même à s'imposer face à Chevallier qui occupe depuis octobre 1875 la fonction de directeur. Certains témoins expliquent comment ce directeur, ancien trésorier payeur en retraite, « homme foncièrement honnête mais financier médiocre... eut le tort de ne pas se méfier suffisamment de son conseil d'administration » [33]. Il s'est laissé influencer par son conseil qui détient désormais les leviers du pouvoir.

Tous ces facteurs ont incité la B.A. à rompre avec la stratégie de prudence en se fixant une nouvelle ligne de conduite fondée sur le mot d'ordre suivant : « Toujours en avant » [34]. Elle a défini « son but : le capital attire le capital » [35]. Voilà la nouvelle théorie financière des dirigeants de la Banque. Cette dernière veut rompre avec la prudence et mobiliser une grande partie de ses disponibilités afin de provoquer un flux d'investissements métropolitains vers l'Algérie, car elle estime que jusque-là « on avait fait affluer la main-d'œuvre, mais non le capital » [36]. Le capital attire le capital non seulement de la Métropole vers la Colonie, mais aussi dans l'Algérie même. En effet, en investissant dans de nouvelles branches comme l'agriculture, l'institut d'émission cherche à développer ses profits, mais aussi à susciter d'autres établissements de crédit algériens à suivre son exemple. Cette nouvelle expérience à peine amorcée, celle-ci se vante déjà de voir les fruits réels de cette stratégie en affirmant que « les capitaux de France se hâtèrent, les opérations s'engagèrent... les maisons de banque algériennes toutes... avaient suivi le mouvement » [37]. Mais au-delà de ce jugement optimiste de sa direction, la B.A. dispose-t-elle des moyens qui lui permettent de mettre en œuvre cette stratégie de progrès ? La loi du 3 avril 1880 a-t-elle, d'autre part, libéré cette institution de ses contraintes statutaires ?

Composée de trois articles, la loi du 3 avril 1880 a redonné à cette institution la vie mais aussi une certaine confiance en rétablissant le cours légal de ses billets[38]. Cet atout moral est un moyen efficace de plus pour mieux affronter les résistances et aplanir les difficultés propres au terrain algérien. Par ailleurs, cette nouvelle loi approuve les modifications introduites dans les statuts. Ces derniers annexés à la loi du 3 avril 1880 constituent la nouvelle charte de la Banque. Ils introduisent trois données fondamentales pour aider la mise en œuvre de sa nouvelle politique :

* L'augmentation du capital social qui passe de 10 millions de francs à 20 millions de francs par l'émission de 20 000 actions nouvelles de 500 F. Se plaignant toujours de la limitation de son capital social, cette institution se voit maintenant dotée d'un capital en rapport avec sa grandeur et sa mission. Mais chose plus importante, elle est désormais libre de l'émission de ses 20 000 actions nouvelles qui se fera au fur et à mesure de ses besoins [39]. Comment va-t-elle se servir de la somme obtenue suite à la souscription de ses 20 000 actions nouvelles ?

Les mêmes statuts approuvés par la loi du 3 avril 1880 précisent que « le capital produit par cette émission devra être placé en valeurs de l'État français... le montant de la prime obtenue sera porté au compte des réserves » [40]. Le produit de l'émission n'est pas destiné à l'utilisation immédiate, il est plutôt un capital de garantie placé sous forme de rentes ou sous forme de réserves. La Banque jouit donc d'une liberté entière en matière de souscription et d'emploi des produits de son capital. Sa direction juge, le 10 octobre 1881, que les conditions sont favorables à l'émission des 20 000 actions nouvelles. Le contexte politique et la conjoncture économique sont donc favorables à une telle opération. Pendant l'exercice 1879-1880, le volume de ses escomptes a atteint 351 millions de francs, alors que pour « l'exercice 1880-188 qui sera clôturé le 31 octobre, les opérations, souligne le directeur de cette institution, se totaliseront à 410 millions. La circulation des billets de Banque devrait nécessairement suivre la même impulsion » [41].

Par ailleurs, la conquête de la Tunisie, le mouvement des troupes françaises dans le Sud algérien pour mâter la révolution de Bouamama, l'extension de la colonisation et « l'augmentation de la fortune immobilière » [42] nécessitent un effort supplémentaire de la part de la Banque pour soutenir de telles actions. L'occupation de la Tunisie a certainement créé un contexte favorable aux opérations boursières des entreprises œuvrant en Algérie, d'autant plus que la B.A. est appelée, dès juin 1881, à étudier les modalités de son installation en Tunisie [43].

En plus de cette conjoncture économique et de ce contexte politique favorables, la B.A. a décidé par mesure préventive [44] et pour fournir toutes les chances de réussite de la souscription de ses nouveaux titres, d'élever son taux d'escompte de 4 % à 5 %. La date de la souscription est fixée au 30 octobre et au 20 novembre 1881. En plus de son prix de 500 F, chaque action doit rapporter une prime de 400 F qui sera destinée à consolider sa réserve statutaire dans la proportion de 1/3 du capital réalisé [45]. Cela témoigne de la volonté de la Banque qui tient à respecter le texte et l'esprit de la loi du 3 avril 1880 l'obligeant à affecter cette prime à la réserve. Mais la valeur élevée de cette prime, fixée à 400 F, mérite d'être soulignée et prouve, de nouveau, les conditions avantageuses dans lesquelles se déroule la souscription. Pendant cette opération, la priorité était accordée aux anciens actionnaires de la Banque, chaque action ancienne donnant droit à une action nouvelle moyennant 900 F. Certains actionnaires se trouvant en voyage lors de la souscription ont protesté en demandant de « jouir quoique tardivement de ce droit de préférence » [46].

Organisée dans les délais prévus [47], l'émission des 20 000 actions nouvelles est un grand succès pour la B.A. et pour ses actionnaires : le cours de ces titres a atteint 2 235 F, « ce qui explique, selon son directeur, qu'administrateurs, faisant argent de tout, cherchaient les titres » [48] de la Banque par tous les moyens. Le bénéfice rapporté par chaque action est, en plus de la prime de 400 F, de l'ordre de 1 300 F. La réussite de la souscription des 20 000 actions nouvelles a permis au directeur de proposer, à cette occasion, d'allouer au personnel de son établissement une somme de 40 000 F « à titre de gratifications spéciales » [49]. Parallèlement aux résultats financiers avantageux, la souscription a permis de constater, comme le montre le tableau suivant, l'augmentation de la part de l'actionnariat algérien avec bien sûr une prépondérance toujours manifeste des participations métropolitaines .

Tab. n° 15 : Répartition géographique de la souscription des 20 000 actions nouvelles de la B.A. en 1882 [50]

Lieu de souscription	Nbre d'actions souscrites
Alger	6 249
Bône	92
Constantine	143
Oran	478
Philippeville	54
Tlemcen	68
Total Algérie	**7 084**
Paris	8 029
Lyon	403
Marseille	4 484
Total France	**12 916**
Total France + Algérie	**20 000**

La nouvelle souscription a certes consolidé la position du capital algérien [51], mais elle a surtout modifié la composition et la structure de l'actionnariat de la Banque. L'élément essentiel qu'il faut mettre en évidence à cet égard réside dans la proportion plus élevée de gros actionnaires. Le tableau suivant le montre clairement :

Tab n° 16 : Répartition des actionnaires de la B.A. en 1882 [52]

Tranches d'actionnaires	Nombre d'actionnaires	Total d'actions	Proportion du capital %
< 50	176	4 250	22,1
50 - 99	52	3 728	19,4
100- 149	26	3 265	16,9
150 - 199	9	1 661	8,6
200 - 249	5	1 120	5,8
250 - 299	3	869	4,6
> 300	7	4 366	22,6
Totaux	**278**	**19 319**	**100**

L'élément nouveau réside dans la place prépondérante des actionnaires possédant plus de 300 titres, contrôlant ainsi 22,6 % du fonds social de la Banque. Certains détiennent même un nombre d'actions supérieur à 500 : Louis Alfred Cazin possède 512 actions, Adolphe Blasselle détient 612 actions, Joseph Azoubib a 665 actions et Lassalas 700 titres. Il est à signaler que ces derniers sont tous des « Algériens », c'est-à-dire Français d'Algérie. Pour mieux cerner la transformation de la structure de l'actionnariat de la B.A., nous proposons le tableau suivant où nous comparons la composition du capital en 1880 et en 1882 [53].

Tab n° 17 : Évolution de la structure de l'actionnariat de la B.A. [54]

Tranche d'actionnaires	Proportion du capital en 1880	Proportion du capital en 1882
< 50	22,1 %	22,1 %
50 -100	32,6 %	19,4 %
100 - 149	32,4 %	16,9 %
150 - 199	0 %	8,6 %
200 - 249	0 %	5,8 %
250 - 299	0 %	4,6 %
> 300	12,9 %	22,6 %

Indéniablement, la proportion des gros actionnaires (150-199, 200-249, 250-299, >300), est plus importante en 1882 par rapport à ce qu'elle était en 1880. Ainsi donc, la loi du 3 avril 1880 autorisant la B.A. à porter son capital de 10 à 20 millions de francs lui a permis de connaître une mutation de fond au niveau de son actionnariat, de sa stratégie et de consolider sa position financière dans la Colonie. Certains considèrent que cette augmentation du capital ne constitue pas un besoin économique et financier, ni pour l'Algérie ni pour sa banque, et dénoncent le coup de bourse [55] relatif à la souscription des 20 000 actions nouvelles. Ils estiment que le dédoublement du capital de la Banque n'avait qu'un seul objectif : réaliser un profit « à ceux qui ont préparé l'événement, en cherchant deux ans à l'avance, les actions de la Banque... qui par suite de cette recherche avaient poussé le titre à 2 235 F... réalisant ainsi... le joli denier comptant dont le conseil d'administration de la B.A. s'était fait cadeau lui-même soit 1 300 F par action, au total 26 millions de francs pour 20 000 actions nouvelles » [56]. Pour maintenir le cours élevé de ses actions, elle devait stimuler les affaires, créer un climat d'optimisme et mobiliser son capital.

* Un autre élément lui a été accordé par la même loi du 3 avril 1880, à savoir la possibilité de participer dans de nouvelles affaires qui dépasseraient son statut d'institut d'émission. Elle est autorisée par ses nouveaux statuts « à prêter sur effets publics, à faire des avances au même titre que la B.F. et, en outre, sur les mêmes obligations des chemins de fer de l'Algérie ayant une garantie départementale, ainsi que sur les obligations des villes » [57]. La B.A. doit prendre part au développement économique de la Colonie et élargir ses opérations à de nouveaux secteurs de l'activité économique. Elle est appelée à jouer, en Algérie, le rôle assuré par la B.F. en Métropole lorsqu'elle est venue, par la loi du 9 juin 1857, au secours des compagnies des chemins de fer [58]. Par ailleurs, d'autres perspectives lui sont ouvertes : on l'autorise à établir des relations avec les grandes banques et sociétés métropolitaines afin de lui permettre d'accroître ses crédits destinés à la Colonie. On lui permet, pour la première fois, de recevoir en comptes courants à intérêts les fonds des grandes banques françaises ou autres entreprises, à avoir des relations avec la B.F., pour des opérations de recouvrements et d'escomptes [59].

Une grande liberté d'action lui a été donnée en la plaçant au même niveau que les banques métropolitaines et elle est même assimilée à la B.F. avec laquelle elle est appelée à collaborer. Le but de cette collaboration est une meilleure circulation des capitaux qui transiteraient par le canal de la B.A. vers tous les secteurs économiques de la Colonie : travaux publics, mines, chemins de fer, colonisation et participation dans des sociétés algériennes [60].

* Une autre faveur est accordée à la Banque par ses nouveaux statuts, à savoir la prorogation de son privilège jusqu'au 1er novembre 1897 [61]. Cette échéance est la même que celle de la B.F. dont le privilège expire, selon la loi du 9 juin 1857, le 31 décembre 1897. Le directeur de la B.A. a toujours tenu à rappeler à ses collègues que le privilège de son établissement « était accordé pour une période égale à celle qui reste à recourir aux privilèges de la B.F.». [62] La corrélation établie entre l'échéance des deux instituts d'émission signifie que leur fusion reste toujours probable et potentielle. Le directeur de l'institut d'émission algérien justifie la création en 1882 d'une caisse de retraite des fonctionnaires de son établis-

sement par « l'éventualité d'une fusion avec la B.F.» [63]. Sur un autre plan, la B.A. devait toujours avoir les mêmes échéances que celle-ci dans un souci d'assimilation financière et administrative entre les deux organismes contrôlés par le même pouvoir central établi à Paris.

Les nouveaux statuts de la B.A. annexés à la loi du 3 avril 1880 constituent une nouvelle charte octroyée à cet établissement. Ils reproduisent, en grande partie, les statuts de 1851 et de 1868, mais introduisent une mutation profonde et un esprit nouveau. Ils libèrent la Banque de toutes les entraves statutaires qui ont paralysé son développement, et élargissent sa sphère d'action. Ces nouveaux textes reproduisent, par ailleurs, l'esprit et parfois les termes de la loi du 9 juin 1857 relative à la B.F. La même échéance, des prérogatives similaires et des opérations identiques, voilà autant d'éléments communs entre les deux établissements. Les « rattachements » politiques ne peuvent que produire des « rattachements » économiques et financiers.

Nonobstant toutes les perspectives ouvertes à la B.A. par ses statuts de 1880, ces derniers comportent une grande lacune. Ces textes ont été discutés sur un fond de crédit agricole, puisqu'on a accordé un nouveau mandat à la Banque dans un but précis, celui de venir en aide à l'agriculture, mais rien dans ses nouveaux textes ne fait allusion au crédit agricole. Devant ce silence des statuts, elle se trouve confrontée à un triple défi :

- Assurer le crédit agricole avec tous les aléas inhérents à toute opération liée à l'agriculture.

- Dans cette aventure de crédit agricole, elle ne dispose pas d'une couverture juridique qui protège son action.

- Le crédit agricole se contredit avec son rôle initial de banque d'émission et pourrait affecter la régularité de ses opérations. Sa nouvelle stratégie s'oppose à la stratégie de prudence et de sagesse digne d'un institut d'émission.

Dans ces conditions, la B.A. parviendrait-elle à résoudre cette équation difficile et à concilier l'inconciliable ?

II) La B.A. et l'aventure du crédit agricole

La B.A. a pris l'engagement auprès des pouvoirs publics et de l'opinion algérienne de prêter son concours à l'agriculture. Elle a adopté deux procédés conformes à ses statuts. Le premier est celui des crédits de campagne.

* Les crédits de campagne [64] : ce type d'opération n'est pas réservé uniquement à l'agriculture, il concerne aussi bien le commerce que l'industrie. La B.A. a trouvé la solution habile d'accepter le papier agricole sous forme de crédit de campagne accordé généralement à court terme. Elle prête directement aux agriculteurs par l'escompte des billets renouvelables pendant une période plus ou moins longue suivant qu'il s'agit d'une opération sur bestiaux, d'un prêt sur récoltes de céréales ou de vin [65].

Le taux d'escompte de ce papier agricole est souvent de 5 %. Son échéance de 90 jours étant courte, il est facilement prolongé par la Banque, deux à trois fois, pour arriver aux termes de l'année agricole. Les sommes accordées aux colons sous forme de crédit de campagne sont destinées à l'achat de semences, d'engrais ou même d'équipements agricoles.

Quel est le montant des fonds alloués par cette institution aux agriculteurs sous forme de crédit de campagne ? Nous ne pouvons donner aucune réponse, car cette opération étant anti-statutaire, elle n'apparaît jamais dans la comptabilité de la Banque [66]. Cependant, certaines études ont pu évaluer à 16 millions de francs ce papier accordé annuellement aux colons [67]. Le papier agricole contribue ainsi à gonfler son portefeuille. Le deuxième procédé utilisé par la B.A. pour venir en aide à l'agriculture, en plus des crédits des campagne, est celui des comptoirs d'escompte.

* Les comptoirs d'escompte : ils sont différents de ceux créés en France après 1848. Ils sont fondés par les plus riches colons de chaque région sous forme de sociétés anonymes. Leur capital social est souvent réduit, il atteint rarement 1 million de francs et varie entre un minimum de 100 000 F, pour le comptoir d'escompte de Bouira et un maximum de 1 million pour celui de Tlemcen [68]. Avec un capital et un nombre d'actionnaires restreints [69], ces établissements ont souvent un rayonnement local. Dotés de statuts identiques, leurs opérations consistent dans l'escompte, les prêts sur billets, les ouvertures de crédit sur hypothèques ou nantissements. Les opérations des comptoirs d'escompte, ainsi définies par leurs statuts, sont nombreuses et très diversifiées. Mais, étant fondés par des agriculteurs et des colons, ces organismes privilégient l'agriculture au détriment du commerce et de l'industrie. Leurs capitaux limités ne permettent pas, de surcroît, d'avancer de l'argent à toutes ces activités en même temps. D'ailleurs, la direction de la B.A. qualifie souvent ces établissements de « comptoirs d'escompte agricoles » [70].

A caractère local et rural, les comptoirs d'escompte jouent un rôle d'établissement mutuel et agricole. Ils constituent « une sorte de société de crédit mutuel gérée et administrée par ses pairs choisis parmi ceux connaissant le mieux les besoins et les ressources de chaque colon et le crédit qu'il mérite » [71]. Quelle est alors la relation entre la B.A. et ces sociétés ?

1) Les comptoirs d'escompte : un réseau contrôlé par la B.A.

Quelques comptoirs d'escompte sont créés par la propre initiative de certains colons qui se sont associés au cours de la décennie 1870-1880, bien avant le renouvellement du privilège de la B.A.. Le premier comptoir d'escompte est celui de Saint-Denis-du-Sig fondé en 1871. Trois autres vont voir le jour avant 1880, à savoir ceux de Boufarik, de Marengo, de l'Arba [72]. L'institut d'émission a contemplé d'un bon œil ce modèle établi de comptoirs d'escompte qui va l'attirer au début de la décennie 1880, pour trois raisons :

- Son engagement pris, lors du renouvellement de son privilège, de prêter son concours à l'agriculture. Le crédit agricole « fut en quelque sorte, affirme Nelson-Chiérico, la condition mise par le parlement au renouvellement du privilège. La Banque devait obéir à une injonction partie de si haut. Restait à trouver le procédé... On crut l'avoir dans une organisation qui fonctionnait depuis déjà plusieurs années... Nous voulons parler, précise le directeur de la B.A., des comptoirs d'escompte » [73].

- Les comptoirs d'escompte fonctionnant en Algérie ont trouvé le moyen légal d'accorder des avances aux agriculteurs [74]. La succursale d'Oran de la B.A. a eu l'expérience au cours des années 1870 d'entrer en relation avec le Comptoir d'escompte du Saint-Denis-du-Sig pour octroyer des prêts aux colons. La réussite de cette opération a encouragé la Banque à l'élargir à l'ensemble du territoire algérien[75].

- Le problème du phylloxéra en France : au début des années 1880, le vignoble français, notamment celui du Midi, est atteint par le phylloxéra. La France est devenue importatrice de vins étrangers. L'Algérie saisit cette opportunité en trouvant la solution miraculeuse de développer la culture de la vigne sur son territoire pour fournir les vins nécessaires à la Métropole. Le vignoble algérien permettrait ainsi de relancer la colonisation et les exportations algériennes tout en dispensant la France des importations coûteuses de vins italiens ou espagnols. L'équation semble facile à réaliser. La plus grande partie de l'opinion publique coloniale est emportée par le mouvement.

Certes, la crise du phylloxéra est à l'origine de la viticulture algérienne [76], mais la B.A. est l'instigatrice de ce mouvement qualifié par certains contemporains de « folie de la vigne »[77]. Elle est consciente du fait que « les colons algériens n'avaient point de réserve et ne furent jamais des épargnants » [78]. Elle est plus que jamais déterminée à leur fournir les moyens financiers nécessaires à cette opération. Les comptoirs d'escompte constituent le meilleur canal par lequel elle peut avancer l'argent aux colons en quête de capitaux. Tout en encourageant l'extension de la vigne, elle s'engage dans la fondation de plusieurs comptoirs d'escompte. Son directeur reconnaît que ces établissements « se sont créés à l'origine d'accord avec la Banque » [79].

Contrairement à son comportement d'avant 1880, cette institution a cherché à susciter le développement en pariant sur la vigne en tant qu'élément moteur de la croissance économique coloniale. En Algérie, comme la plupart des études l'ont signalé, le lien entre la viticulture et la banque est étroit [80]. Son directeur était fier d'annoncer aux actionnaires le rôle de cette dernière dans le développement de la vigne en estimant « en toute certitude, que dans un avenir rapproché l'exportation de nos vins constituera... des ressources importantes qui modifieront notre balance »[81].

Les colons arrivés en Algérie sans ressources [82], et cherchant un enrichissement rapide, s'adonnent, avec les sommes mises à leur disposition par les comptoirs d'escompte, à des plantations de vigne. Ils espèrent exporter leur production pour réaliser un profit élevé et rapide. La vigne arrive en l'espace de quelques années à conquérir une bonne partie des terres de la colonisation et à éliminer, dans certaines régions, les céréales. Le meilleur exemple à cet égard est Boufarik [83] où s'étendent en 1885 quelques 1 318 ha de vigne contre 1 089 ha de blé. Pour l'ensemble du territoire algérien, certaines études constatent que grâce au crédit bancaire, la superficie des vignobles est « passée de 17 614 ha en 1878 à 70 888 ha en 1885 et 103 408 ha en 1888 » [84]. Presque les mêmes chiffres sont confirmées par le directeur de la B.A. qui estime que « de 1880 à 1888, période des comptoirs d'escompte, 80 000 ha » [85] de vigne sont plantés. Ces données prouvent que le mouvement était rapide et général à la fois. Certains journaux ont exalté l'action de la B.A. qui a avancé les capitaux nécessaires pour défricher, bâtir, planter et « franciser la terre arabe. Elle a surtout aidé à la création des vignobles, 125 000 ha environ »[86] en 1899. Mais, cette extension de la vigne était devancée par celle d'un réseau de comptoirs d'escompte créé par l'institut d'émission algérien dont les dirigeants étaient les véritables missionnaires du crédit en Algérie.

2) Les missionnaires du crédit

Contrairement aux comptoirs d'escompte créés avant 1880 par la propre initiative de leurs fondateurs, ceux établis après cette date sont dus à l'initiative de la B.A. Piquemal, inspecteur de la Banque promu sous-directeur, se déplace dans la plupart des contrées pour expliquer aux colons la théorie du crédit mutuel en les incitant à se regrouper pour fonder des comptoirs d'escompte. Certains administrateurs de cette institution participent souvent à cette campagne. Ces missionnaires du crédit prennent généralement comme point de contact dans leurs tournées les correspondants de la Banque établis dans les diverses localités de l'Algérie. Nous citons l'exemple des préparatifs effectués par Piquemal, secrétaire général de la B.A., pour la création du Comptoir d'escompte de Guelma. « Ce commis voyageur de papier monnaie »[87] est venu les premiers jours de février 1881 en visite à Guelma, il entre en contact avec l'un de « ses amis », lui exposant le projet d'un Comptoir d'escompte. Mais cet « ami », par « sa situation officielle », ne pouvait servir les intérêts de la B.A., on songea alors à un troisième partenaire, et ce fut M. Rouyer qu'on « envoya chercher. Une heure plus tard ce dernier était conquis... On lui faisait un vif tableau de l'essor possible à donner à son pays... Toutefois, il fait remarquer son ignorance absolue des affaires de Banque » [88].

En dépit de sa réticence, on tient à le rassurer en lui garantissant l'appui de la B.A. « Ne vous inquiétez pas, lui répondit le tentateur, c'est notre affaire. Nous vous enverrons un bon directeur et ça marchera tout seul » [89]. Suite à l'entente entre ces trois hommes, un conseil d'initiative est rapidement formé [90], Rouyer publie dans la presse les grandes lignes du projet du Comptoir d'escompte de Guelma [91]. La direction de la Banque envoie à Rouyer les statuts du Comptoir d'Escompte de Boufarik pour qu'ils servent de modèle à la future société [92]. Une correspondance intense est échangée entre Rouyer et Piquemal. Ce dernier a décidé et a fixé tous les éléments du projet, son collaborateur à Guelma s'est contenté de respecter scrupuleusement ses directives et de l'informer de toutes les étapes de mise en place du projet. Le capital est fixé à 100 000 F avec 200 actions de 500 F chacune. Le Comptoir d'escompte de Guelma est définitivement constitué le 4 juin 1882 sous forme de société anonyme dont Rouyer est élu président. Mais, ce dernier ayant manifesté son incapacité de gérer cette société, la B.A. devrait lui envoyer un directeur pour garantir la bonne marche de la société. On pensait au départ à Schmidt sous-chef d'escompte à Alger, mais ce dernier refusa cette offre. La B.A. choisit alors Garrot qui s'installe à Guelma en juin 1882.

Un procédé similaire est décrit par F. Barbedette, conseiller général de Djidjelli, concernant le rôle de l'institut d'émission dans la fondation du comptoir d'escompte de cette localité [93]. Cette fois, le directeur de l'institut d'émission Nelson-Chiérico débarque en personne à Djidjelli et prépare le terrain en réunissant les notables de la région. Il leur promet l'aide de la Banque pour la création du futur établissement. Il envoie, par la suite, à Djidjelli M. Rouger, directeur de la succursale de Philippeville, pour proposer un modèle de statuts. Une réunion préparatoire est tenue sous sa présidence [94]. Le capital est fixé à 100 000 F constitués de 500 actions de 200 F. Après la souscription de ce capital, la société est définitivement formée le 25 avril 1890.

Après des difficultés relatives à la composition du conseil d'administration, dues à la volonté de Thomson et de Dasnières de faire partie de cette instance [95], la B.A. confie la direction du nouvel établissement à M. Marcel Denizot, propriétaire des environs « et ami personnel de M. Nelson-Chiérico qui avait, selon certaines sources, à s'acquitter d'une dette de reconnaissance envers sa famille, M. Denizot ne s'étant jamais occupé d'affaires de banque, on lui adjoignit un lieutenant, M. Bouisset » [96].

Pour satisfaire le conseiller général Dasnières, on lui offre le poste de vice-président. L'exemple du Comptoir d'escompte de Guelma et celui de Djidjelli montrent, avec d'autres cas pareils, que la naissance de ces institutions incombe à la B.A. beaucoup plus qu'à leurs propres administrateurs. Leur création traduit, certes, une conception saint-simonienne du crédit, mais elle obéit en même temps à des intérêts personnels.

Quoi qu'il en soit, l'Algérie se trouve, lors des années 1880, dotée d'un ensemble de comptoirs d'escompte qui couvrent les zones conquises par la colonisation et sont représentés par le tableau suivant :

Tab n° 18 : Comptoirs d'escompte fonctionnant en 1899 [97]

Comptoir de	Date de création	Capital primitif (mille F)	Capital en 1899 (mille F)
ALGER			
Boufarik.....	Déc. 1877	100	600
Marengo...	Oct. 1879	80	500
L'Arba...	Nov. 1880	100	200
Chéliff	Fev. 1881	125	300
(Orléansville)		100	400
Médéa...	Mars 1881		
Tizi-Ouzou...	Mai 1881	125	250
Affreville...	Fev. 1881	-	225
Coléa...	Juin 1884	84	200
Bouira...	Oct. 1888	50	100
Douéra...	Juin 1891	-	400
Rouiba...	Mai 1891	-	
ORAN			
Saint-Denis-du-Sig	Avr. 1871	100	400
Relizane...	Juin 1880	150	300
Saint-Cloud...	Janv. 1881	100	300
Mascara...	Janv . 1881	100	300
Ain-Temouchent...	Mai 1881	154	600
Tlemcen	Août 1880	250	1000
Arzew...	Août 1882	100	150
Sidi-Bel-Abbès	Oct. 1882	200	500
CONSTANTINE			
Guelma...	Juin 1882	100	500
Souk-Ahras...	Sept. 1882	100	300
Philippeville...	Avril 1884	400	400
Mila...	Mai 1886	80	200
Ain-Beida...	Juin 1887	100	200
Batna...	Janv. 1892	-	160
Sétif	Juil. 1897	-	400

Après avoir contribué à la création de ces établissements, la B.A. a toujours tenté de les maintenir sous sa tutelle par les moyens suivants :

* La nomination de directeurs fidèles. Elle propose et désigne partout un directeur de son choix, pris dans son personnel [98].

* Le contrôle très étroit des comptoirs d'escompte par les succursales de la Banque qui connaissent parfaitement les hommes et la vie économique des régions, chose qui pourrait échapper à l'établissement central d'Alger. En escomptant le papier des comptoirs, les succursales constituent l'intermédiaire inévitable entre ces sociétés et la Banque. Son directeur, après avoir effectué une tournée dans l'Est algérien en décembre 1886, signale dans son rapport qu'il a visité « les trois succursales de l'Est et les différents comptoirs agricoles qui opèrent sous la tutelle de chacune d'elles » [99].

* La politique de crédit des comptoirs d'escompte est minutieusement tracée par la Banque. Dans ses directives aux dirigeants des comptoirs d'escompte, Nelson-Chiérico rappelle sa stratégie en ces termes : « Ne craignez pas d'augmenter et de multiplier les fiches aux colons, écrit-il... Nous serons toujours là pour vous soutenir dans cette œuvre de progrès » [100]. En plus de la correspondance constamment échangée entre les comptoirs et la Banque, cette dernière procède souvent, par le moyen de ses inspecteurs, à un contrôle judicieux de la comptabilité et des fiches de leurs clients.

Avec cette structure, les comptoirs d'escompte sont à la fois un atout et un instrument efficace entre les mains de la B.A.. Ils sont utilisés comme un moyen pour conquérir les zones inaccessibles par celle-ci, notamment les zones rurales.

Les commerçants établis dans les villes sont connus par la Banque et ses agents, cette dernière est en mesure d'apprécier leur solvabilité. En revanche, le colon, l'agriculteur ou le propriétaire vivant généralement dans les campagnes se trouvent loin de la Banque et de ses succursales et ne peuvent, de ce fait, bénéficier du crédit bancaire. La B.A. est consciente de cette situation et elle prend les mesures nécessaires pour y remédier. Son directeur estime que les colons ne peuvent arriver directement aux établissements bancaires, d'où « des intermédiaires très onéreux. Le comptoir, souligne-t-il, est un groupement de solvabilités isolées ou inconnues qui peut entrer en rapport avec la Banque » [101].

Par les comptoirs d'escompte, la B.A. entend fournir son argent aux oubliés du crédit. La diffusion et la vulgarisation du crédit par le comptoir d'escompte est, certes, une œuvre économique mais elle est aussi, selon la vision de la Banque, une question de justice. En effet, la campagne tout comme la ville, les pauvres aussi bien que les riches, doivent profiter du capital en quête de placement. « Les comptoirs doivent être surtout l'instrument des petits, des humbles » [102]. Cette conception saint-simonienne du crédit s'est concrétisée dans la réalité, puisque les petits colons et les agriculteurs ont trouvé des facilités auprès des comptoirs d'escompte. Même des autochtones ont pu accéder aux comptoirs qui ont accepté « le papier arabe » refusé jusque-là par tous les prêteurs d'argent. Des témoins sont frappés par la rapidité et l'ampleur de l'extension du crédit grâce aux comptoirs d'escompte qui « surgirent sur tous les points. Les colons, les indigènes... furent appelés à puiser à pleines mains dans ces caisses rurales. Il y eut une véritable orgie de billets de banque répandus dans la Colonie et les agios affluèrent aux caisses de la Banque » [103].

Les avances des comptoirs aux agriculteurs sont remboursables après la vente des récoltes. Le papier des colons et des agriculteurs est généralement escompté par les comptoirs avec un taux qui varie entre 7 % et 10 % [104]. Le taux de réescompte de ces mêmes valeurs à la B.A. est de 5 %. La différence entre le taux d'escompte de la Banque et celui des comptoirs constitue le profit de ces derniers oscillant entre 2 % et 5 %. Cette forte marge bénéficiaire laissée aux comptoirs d'escompte explique les gros dividendes distribués par ces derniers à leurs actionnaires [105]. Mais, en plus des avances accordées aux colons et de l'escompte du papier agricole, les comptoirs s'adonnent aussi à des prêts hypothécaires et à des prêts à long terme destinés à l'achat d'équipements agricoles, voire de propriétés. Ils se spécialisent ainsi, de plus en plus, dans le crédit foncier, opération normalement réservée au Crédit foncier et agricole d'Algérie créé en 1880. La vigne a bénéficié de la part de lion de ce type de crédit. Ne disposant pas de capitaux puissants, les comptoirs d'escompte se procurent les sommes avancées aux planteurs auprès de la B.A. qui reste le prêteur du dernier recours. « Il est certain que de 1880 à 1886, souligne une certaine presse, la B.A. a été considérée comme un râtelier bien garni où tout le monde venait à manger... Il est juste d'ajouter que l'argent qu'elle a laissé couler alors n'a pas été entièrement perdu. La création du vignoble algérien est un résultat dont il faut tenir compte » [106].

Mais, dans toutes ces opérations, les comptoirs d'escompte restent les véritables agents et courtiers de la B.A. Entravée par ses statuts, cette dernière ne peut accepter le papier agricole, la signature des comptoirs d'escompte cache le caractère agricole de ce papier et le rend dans certaines mesures solvable.

La deuxième signature accordée par les comptoirs au papier des colons afin de lui donner une certaine crédibilité pourrait être considérée comme une signature de complaisance. Non seulement ces sociétés dépendent étroitement de la B.A., mais aussi leur engagement ne modifie pas l'origine agricole de ce papier. L'escompte du papier agricole par l'institut d'émission et les prêts à long terme, accordés aux planteurs par le canal des comptoirs d'escompte, restent toutes les deux des opérations illégales. Plus grave encore, les sommes prêtées aux colons et aux planteurs sont souvent exagérées. On prend souvent comme critère la situation apparente des emprunteurs beaucoup plus que leur situation réelle, « on escomptait l'avenir », précisent certaines études [107].

Grâce à cette nouvelle dynamique, une vague de spéculation s'amorce en Algérie. On cherche à se procurer des terres, à avoir des crédits et à planter, dans l'espoir de réaliser une belle fortune. L'engagement de la Banque dans ce mouvement a permis de fournir à la colonisation les capitaux nécessaires à son développement dans une période où « l'épargne française semble peu disposée à franchir la Méditerranée » [108]. Consciente d'avoir franchi les limites de la sagesse et d'avoir dépassé le cadre de ses statuts, la Banque essaie, au bout de quelques années de persévérance en matière de crédit agricole, d'arrêter, sinon de ralentir cette expérience.

Depuis, elle ne cesse de rappeler aux comptoirs d'escompte que les sommes accordées aux colons « ne doivent pas servir à la création de propriété, mais seulement et exclusivement à l'entretien des propriétés déjà créées » [109]. Toutefois, cette suggestion est restée sans effet car, d'une part le processus est irréversible, d'autre part, la B.A. elle-même a avancé des sommes exorbitantes aux comptoirs d'escompte sans aucun rapport avec leurs capitaux réels. Le Comptoir d'escompte de l'Arba ayant un capital réalisé de 25 000 F a pu bénéficier auprès de la B.A., pour l'année 1887, de 310 000 F d'escomptes. Au cours de la même année, le

Comptoir d'escompte de Sidi Bel Abbès, avec un capital réalisé de 125 000 F a escompté à la Banque des effets pour la somme de 1 700 000 F [110]. La presse de l'époque était unanime sur le fait que l'institut d'émission a ouvert « des crédits énormes à des individualités ne pouvant faire face au remboursement des sommes prêtées » [111]. Le bilan dressé en 1885 par le directeur de l'établissement concernant cette expérience de crédit agricole est différent : « Dans la tâche qui lui incombe, affirme-t-il, la Banque est bien secondée par les différents comptoirs d'escompte... Auxiliaires naturels de la Banque, ces établissements contribuent dans une large mesure au développement du crédit et à l'augmentation de la fortune publique » [112].

Cette expérience de crédit agricole était marquée dans tous ses aspects par les excès : optimisme exagéré, confiance démesurée accordée aux emprunteurs, des sommes disproportionnées prêtées et abus en matière de délais octroyés. Certes, la B.A. a tenu ses engagements pris lors du renouvellement de son privilège en aidant l'agriculture coloniale, mais elle l'a fait en allant trop loin et en violant ses statuts de banque d'émission. En effet, ces textes l'obligent à réescompter le papier à deux signatures, or en Algérie les institutions de crédit fournissant la deuxième signature demeurent rares. Une grande faille dans le système de crédit colonial sépare toujours les prêteurs des emprunteurs. La B.A. a comblé cette lacune par les comptoirs d'escompte qui sont destinés à jouer, à son égard, le même rôle que jouent les banques privées en France fournissant leurs signatures à la B.F.

L'institut d'émission algérien a-t-il vraiment trouvé les solutions adéquates du crédit agricole ? Peut-t-il devancer sur ce terrain le Crédit Foncier et Agricole d'Algérie (C.F.A.A.) qui constitue une autre solution trouvée au problème du crédit agricole en Algérie ?

Notes :

[1] Rey-Goldzeiguer (A.), Le royaume arabe..., op. cit., pp. 189-221.
[2] Cité par Ageron (Ch. R.), Histoire de l'Algérie coloniale, op. cit., p. 26.
[3] Lentin (P.L.), «L'Algérie sous le règne des ultras : l'apogée du capitalisme (1896-1936)», dans Cahiers Internationaux, n° 78, juillet 1950, p. 54.
[4] Ageron (Ch. R.), Histoire de l'Algérie coloniale..., op. cit., p. 73.
[5] De Peyrimmof (.), Enquête sur les résultats de la colonisation officielle de 1871 à 1895. Rapport à M. Jonnart, Gouverneur Général. Direction de l'agriculture, du commerce et de la colonisation, (s.d.) pp. 30-31.
[6] Commission sénatoriale d'étude des questions algériennes. Déposition de M. Léon Bequet le 1er mai 1891, Paris, Imprimerie du Sénat, (s.d.), p. 35.
[7] Bernard (A.), L'Algérie, op. cit., p. 490.
[8] Douel (M.), Un siècle de finance coloniale, op. cit., pp. 365-366.
[9] Demontes (V.), L'Algérie industrielle et commerçante, Paris, collection du Centenaire de l'Algérie, 1930, p. 105.
[10] Douel (M.), ibid., p. 366.
[11] Douel (M.), ibid., p. 366.
[12] Salphati (J.J.), Le crédit agricole mutuel en Algérie, Alger, thèse de doctorat en droit, Université d'Alger, Imprimerie La typo-litho, 1914, p. 12.

[13] Ageron (Ch. R.), Histoire de l'Algérie coloniale..., op. cit., pp. 82-83.
[14] Gautier (E.F.), Un siècle de colonisation : études microscopiques, Paris, Collection du centenaire de l'Algérie, Librairie Félix Alcan, 1930, p. 175.
[15] Taupiac (C.), Étude sur la Banque de l'Algérie, Bône, Imprimerie du Courrier, 1873, p. 36.
[16] Ces deux députés ont une expérience financière même algérienne. René Brice est censeur du C.F.F. et administrateur du C.F.A.A. créé en décembre 1880. Marcel Lucet est président du comice agricole de Constantine.
[17] Les Annales coloniales, 21 décembre 1923, p. 15.
[18] Au Sénat, Lucet a déclaré : «La Banque de l'Algérie a rendu d'utiles services et elle est appelée à en rendre de plus grands encore car elle a pour mission de faciliter toutes les transactions susceptibles d'activer dans notre grande colonie le travail et la production, c'est-à-dire de favoriser l'essor de la colonisation», cité par le directeur de la B.A. dans sa déposition à la commission sénatoriale lors de la séance du 16 mars 1892, 80 S 129, CA de la B.A. du 12 avril 1892.
[19] Picard (E.), La monnaie et le crédit..., op. cit., p. 157.
[20] Cité par Salhati (J.J), Le crédit agricole mutuel en Algérie, op. cit., pp. 14-15.
[21] Picard (E.), La monnaie et le crédit..., op. cit., p. 157.
[22] A.O.M.A., cité par le directeur de la Banque de l'Algérie dans sa déposition à la commission sénatoriale lors de la séance du 16 mars 1892, 80 S 129, C.A. de la B.A. du 19 avril 1892.
[23] A.O.M.A., Wittersheim a remis le 15 décembre 1880 sa démission à la B.A. Monsieur Villa, administrateur de la succursale de Constantine de la B.A., est à son tour nommé directeur de la succursale du C.F.A.A. de la même ville, 80 S 126, C.A. de la B.A. du 15 décembre 1880 et CA du 13 avril 1881.
[24] Desfosses (E.), Annuaire Desfosses, valeurs cotées au parquet et en Banque à la bourse, Paris, Desfosses et Fabre frères, Edition 1913, p. 254.
Les administrateurs du Crédit algérien sont Peytel, Buchot, Favereaux, Goudchaux, Node, Langlois, Jourdan, A. Clerc, R. Outin, A. Peytel.
Il faut signaler, par ailleurs, que nous n'avons trouvé aucune trace des archives du Crédit algérien, même la moindre correspondance avec la B.A. ou le C.F.A.A. Les seules opérations du Crédit algérien que nous avons trouvées consistent dans sa participation avec la B.P.P.B aux emprunts marocains et à la Banque d'État du Maroc. Voir notre étude : Le capital français ... op. cit., pp. 530-533
[25] Salphati (J.J), Le crédit agricole mutuel en Algérie, op. cit., p. 21.
[26] Meuleau (M.), Des pionniers en Extrême-Orient, histoire de la Banque de l'Indochine 1895-1975, Paris, Fayard, 1990, p. 79.
[27] Meuleau (M.), ibid., p. 80.
[28] Meuleau (M.), ibid., p. 111.
[29] Le siège de la Banque d'Indochine est à Paris, ce qui faciliterait le contact avec les hommes de la B.A.. D'ailleurs, lors de la fondation de la Banque d'Indochine, Édouard Delessert a longuement parlé de la B.A. en la comblant d'éloges, voir Meuleau (M.), ibid., p. 64. Il faut rappeler aussi que le nouveau gouverneur de Cochinchine, Charles Le Myre De Villiers, nommé en 1879, a déjà exercé des responsabilités en Algérie. Claude Leger, trésorier payeur à Saïgon entretenant de bons rapports avec la Banque d'Indochine, était à l'inspection des finances en Algérie.
[30] Alibert (J.), De la vie coloniale au défi international : Banque du Sénégal, BAO, BIAO, 130 ans de Banque en Afrique, Paris, Chotard et associées éditeurs, 1983, p. 41.
[31] Alibert (J.), ibid., p. 42.
[32] Barbedette (F.), La vérité sur la Banque de l'Algérie, op. cit., p. 7.
[33] Cité par Barbedette (F.), ibid., p. 8.
[34] A.O.M.A., 80 S 129, Déposition du directeur de la B.A. à la commission sénatoriale du 16 mars 1892.
[35] A.O.M.A., 80 S 129, ibid.
[36] A.O.M.A., 80 S 129, ibid.
Certaines études ont suivi la B.A. sur cette pente glissante en faisant l'éloge de son aventure en matière de crédit. Les propos suivants semblent paraphraser ceux du directeur de la B.A. que nous venons de citer : «La Banque, en opérant ainsi, a rendu d'immenses services à l'Algérie : elle a faci-

lité son développement agricole et entraîné les autres banques dans une marche plus hardie», brochure anonyme et intitulée : Quelques courtes réflexions sur la Banque de France, la Banque de l'Algérie, les caisses d'épargne», op. cit., p. 19.

[37] A.N.F., 65 AQ A171, statuts du 3 avril 1880, art. 2. Le cours forcé est établi suite à la guerre de 1870.

[38] A.N.F., 65 AQ A171, statuts du 3 avril 1880, art. 9.

[39] A.N.F., 65 AQ A171 , ibid., art. 2.

[40] A.O.M.A., 80 S 126, CA du 20 octobre 1881.

[41] A.O.M.A., 80 S 126, ibid.

[42] A.O.M.A., 80 S 126, lors du C.A. du 15 juin 1881, on donne lecture d'une lettre du ministre des Finances en date du 10 juin 1881 par laquelle il informe la Banque que le ministre des Affaires étrangères l'a «entretenu de l'intérêt que présenterait la création d'une succursale de la Banque de l'Algérie à Tunis».

[43] A.O.M.A., 80 S 126, C.A. du 10 octobre 1881.

[44] A.O.M.A., 80 S 126, C.A. du 20 octobre 1881.

[45] A.O.M.A., 80 S 126, C.A. du 14 décembre 1881.

[46] La souscription s'est déroulée entre le 20 et le 30 novembre 1881. Toutefois «les paiements devront être effectués par phase mais aux dates ci-après :

225 F en souscrivant du 20 au 30 novembre 1881
225 F deuxième versement du 20 au 31 mars 1882
225 F troisième versement du 20 au 31 juillet 1882
225 F quatrième versement du 20 au 31 octobre 1882
900 F ensemble»,
A.O.M.A., 80 S 126, C.A. du 20 octobre 1881.

[47] Barbedette (F.), La vérité sur la Banque de l'Algérie..., op. cit., p. 7.

[48] A.O.M.A., 80 S 126, C.A. du 14 décembre 1881.

[49] A.O.M.A., 80 S 126, tableau dressé à partir des données présentées au C.A. du 31 janvier 1883.

[50] Nous entendons par cette expression le capital français d'Algérie par opposition au capital métropolitain. Nous avons déjà utilisé cette expression pour la compagnie Bône-Guelma lorsque nous avons constaté le renforcement, au début des années 1880, des participations algériennes au sein du capital de cette entreprise qui se sont exprimées par la voix de Villard devenu président de cette société en 1883. Le capital algérien au sein du Bône-Guelma s'est caractérisé par son hostilité à la société de construction des Batignolles et à la Banque de Paris et des Pays-Bas. Nous pensons que cette tendance simultanée du capital algérien au sein de la B.A. et du Bône-Guelma traduit un développement réel de l'économie algérienne. Concernant cette évolution du capital du Bône-Guelma, voir notre étude : Impérialisme et réformisme ... op. cit.

[51] Nous avons dressé ce tableau à partir de la liste des actionnaires présentée à l'A.G. des actionnaires du 27 novembre 1882, A.O.M.A., 80 S 5.

[52] 1880, c'est la veille du dédoublement du capital de la B.A.. 1882 marque l'achèvement de la souscription des 20 000 actions nouvelles de la B.A..

[53] Nous avons établi ces calculs à partir de données présentées aux A.G. des 25 novembre 1880 et 27 novembre 1882, A.O.M.A., 80 S 5.

[54] Garrot (H.), La Banque de l'Algérie. Ses origines, ses modes d'opérer et ses résultats en Algérie. Paris, Albert Savine Éditeur, 1892, p. 14.

[55] Garrot (H.), ibid., p. 15.

[56] A.N.F., 65 AQ A 171, statuts annexés à la loi du 3 avril 1880, art. 15.

[57] La loi du 9 juin 1857 stipule dans son article 7 : «La faculté accordée à la Banque de faire des avances sur effets publics français, sur actions et obligations de chemins de fer français, sur obligations de la ville de Paris, est étendue aux obligations émises par la Société du crédit foncier de France», cité par A. Plessis, La politique de la Banque de France de 1851-1870, op. cit., pp. 341-342.

[58] A.N.F, 65 AQ A 171, Statuts annexés à la loi du 3 avril 1880, art. 16.

[59] L'article 20 des statuts du 3 avril 1880 autorise la B.A. à participer « à toutes les souscriptions à des emprunts publics ou autres, et pour la réalisation de toute société anonyme... ».

[60] A.N.F, 65 AQ A 171, statuts annexés à la loi du 3 avril 1880.
[61] A.O.M.A., 80 S 125, CA du 14 août 1878.
[62] A.O.M.A., 80 S 125, CA du 10 mai 1882.
[63] Le terme «campagne» n'est pas synonyme de rural ou d'agricole. Le crédit de campagne est lié à une période d'intensité d'une branche de l'activité économique. Il correspond donc à une campagne commerciale telle que la saison de vente par exemple des céréales, ou une campagne industrielle liée à la fabrication d'un produit quelle que soit la nature de la matière première à partir de laquelle il est fabriqué, ou encore une compagne agricole comme la période de semence. Nous ne pouvons confondre, ici, pour notre part, les deux types de crédit.
[64] Cuniac (E.), Le crédit agricole en Algérie, thèse de droit, Paris, Librairie de la Société de recueil général des lois et des arrêtés, 1903, p. 56.
[65] Certains adversaires de la B.A. ont insisté sur le caractère anti-statutaire du crédit agricole accordé sous le couvert de crédit de campagne. On affirme ainsi que la B.A. «prit le papier commercial, agricole et même immobilier s'écartant des principes sévères de la Banque d'émission», brochure anonyme, Quelques réflexions sur la Banque de France, la Banque de l'Algérie, les caisses d'épargne, op. cit., p. 19.
[66] Jais (M.), La Banque de l'Algérie et le crédit agricole..., op. cit., p. 82.
[67] Jais (M.),ibid., p. 84,
[68] Le nombre d'actionnaires des comptoirs d'escompte varie entre 58, pour celui de l'Arba, à 300 pour celui d'Arzew.
[69] A.O.M.A., 80 S 127, rapport du directeur de la B.A. au C.A. du 11 janvier 1887.
[70] A.O.M.A., 80 S 129, lettre du directeur de la B.A. au directeur du comptoir d'escompte de Djidjelli du 17 décembre 1892.
[71] Cuniac (E.), Le crédit agricole en Algérie, op. cit., p. 79.
[72] A.O.M.A., 80 S 129, Déposition du directeur de la B.A. Nelson-Chiérico à la commission sénatoriale, séance du 16 mars 1892.
[73] Jais (M.), La Banque de l'Algérie et le crédit agricole, op. cit., pp. 83-85.
[74] Nelson-Chiérico, directeur de la B.A., affirme qu'en 1871 les habitants du centre Saint-Denis-du-Sig avaient l'heureuse initiative de constituer entre eux une société anonyme dans le but d'avancer aux colons les sommes nécessaires à l'exploitation de leurs propriétés. Le directeur de la succursale d'Oran, qui avait aidé de ses conseils les initiatives de la nouvelle société, n'hésita pas à faire admettre à l'escompte le premier comptoir. Les résultats furent merveilleux», A.O.M.A., 80 S 129, Déposition de Nelson-Chiérico à la commission sénatoriale, séance du 16 mars 1892.
[75] Gautier (E.F.), Un siècle de colonisation. Études microscopiques, op. cit., p. 70.
[76] Voir à titre d'exemple Demontes (V.), L'Algérie économique.
Cet auteur note que «la création, l'extension du vignoble de ce côté de la Méditerranée, voilà le but à atteindre, et la Banque s'y employa activement», op. cit., p. 76.
[77] Ageron (Ch. R.), Histoire de l'Algérie contemporaine..., op. cit., p. 107.
[78] A.M.F.F., carton B 34126, note adressée par le directeur de la B.A. au directeur du mouvement général des fonds le 11 mai 1895.
[79] Gautier (E.F.), Un siècle de colonisation..., op. cit., p. 74.
[80] A.N.F, 65 AQ A 171, rapport du directeur à l'A.G. du 27 novembre 1882.
[81] Gaucher (L.), Le crédit agricole en Algérie. Étude théorique et pratique, Alger, Imprimerie Ernest Maallebey, 1897, p. 9.
[82] Gautier (E.F.), Un siècle de colonisation..., op. cit., p. 70.
[83] Ageron (Ch.R.), Histoire de l'Algérie contemporaine..., op. cit., p. 109.
[84] A.O.M.A., 80 S 129, Déposition du directeur de la B.A. à la commission sénatoriale le 16 mars 1892.
[85] *Le messager de Paris*, 9 mai 1899.
[86] Garrot (H.), La Banque de l'Algérie, op. cit., p. 17.
[87] Anonyme, *Mémoire en défense pour le comptoir d'escompte de Guelma contre la Banque de l'Algérie*, Constantine, D. Braham imprimeur, 1901, p. 11.

[88] Anonyme, Mémoire ..., ibid., p. 11.
[89] Les membres de ce comité sont Droquet, Seguin, Bailleul, Lavie, Maudemain, De Courtois, Rouyer, Zuretti, Thieulent, Carcassonne, Guiraud, Genisson, Girond, Renier.
[90] *Républicain de Constantine*, 27 février 1881.
[91] Lettre de Piquemal à Rouyer du 16 mars 1881 citée dans *Mémoire en défense pour le comptoir d'escompte de Guelma...*, op. cit., p. 9.
[92] Barbedette (F.), La vérité sur la Banque de l'Algérie, op. cit., pp. 11-19.
[93] Barbedette (F.), ibid., p. 13.
[94] Le conseiller général Dasnières, mécontent de ne pas être élu au CA du comptoir d'escompte, proteste auprès de la B.A.. Le premier conseil d'administration est dessous, un autre est formé, il comprend Dasnieres et Thomson incarnant ainsi la liaison entre finance et politique.
[95] Barbedette (F.), La vérité sur la Banque de l'Algérie, op. cit., p. 16.
[96] Cuniac (E.), Le crédit agricole en Algérie, op. cit., p. 81. Le Comptoir d'Escompte de Djidjelli créé en 1890 n'est pas indiqué dans ce tableau car il est liquidé en 1896. La même remarque est valable pour le Comptoir d'escompte d'Arzew dont la faillite est déclarée en 1898.
[97] Cuniac (E.), Le crédit agricole en Algérie, op. cit., pp. 82-83.
[98] A.O.M.A., 80 S 127, rapport du directeur de la B.A. au CA du 11 janvier 1887. Dans ce document, le directeur a traité de l'exemple précis de «la succursale de Bône, de Philippeville et des comptoirs d'escompte de Guelma, de Souk-Ahras, et Philippeville placés sous leur dépendance respective».
[99] Cité par Barbedette (F.), La vérité sur la Banque de l'Algérie, op. cit., p. 8.
[100] A.O.M.A., 80 S 129, lettre du directeur de la B.A. au Comptoir d'escompte de Djidjelli, 17 décembre 1889.
[101] A.O.M.A., 80 S 129, ibid.
[102] Garrot (H.), *La Banque de l'Algérie*, op. cit., p. 24.
[103] Certains journaux, comme La Cocarde du 27 mai 1900, affirment que les comptoirs d'escompte ont parfois employé un taux d'intérêt de 18 %. Leur action est ainsi qualifiée de pure «spéculation».
[104] Jais (M.), *La Banque de l'Algérie et le crédit agricole, op. cit.*, pp. 88-89.
[105] *Le Moniteur des tirages financiers*, 23 juin 1892.
[106] Jais (M.), *La Banque de l'Algérie et le crédit agricole, op. cit.*, p. 86.
[107] *Le Moniteur des tirages financiers*, 23 juin 1892.
[108] A.O.M.A., 80 S 129, lettre du directeur de la B.A. au directeur du Comptoir d'escompte de Douéra en date du 8 mai 1891.
[109] Jais (M.), *La Banque de l'Algérie et le crédit agricole, op. cit.*, p. 86.
[110] *La Cocarde*, 20 mai 1900.
[111] Cité par Picard (E.), *La monnaie et le crédit en Algérie..., op. cit.*, p. 160.

Chapitre II

La création du Crédit Foncier et Agricole d'Algérie (C.F.A.A.) : Une autre solution au problème du crédit agricole

La création, en 1880, de cette société constitue une autre expérience de crédit agricole différente de celle de la B.A. Il s'agit d'un organisme spécialisé en matière de crédit agricole et foncier, contrairement à cette dernière qui, en plus de son rôle monétaire, a décidé d'élargir son champ d'action à ce genre d'opérations.

L'institut d'émission est une société privée à caractère public, le nouvel établissement est en revanche une société privée échappant à toute intervention gouvernementale, mais agissant sous la tutelle de la société mère.

I) Naissance du C.F.A.A.

La genèse de cette entreprise répond à des impératifs algériens, surtout la volonté de pallier l'insuffisance des capitaux dans le domaine agricole, mais elle est aussi liée à l'évolution de la conjoncture métropolitaine et à la dynamique interne du Crédit Foncier de France (C.F.F.) qui atteint « son âge d'or » [1] en 1880. En février 1878, un gouverneur républicain est nommé à la tête de cet établissement pour mettre fin « au régime de Soubeyran » [2]. Récupéré par le nouveau pouvoir républicain, le C.F.F. se dote d'une nouvelle stratégie fondée sur les petits prêts ruraux [3] et sur l'établissement d'un réseau d'agences. On lui a souvent reproché « de s'être tenu systématiquement à l'écart des emprunteurs ruraux en France et d'avoir négligé de se prêter, en Algérie, à des combinaisons qui devaient assurer la prospérité » du pays [4]. Le temps est donc venu pour étendre la représentation du C.F.F. à l'Algérie et de répondre à l'appel de la Colonie. La création du C.F.A.A. s'inscrit alors dans le cadre de la reconquête du « peuple républicain » et du territoire algérien. Ses dirigeants ont pu écrire que leur société était fondée en 1880 « sous la pression de l'opinion publique » [5] au moment où la France préparait une nouvelle politique d'expansion coloniale incarnée par la conquête de Tunisie.

La première demande de création d'un établissement de crédit foncier en Algérie remonte au 19 février 1880, et elle est faite par une note adressée à Albert Grévy en sa qualité de gouverneur général civil de l'Algérie au nom de MM. Léopold See Fils et Cie et rédigée par Peytel [6], l'un des futurs actionnaires du C.F.A.A. Le nom de l'établissement projeté est celui de crédit foncier communal et agricole d'Algérie. Les auteurs du projet préfèrent établir une coopération entre leur société projetée et le C.F.F. tout en voulant préserver la liberté de leur établissement qui doit être statutairement et par la loi de fondation libre de toute attache.

Léopold See Fils et Cie affirment avoir même engagé des pourparlers avec les dirigeants du C.F.F. Sur ces bases, un texte confidentiel est établi par les deux parties. Il détermine le nombre d'administrateurs accordé à ce dernier et fixe les taux d'intérêt à utiliser par les deux sociétés. Le capital du futur établissement serait de 60 millions de francs. Les promoteurs de la nouvelle affaire « se sont d'ailleurs assurés, précisent-ils, le concours de plus de 20 banquiers qui ont souscrit ce capital ; parmi ces maisons trois d'entre elles ont des intérêts considérables en Algérie». Ce projet est donc présenté au pouvoir algérien après entente avec le C.F.F. Albert Christophle, gouverneur de cet établissement, évoque, lors d'une réunion de son comité permanent, la relation à établir entre sa société et « le Crédit foncier et agricole dont la création est projetée en Algérie »[7]. Des pourparlers sont alors engagés entre le gouverneur du C.F.F. et le gouverneur général de l'Algérie. Albert Christophle est resté continuellement en conférence [8] avec Albert Grévy. Au cours de ces négociations chacun des deux hommes a usé de son pouvoir pour donner au projet sa couleur définitive. Une entente semble s'établir entre les deux hommes dont l'un représente le pouvoir politique et l'autre le pouvoir financier. Albert Grévy promet le soutien politique et Albert Christophle engage son appui matériel et moral à la future institution. Ce gouverneur du C.F.F. et son organisme passent alors au premier plan et les promoteurs primitifs du projet passent derrière.

Déjà en mai 1880, Albert Christophle annonce aux administrateurs de sa société qu'il est « parvenu à convaincre M. Albert Grévy, gouverneur général de l'Algérie, que la fondation d'un établissement de ce genre ne pourrait avoir de chance qu'autant qu'il s'appuierait sur le C.F.F. » [9]. Un projet de convention entre cette société et les autres promoteurs de la future entreprise est présenté le 12 mai 1880 à son conseil d'administration. Cette convention accorde 6 500 actions du futur organisme à la société mère. L'établissement projeté doit être, selon le même texte, sous les auspices du gouvernement général de l'Algérie avec un caractère d'une institution d'État, tout comme le C.F.F.[10]. Les fondateurs du C.F.A.A. accordent une importance capitale à cette attache gouvernementale afin d'assurer la confiance nécessaire à l'émission du capital de leur société. En effet, le public a toujours préféré les titres garantis par l'État, comme ceux des compagnies ferroviaires, ou bien ceux des instituts d'émission. Dans les différentes péripéties qui ont précédé la création du C.F.A.A., Albert Grévy incarne les liens entre cette société et les pouvoirs publics.

Non seulement ce gouverneur général d'Algérie, frère du président de la République, est mêlé à cette opération, mais il aurait même exercé une pression sur le C.F.F. pour attribuer des actions de la nouvelle société à certaines personnalités [11].

Le rôle d'Albert Grévy dans cette affaire est amplifié par l'opinion publique, au point que les fondateurs de la société envoient une série de lettres au journal *L'Akhbar* stipulant que « le gouverneur général est demeuré étranger » [12] à leur entreprise.

Nonobstant cette attitude, des documents produits par le C.F.A.A. attribuent à cet homme un rôle décisif dans sa formation : « M. Albert Grévy, nommé gouverneur général, voulant doter l'Algérie d'une institution nouvelle, eut l'idée d'y constituer une société de crédit foncier » [13].

Les dirigeants du C.F.F. ont pu même écrire, une vingtaine d'années après la naissance de leur filiale que leur établissement, vu la pression de l'autorité algérienne, « a été contraint de créer le C.F.A.A »[14].

Cette création qui s'est faite dans un contexte de luttes des plus acharnées, semble traduire l'ambivalence et l'opportunisme du nouveau pouvoir républicain dans le domaine colonial. On a beau vouloir défendre la petite colonisation, on aide en réalité la fructification des grandes affaires capitalistes. À cause de la relation d'Albert Grévy avec le pouvoir républicain d'une part, et le C.F.A.A. d'autre part, cet organisme était, même avant sa création, l'objet de plusieurs polémiques et « attaques » [15]. Un actionnaire demande lors de l'assemblée générale constitutive du 30 avril 1880 s'il « ne s'était passé à l'occasion de la constitution de la nouvelle société quelque chose qu'il serait utile de savoir » [16]. Bien qu'Albert Christophle se dérobe derrière son « caractère gouvernemental » pour ne pas répondre à cet actionnaire [17], il est fort probable que ce problème touche les rapports du futur établissement avec l'autorité de tutelle. Dans l'esprit des fondateurs du C.F.A.A., il était au début question de créer une société bénéficiant du contrôle du gouvernement. « C'était M. le gouverneur général de l'Algérie qui devait exercer sur elle les pouvoirs qui appartiennent à M. le ministre des Finances en ce qui concerne les actes et les opérations du C.F.F. » [18]

Les fondateurs de la nouvelle société et Albert Grévy étaient d'accord pour la soumettre à cette tutelle de l'administration algérienne. Toutefois, Magnin, ministre des Finances, estimait qu'il était de son droit d'exercer ce pouvoir sur cet établissement. Dès lors, un conflit opposa les deux parties. D'un côté, Albert Grévy et Albert Christophle, de l'autre le ministre des Finances. Ce dernier brandit la menace d'empêcher la constitution de la société en déclarant à la Chambre des députés que « si elle se conforme à ces formalités... nous l'autoriserons à fonctionner, si elle ne s'y conforme pas lorsqu'elle fonctionnera, soyez convaincus que nous saurons faire notre devoir » [19]. Magnin a réellement refusé de signer le décret autorisant la formation de la société projetée. Après la création du C.F.A.A., ses fondateurs ont pu rappeler avec franchise, mais non sans une certaine amertume, qu'ils avaient l'espérance que le ministre d'alors « en ferait un établissement d'État... Au dernier moment, le ministre des Finances ne crut pas devoir soumettre à la signature du président de la République le décret qu'on attendait de lui »[20].

Vu cette détermination du ministre des Finances, Albert Grévy et Christophle ont trouvé une autre combinaison qui empêche ce responsable de s'immiscer dans les affaires de leur société. Ils sont revenus au régime de la société libre régie par la loi de 1867, sans aucune attache directe ou indirecte avec le gouvernement central ou avec le gouvernement général de l'Algérie, soit pour la constitution du capital, soit pour l'organisation intérieure, soit, enfin, pour le contrôle des opérations[21].

D'après ces différentes péripéties liées à la naissance du nouvel établissement, il est clair que le gouverneur général est bien engagé dans cette entreprise. Mais le projet est récupéré, en fin de parcours, par le C.F.F. qui a joué un rôle déterminant dans cette opération. Non seulement le C.F.A.A. est sans aucune attache gouvernementale, mais il est étroitement contrôlé par ce dernier. Cela n'est pas sans effet sur les promoteurs initiaux de cette affaire dont certains décident de s'en retirer. Des adversaires à cette entreprise ont remarqué qu'elle « était primitivement organisée par un groupe dans lequel figuraient trois israélites de marque, Léopold See, Pereire et le trop fameux baron Von Reinach. Plus tard, ce groupe se modifia, et dans la constitution définitive, seuls figuraient en nom, avec le C.F.F. MM. Deandreis et Veil Picard » [22].

Le gouverneur de cet établissement a présidé l'assemblée générale constitutive du 30 novembre 1880 en sa qualité de fondateur de la nouvelle société. 294 actionnaires propriétaires de 38 457 actions assistaient à cette réunion, alors que 1 411 actionnaires, propriétaires de 38 380 actions se sont faits représenter par leurs collègues [23].

Le gouverneur du C.F.F. commence par présenter à cette assemblée un rapport dans lequel il explique les objectifs de la future société et la relation qu'elle est appelée à avoir avec la sienne. L'objet essentiel de cette première assemblée est de fixer la valeur des jetons de présence et la part des administrateurs dans les bénéfices. Après avoir répondu à certaines questions relatives à la nature des rapports entre le C.F.A.A. et le pouvoir politique, Christophle évoque le droit de l'assemblée générale constitutive d'élire les administrateurs de la société. Néanmoins, il affirme que « nous avons pensé qu'il y avait intérêt à soumettre directement les noms de ceux qui nous paraissent les plus dignes d'être acceptés par vous comme directeurs de votre société » [24].

Le gouverneur du C.F.F. retire ainsi le droit d'élection des actionnaires en leur imposant une liste d'administrateurs qu'il s'est chargé de préparer à l'avance. Convaincus par les motifs soulevés par Albert Christophle, les actionnaires ont approuvé cette liste, mais ils n'ont pas laissé passer sous silence une autre suggestion de cet homme. Ils ont rejeté ses propositions concernant la valeur des jetons de présence et la part des bénéfices à allouer aux administrateurs. N'ayant pas les données nécessaires pour refuser certains noms, les actionnaires ont lutté sur un autre front en contestant les privilèges exorbitants accordés aux futurs dirigeants. Alors que Christophle voulait allouer à ces derniers 10 % des bénéfices nets de la société et fixer la valeur des jetons de présence à 40 F à l'instar du C.F.F., les actionnaires proposent de réduire ces sommes de moitié. A maintes reprises, plusieurs membres crient « 20 F seraient une allocation suffisante », d'autres jugent que « ces Messieurs gagnent beaucoup » et qu'« ils sont riches » et que le chiffre de 40 F paraît « excessivement élevé » [25].

Face à ce tollé général, Albert Christophle ne peut se défendre. Il explique vainement que ces mesures sont provisoires et qu'elles sont une juste récompense pour les efforts à déployer par les administrateurs pour faire démarrer la société [26].

Une fois que celle-ci serait sur la bonne voie, les allocations de ses dirigeants pourraient être réduites. Plusieurs actionnaires manifestent leur scepticisme concernant la possibilité de renégocier ces rémunérations. L'actionnaire Angoty l'a bien expliqué à ses collèges en ces termes : «Vous donnez aux administrateurs de très beaux appointements et un tant pour cent sur les bénéfices et vous pensez que si ces bénéfices augmentent, une assemblée générale future diminuera ce tant pour cent. Je ne le crois pas » [27].

Après un débat houleux, Christophle réussit à faire approuver par l'assemblée générale la plupart de ses propositions. Toutefois, les actionnaires hostiles à ce dernier imposent la création d'une commission pour statuer sur la légalité des rémunérations à attribuer aux administrateurs [28]. Il a fallu une deuxième assemblée générale constitutive, celle du 9 décembre 1880, pour débattre de nouveau de cette question. Après une mûre étude de l'affaire, la commission s'est rangée du côté de Christophle. Ses propositions sont alors maintenues, et suite à cette assemblée générale, le C.F.A.A. est déclaré constitué. Les discussions qui se sont déroulées lors des deux assemblées générales nous incitent à en déduire deux idées essentielles.

La première est relative à la création de cette société qui demeure est une affaire lancée par de grands capitalistes gravitant dans l'orbite du C.F.F. Il s'agit d'une opération que celui-ci a pris le soin de lancer pour faire fructifier les capitaux d'hommes puissants à la fois sur le plan économique et politique. Les petits et les moyens actionnaires ont subi, malgré leur opposition, la volonté de l'oligarchie financière de cette institution métropolitaine.

La deuxième idée, qui se dégage des circonstances dans lesquelles est née la nouvelle société, concerne le rôle des pouvoirs publics dans cette affaire. On n'a pas réussi, malgré tous les efforts déployés, à créer un organisme à caractère étatique. Cependant, lors de la souscription de son capital social, on a répandu le bruit que le C.F.A.A. [29], tout comme la B.A., bénéficie du contrôle gouvernemental.

Gaston Thomson [30], député de Constantine et appartenant au groupe qui soutient la nouvelle société, répand la même fausse nouvelle en Algérie.

Il envoie le 11 septembre 1880 un télégramme aux journaux algériens dans lequel il annonce que sa création est définitive en concluant que cette société « devient, dans certaines mesures, une institution de l'État placée sous son contrôle, le décret autorisant le gouvernement à accepter ce contrôle est signé » [31].

Or ce décret n'a jamais été signé, comme nous l'avons signalé plus haut, mais le coup de bourse est habilement préparé aussi bien à Paris qu'à Alger.

On a voulu profiter de ce climat favorable et de cette confiance du public en lançant le 18 septembre 1880 la souscription du capital du C.F.A.A. avant même la constitution légale de l'entreprise. On est donc pressé afin d'assurer une plus-value importante, avant même la réunion des assemblées générales constitutives des 30 novembre et 9 décembre 1880. Ainsi, les actions émises à 500 F ont atteint 640 F, c'est-à-dire 140 F de plus value par titre.

Mais lorsque le public a appris que la société n'est pas fondée sous tutelle gouvernementale, les actions sont tombées à 410 F [32]. Les conditions du lancement du C.F.A.A., le soutien d'Albert Grévy et la complaisance de Gaston Thomson dans cette affaire montrent qu'on est bel et bien entré dans la phase de l'opportunisme républicain aussi bien en France qu'en Algérie. Le pouvoir républicain s'est rallié au grand capital pour entamer l'affairisme algérien. A plusieurs égards, cette création nous rappelle celle de la S.G.A. pendant laquelle s'est manifestée la collaboration entre pouvoir politique et pouvoir financier. Après avoir contribué à affaiblir cette institution et l'avoir obligée à se transformer en Compagnie algérienne, le nouveau pouvoir a créé sa propre S.G.A. : le C.F.A.A.

D'ailleurs, Steildore, directeur de la Compagnie algérienne, est l'un des actionnaires de la nouvelle société et assiste, à ce titre, à son assemblée générale constitutive.

D'autres intérêts sont liés à la fondation du C.F.A.A. Après Veil Picard et Léopold See ayant respectivement 8 356 et 5 112 actions, viendraient le Crédit lyonnais avec 5 000 actions, la Banque nationale avec 4 000 actions puis M. Letourneur propriétaire de 3 525 actions et M. Deaudreis avec 3 000 actions [33]. Ces six gros actionnaires détiennent 24 993 titres qui constituent presque le 20% du capital de la société et représentent les 65 % du capital représenté à l'assemblée générale constitutive du 30 novembre 1880 [34]. L'établissement bancaire qui, compte tenu de sa participation au sein du C.F.A.A., est destiné à être le principal partenaire de C.F.F., est le Crédit lyonnais dont le directeur, Letourneur, possède 3 525 actions. En plus des 5 000 actions de cet organisme, « ses amis » détiennent 6 514 actions [35]. Ainsi donc, la part du capital social requise au Crédit lyonnais, à son directeur et à « ses amis » est de 140 039 actions [36]. Cet établissement tient, de ce fait, la seconde position, après le C.F.F., dans la formation de la nouvelle société. Comment expliquer cette forte participation du Crédit lyonnais dans le capital de cette société ?

Il semble que l'initiative en soit revenue au C.F.F. qui a exprimé « son désir »[37] d'engager le Crédit lyonnais dans cette opération. Les dirigeants de cette institution ont répondu favorablement à cette offre pour effacer le faux pas que leur établissement a fait en 1879 en soutenant la Banque hypothécaire lancée par Soubeyran pour défier le C.F.F. Après l'échec de la Banque hypothécaire, le Crédit lyonnais change de stratégie en voulant se rapprocher de son ancien rival et des sphères du pouvoir [38]. Christophle et Henri Germain [39] commencent, par conséquent, une politique de collaboration depuis l'automne 1879 en créant ensemble la Foncière lyonnaise. Letourneur écrit le 6 octobre 1880 à Mazerat : « Nous devons faire tous nos efforts pour nous lier avec le Foncier... M. Germain nous rappelle combien nous avons besoin de lui pour les emprunts de la Foncière lyonnaise... Il voit dans l'avenir de grandes choses à faire avec le Crédit foncier » [40].

La participation du Crédit lyonnais dans la fondation du C.F.A.A. constitue ainsi un deuxième pas franchi par les deux institutions sur le terrain de l'entente et de la collaboration. En plus du rapprochement entre leurs responsables et leur réussite financière au cours des années 1870, le C.F.F. et le Crédit lyonnais veulent conquérir de nouveaux espaces et entamer de nouvelles expériences. Ce dernier a fixé lors de cette période de croissance économique une nouvelle stratégie qui tend à dominer les marchés extérieurs en soutenant les affaires [41]. En plus des domaines russe, égyptien et ottoman, il cherche à explorer, à la fin des années 1870, le champ algérien en prenant part aux investissements ferroviaires [42]. Un investissement attire un autre d'autant plus que les affaires de banques et de chemins de fer sont liées aussi bien en France que dans les colonies.

L'engagement du Crédit lyonnais dans la création du C.F.A.A. ne se limite pas à la simple participation financière, il apparaît même lors de la souscription du capital. Un syndicat est formé pour se charger de l'émission du capital social. Il comprend deux représentants du C.F.F. et deux autres du Crédit lyonnais. Il est même spécifié que ce dernier « tiendra la comptabilité du syndicat et effectuera les répartitions » [43]. Ce rôle éminent du Crédit lyonnais a permis à Jean Bouvier d'écrire que cette société a pris « la tête du syndicat émetteur » [44] des 120 000 actions. Toutefois, une priorité est accordée aux actionnaires du C.F.F. en tant que société mère. Jusqu'au 9 octobre 1880, quelque 55 000 actions sont souscrites. Le 18 janvier 1881, tout le stock est vendu au public au prix moyen de 610 F nets l'action [45].

A partir de l'exemple du C.F.A.A., il nous semble que des liens forts et durables sont tissés entre le C.F.F. et le Crédit lyonnais. Ce mariage réussi a donné, en Algérie, une deuxième naissance en 1881 : la Compagnie foncière de France et d'Algérie. J. Bouvier a noté à cet égard qu'une « concentration d'envergure tendait à assurer au groupe Crédit Foncier - Crédit lyonnais une sorte de monopole des grandes affaires immobilières françaises et africaines » [46].

Après l'étude de quelques gros actionnaires, qui nous a révélé le rôle déterminant joué par le C.F.F. et le Crédit lyonnais dans la fondation du C.F.A.A., nous devons nous arrêter sur la liste des administrateurs de cette société afin de déterminer les autres intérêts liés à cette affaire.

D'après la composition du conseil d'administration se dégagent quatre types d'intérêts [47].

* Les hommes politiques : René Brice député, Delarbre conseiller d'État honoraire, Guiffrey sénateur, Honoré sénateur, Legrand député, Mongellas président

du conseil général d'Alger. Bien que ces hommes occupent d'autres fonctions dans le monde des affaires, il paraît que leur responsabilité politique est la plus déterminante concernant leur désignation au sein de l'administration du C.F.A.A. Le monde politique est à notre avis sur-représenté dans cet organisme, même plus que dans la société mère [48]. Ses promoteurs ont tenu à cette préférence en réservant, lors de la souscription du capital social, 7 à 8 000 titres pour des attributions aux hommes politiques [49].

* Le deuxième type d'intérêt à signaler est le C.F.F. Ce dernier est représenté par trois administrateurs (Brice, Guifferey, Maillard) et un censeur (Thoureau) au sein de la nouvelle société. Cela montre, encore une fois, le rôle de cette institution métropolitaine dans la création et le contrôle de sa filiale algérienne.

* Le troisième type d'intérêt présent au conseil d'administration de la nouvelle société est le Crédit lyonnais. Celui-ci est représenté par un seul administrateur. Il s'agit d'Ardan, son directeur à Alger. Cette faible participation se contredit avec le rôle décisif joué par cette banque dans la mise en place de la nouvelle société. Comment pouvons-nous expliquer un tel paradoxe ?

D'autres intérêts ou éléments du Crédit lyonnais figurent au sein du conseil d'administration du C.F.A.A. sans qu'ils soient pour autant signalés en tant que tels. Il s'agit de René Brice et Arlès-Dufour. Le premier, en plus de son rôle de censeur du C.F.F., très proche du Crédit lyonnais auquel il a déjà rendu quelques services dans le passé [50]. En récompense à ces services, il n'a pas tardé à être nommé administrateur du Crédit lyonnais. Par sa qualité de député, il a présidé de nombreuses commissions parlementaires relatives aux affaires algériennes. Il a rédigé plusieurs rapports concernant les finances, le crédit et les chemins de fer algériens. En juillet 1879, il est nommé rapporteur de la commission désignée pour étudier la question de la prorogation du privilège de la B.A. [51]. Il entre alors en contact avec les dirigeants de cet établissement et étudie de très près les problèmes du crédit en Algérie. Le Crédit lyonnais et le C.F.F. ne peuvent se passer de ses connaissances et de son expérience dans le domaine de la finance algérienne. Par ses multiples fonctions, René Brice[52] serait la clef de voûte du C.F.A.A. Non seulement il a joué un rôle décisif pour le rapprochement entre le Crédit lyonnais et le C.F.F., mais il leur a fourni tous les renseignements nécessaires sur le monde algérien.

Le deuxième représentant « occulte » du Crédit lyonnais au C.F.A.A. est Armand Arlès-Dufour. Les origines et les attaches lyonnaises de cet homme sont notoires. Son père, Jean-Barthélémy, l'homme d'affaires et l'industriel lyonnais, ami du père Enfantin, avait déjà des intérêts en Algérie [53]. Arrivé dans ce pays en 1866 à l'âge de 24 ans, Armand Arlès-Dufour crée deux domaines dans le Mitidja (1000 et 600 ha). Étant agronome de formation, il introduit de nouvelles techniques agricoles et de nouvelles races animales en Algérie [54]. Fort de ses relations lyonnaises et influencé par l'idéologie saint-simonienne, il se consacre à certains projets industriels en Algérie [55].

Son frère Alphonse, arrivé en 1871 et disposant d'une grande fortune, s'intéresse surtout au commerce de grains entre l'Algérie et la Métropole.

* Le quatrième : la B.A. Nous constatons la présence de plusieurs hommes de cette institution parmi les dirigeants du C.F.A.A. : Marchessaux, Aboucaya, Alphandéry, Lassalas, Wittersheim et Tachet. Le nombre élevé de ces administrateurs nous permet-il de penser à une réelle participation de l'institut d'émission algérien dans la création et la gestion du nouvel établissement ? La B.A. est-elle un troisième partenaire, avec le C.F.F. et le Crédit lyonnais, dans cette nouvelle affaire ?

Plusieurs raisons nous incitent à être sceptique vis-à-vis de cette forme d'engagement de l'institut d'émission algérien. Nous connaissons, d'une part, la stratégie de prudence à laquelle la B.A. est restée fidèle, du moins jusqu'au début des années 1880. D'autre part, les rapports entre cette institution et le C.F.A.A. demeurent conflictuels jusqu'à 1886. La crise du milieu des années 1880 a contribué, cependant, à apaiser la concurrence entre les deux principaux établissements financiers de l'Algérie [56]. Dans ce contexte de rivalité entre les deux sociétés, la situation des administrateurs communs aux deux établissements ne serait pas très confortable. Un autre élément vient compliquer les choses : Honoré, administrateur du C.F.A.A., est nommé depuis le 13 septembre 1882 commissaire du gouvernement au conseil d'administration de la B.A. [57] Voilà qui serait de nature à compliquer les rapports entre les deux organismes. Pourquoi les administrateurs de la Banque ont-ils alors choisi d'aller à l'autre société ? Ont-ils agi de leur propre initiative ou bien ont-ils obéi à un ordre quelconque ? Il semble que ces hommes ne représentent pas l'institut d'émission au conseil d'administration du C.F.A.A. Leur revirement vers cette société est une réponse aux appels lancés à ces hommes par les fondateurs de la nouvelle entreprise. Des contacts sont établis, une correspondance est échangée dans le but de les attirer vers leur organisme financier. Dans la dernière phase de sa création, des télégrammes sont envoyés des deux côtés pour confirmer l'approbation des futurs administrateurs algériens de la société projetée [58].

Les administrateurs de la B.A. sont donc attirés par l'appât du gain et par les perspectives que leur ouvre cette grosse opération. Chaque administrateur du C.F.A.A. doit être, comme le prévoient les statuts, propriétaire d'au moins cinquante actions [59]. Néanmoins, leur engagement dans cette affaire ne peut se faire sans le consentement de leur société initiale dans laquelle ils ont conservé leurs attributions. Ils auraient reçu son aval dans une volonté de noyauter la nouvelle entreprise. Alors que la volonté opposée, c'est-à-dire celle des promoteurs de la société projetée, était de vider la B.A. de ses dirigeants. Du moment qu'il leur fallait des administrateurs algériens, on ne pouvait mieux trouver que les dirigeants de l'institut d'émission installés en Algérie depuis longtemps et initiés aux affaires du pays.

Ils ont même contacté Jacques Siegfried, l'administrateur de la compagnie Bône-Guelma, pour engager sa maison dans la nouvelle entreprise en lui proposant le poste d'administrateur au C.F.A.A. Ce dernier est resté sceptique quant à l'avenir de l'établissement projeté. En dépit de l'intérêt qu'il porte aux questions algériennes, Siegfried a répondu à son interlocuteur : « La réflexion a fortifié l'objection que je vous ai déjà faite » [60]. Il s'est dérobé derrière le « trop petit nombre d'actions » [61] dont sa maison est titulaire pour refuser le poste d'administrateur du C.F.A.A.

Toutes ces tentatives faites par ses fondateurs auprès des dirigeants de la B.A. et du « Bône-Guelma » s'expliquent par la nécessité de trouver des administrateurs français installés en Algérie. En effet, sur les quinze administrateurs, dix résident à Alger et cinq sont établis à Paris. Cette répartition est conçue dans un but précis : créer deux instances dirigeantes, le conseil d'administration qui se réunit à Alger où se trouve le siège social de la société [62], et un comité de Paris qui est « en correspondance pour ainsi dire journalière avec les membres du conseil fonctionnant en Algérie » [63]. Les membres du comité de Paris sont, dans une certaine mesure, les administrateurs de la succursale de cette ville dont la mission est de veiller à l'exécution des décisions du conseil d'administration et généralement à tout ce qui concerne les intérêts de la société en France [64]. La nature et la fonction réelles de cette instance restent vagues et floues. D'ailleurs, on l'appelle « succursale de Paris », ou « comité de Paris », ou bien « service de Paris », ou encore « comité spécial » [65]. Chacun de ses membres peut se rendre à tout moment à Alger et assister aux réunions du conseil d'administration tout en ayant les mêmes voix et les mêmes droits que les membres d'Alger [66]. Ce comité spécial est ainsi doté de pouvoirs étendus qui dépassent ceux du conseil d'administration établi à Alger, il serait une sorte de tour de contrôle commandée par le noyau parisien du C.F.A.A. Cependant, la direction de la nouvelle société est confiée, peut-être dans un souci d'équilibre, à un « Algérien » [67]. Christophle propose à l'assemblée générale du 30 novembre 1880 la nomination de Wittersheim à ce poste. Il justifie son choix par l'expérience de cet homme qui « a étudié de près les personnes et les choses » [68] d'Algérie. En effet, ce dernier s'est initié aux affaires algériennes, ce qui lui a permis d'être nommé directeur de la succursale de la B.A. à Oran. Sa réussite dans la gestion de cette succursale [69] explique sa promotion, en septembre 1878, au poste de sous-directeur du même établissement. Après sa nomination à la tête du C.F.A.A., il présente sa démission au directeur de l'institut d'émission [70].

En plus de son expérience en matière de crédit, Wittersheim semble entretenir de bonnes relations avec l'administration algérienne à tel point que certains estiment qu'il « aurait été nommé par le gouverneur général » [71] à la tête du C.F.A.A. On ne peut mieux concurrencer la Banque que par son propre sous-directeur qui connaît ses forces et ses faiblesses. La guerre entre les deux puissantes institutions financières de l'Algérie est ainsi déclarée. L'institut d'émission bénéficie de son expérience, de sa sagesse et de son capital moral. En revanche, le nouvel établissement est fort par ses capitaux, par le soutien du nouveau pouvoir républicain et par l'appui de grands organismes financiers métropolitains, particulièrement le C.F.F. et le Crédit lyonnais. La stratégie, la politique de crédit du C.F.A.A., et toute son action en Algérie, dépendent de ses rapports avec la société mère. Quelle est alors la stratégie et la marge de manœuvre dont il dispose ?

II) Le C.F.A.A. : une stratégie ambitieuse, mais une marge de manœuvre limitée

Le C.F.A.A. est créé sous forme de société anonyme régie par la loi de 1867. Il est dirigé par un conseil d'administration établi à Alger, un « comité de Paris », et un directeur général élu. Après la mise en place de cette administration centrale, on pense établir des représentations régionales et locales de la nouvelle société sur divers points du territoire algérien. « Dans la première année qui suivra la constitution de la société, les succursales seront installées à Constantine, Oran et Bône. Il pourra être établi des agences locales ou succursales dans tout autre centre » [72].

La stratégie du C.F.A.A. devait être aussi grande que l'espace algérien. La volonté de couvrir tout le champ algérien est nette. On ne manque pas de rappeler que ses opérations s'étendent sur « tout le territoire algérien » [73]. La stratégie de grandeur est annoncée dès le début, elle est nourrie par le mouvement ascendant des affaires. « Dans cette France africaine »[74], écrit Christophle, le mouvement général du commerce extérieur se traduit dès la fin de 1878 par un chiffre total de 367 000 000 de F, soit 236 000 000 pour l'importation et 131 000 000 pour l'exportation. « Il y a là des indications précieuses au point de vue qui nous occupe », affirme le même responsable à l'assemblée générale du 30 novembre 1880 [75].

Les richesses algériennes et les potentialités de crédit sont, selon cette même pensée, énormes et ouvrent de grandes perspectives pour un puissant organisme financier. La propriété urbaine et rurale appartenant à des Européens est, d'après les renseignements dont dispose le gouverneur du C.F.F., grevée en 1880, « d'environ 200 millions de francs d'hypothèque... Mais à côté de la propriété européenne, existe la propriété indigène : celle-là, pour ce qui concerne seulement les immeubles ruraux, n'est pas inférieure en valeur, à un milliard de francs »[76]. Les dirigeants du C.F.A.A. entendent même réaliser une percée dans le monde de la propriété arabo-berbère, malgré les incertitudes qui pèsent dans ce domaine. Ils ne veulent exclure aucun propriétaire, entrepreneur ou travailleur de leur sphère d'action. Leur institution est appelée à venir au secours du colon laborieux, et à lui offrir les ressources dont il a besoin [77].

En ce temps où les pouvoirs publics affichent comme objectif l'assimilation de la Colonie, l'agriculture et la colonisation doivent être relancées par les crédits fournis par la nouvelle société afin de donner à cette assimilation un contenu économique. Le contexte politique favorable, la conjoncture économique euphorique de la fin des années 1870 et du début des années 1880, et les potentialités de mise en valeur des ressources algériennes sont la toile de fond de cette stratégie de grandeur. On ne peut pas, en étudiant la stratégie du C.F.A.A., ne pas avoir à l'esprit celle du Crédit mobilier et le climat euphorique qui a prévalu à sa création en 1852. Tout comme les Pereire soutenant l'Empire, Christophle, appuyant la politique de la IIIe République, considère que deux éléments sont susceptibles de créer le progrès dans la Colonie : le travail et le crédit. Puisque celui-ci fait défaut, on conçoit alors « aisément que le champ d'action, affirme Christophle, soit nécessairement circonscrit dans un pays où s'élargit chaque jour la sphère d'activité des Européens, mais dont les colons n'ont pas encore obtenu de la terre le rendement dont elle est susceptible »[78].

Au surplus, les opérations que le C.F.A.A. est appelé à développer en Algérie doivent être le reflet de cette ambitieuse stratégie. Ses statuts précisent qu'il a pour objet, entre autres, de :

«1°) prêter sur hypothèque... aux propriétaires d'immeubles situés en Algérie des sommes remboursables à long terme, par annuités, soit à court terme avec ou sans amortissement.

2°) prêter... avec ou sans hypothèque aux départements, communes et aux établissements publics d'Algérie, [d'] acheter..., négocier, émettre les obligations créées ou à créer par les départements, communes ou associations syndicales.

3°) Acquérir ou faire acquérir... et [de] rembourser des créances privilégiées ou hypothécaires ou des créances communales » [79].

L'activité essentielle à entreprendre touche donc au domaine du prêt hypothécaire. Ces prêts sont accordés soit à des individus soit à des collectivités. Par ces prérogatives, cet organisme se fixe comme axe d'intervention les opérations négligées par la B.A. Cette dernière a toujours refusé les demandes de crédit formulées par les villes, les conseils généraux et les communes. Une autre innovation est introduite par le C.F.A.A. en Algérie, à savoir le crédit à long terme. D'ailleurs, Albert Christophle a tenu à préciser que le capital social de la société est « exclusivement réservé aux opérations à court terme », en revanche les opérations à long terme consistant dans « les prêts fonciers ou communaux sont réalisés, au contraire, à l'aide de fonds empruntés au C.F.F. et provenant des ressources de ce dernier établissement » [80]. Nous reviendrons sur les rapports entre la société mère et sa filiale algérienne, mais signalons maintenant que le C.F.F. vient par la puissance de ses capitaux appuyer sa filiale afin d'éviter l'immobilisation de son capital de 60 millions de francs dans les opérations de crédit à long terme.

Au demeurant, le C.F.A.A. trouve une autre voie négligée par la S.G.A. et non explorée par la B.A., à savoir le crédit agricole. Il peut prêter sur hypothèque aux particuliers et aux sociétés, soit à long terme, soit à court terme avec ou sans amortissement, par obligations simples, ou sous forme d'ouverture de crédit, des sommes à employer pour l'amélioration du sol, les défrichements, et la construction des biens urbains ou ruraux [81].

On cherche à aider, par différents moyens, l'agriculture, la colonisation et toutes formes de mise en valeur du sol. Nous constatons ainsi une grande facilité en matière d'octroi de crédit : on est disposé à prêter à long terme, à court terme, non seulement à des propriétaires mais à des concessionnaires qui viennent de débarquer en Algérie et ne disposent encore ni d'un titre de propriété, ni d'un capital. On accepte même de prêter à certaines collectivités avec ou sans hypothèque [82].

Avec cet optimisme et ces facilités, l'action du C.F.A.A. est une véritable d'aventure. Elle serait qualifiée par les dirigeants de la B.A. d'imprudence ou d'ignorance du milieu algérien. En plus de ces opérations de crédit foncier et agricole, cet établissement entend faire des opérations ordinaires de banque : prêter sur fonds publics, bons de Trésor, obligations, titres de sociétés, créer des magasins généraux et prêter sur nantissement de marchandises, et *warrants* de magasins généraux [83]. Il fonctionne, encore, comme une banque de dépôt puisqu'il est appelé à recevoir en dépôt des capitaux qui ne dépasseraient pas son fonds social. Son champ d'action est donc très vaste, son ambition est très grande. Pour un tel dessein, il faut de grands moyens. Il n'agit pas tout seul mais, il dispose d'un allié ou d'un partenaire de taille : le C.F.F. Quelle est alors la relation entre les deux sociétés ? Comment vont-elles parvenir à coordonner leur action dans un milieu colonial très difficile ?

Le C.F.F. a créé le C.FA.A. en lui fournissant toute sorte de concours. De ce fait, la société mère préserve un droit de regard et de contrôle sur sa filiale. En cas de changement de statuts, ou de traités proposés à une assemblée générale, l'établissement métropolitain doit adhérer aux propositions à soumettre [84] à cette instance. Son rôle ne se limite pas à ce droit de tutelle, il s'étend aussi aux opérations qu'il entreprend avec la clientèle d'Algérie. Les fonds qu'il fournit au C.F.A.A. permettent à ce dernier d'accorder des prêts hypothécaires, remboursables à long terme. Celui-ci fait également avec ses propres capitaux des prêts hypothécaires, à long et à court terme, avec ou sans amortissement, soit par obligation simple, soit sous forme d'ouverture de crédit sur les immeubles ne répondant pas immédiatement aux exigences des statuts de la société mère. Toutefois, il est spécifié que les sommes prêtées doivent être « utilisées à l'amélioration du sol, aux défrichements, ou la construction de bâtiments urbains ou ruraux. Lorsque, par suite de l'amélioration du sol ou autrement, l'immeuble aura acquis un revenu durable et certain, l'opération sera reprise par le C.F.F »[85].

Nous constatons ainsi une certaine hiérarchie en matière d'octroi de crédit :

Tout d'abord les propriétés et les opérations présentant toutes les conditions de sécurité requise bénéficient des prêts consentis par le C.F.F. par le biais de sa filiale. De ce fait, celle-ci n'est qu'un intermédiaire entre l'emprunteur algérien et le bailleur de fonds parisien, ou encore un simple représentant en Algérie de l'établissement parisien. Il reçoit aussi pour le compte de la société mère les remboursements faits par les emprunteurs sous forme d'annuités.

En contrepartie de tous ces services, il obtient sur le produit des annuités des prêts versés au nom de l'institution métropolitaine.

Après ce premier type d'opérations, viennent ensuite dans cette hiérarchie de crédit les propriétés présentant un caractère moins sûr ou douteux. Celles-ci ont droits aux sommes avancées par le C.F.A.A., en son propre nom et à ses risques et périls.

Après un certain apprentissage, ou une période d'essai, ses meilleurs clients, c'est-à-dire les plus riches et les plus solvables, sont sélectionnés pour accéder au premier rang de la hiérarchie financière. Ils deviennent, après cette promotion, les clients ou les débiteurs directs de la société mère qui se charge désormais de leurs dossiers, dettes et hypothèques. Mais dans cette situation, la filiale continue à gérer de telles opérations au nom de la société mère en tant qu'agent pur et simple de ce dernier.

Cette grille d'opérations de crédit est valable seulement pour les crédits alloués aux particuliers. Concernant les prêts accordés aux collectivités, les données du problème sont autres. D'une part, la filiale n'a aucune possibilité de prêter ses propres fonds aux départements, villes et collectivités. D'autre part, les prêts à ces institutions, remplissant toutes les conditions de garantie, sont uniquement du ressort de la seule société mère. [86]

Après avoir opéré directement en Algérie pendant une vingtaine d'années (1860 à 1880), le C.F.F. a modifié sa stratégie : il crée le C.F.A.A. pour élargir le champ de son action, mais aussi pour se fortifier et se dérober derrière sa filiale. En cas de risque ou d'échec, seul l'organisme algérien en subit les conséquences, alors que son partenaire parisien reste complètement épargné.

Nous sommes tenté de rappeler que ce même type de rapport unilatéral entre ces deux sociétés [87] a prévalu, quoique dans un domaine différent de celui de la banque, entre la Société de construction des Batignolles et sa filiale algérienne le « Bône-Guelma ». La politique de création de filiales s'avère très efficace en milieu colonial.

Bien que les statuts de la filiale aient essayé de bien définir la répartition des rôles et la division des tâches avec la société mère, des équivoques demeurent. Ces ambiguïtés sont afférentes aux modalités et aux conséquences des prêts faits en Algérie au nom du C.F.F. Les dirigeants de cette société sont conscients de ce problème, puisque son gouverneur, quelques mois après la naissance de l'établissement algérien, parle des «difficultés relatives à l'interprétation des statuts de C.F.A.A.» [88]. Quel est l'objet et le sens de la différence d'interprétation de ces statuts qui se transforme parfois en différend entre les deux partenaires ?

Les demandes de prêts sont adressées à l'établissement algérien. Celui-ci procède par ses propres moyens à l'estimation de la valeur des propriétés offertes en garantie. Lorsque ses services reconnaissent que la propriété est légale et que la garantie est valable, ils transfèrent la demande de prêt au conseil d'administration de leur société mère pour statuer sur les conditions du prêt qui est immédiatement réalisé. Toutefois, les actes relatifs à ce même prêt sont passés au nom des deux sociétés, stipulant chacune comme créancier solidaire et indivisible. Aussitôt que l'acte de réalisation est passé, le rapport des inspecteurs et l'établissement de propriété sont transmis au C.F.F., qui doit, dans un délai de quinze jours après réception du dossier, examiner l'affaire.

Au cas où le prêt ne paraîtrait pas répondre en tout ou en partie aux exigences des statuts du C.F.F., l'opération est considérée comme faisant partie des prérogatives du C.F.A.A. [89]. On retrouve, de nouveau, la notion de hiérarchie des affaires à traiter. Le prêt est assigné au départ au nom des deux sociétés. Si les conditions paraissent peu avantageuses pour l'établissement parisien, il se retire de l'opération laissant son partenaire algérien confronté à ses risques et périls.

En dépit de cette stratification des opérations de crédit, et malgré la domination exercée par la société mère sur sa filiale, cette dernière n'a jamais contesté ce rapport inégal. La contestation est venue de la part du C.F.F., et précisément son service contentieux, jugeant que la relation entre les deux parties n'est pas suffisamment claire et que certaines « difficultés » pourraient surgir entre les deux partenaires. Ces « difficultés » ou ambiguïtés pourraient être résumées, toujours selon la même logique, par les questions suivantes :

- Le gouverneur du C.F.F. veut souvent s'assurer s'il est juridiquement et réellement en mesure de faire acquérir, au profit de sa société, une hypothèque en Algérie.

- En plus de cette incertitude, le même responsable est intrigué par d'autres questions. « Étant donné que le C.F.F aura été valablement représenté aux prêts, quels seront les effets de la clause par laquelle cet établissement et le C.F.A.A auront stipulé le remboursement de prêts comme créanciers solidaires, se demande-t-il ? Le C.F.F. pourra-t-il, à l'occasion de ce prêt, se prévaloir de ses privilèges spéciaux ?... Enfin le pourra-t-il... lorsque le prêt entier rentrera pour le compte de la société algérienne ? » [90].

Ces questions soulevées par l'organisme métropolitain ont comme toile de fond une certaine inquiétude de ses dirigeants. Malgré les dispositions prises et la domination qu'il exerce sur sa filiale algérienne, il ne s'est pas senti suffisamment rassuré, surtout sur le plan juridique. Il pense ne pas être juridiquement armé de moyens et de garanties nécessaires pour intervenir et protéger ses intérêts en Algérie. Afin d'éclairer sa lanterne en la matière, il a consulté deux juristes, Josseau, avocat à la cour d'appel de Paris, et Chambreaud, avocat au Conseil d'État. Le C.F.A.A a consulté de son côté l'avocat Chambron sur la même affaire.

Les trois juristes établissent chacun une étude détaillée à partir de laquelle ils rédigent un rapport de synthèse. Ils affirment que l'hypothèque étant constituée au profit et au nom des deux sociétés, elles sont alors des « créanciers solidaires et indivisibles » [91]. L'hypothèque constituée n'est pas un droit exclusif ni de l'un ni de l'autre. Chacune des deux parties peut réclamer alors tous les droits pour son propre compte. L'emprunteur est supposé ignorer la relation et les arrangements entre les créanciers. Le rapport déjà cité conclut en rassurant le C.F.F et en estimant que ce dernier, « créancier solidaire des sommes prêtées, pourra poursuivre le remboursement par tous les moyens et toutes les procédures même exceptionnelles mises à sa disposition par les lois qui l'ont institué pour la convention et la réalisation de son gage »[92].

Les craintes du C.F.F. s'avèrent donc infondées et injustifiées. Ses propres textes lui permettent d'intervenir en Algérie et sa filiale est loin de braver ou de détourner son action dans la Colonie. Néanmoins, il ne s'est pas contenté de cette réponse rassurante, il a voulu élargir sa marge de sécurité en imposant à sa filiale deux nouveaux textes pour mieux clarifier la relation entre les deux partenaires et mieux garantir ses intérêts.

Le premier texte est un traité conclu entre les deux parties le 3 juin 1881 pour une durée de dix ans. Il a pour objet essentiel la répartition des bénéfices réalisés par les prêts accordés en Algérie au nom du C.F.F. Sur ces bénéfices, une somme est à prélever pour solder la part du traitement des inspecteurs [93]. Un huitième des bénéfices ainsi déduits est, avant tout partage, attribué au C.F.A.A. en représentation de ses frais généraux. Sur le surplus, un huitième est encore à prélever pour constituer un fonds spécial de réserve appartenant par moitié aux deux entreprises, le reste est à partager entre elles selon la même règle [94]. L'établissement métropolitain s'engage, de son côté, à s'occuper à Paris du service de caisse et de la gestion des titres de sa filiale moyennant une rétribution à définir par une autre convention spéciale [95]. Tout en précisant les rapports financiers entre les deux sociétés, le traité du 3 juin 1881 réaffirme les principales obligations de l'organisme algérien vis-à-vis de son partenaire parisien.

Le deuxième texte, relatif aux rapports entre les deux établissements de crédit, est la convention du 10 septembre 1881 qui est venue enfoncer le clou et imposer des conditions contraignantes au C.F.A.A. En effet, par ce nouveau texte, ce dernier est obligé de s'interdire toute possibilité de faire des prêts hypothécaires si les immeubles offerts en gage réunissent les conditions exigées par les statuts du C.F.F [96]. Ce type d'opérations sûres reste le domaine réservé à ce dernier. En contrepartie de cette restriction imposée à sa filiale, l'établissement métropolitain s'engage à lui fournir une somme de 10 millions de francs à verser au fur et à mesure de ses besoins [97]. Cette somme est, à vrai dire, destinée à être employée par le C.F.A.A. pour financer les prêts qu'il entend effectuer tout seul avec son propre capital. Ces opérations engagées sous sa propre responsabilité ne devraient en aucun cas se confondre avec l'article 3 de ses statuts [98] inhérent aux prêts faits au nom de son partenaire.

Indéniablement, le C.F.A.A. n'est même pas libre sur son propre domaine, puisqu'il doit faire ses propres opérations avec l'avance de 10 millions de francs attribuée par la société mère moyennant un intérêt annuel de 4,5 % au profit de l'organisme métropolitain [99]. Par ailleurs, il n'est pas maître aussi des taux de ses prêts. Selon la convention du 10 septembre conclue entre les deux parties, il « s'engage à ne prêter en aucun cas à un taux d'intérêt inférieur au taux normal et ordinaire du C.F.F. sans s'être préalablement mis d'accord avec lui » [100]. Par une pareille clause, celui-ci cherche à éviter une concurrence de son associé algérien par une baisse éventuelle des taux de ses prêts. Mais cette mesure n'est pas réciproque, car le C.F.F. se réserve de fixer l'intérêt des prêts [101] qu'il effectue en Algérie. Par de tels contrats et de telles dispositions, l'organisme algérien est victime de ses propres fondateurs qui entravent son action et l'empêchent d'agir d'une manière autonome. Le problème est d'autant plus grave que le rapport inégal entre les deux organismes de crédit risque de se prolonger dans la mesure où le traité du 3 juin 1881 et la convention du 10 septembre 1881 qui prennent fin en 1891 sont renouvelables pour une autre décennie.

En effet, depuis l'été 1900 [102], les principaux services du C.F.F. sont invités à présenter leurs points de vue sur les rapports entre les deux sociétés et les opérations traitées ensemble. La division des correspondants financiers remarque que « les questions de trésorerie ne sont pas abordées » [103] dans les textes liant les deux sociétés. De ce fait, l'organisme algérien trouverait une marge réduite d'autonomie, puisqu'il est dorénavant appelé à faire lui-même, à sa succursale de Paris, ses opérations de caisse et de transfert. Une autre étude, concernant cette fois les prêts communaux, est présentée au secrétaire général du C.F.F. par un autre service de la même société. Après avoir démontré la complexité du système en vigueur et le faible apport des prêts communaux réalisés en Algérie, ce document préconise de « se séparer du C.F.A.A.»[104]

Le service de contrôle de la même institution dresse, quant à lui, un bilan négatif de sa coopération avec son associé algérien. Le compte de ce dernier chez la société mère est, selon cette même source, « souvent débiteur de sommes importantes » [105]. Les bénéfices rapportés par les opérations traitées ensemble sont jugées faibles : la réserve des bénéfices « n'atteint que 1 020 000 francs au 31 décembre 1899 » [106]. Le même document émet des réserves à l'égard de l'action et l'existence même du C.F.A.A tout en constatant que le C.F.F. était « contraint de créer » [107] cette entreprise. S'il était libre de son action, il « aurait tout intérêt à réorganiser ses succursales d'Algérie et à faire des prêts pour son propre compte conformément au décret du 11 janvier 1860 »[108].

Le C.F.A.A. est donc considéré comme un fardeau ou une mauvaise affaire par certains services du C.F.F. qui préfèrent revenir à la case de départ, c'est-à-dire l'intervention directe de leur société en Algérie à l'instar de l'expérience entreprise entre 1860 et 1880. Tel n'est pas, en revanche, l'avis des membres de son conseil d'administration qui voudraient prolonger la collaboration avec leur partenaire algérien, d'autant plus que les principaux traités liant les deux sociétés expirent en 1900. L'affaire est devenue épineuse et la question n'est pas tranchée jusqu'à la fin de l'année 1900.

Cette hésitation des instances dirigeantes du C.F.F., concernant l'avenir de leur intervention en Algérie, est nourrie par deux facteurs liés à la conjoncture algérienne de l'époque. D'une part, les incertitudes politiques pèsent lourdement sur l'avenir de la Colonie qui connaît une crise morale et, d'autre part, l'avenir flou de la B.A. qui n'arrive pas à obtenir le renouvellement de son privilège venant à son terme en 1897 [109]. D'ailleurs, pour résoudre ce problème du rapport de leur société avec le C.F.A.A., les dirigeants de la société mère ont procédé, un peu à la manière des responsables de l'institut d'émission algérien, en désignant le 29 décembre 1900 une commission spéciale chargée d'élucider la question de l'avenir de leurs opérations en Algérie [110]. Après des réunions successives lors des mois de janvier et février 1901, la commission s'est prononcée pour le renouvellement des conventions et des traités entre les deux institutions, tout en préconisant des modifications de détail.

Un traité est conclu le 27 mars 1901 entre les deux partenaires pour une nouvelle durée de dix ans. Indépendamment de son contenu et des modifications qu'il a apportées, ce traité a une valeur morale dans la mesure où il a dissipé le spectre de la rupture entre les deux parties.

Avec ses différentes péripéties, ses avantages et ses inconvénients, l'expérience du C.F.A.A. en Algérie a balisé une trajectoire opposée à celle de l'émission monétaire dans ce même pays. Avec sa création en 1880, le domaine du crédit agricole et foncier reste toujours dominé et accaparé par l'établissement métropolitain spécialisé en la matière. Le crédit agricole et foncier en Algérie, par ses deux étapes d'avant et d'après 1880, était avant tout le produit d'une stratégie d'expansion et d'une volonté hégémonique du C.F.F. qui guettait toutes les affaires fructueuses, même en dehors de la France. Telle n'est pas la stratégie de la B.F. qui voulait se limiter au seul territoire métropolitain en refusant d'aller s'établir dans les colonies parmi lesquelles l'Algérie. À cause de cette réticence de l'institut d'émission métropolitain, l'Algérie s'est vue créer son propre institut d'émission : la B.A.

Les grands établissements bancaires métropolitains ont dominé la scène algérienne par leur présence comme le montre l'exemple du C.F.F., et ils ont même brillé par leur absence, comme le révèle le cas de la B.F. Par excès ou par défaut, les grandes banques françaises, notamment celles qui ont un caractère semi-étatique, restent les véritables maîtres du jeu algérien dans la mesure où elles sont les décideurs en matière financière et économique. L'expérience de la B.A., menacée jusqu'à la fin du siècle par la fusion avec la B.F., et celle du C.F.A.A. dont l'action est marginalisée par la société mère, montrent les limites et les faiblesses de ces établissements bancaires algériens. L'action financière et la politique de crédit du C.F.A.A. le confirment.

III) L'action du C.F.A.A. en Algérie (1880-1900)

Cette action dépend de plusieurs éléments parmi lesquels la conjoncture, la stratégie de la société, deux éléments que nous avons déjà étudiés et les moyens dont celle-ci dispose.

1) Ses moyens d'action

Il est clair que cet organisme ne bénéficie pas d'une liberté d'action. Ses statuts, sa stratégie et ses dirigeants lui sont imposés par le C.F.F. Nous pensons avoir bien élucidé sa dépendance à l'égard de la société mère. Ce manque d'autonomie entrave son initiative et son action : l'acceptation d'un immeuble en gage, les taux des prêts, la durée des prêts..., tout cela est décidé et imposé par l'établissement parisien. N'étant pas libre de ses décisions ni de sa politique de crédit, il ne l'est pas aussi sur le plan de son organisation administrative.

Son siège social se trouve certes à Alger [111], mais un « comité de Paris » gérant la succursale de cette ville est créé au moment de sa naissance [112]. Bien que le conseil d'administration établi à Alger détienne légalement les leviers du pouvoir, le « comité de Paris » jouit d'un pouvoir réel qu'il puise auprès des dirigeants du C.F.F. se trouvant à proximité. Même si nous ne disposons pas de la liste nominative des administrateurs de cette succursale de Paris, il est évident qu'elle est dirigée par les hommes de la société mère, qui ont voulu, par le biais de cette instance, se donner un certain pouvoir.

Ainsi ce double pouvoir au sein du C.F.A.A est-il de nature à pénaliser son action. La correspondance entre l'administration d'Alger et celle de Paris fait état de plusieurs divergences entre les deux instances dirigeantes. Un rapport interne sur le traitement des affaires constate la complexité et la lenteur de la procédure à cause de la confusion en matière de partage des pouvoirs entre le conseil d'administration d'Alger et « le comité de Paris ». Les affaires sont traitées avec un grand retard estimé parfois à plusieurs mois, ce qui est de nature à compliquer les choses.

Mécontents de leur statut et jugeant qu'ils n'ont pas un pouvoir réel, les membres du comité de Paris se plaisent à exercer un certain contrôle en contestant « uniquement les irrégularités » [113]. Cette situation ne peut, aux yeux des hommes du C.F.F., durer encore. Le piétinement des affaires à Alger, l'inexpérience de l'administration de cette ville, l'éparpillement des dossiers et, fait plus grave, l'émiettement du pouvoir entre Alger et Paris, incitent à « centraliser »[114] les dossiers et les décisions à Paris. Une réforme s'impose : les prérogatives des administrateurs de Paris doivent être élargies au détriment du conseil d'administration d'Alger.

Cette réforme est d'autant plus urgente qu'elle émane du gouverneur du C.F.F. en personne.

Le 9 mai 1888, ce dernier informe son conseil d'administration de la nécessité d'introduire des modifications dans les statuts du C.F.A.A. pour renforcer les pouvoirs du comité de Paris et lui donner la part d'autorité la plus grande [115]. Pour arriver à ce dessein, trois mesures sont jugées indispensables :

* Au niveau de la direction : on décide de supprimer le cumul des fonctions de directeur général et de président du conseil entre les mains d'une seule personne et « on substitue au directeur général président du conseil résidant à Alger, un président du conseil résidant à Paris et un directeur à Alger » [116]. Ainsi le centre de décision est transféré à Paris, le rôle du directeur établi à Alger se réduirait à la simple exécution des ordres venus de Paris [117].

*Le nombre d'administrateurs de Paris est augmenté pour être désormais égal à celui des administrateurs établis à Alger [118]. L'égalité ou l'équilibre entre l'instance parisienne et l'instance algéroise n'est qu'illusoire, car le rôle des administrateurs métropolitains se trouve consolidé, en plus de leurs poids personnels, par le rôle du président du conseil du C.F.A.A. qui est désormais établi à Paris.

* Selon la même logique de centralisation parisienne, les assemblées générales annuelles devaient se dérouler dorénavant à Paris et non plus à Alger. Les « réformes » proposées touchent tous les niveaux de l'organisation de la société : la direction, le conseil d'administration et l'assemblée générale. Quoique la structure administrative de la société demeure presque la même, l'administration d'Alger est vidée de son pouvoir.

Ces propositions ont provoqué un vif mécontentement chez la partie algérienne de l'administration du C.F.A.A. Les assemblées générales convoquées à deux reprises pour approuver des modifications proposées aux statuts de la société, notamment en ce qui concerne la suppression de la direction générale et l'augmentation des pouvoirs du comité de Paris, n'ont pu se constituer par suite de l'abstention systématique des actionnaires « algériens » [119]. Une scission semble s'établir entre les actionnaires et les administrateurs « algériens » d'une part, et leurs collègues parisiens d'autre part.

Après une tentative avortée le 21 janvier 1888, on arrive à réunir, dans des conditions peu légales, une assemblée générale le 12 juillet 1888. Le rapport du conseil d'administration à cette assemblée devait être présenté par Wittersheim qui occupait jusque-là le poste de président directeur général. Cependant les archives officielles du C.F.A.A. [120] n'indiquent pas le nom du responsable qui a présenté, au nom du conseil d'administration, le rapport à l'assemblée générale. En dépit de ce mutisme, qui n'est pas gratuit, des indices nous révèlent que René Brice a présidé cette assemblée et présenté le compte rendu du conseil [121].

Cela nous incite à penser que l'« Algérien » Wittersheim, pour manifester son refus des « réformes » proposées, a boycotté l'assemblée générale du 12 juillet 1888. L'adoption par cette réunion des modifications proposées a donné lieu à l'élaboration de nouveaux statuts qui vont, à partir de 1889, réglementer la vie interne de la société. Depuis, son conseil d'administration est présidé par Félix Thoureau qui est en même temps administrateur du C.F.F. Une nouvelle règle est désormais adoptée : chaque président du C.F.A.A. doit être en même temps administrateur de la société mère. Quant à Wittersheim, qui a perdu le poste de président depuis l'assemblée générale du 12 juillet 1888, il s'est contenté alors de la fonction d'administrateur. Sa réintégration au conseil d'administration de la B.A. depuis juillet 1887 [122] et l'adoption des nouvelles réformes par le C.F.A.A. incarnées par les nouveaux statuts de 1889 ont hâté sa rupture définitive avec cette société qui a eu lieu en 1891.

La centralisation des décisions à Paris et le départ d'un grand nombre d'administrateurs « algériens », à leur tête Wittersheim, montrent que les intérêts algériens sont de moins en moins représentés au sein du C.F.A.A. Cela affecte évidemment la part des crédits alloués à la Colonie, d'autant plus que les intérêts du C.F.F. passent avant toute chose. Ce dernier est déterminé à renforcer son contrôle sur sa filiale algérienne par de nouvelles mesures.

Ces « réformes » sont imposées dans une conjoncture de crise économique qui a secoué l'Algérie dans le contexte de la grande dépression capitaliste de la fin du XIXe siècle. D'ailleurs, la plupart des sociétés algériennes ont connu, en cette même période, de telles métamorphoses : le Bône-Guelma et sa restructuration administrative au milieu des années 1880, suite à la rupture entre les défenseurs du grand capital métropolitain incarné par la société de construction des Batignolles et ceux qui représentent les milieux algériens. La B.A. a connu, elle aussi, le même sort, problème que nous aborderons avec plus de détails plus loin.

En tout état de cause, l'organisation administrative du C.F.A.A. et les « réformes » adoptées en 1888-1889, ne facilitent pas le développement de son action. Un autre exemple le confirme : le peu d'extension de ses succursales algériennes qui se limitent jusqu'à 1890 au nombre de quatre, à savoir celles d'Alger, Bône, Constantine et Oran [123]. Les moyens financiers de cet organisme lui permettent-il de dépasser ces contraintes pour faire face aux demandes de crédit ?

Celui-ci dispose de 10 millions de francs que lui avance l'institution parisienne au fur et à mesure de ses besoins pour faire des « prêts de participation » selon les modalités des traités entre les deux parties. Mais il dispose avant tout de son fonds social qui était, lors de sa création, de 60 millions de francs. Au milieu des années 1880, en pleine crise économique métropolitaine et algérienne, il se trouve en proie à plusieurs difficultés, la société mère lui impose alors une réduction de son capital social. Le gouverneur du C.F.F. annonce à son conseil d'administration « la demande »[124] du C.F.A.A. de réduire son capital social de 60 à 30 millions de francs. Cette réduction du capital constitue, aux yeux de ce même responsable, la seule garantie que l'établissement algérien est en mesure de fournir. Or, en diminuant ce capital, cette garantie diminue aussi. Pour compenser la diminution de garantie [125] qui résulte de la baisse du capital social, l'établissement parisien demande à sa filiale de lui consentir une hypothèque d'un million de francs sur l'immeuble formant son siège social et de lui fournir, dans un délai de deux ans, une somme de trois millions de francs en tant que gage.

Quels sont alors les mobiles de telles mesures et quelle est la réaction des dirigeants de l'établissement algérien ?

La direction du C.F.F. justifie cette réduction du capital social par la « situation extrêmement tendue et pleine de périls pour la société » [126]. La crise économique menace les fonds de la société, et pour atténuer les pertes, il faut réduire le capital social qui risquerait d'être emporté. Thoureau, président du C.F.A.A., qui assiste à la réunion du conseil d'administration de la société mère du 3 juillet 1888, s'est étonné de telles suggestions. Tout en reconnaissant certaines pertes subies par la succursale d'Oran, il considère que la situation de son organisme est saine et qu'on est simplement en présence d'une « difficulté passagère » [127]. Même si ce dernier est affecté par une crise quelconque, il serait, selon son président de conseil, « très imprudent de diminuer la garantie supplémentaire résultant du capital social » [128].

Cette opposition et cette demande d'ajourner la question n'ont pas empêché l'adoption de la mesure proposée, à savoir la baisse du capital social de l'établissement algérien. Suite à cette décision, une lettre est envoyée à cet organisme [129] lui annonçant une série de mesures, à leur tête, bien sûr, la réduction de son fonds social. Celui-ci finit par accepter le fait accompli, puisque ces propositions sont ratifiées par son assemblée générale du 12 juillet 1889 pour donner lieu, par la suite, à l'adoption de nouveaux statuts.

Ainsi donc, le C.F.F. a profité de la dépression économique, qui n'a pas trop affecté sa filiale algérienne, pour lui imposer une purge financière et administrative touchant surtout son personnel algérien qui s'est trouvé réduit de moitié. Il faudrait préciser encore que le capital de cette société n'est pas, jusqu'en 1905, entièrement versé. Seulement 125 francs par action [130] sont, jusqu'à cette date, versés. Le capital réalisé n'est alors que de 15 millions de francs.

Après cette réduction, le capital appelé dont dispose le C.F.A.A. est seulement de 7,5 millions de francs. Cette évolution des choses est d'autant plus néfaste que ce dernier voit le cours de ses actions chuter rapidement. Après avoir été vendues à 620 F lors de la fondation, ces actions ont atteint en 1895 le prix de 387 F. La baisse du cours des titres qui s'est déclenchée après la baisse du capital social s'est prolongée pendant une décennie tout entière entre 1895-1905 comme le révèle le tableau suivant :

Tab. n° 19 : Cours les plus hauts et les plus bas des actions du C.F.A.A. de 1895 à 1905 [131]

Années	Cours le plus élevé (F)	Cours le plus bas (F)
1895	424	387
1896	460	410
1897	500	440
1898	500	473
1899	530	480
1900	549	505
1901	520	400
1902	493	450
1903	500	460
1904	560	480
1905	510	493

Pour mieux exprimer les oscillations de la valeur des titres du C.F.A.A, nous les reproduisons par la représentation graphique suivante :

Graph. n° 5 : Cours les plus hauts et les plus bas des actions du C.F.A.A.[2] de 1895 à 1905

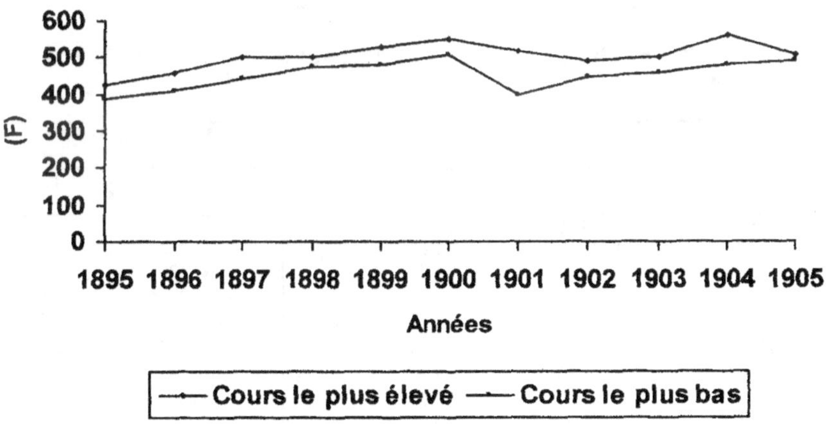

Dépourvu d'une bonne partie de son administration et de son personnel algérien ainsi que de la moitié de ses ressources financières, le C.F.A.A. ne peut avoir qu'une politique de crédit peu ambitieuse à la mesure de ses moyens très modestes. La puissance des capitaux de ceux qui le soutiennent n'a pas contribué au développement du crédit. Cet engagement timide, ou même ce désengagement du C.F.F. en Algérie, est l'expression de la réticence et de l'hésitation du capital métropolitain dans une colonie à grand risque, secouée par un contexte de marasme économique et financier.

La parcimonieuse politique de crédit du C.F.A.A., inaugurée particulièrement à partir des années 1890, reflète très bien l'hésitation des milieux financiers qui le contrôlent et qui changent de stratégie en Algérie en fonction de la conjoncture. Lors du contexte favorable du début des années 1860, il a élargi ses opérations à l'Algérie ; lors du climat d'optimisme général du début des années 1880, il fonde sa filiale algérienne en lui proposant une stratégie ambitieuse : avec le marasme du début des années 1890, il lui impose de modifier son organisation, sa stratégie et sa politique de crédit.

2) Sa politique de crédit

Les opérations du C.F.A.A. sont de deux natures : celles qu'il effectue tout seul avec son capital social ou avec les fonds déposés par sa clientèle en compte courant et puis celles qu'il effectue « en participation » avec le C.F.F. grâce aux fonds fournis par ce dernier. A cause de ses moyens financiers limités et de sa dépendance vis-à-vis de la société mère, les prêts « en participation » constituent la quasi-totalité de ses opérations. Nous avons jugé utile de dresser le tableau de la page suivante reproduisant les prêts de participation effectués annuellement. Ceux-ci sont de deux sortes : les prêts communaux accordés généralement à des collectivités locales, et les prêts hypothécaires attribués à des personnes physiques et ayant comme gage des titres de propriété. Les prêts hypothécaires reflètent mieux l'engagement financier du C.F.A.A. dans l'économie algérienne et l'état de l'évolution économique et sociale de la Colonie.

Tab. n° 20 : Prêts de participation réalisés par le C.F.A.A. en Algérie de 1881 à 1904 [13]

Année	Prêts hypothécaires		Prêts communaux	
	Montant (F)	Taux moyen (%)	Montant (F)	Taux moyen (%)
1881	849 200	6,13	5 401 611	5,48
1882	14 414 050	5,82	9 441 770	5,27
1883	14 742 350	6,03	2 921 678	5,55
1884	12 401 400	6,19	1 466 896	5,77
1885	8 697 100	6,08	2 272 201	5,59
1886	8 652 100	6,07	1 887 683	5,33
1887	4 420 200	6,04	2 557 075	5,45
1888	3 685 500	5,98	4 852 483	5,11
1889	3 662 100	5,99	3 244 892	4,83
1890	2 391 500	5,86	693 490	4,95
1891	1 207 600	5,89	216 505	5,07
1892	1 724 500	5,96	83 850	0,05
1893	2 537 950	5,95	13 810 000	4,09
1894	2 809 700	5,78	12 681 789	4,01
1895	2 970 000	5,53	1 746 800	4,38
1896	3 006 400	5,36	223 500	4,82
1897	5 029 500	5,41	419 000	4,58
1898	362 500	5,22	7 665 293	3,85
1899	2 703 500	5,33	21 287 030	3,76
1900	3 632 000	5,36	38 000	3,96
1901	3 740 500	5,49	3 512 000	4,02
1902	3 871 000	5,69	10 933 285	3,96
1903	1 369 000	5,62	754 420	4,29
1904	1 520 000	5,40	1 610 665	4,19

Ce tableau nous révèle des données fondamentales de sa politique de crédit et nous permet de dégager deux phases illustrées par le graphique suivant : une phase de l'avant-crise entre 1881 et 1887, et une autre couvrant la période de la crise économique de 1888 à 1903.

Graph. n° 6 : Prêts de participation réalisés par le C.F.A.A. en Algérie de 1881 à 1904

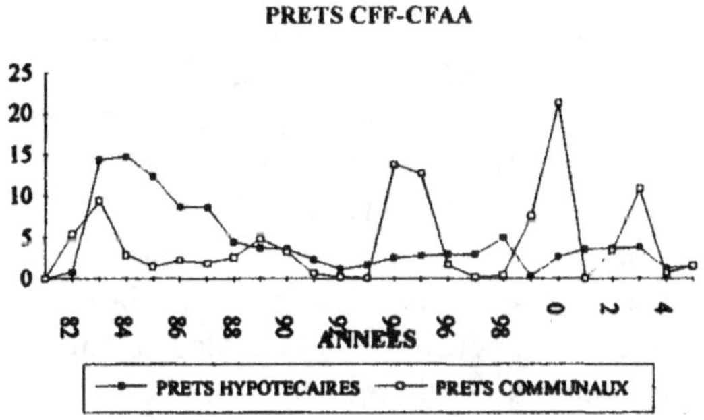

* Pendant la première période de son action entre 1881 à 1887, il a privilégié les prêts hypothécaires au détriment des prêts communaux. Cette politique trouve sa raison d'être dans l'extension de la colonisation pendant cette période caractérisée par le développement rapide du vignoble algérien.

Un autre élément justifie cette tendance : les taux des prêts hypothécaires, qui se stabilisent autour de 6 %, sont plus élevés que les taux des prêts communaux qui demeurent de l'ordre de 5 %. Cette rentabilité explique l'inauguration en Algérie d'une nouvelle forme de prêts hypothécaires dont l'amortissement s'étend à 60 ans au lieu « de l'amortissement fixé actuellement à 30 ans » [133].

* Lors de la crise économique et financière qui a frappé l'Algérie depuis la fin des années 1880 et qui a pris de l'ampleur au cours de la dernière décennie du XIXe siècle, le C.F.A.A. change de politique : il privilégie désormais des prêts communaux. Ce renversement de tendance est dû aux méfaits de la crise car dans une situation de marasme économique et financier, les prêts communaux, même s'ils se font avec un taux modeste, présentent l'avantage d'être sûrs.

Ainsi, nous constatons que les taux des prêts communaux continuent à baisser (3,76 % en 1899) au moment où les taux des prêts hypothécaires restent plus ou moins élevés (5,32 % en 1899), d'autant plus que ce dernier genre d'opérations est délaissé par la plupart des organismes financiers algériens notamment la B.A.

En effet, dans une conjoncture de crise, la concurrence entre la plupart des banques algériennes se fait sur le terrain des prêts hypothécaires si bien que le C.F.A.A. se plaint de n'avoir consenti « ces derniers temps comme prêts communaux importants en Algérie que deux » [134]. Ses dirigeants ne manquent pas de donner les mobiles du rétrécissement du champ des prêts communaux dans la Colonie. « Les prêts communaux en Algérie, affirment les responsables du C.F.A.A., deviennent de plus en plus difficiles par suite de la concurrence de la Caisse des dépôts et consignations qui prête aux communes algériennes à un taux inférieur à celui du Crédit foncier » [135]. Mais, en plus de la Caisse des dépôts et consignations, la Compagnie algérienne et la B.A. ont adopté la même politique axée sur les prêts communaux tout en échappant aux aléas des crédits hypothécaires.

En somme, cette politique de l'ensemble des établissements bancaires algériens prouve que la crise de la fin du XIXe siècle est, dans ce pays, beaucoup plus une crise foncière qu'une crise financière. Le capital reste disponible, mais il change de stratégie et de comportement en choisissant des terrains moins glissants que le domaine foncier. Un autre élément prouve que le capital ne s'est pas replié sur lui-même lors de la crise algérienne : la tendance générale du prix de l'argent, selon le même tableau traçant les prêts de participation, est à la baisse et cela en dépit de la conjoncture de récession générale dans la Colonie. En effet, en 1881, le taux moyen des prêts hypothécaires est de 6,12 % alors qu'il est en 1903 de 5,4 %. Le même constat se dégage pour les prêts communaux dont le taux passe de 5,47 % en 1881 à 4,29 % en 1903 [136].

Cette tendance à la baisse est due, entre autres, à la concurrence entre les banques existantes : la B.A., la Compagnie algérienne, le Crédit algérien, la Caisse des dépôts et consignations et le Crédit lyonnais qui a établi une succursale à Alger. L'engagement du C.F.A.A. dans ce mouvement de baisse du prix de l'argent prouve-t-il que sa situation financière est demeurée saine en dépit de la crise économique de la fin du XIXe siècle ? Quels sont les conséquences de cette crise sur cet établissement ?

Cette dépression capitaliste a affecté l'Algérie où elle a pris une certaine spécificité, problème que nous aborderons plus loin. Mais rappelons d'abord que la crise algérienne est provoquée, entre autres, par l'engagement exagéré dans la plantation de la vigne soutenue par plusieurs organismes de crédit dont la B.A.

Dans l'euphorie de l'extension de la vigne, le C.F.A.A. est presque le seul établissement de crédit à mettre en garde, dès 1883, contre les conséquences et les excès de ce mouvement. L'un de ses responsables a écrit en 1883 notamment ceci : « Nous devons surtout nous tenir en garde contre cet engagement qui existe, dans tout le pays, pour les plantations en vigne. Bien des essais ont été faits en Algérie : culture de tabac, culture de coton, plantations d'eucalyptus, etc., à tour de rôle ont passionné des agriculteurs, et à tour de rôle n'ont produit que de piteux résultats » [137]. Après avoir démontré l'échec de ces différentes expériences et le doute qui plane sur l'avenir de la vigne en Algérie, le même document conclut par un appel à la sagesse exprimé en ces termes : « Il est donc sage à tous les points de vue de résister énergiquement à l'entraînement actuel » [138].

Non seulement le C.F.A.A. est sceptique sur le sort de la vigne algérienne, mais il est resté à l'écart de cette expérience qu'il juge trop aventureuse. Il a même déploré, à maintes reprises, l'attitude de la B.A. qui a octroyé aux colons des crédits exorbitants « les illusionnant ainsi sur leurs propres forces » [139]. En mettant à nu la politique de crédit trop risquée menée par la B.A. et par d'autres établissements bancaires algériens, il a, d'une certaine manière, prévu la crise économique et ses retombées néfastes sur les finances de la Colonie. L'Algérie, écrit l'un des dirigeants du C.F.A.A., « dont l'épargne est nulle et qui, jusqu'à ce jour a dépensé au-delà de ses revenus pour la mise en valeur du sol, devait souffrir plus qu'une autre contrée de la perte de son crédit » [140].

Il est évident qu'une telle lucidité de la part de cet organisme permet d'éviter le choc de la crise et la perte d'une partie de ses capitaux. Contrairement aux difficultés énormes essuyées par l'ensemble des institutions bancaires de la Colonie à cause du déclenchement de la crise, il s'est permis d'affirmer que ses mécomptes « ne doivent pas effrayer. Ils sont relativement peu d'importance » [141]. Face à la crise économique, le C.F.A.A. a mieux résisté que tout autre établissement de crédit algérien. Au demeurant, ses difficultés proviennent beaucoup plus des contraintes et des conditions imposées par la société mère que de la crise économique proprement dite : en plus de la réduction de son capital, le C.F.F. l'a obligé en 1890, c'est-à-dire en pleine crise économique, à contracter un prêt de 4 millions de francs destiné à l'achat d'obligations communales ou foncières qu'il doit lui confier en garantie des pertes pouvant résulter des prêts faits en participation par les deux sociétés[142].

Malgré ces différentes contraintes et obligations, le C.F.A.A. a réussi à éviter les répercussions désastreuses de la crise économique grâce à une politique de crédit privilégiant les prêts communaux et émanant d'une stratégie de « prudence et d'énergie » [143]. Tout en accordant « les plus longs délais aux emprunteurs qui paraissent revenir à meilleure fortune » [144], il n'a pas hésité à séquestrer les immeubles dont les propriétaires ne sont plus solvables [145]. Cette clientèle sanctionnée et affectée par les mesures d'épuration est constituée en grande partie de négociants en vin et de colons. Nous pouvons citer, à cet égard, l'exemple de Léandre Tricon qui a publié une brochure dénonçant la politique de crédit du C.F.A.A. «Vous m'avez, écrit-il, adroitement, et avec préméditation, introduit dans les coulisses mystérieuses de votre société, et là, cédant apparemment à l'influence mystérieuse d'une fascination irrésistible, j'ai jeté ma fortune dans vos coffres, que vous avez refermés aussitôt » [146].

Malgré ces quelques dégâts inévitables pour une institution de crédit œuvrant dans un champ à gros risque qu'est l'Algérie coloniale, le C.F.A.A. est sorti indemne de la crise économique de la fin du XIXe siècle. Un élément est révélateur de sa bonne santé en temps de crise, c'est l'extension de ses succursales et de ses agences pendant les dernières années du XIXe siècle. En 1897, une succursale est installée à Tunis, une autre est créée à Marseille l'année suivante [147].

Quant aux agences, elles sont fondées, pendant la même période, dans les villes et les régions suivantes : Aïn Temouchent, Batna, Boufarik, Bougie, Djidjelli, Orléansville, Sétif, Sousse et Bizerte. La Tunisie commence alors à attirer le C.F.A.A. Cette « extension des affaires tunisiennes » [148] n'est-elle pas un autre indice du développement général des affaires de la société ?

Pour mieux étayer notre hypothèse relative au maintien des équilibres financiers de cette société en temps de crise, nous pensons qu'il est utile de voir l'évolution générale des principaux éléments de son actif et de son passif de 1881 à 1903 retracés dans le tableau de la page suivante.

Les éléments que nous avons retenus dans ce tableau illustrent, dans une première rubrique, le capital non appelé qui a baissé de 45 millions de francs à 15 millions de francs suite à la réduction du capital social imposée en 1888 par la société mère. La deuxième rubrique de l'actif concerne les rentes, obligations et actions que la filiale achète par ses propres fonds en espérant réaliser un placement rentable que nous représentons par le graphique suivant :

Tab. n° 21 : Principaux éléments de l'actif du C.F.A.A. à la fin de chaque exercice [149]

Années	Capital non appelé(F)	Rentes obligations et actions (F)	Prêts CFF-CFAA (F)	Prêts CFAA (F)	Expropriation	Immeubles à Paris
1881	45 000 000	8 958 791	11 585 661	6 380 837	0	0
1882	"	898 588	33 991 784	7 200 867	0	0
1883	"	1 170 039	50 658 069	6 178 701	0	0
1884	"	498 109	60 228 153	5 963 131	51 875	0
1885	"	474 379	67 067 462	5 829 744	348 212	5 042 902
1886	"	473 513	73 943 228	5 513 117	630 564	7 236 406
1887	"	444 737	79 449 157	6 668 536	1 073 140	7 236 406
1888	15 000 000	1 897 551	83 322 044	6 423 852	1 909 748	7 215 380
1889	"	3 259 801	84 582 519	5 557 127	3 095 932	7 211 062
1890	"	5 820 862	82 221 409	4 827 143	3 215 707	7 205 843
1891	"	5 813 183	79 372 887	3 810 253	3 624 096	7 181 056
1892	"	6 444 138	75 818 933	2 866 420	4 013 439	7 200 330
1893	"	6 007 755	80 177 912	2 234 145	4 697 906	7 195 330
1894	"	305 390	87 548 895	2 093 033	5 315 401	7 195 330
1895	"	287 899	83 072 136	1 835 788	5 646 385	7 195 330
1896	"	303 296	76 757 000	1 816 264	5 560 150	7 195 330
1897	"	1 533 671	75 506 300	2 601 536	1 559 006	7 195 330
1898	"	2 265 671	81 913 355	2 086 857	4 148 462	7 105 429
1899	"	651 194	99 235 813	1 932 091	4 258 709	7 105 429
1900	"	608 134	96 707 010	3 558 576	4 084 024	7 105 429
1901	"	584 202	99 824 099	8 077 071	3 775 514	7 103 765
1902	"	664 897	109 317 310	10 698 414	4 349 449	7 103 765
1903	"	811 824	108 653 390	10 814 595	4 549 293	7 103 765

Graph. n° 7 : C.F.A.A. : Rentes, Actions et Obligations

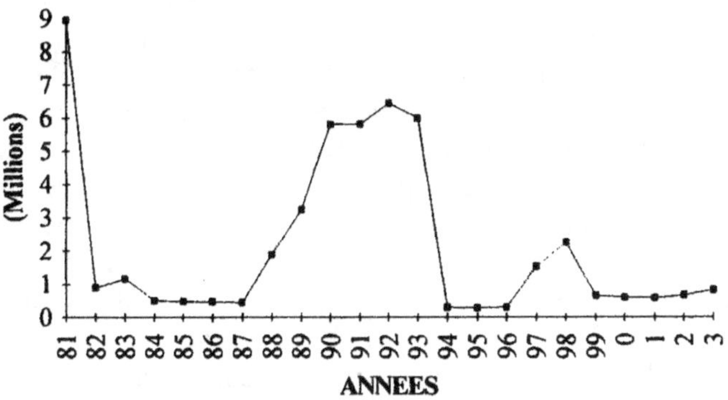

Nous constatons une phase de faiblesse de ces placements entre 1882 et 1886. Pendant cette période qui correspond à l'essor économique de la Colonie, le C.F.A.A. a préféré investir dans la mise en valeur des richesses algériennes tournant ainsi le dos aux opérations de placement financier. Une fois la crise économique algérienne est apparue, il change en 1887 de stratégie. Nous assistons alors à une deuxième phase, celle de 1887-1893, pendant laquelle les placements effectués sous forme d'achat de titres se sont élevés d'une manière vertigineuse. Ainsi il a voulu éviter les risques de tout investissement algérien lors de la crise en préférant engager ses capitaux ailleurs. Il a alors profité de la crise et des difficultés d'autres sociétés pour accroître ses placements en attendant une sortie rapide du tunnel. Cette spéculation sur l'avenir, que nous avons déjà vue à la veille de la crise économique, ne peut être faite que par une société disposant d'assises solides et d'une clairvoyance pour pouvoir planifier à long terme. Une fois que la crise s'est ralentie depuis le milieu de la dernière décennie du XIXe siècle, le C.F.A.A. a limité ses placements financiers en revenant à sa politique de l'avant-crise.

Concernant les deux rubriques de l'actif, « prêts C.F.F.-C.F.A.A.» - c'est-à-dire les prêts de participation faits par les deux sociétés et « prêt C.F.A.A.», nous avons déjà élucidé la nature, la spécificité et les mécanismes de chacune de ces deux opérations. Le seul élément qui mérite d'être appréhendé, ici, est la comparaison entre le volume de ces deux formes de prêt. Or, il se dégage facilement de ces deux rubriques que l'écart est énorme entre le montant des prêts réalisés en participation et les prêts effectués par le C.F.A.A. qui restent très dérisoires.

Une autre rubrique importante mérite d'être analysée et dont l'allure générale peut nous renseigner sur le comportement de cette entreprise lors de la crise, c'est celle des «expropriations». Il est évident que la valeur des expropriations s'est accrue entre 1888 et 1893, c'est-à-dire en plein marasme économique. Le C.F.A.A. a donc exproprié ses débiteurs lors de la crise, cela semble même inévitable dans un pays dont l'économie reste fragile et à caractère agricole. Mais un fait important doit d'être mis en relief : la montée des expropriations est de courte durée, elle n'est que de cinq ans dans une crise qui a duré presque une vingtaine d'années. Sur un autre plan, le montant de ces expropriations est réduit, puisqu'il n'a jamais dépassé la valeur des titres et celle des « immeubles à Paris » qui présentent une garantie solide en ces temps difficiles et incertains. L'acquisition des titres de sociétés métropolitaines et la possession d'immeubles parisiens représentent deux activités fondamentales et sûres d'une société algérienne, c'est-à-dire qui est appelée à faire fructifier ses capitaux en Algérie et non ailleurs. Voilà des réalités qui paraissent à la fois étranges et paradoxales. Mais la plupart des sociétés algériennes, bancaires, ferroviaires et autres ont souvent agi ainsi, même en dehors de période de difficultés économiques. Certes, le capital n'a pas de frontières, mais les incertitudes du milieu colonial exigent ce genre d'opérations confirmées par le passif du C.F.A.A.

Tab. n° 22 : Principaux éléments du passif du CFAA à la fin de chaque exercice [150]

Années	Capital social (F)	Dépôts (F)	Profits et Pertes (F)	Dividende (F)	Dividende distribué (F)	Réserves (F)	Chiffres d'affaires (F)
1881	60 000 000	3 114 709	1 588 107	0	6,25	2 775	89 148 337
1882	"	4 186 942	1 061 359	55 520	7,50	164 774	105 420 382
1883	"	9 073 665	1 212 216	76 634	7,50	283 852	132 861 891
1884	"	11 285 162	1 344 258	58 834	7,50	450 624	141 568 562
1885	"	17 273 076	1 229 042	70 583	7,75	834 027	151 595 499
1886	"	22 094 001	1 055 705	55 751	7,50	1 126 219	163 761 748
1887	"	25 138 291	820 855	63 097	6,25	1 328 197	172 319 588
1888	30 000 000	26 466 371	919 256	52 343	10,00	1 479 611	147 192 547
1889	"	24 103 219	1 058 654	57 682	10,00	1 777 314	147 631 937
1890	"	21 813 731	1 141 777	57 137	11,25	2 240 762	146 304 365
1891	"	22 677 003	1 116 151	58 965	12,50	2 769 074	147 739 000
1892	"	22 598 152	1 094 744	73 344	12,50	3 173 795	145 000 695
1893	"	54 338 935	851 423	63 955	12,50	3 436 167	152 112 379
1894	"	24 968 040	1 005 122	70 861	12,50	3 542 428	156 761 129
1895	"	24 677 913	1 290 946	75 663	12,50	3 761 401	155 368 466
1896	"	23 791 879	1 231 690	75 014	12,50	4 322 716	149 723 768
1897	"	25 280 499	1 153 117	77 593	12,50	4 782 216	148 792 239
1898	"	27 664 483	1 321 444	71 394	12,50	4 905 524	157 707 569
1899	"	28 525 398	1 687 172	72 158	15,00	5 144 695	176 236 454
1900	"	30 336 431	1 462 974	97 511	15,00	5 729 547	180 445 229
1901	"	32 996 795	1 273 966	99 306	12,50	5 818 413	189 870 309
1902	"	37 785 203	1 260 840	85 492	12,50	5 333 147	206 412 298
1903	"	47 510 482	1 506 598	83 880	12,50	5 428 475	219 318 248

Les dépôts et le chiffre d'affaires peuvent être analysés ensemble, d'autant plus qu'ils expriment la même tendance illustrée par le graphique suivant.

Graph. n° 8 : C.F.A.A. : Dépôts et chiffres d'affaires

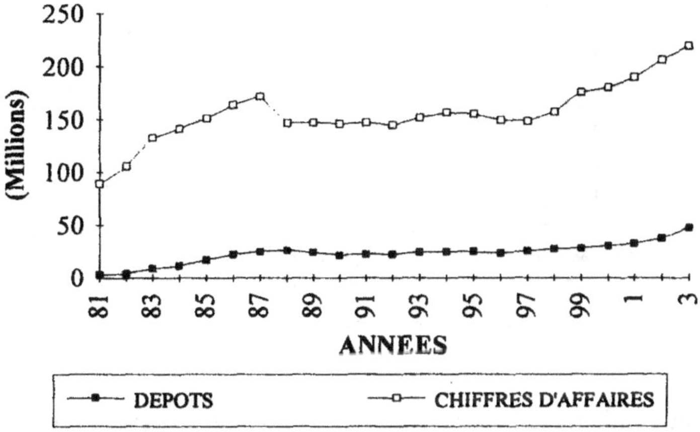

Les chiffres d'affaires ont connu un mouvement ascendant de 1881 à 1887, puis une chute en 1888. Même si elle s'amorce avec la récession, cette chute n'est aucunement due à la crise économique. Elle est provoquée plutôt par la réduction du capital social. Si cette diminution enregistrée est alimentée par la crise économique, le mouvement de baisse aurait dû se prolonger par la suite. Or, nous assistons à une stabilisation des chiffres d'affaires de 1888 à 1892, et même une légère augmentation qui débute en 1892 pour se prolonger jusqu'en 1897, année de reprise réelle et significative. Cette tendance générale de la courbe est presque la même que celle des dépôts dans la mesure où elles connaissent toutes les deux une évolution ascendante de 1881 à 1903. En effet, malgré une légère régression ou plutôt une stabilisation entre 1889 et 1893, la courbe des dépôts continue à augmenter, quoique d'une manière lente. Le maintien du niveau des dépôts effectués chez le C.F.A.A. par sa clientèle prouve que cette société n'a pas perdu sa crédibilité lors de la dépression économique. Cet établissement demeure digne de la confiance de sa clientèle, car il a préservé son équilibre en dépit des vicissitudes de la conjoncture qui ont ébranlé les structures de l'économie algérienne de la fin du XIXe siècle. D'autres paramètres de la comptabilité, et particulièrement du passif, le confirment. Le graphique des « Profits et pertes » qui retrace les bénéfices bruts de la société est très significatif à cet égard.

Graph. n° 9 : C.F.A.A. : Réserves, profits et pertes

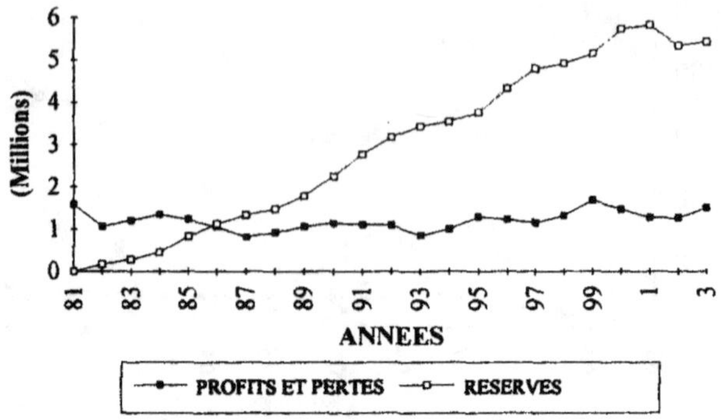

La même tendance à la hausse est exprimée par le graphique suivant reproduisant l'évolution des dividendes qui ne cessent d'augmenter d'une manière vertigineuse malgré les retombées de la crise économique.

Graph. n° 10 : C.F.A.A : Total des dividendes annuels

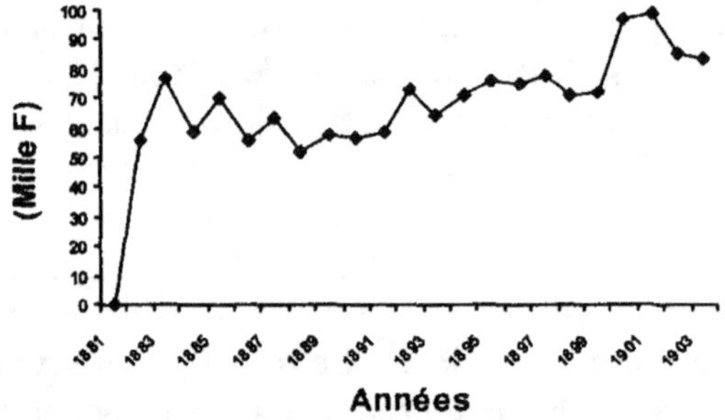

L'accroissement d'une manière continue des bénéfices bruts (graphique des profits et pertes), et sans la moindre rupture permet au C.F.A.A. de maintenir des réserves presque constantes et de distribuer des dividendes réguliers. Mieux encore, ces dividendes augmentent lors de la crise en passant de 6,25 F par action en 1887 à 10 F en 1888 et en 1889 pour atteindre 11,25 F en 1890 et 12,50 F en 1891. Ainsi il a pu doubler ses dividendes (6,25 F à 12,50 F) en l'espace de 4 ans en pleine crise économique, précisément lors du creux de la vague (1887-1891).

Sans conteste, tous ces éléments montrent que cette société n'a pas seulement résisté face à la dépression capitaliste de la fin du XIXe siècle, mais elle a, à notre sens, profité de cette situation pour développer ses opérations et accroître ses profits. Cet essor du C.F.A.A. en temps de crise économique relève d'un certain opportunisme ou d'une certaine spéculation de cet établissement qui a développé ses placements lors de ces temps difficiles, mais il relève aussi, et surtout, d'une stratégie de « prudence et d'énergie » [151], voire d'une bonne gestion de ses dirigeants qui réussissent à échapper aux méfaits de la crise prévue à l'avance. Malgré, et peut-être grâce à la tutelle du C.F.F., il a ancré son crédit dans la Colonie. Cette réussite a incité une partie de l'opinion coloniale en Algérie à penser qu'en matière financière, l'attachement à la Métropole est indispensable : le C.F.A.A. a fait ses preuves parce qu'il est lié à un organisme métropolitain, en revanche la B.A. s'est perdue dans la jungle algérienne parce qu'elle est livrée à son propre sort. De ce fait, plusieurs appels ont été lancés pour une fusion « entre celle-ci et la B.F. en cette fin difficile du XIXe siècle » [152].

Après un demi-siècle d'expérience bancaire, l'Algérie hésite entre le régime de l'autonomie bancaire et celui de la fusion. On ne peut s'empêcher de faire le parallèle entre cette hésitation économique et financière d'une part, et l'hésitation politico-administrative d'autre part, entre le régime de l'autonomie et celui de l'assimilation.

Toutefois, et sans prendre position pour l'une ou l'autre attitude dans ce débat, nous devons nous demander si les apôtres de l'assimilation financière ne se trompent pas ? Certes, le C.F.A.A. a réussi là où l'institut d'émission a échoué. Il a pu échapper aux méfaits de la crise et même en profiter, comme nous l'avons démontré, parce qu'il a évité les vrais problèmes algériens dont celui du crédit agricole. N'a-t-il pas, depuis le déclenchement de la récession, et sous l'impulsion de la société mère, favorisé les prêts communaux au détriment des prêts hypothécaires ? N'a-t-il pas, au même moment, développé ses placements en titres non algériens et élargi le nombre et la valeur de ses immeubles parisiens ? Décidément, comme tant d'autres, au lieu de servir l'Algérie, il s'en est bel et bien servi.

En revanche, l'institut d'émission s'est englué dans la réalité algérienne en s'engageant à résoudre les problèmes de l'Algérie profonde, particulièrement celui du crédit agricole. La crise de la B.A. de la fin du XIXe siècle n'est-elle pas alors le reflet d'une crise plus grave et plus profonde, celle de l'Algérie coloniale tout entière ?

Notes :

[1] ALLINNE (J.P.), *Banquiers et bâtisseurs, un siècle de Crédit Foncier..., op. cit.*, p. 106.
[2] ALLINNE (J.P), *ibid.*, p. 98.
[3] ALLINNE (J.P), *ibid.*, p. 99.
[4] A.C.F.F., rapport de Christophle à l'A.G. constitutive du C.F.A.A. du 30 novembre 1880.
[5] A.C.F.F., «Note sur le Crédit foncier et agricole d'Algérie, 27 janvier 1880».
[6] A.C.F.F., note présentée à Albert Grévy, gouverneur général civil de l'Algérie, le 19 février 1880. Cette note de 16 pages traite les quatre questions suivantes :
«I- Le crédit foncier communal et agricole d'Algérie doit-il être entièrement libre de toute attache ?

II- Doit-il au contraire se lier avec le Crédit foncier de France ou avec tout autre établissement ?
III- Quelles sont les avantages et les désavantages de l'entente entre les deux établissements ?
IV- Quelles pourraient être les bases de cette entente ?»
Peytel, l'auteur de cette note, est installé à Oran d'où il envoie le 31 octobre 1880 une lettre au journal *L'Akhbar* défendant le C.F.A.A. en sa qualité d'actionnaire.

[7] A.C.F.F., *ibid.*

[8] A.C.F.F., P.V. du comité permanent du C.F.F., 30 mars 1880.

[9] BOUVIER (J.), *Naissance d'une Banque : le Crédit lyonnais*, Paris, Flammarion, 1968, p. 215.

[10] A.C.F.F.., P.V. du C.A. du C.F.F. du 12 mai 1880.

[11] A.C.F.F., Projet de convention entre le C.F.F. et les promoteurs du C.F.A.A. (s.d.).

[12] *L'Akhbar*, 7 novembre 1880. Sous la pression d'A. Grévy, des actions C.F.A.A. sont attribuées à Demandreis et Veil Picard qui figureront ainsi parmi les fondateurs de cette société.

[13] Lettre de René Brice publiée par *L'Akhbar* du 9 novembre 1880.

[14] A.C.F.F., Rapport intitulé : «Histoire des opérations de crédit foncier en Algérie», (s.d.)

[15] A.C.F.F., Note rédigée par le chef du service du contrôle du C.F.F., 12 juin 1900.

[16] Terme utilisé dans le P.V. de la première A.G. constitutive du C.F.A.A. du 30 avril 1880.

[17] A.C.F.F., P.V. de l'A.G. constitutive du C.F.A.A. du 30 avril 1880.

[18] Ce dernier est M. Angot qui se présente à l'A.G. en sa qualité de «petit actionnaire» du C.F.A.A. Il n'assisterait donc qu'à cette première réunion, c'est pourquoi il en profite pour poser cette question embarrassante à Christophle.

[19] ACFF, P.V. de l'A.G. constitutive du C.F.A.A. du 30 avril 1880.

[20] A.C.F.F., propos cités au P.V. de l'A.G. constitutive du C.F.A.A. du 30 avril 1880.

[21] A.C.F.F., *ibid.*

[22] A.C.F.F., P.V. du comité permanent du C.F.F., 30 mars 1880.

[23] FINAT (H.), *M. Thomson député de Constantine et l'affaire du Crédit foncier*, étude parlementaire, Imprimerie administrative et commerciale, Philippeville, 1895, p. 14.
Les dossiers d'archives du C.F.F. relatifs à la création du C.F.A.A. que nous avons consultés confirment que les noms cités étaient liés à la naissance de cette société sauf celui des Pereire qui n'a jamais été signalé dans nos sources.

[24] Sur 120 000 actions qui constituent le capital social de 60 millions de francs, le nombre d'actions représentées à l'A.G. constitutive du 30 novembre 1880 est de 76 837. Ce nombre étant supérieur à la moitié du capital social, l'A.G. peut, selon la loi du 24 juillet 1867, légalement se réunir.

[25] A.C.F.F., P.V. de l'A.G. constitutive du C.F.A.A., 30 novembre 1880.

[26] A.C.F.F., *ibid.*

[27] Le gouverneur du C.F.F. disait : « Évidemment Messieurs il faut rémunérer la bonne volonté, le zèle, l'expérience acquise des hommes considérables qui veulent bien se charger de la gestion de nos intérêts en France et en Algérie. Ce n'est pas, croyez le bien, par de petites économies qu'on fait prospérer une société... ». Après ces propos, l'actionnaire Jaluzot réplique : «Je trouve que la fixation à 40 F est trop élevée pour une société qui commence... surtout que cette société n'est pas sous le contrôle de l'État. Je demande que l'on fasse des économies. Je suis dans les affaires et je sais par expérience que les grandes affaires se font avec l'économie... », A.C.F.F., P.V. de l'A.G. constitutive du 30 novembre 1880.

[28] A.C.F.F., *ibid.*

[29] Christophle a proposé pour constituer cette commission Steildorff, administrateur de la Compagnie algérienne et Sauret. Ses détracteurs lui ont imposé un troisième actionnaire, Dumont, en criant : «Pourquoi pas M. Dumont ? », A.C.F.F., *ibid.*

[30] Lors de l'A.G. du 30 novembre 1880, certains actionnaires se sont étonnés d'apprendre que leur société ne bénéficie pas du soutien du gouvernement. Certaines personnes hostiles au C.F.A.A. ont pu écrire que Christophle «lança l'affaire en faisant croire à l'attache de l'État», FINAT (H.), *M. Thomson député de Constantine et l'affaire du Crédit foncier, op. cit.*, p. 11.

[31] Gaston Marie Thomson est né à Oran en 1848. Toutefois, certains considèrent qu'il est originaire de Gibraltar et contestent sa nationalité française en affirmant qu'il est sujet britannique. Sa carrière politique et sa richesse connaissent une ascension au lendemain de son installation à Constantine en

1877. Il épouse la nièce de Crémieux, et étant ami de Gambetta, il réussit à se faire élire en 1877 député de Constantine. L'origine israélite, l'enrichissement rapide et les intrigues politiques de cet homme sont l'objet de plusieurs articles de presse et suscitent les polémiques les plus controversées. Thomson a des rapports privilégiés avec la B.A. puisque, au cours des années 1880, il a orienté sa stratégie politique vers le financement de la colonisation. Il est partisan de l'établissement en Tunisie. Les rapports entre le C.F.A.A. et Thomson montrent aussi l'affairisme politique de cet homme qui serait, selon certains, «le prototype du politicien d'Algérie corrompu», puisque sa fortune «a été directement liée au lancement... du Crédit foncier d'Algérie», MEYNIER (G.), *L'Algérie révélée*, Genève, Paris, Librairie Droz, 1981, p. 40.

[32] Finat (H.), «*M. Thomson député de Constantine et l'affaire du Crédit foncier*», *op. cit.*, p. 13.

[33] Finat (H.), *ibid.*, p 17. La plus grande partie des titres du C.F.A.A. était écoulée avant que l'on découvre la réalité des rapports de la société avec le gouvernement. Cela explique les conclusions de J. Bouvier qui note que le prix moyen de la souscription des actions C.F.A.A. est de 610 F par titre. *Naissance d'une Banque* : *Le Crédit lyonnais*, *op. cit.*, p. 215.

[34] A.C.F.F., A.G. du 30 novembre 1880.

[35] Le capital social est de 120 000 actions, les actionnaires présents à la 1ère A.G. détiennent 38 457 titres.

[36] «M. Mazerat, Michel Adrien, lui-même détiennent 125 actions du C.F.A.A.

pour M. de Marisy, Victor, Alexandre Bailleux	50	„
pour M. Margot, Jean, Victor	7	„
pour M. Martin, Lucien, Claude, Albert	3 525	„
M. Deseilligny, François, Gustave, lui-même	125	„
pour M. Bouthier, Henri	50	„
pour M. Bellon Joseph	50	„
pour M. Abbo, Eugene,	15	„
M. Rabeau, Charles Léon, lui-même	500	„
pour M. Girdon, Adolphe	50	„
pour M. Gilly, Jules	5	„
pour Mlle Gourdoin, Louise	2	„
pour Picard, Adolphe	1 007	„
Crédit lyonnais représenté par M. Terras	5 000	„
Ensemble actions	**10 514**	„

ACFF, lettre du 29 novembre 1880 envoyée par le Crédit lyonnais au C.F.F.

[37] 10 514 actions du Crédit lyonnais et «ses amis» +3 525 actions de son directeur Letourneur.

[38] A.C.F.F., lettre du 29 novembre 1880 envoyée par le Crédit lyonnais au C.F.F.

[39] Allinne (J.P.), *Banquiers et Bâtisseurs...*, *op. cit.*, p. 141.

[40] Henri Germain est fondateur et président du Crédit Lyonnais. Sa vie «s'est confondue à partir d'une certaine époque avec celle de la grande banque qu'il a créée», Henri Coston, *Dictionnaire des dynasties bourgeoises et du monde des affaires*, *op. cit.*, p. 261.

[41] Cité par Bouvier (J.), *Naissance d'une Banque ...*, *op. cit.*, p. 215.

[42] Cité par Bouvier (J.), *ibid.*, pp. 233-287.

[43] HARA (T.), « Les investissements ferroviaires français en Algérie aux XIXe siècle » dans *Revue d'Histoire Économique et Sociale*, année 1976, 54e volume, n° 2, pp. 185-211.

[44] A.C.F.F., Projet de contrat de syndicat entre le C.F.F. et le Crédit lyonnais, imprimé et non daté.

[45] *Naissance d'une Banque ...*, *op. cit.*, p. 215.

[46] *Naissance d'une Banque ...*, *ibid.*, p. 215.

[47] *Naissance d'une Banque ...*, *ibid.*, p. 214.

[48] La liste des administrateurs du C.F.A.A. est la suivante :

« **administrateurs** :

MM. Aboucaya, membre de la chambre de commerce d'Alger,

Alphandéry, ancien conseiller général, ancien adjoint au maire d'Alger, administrateur de la Banque de l'Algérie,

Ardain, directeur du Crédit lyonnais à Alger,

Arlès-Dufour (Armand), propriétaire à Boufarik,
Bounifay, membre de la chambre de commerce d'Alger, ancien président du tribunal de commerce d'Alger,
Brice (René), député, censeur du Crédit foncier de France,
Delarbre (C.), conseiller d'État honoraire, vice-président de la Compagnie du chemin de fer de l'ouest,
Guiffrey (Georges), sénateur, administrateur du Crédit foncier de France,
Honore, sénateur,
Legrand (Louis) député, vice-président du conseil général du Nord,
Maillard, directeur de la succursale du Crédit foncier de France à Alger, membre de la Société d'agriculture d'Alger.
Marchessaux, administrateur de la Banque de l'Algérie,
Mongellas (Eugène), président du conseil général d'Alger, président de la caisse d'épargne d'Alger,
Rey (Eudoxe), membre de la chambre de commerce d'Alger,
Wittersheim, sous-directeur de la Banque de l'Algérie.

Censeurs :

MM. Lassamas, administrateur de la Banque de l'Algérie,
Tachet (Isidore), président du tribunal d'Alger,
Thoureau, administrateur du Crédit foncier de France»
A.C.F.F., liste proposée aux deux assemblées générales constitutives des 30 novembre et 9 décembre 1880.

[49] A.C.F.F., liste présentée et approuvée par les deux AG des 30 novembre et 9 décembre 1880.

[50] Bouvier (J.), *Naissance d'une Banque ..., op. cit.*, p. 215.

[51] Cité par Bouvier, *ibid.*, p. 215.

[52] A.O.M.A., 80 S 126, C.A. de la B.A. du 16 juillet 1879.

[53] Un autre Brice, peut-être parent du premier, est installé à Alger où il occupe la fonction de notaire. Il est admis au compte courant par la B.A. en 1879. En avril 1881, il adresse à la B.A. une lettre «à l'effet d'obtenir au profit du C.F.A.A. une cession d'antériorité d'une inscription hypothécaire obtenue par la Banque contre M. Berthelot», A.O.M.A., 80 S 126, C.A. de la B.A. du 20 avril 1881.

[54] Rey-Goldzeiguer (A.), *Le royaume arabe..., op. cit.*, p. 755.

[55] Faucon (N.), *Livre d'or de l'Algérie, op. cit.*, p. 18.

[56] Nous pouvons citer à cet égard le projet de chemin de fer d'Alger à Laghouat passant par la vallée de Mazafran. Ayant rencontré des difficultés de financement Armand Arlès-Dufour s'adresse en mai 1882 à la B.A. afin d'appuyer ce projet. Cette dernière juge qu'elle «ne peut fournir aucune participation matérielle à ce projet», A.O.M.A., 80 S 126, C.A. de la B.A. du 31 mai 1882.

[57] A.O.M.A., 80 S 127, C.A. de la B.A. du 26 juillet 1887 auquel assistait Wittersheim en tant que directeur du C.F.A.A. et administrateur de la B.A..

[58] A.O.M.A., 80 S 126, C.A. de la B.A. du 31 janvier 1883.

[59] A.C.F.F., le télégramme suivant est envoyé le 24 novembre 1880 par Albert Christophle à tous les futurs administrateurs algériens du C.F.A.A. : «J'ai honneur de vous offrir le poste d'administrateur du Crédit foncier algérien et de vous inviter à assister à l'Assemblée générale constitutive qui aura lieu à Paris le 30 novembre courant ». Ce télégramme suppose qu'il y a eu des contacts auparavant. Tous ces administrateurs ont adressé par des télégrammes envoyés tous le 25 novembre 1880 leurs réponses à Albert Christophle avec des signes de reconnaissance. Lassalas précise : «J'accepte avec plaisir le poste de censeur que vous m'offrez... ». Marchessaux note qu'il «accepte avec reconnaissance le poste d'administrateur... ». Parmi les administrateurs algériens du C.F.A.A., seuls assistaient à l'A.G. constitutive du 9 décembre 1880, Ardain, Maillard et Wittersheim.

[60] A.C.F.F., statuts du C.F.A.A. de 1880, art. 26.

[61] A.C.F.F., lettre de Sigfried au C.F.A.A., 24 novembre 1880.

[62] A.C.F.F., *ibid.*

[63] A.C.F.F., statuts du C.F.A.A de 1880, art. 7. Il est spécifié dans cet article que les AG, sauf les premières A.G. constitutives, se tiendront à Alger.

[64] A.C.F.F., P.V. de l' A.G. du 30 novembre 1880.
[65] A.C.F.F., statuts du C.F.A.A. de 1880, art. 41.
[66] On trouve toutes ces appellations dans les articles 41 et 42 des statuts du C.F.A.A. Christophle précise que «le comité de Paris ne sera pas comme ceux des succursales établies en Algérie, une assemblée ayant voix purement consultative, il sera composé au contraire d'administrateurs responsables ayant voix délibératoire», A.C.F.F., P.V. de l'A.G. du 30 novembre 1880. Certains actionnaires présents à cette A.G. ont critiqué les membres du comité de Paris en les accusant de toucher des allocations gratuites.
[67] C'est-à-dire Français d'Algérie, par opposition aux dirigeants parisiens.
[68] A.C.F.F., P.V. de l'A.G. du 30 novembre 1880.
[69] Contrairement à la succursale de la B.A. de Constantine qui a connu une grave crise en 1875, celle d'Oran était épargnée.
[70] Décret du 23 septembre 1878.
[71] A.O.M.A., 80 S 126, CA de la B.A. du 22 décembre 1880.
[72] Bouvier (J.) : *Naissance d'une Banque ..., op. cit.*, p. 216.
[73] A.C.F.F., statuts de 1880 du C.F.A.A., art. 7.
[74] A.C.F.F., *ibid.*
[75] A.C.F.F., rapport de Christophle à l'A.G. constitutive du C.F.A.A. du 30 novembre de 1880.
[76] A.C.F.F., *ibid.*
[77] A.C.F.F., *ibid.*
[78] A.C.F.F., *ibid.*
[79] A.C.F.F., *ibid.*
[80] A.C.F.F., statuts du C.F.A.A. de 1880, art. 3.
[81] A.C.F.F., rapport de Christophle du 30 novembre 1880.
[82] A.C.F.F., statuts du C.F.A.A. de 1880, art. 4.
[83] A.C.F.F., *ibid.*, art. 3.
[84] A.C.F.F., *ibid.*, art. 4.
[85] A.C.F.F., statuts de 1880 du C.F.F.A, art. 62.
[86] A.C.F.F., *ibid.*, art. 63.
[87] Les statuts du C.F.A.A. précisent que «la société fait à l'aide des fonds qui lui sont fournis par le Crédit foncier de France des prêts avec ou sans hypothèque aux départements, communes et douars et aux établissements publics d'Algérie, dans les conditions prévues par la loi du 6 juillet 1880 et par la législation algérienne ; elle peut à l'aide des mêmes fonds acheter, négocier, émettre sans sa garantie les obligations créées ou à créer par les départements, communes ou associations syndicales» A.C.F.F., *ibid.*, art. 83.
[88] Le C.F.F. est appelé à créer un «service d'inspection» en Algérie dans le but d'étudier les dossiers de prêts présentés au C.F.A.A. et d'assurer la gestion des affaires traitées au nom du C.F.F. «A la tête de ce service, précise l'article 80 des statuts du C.F.A.A., sera placé l'inspecteur qui remplira auprès du conseil d'administration les fonctions de commissaire du Crédit foncier de France». Un pouvoir parallèle est donc créé au sein du C.F.A.A. puisque les inspecteurs désignés par le C.F.F. sont les vrais décideurs en matière de crédit. Le commissaire du C.F.F. fait double fonction avec le directeur du C.F.A.A.
[89] A.C.F.F., lettre envoyée par Christophle à Witterscheim le 12 mai 1881.
[90] A.C.F.F., statuts du C.F.A.A., art. 81.
[91] A.C.F.F., rapport des avocats Josseau, Chambreaud,, et Chambron sur le différend entre le C.F.F. et le C.F.A.A. (s.d.).
[92] A.C.F.F., rapport de l'avocat Chambron, 8 février 1881.
[93] A.C.F.F., rapport des avocats Josseau, Chambraud et Chambron (s.d.).
[94] Ces inspecteurs sont nommés par le C.F.F. et dépendent directement de lui.
[95] A.C.F.F., traité du 3 juin 1881 entre le C.F.F. et le C.F.A.A., art. 1.
[96] A.C.F.F., *ibid.*, art. 5.
[97] A.C.F.F., convention du 10 septembre 1881 entre le C.F.A.A. et le C.F.F.

L'article 63 des statuts du C.F.A.A stipule que «les prêts dont les gages offrent une garantie sûre sont octroyés par le C.F.F, en revanche les moins sûrs sont pris en charge par le C.F.A.A». Cet article n'interdit donc pas à cette dernière société d'accorder un prêt à un gage ne présentant pas de risque. Le traité du 10 septembre 1881 est venu empêcher le C.F.A.A. de faire ce genre d'opérations. Sur les 10 millions de francs, seulement 5 millions ont été versés au moment de la signature du traité du 10 septembre 1881. Le reste sera accordé au C.F.A.A. après délibération du conseil d'administration du C.F.F.

[98] A.C.F.F., Convention du 10 septembre 1881 entre le C.F.A.A. et le C.F.F., art. 3.

[99] A.C.F.F., *ibid.*, art. 7.

[100] A.C.F.F., *ibid.*, art. 11.

[101] A.C.F.F., *ibid.*, art. 12.

[102] A.C.F.F., note de service du 2 juillet 1900, document anonyme.

[103] A.C.F.F., observations présentées par la division des correspondants financiers le 12 juillet 1900.

[104] A.C.F.F., «Réponse à la note de service de M. le secrétaire général du 2 juillet 1900 relative aux traités et convention entre le Crédit foncier de France et le Crédit foncier et agricole d'Algérie », 29 septembre 1900, document anonyme.

[105] A.C.F.F., «Note relative au renouvellement des traités et conventions des 3 juin et 10 septembre 1981 entre le Crédit foncier de France et le Crédit foncier et agricole d'Algérie», note rédigée par le service de contrôle du C.F.F. le 12 juillet 1900.

[106] A.C.F.F., *ibid.*

[107] A.C.F.F., *ibid.*

[108] A.C.F.F., *ibid.*

[109] Ces deux questions seront traitées à la fin de cette partie.

[110] A.C.F.F., C.A. du C.F.F. du 26 décembre 1900.

[111] Un siège social «provisoire» était au départ au 35, rue Rovigo à Alger. le siège définitif était au boulevard de la République, Alger.

[112] La succursale du C.F.A.A. à Paris se situe au 21, rue Neuve-des-capucines. Elle se trouve à proximité du siège social du C.F.F. situé au 19 de la même rue Neuve-des-capucines. Ce «voisinage» ou cette proximité facilite le contrôle exercé par la société mère sur sa filiale.

[113] A.C.F.F., «Aperçu général sur la situation des affaires du Crédit foncier d'Algérie», 6 mai 1883, anonyme.

[114] A.C.F.F., *ibid.*

[115] A.C.F.F., C.A. du C.F.F. du 9 mai 1888.

[116] A.C.F.F., *ibid.*

[117] Le rapport du C.A. à l'A.G.E. du C.F.A.A. du 12 juillet 1888 a évoqué, pour justifier les nouvelles mesures, les conditions qui ont prévalu lors de la création de cette société : « Lorsque le Crédit foncier et agricole d'Algérie a été fondé en 1880, ses fondateurs avaient l'espérance que le ministre d'alors... en ferait un établissement d'État et ils préparaient un projet de statuts plaçant à sa tête un gouverneur nommé par le ministre des Finances... Au dernier moment, le ministre ne crut pas devoir soumettre à la signature du président de la République le décret qu'on attendait de lui, les statuts furent insuffisamment remaniés et on se borna à substituer, dans leur rédaction, au gouverneur nommé par le ministre des Finances, un directeur général président du conseil nommé par le conseil d'administration. Il est peu logique, dans une société privée et anonyme, de mettre au-dessus du conseil, dont il émane, un directeur général avec des attributions telles que le conseil ne peut savoir des affaires sociales que ce que celui-ci veut bien lui communiquer».

[118] Le nombre d'administrateurs établis à Alger était de 10 et à Paris de 5.

[119] A.C.F.F., C.A. du C.F.F. du 3 juillet 1888.

[120] Nous entendons par archives officielles le rapport du C.A. à l'A.G. qui doit porter sur sa première page le nom du président, ce qui n'est pas le cas pour l'A.G. du C.F.A.A. du 12 juillet 1888.

[121] A.C.F.F., rapport présenté par le C.A. à l'A.G.E. du 12 juillet 1888. On peut lire dans ce rapport : «Après la lecture du rapport, M. René Brice a appelé à prendre place au bureau les deux plus forts actionnaires».

[122] A.O.M.A., 80 S 127, C.A. de la B.A. du 26 juillet 1887.

[123] Les directeurs des succursales du C.F.A.A sont : Doucet à Alger ; Emeric à Bône ; Villa à Constantine ; Leruste à Oran ; Chandoura à Paris.
[124] A.C.F.F., C.A. du C.F.F. du 3 juillet 1888.
[125] A.C.F.F., *ibid.*
[126] A.C.F.F., C.A. du C.F.F. du 3 juillet 1888.
[127] A.C.F.F., *ibid.*
[128] A.C.F.F., *ibid.*
[129] A.C.F.F., lettre du 4 juillet 1888 envoyée par le C.F.F. au C.F.A.A.
[130] 125 francs constituent le 1/4 de chaque action.
[131] A.C.F.F., cours des actions du C.F.A.A.
[132] A.C.F.F., Comptabilité générale du C.F.F., prêts réalisés avec la participation du C.F.A.A.
[133] A.C.F.F., lettre du directeur général du C.F.A.A. au C.F.F., 13 janvier 1882.
Il faut rappeler que la durée des prêts hypothécaires en Algérie est de 30 ans alors qu'elle est en France de 60 ans.
[134] A.C.F.F., Note anonyme sur «les prêts communaux en Algérie», 2 mars 1898.
Il s'agit d'un prêt accordé en avril 1897 à la commune de Tiaret dont la valeur est de 352 000 F avec un taux de 4,5 %, et d'un autre prêt attribué en novembre 1897 à la chambre de commerce d'Alger avec un montant de 6 500 000 F et un taux de 3,85 %.
[135] A.C.F.F., *ibid.*
[136] La baisse est de 0,72 % pour les prêts hypothécaires alors qu'elle est de 1,18 % pour les prêts communaux.
[137] A.C.F.F., « Aperçu général sur la situation des affaires et du Crédit foncier d'Algérie », anonyme, 6 mai 1883.
[138] A.C.F.F., *ibid.*
[139] A.C.F.F., « Note sur le C.F.A.A. », anonyme, 27 janvier 1888.
[140] A.C.F.F., *ibid.* Le C.F.A.A. a jugé dans ce même document que l'expansion de la fin des années 1870 et du début des années 1880 était artificielle : «A l'engouement de ces dernières années, toutes remplies par la fièvre de la spéculation, a succédé une réaction en sens contraire, aussi exagérée que l'était le mouvement de progrès un peu factice qui a marqué la période de 1875 à 1885».
Ayant pu prévoir et surtout saisir la nature de cette crise, les dirigeants du C.F.A.A. sont parvenus à résister à cet accident de l'évolution économique.
[141] A.C.F.F., *ibid.*
[142] A.C.F.F., C.A. du C.F.F. du 26 mars 1890.
L'origine de cette affaire remonte au 3 juillet 1888 lorsque le C.F.F a accordé au C.F.A.A. un prêt de 1 million de francs en lui proposant en même temps trois autres prêts. Lors du C.A. du C.F.F. du 29 juillet 1889, la question de ces trois prêts est de nouveau évoquée en proposant à l'établissement algérien une somme de 4 millions de francs. Wittersheim, président du C.F.A.A., s'est opposé à ce prêt de 4 millions de francs en prétextant que le C.A. «n'a pas le droit de faire une opération de cette nature». Pour le contraindre à accepter cette proposition et lui fournir l'hypothèque nécessaire, le C.F.F. brandit la «menace de réclamer une hypothèque judiciaire et de rompre tous rapports avec le C.F.A.A». Ce dernier a fini par accepter toutes les conditions de l'établissement métropolitain. Il a fourni comme gage au prêt de 4 millions : l'hôtel du C.F.A.A. situé au boulevard de la République à Alger, 36 maisons sises à Paris et 278 propriétés sises en Algérie.
[143] A.C.F.F., «Note sur le C.F.A.A.», anonyme, 27 janvier 1888.
[144] A.C.F.F., *ibid.*
[145] C'est le cas de la propriété Thiollaz dans le Bônois dont la mauvaise gestion est exposée dans un «rapport sur le séquestre de Thiollaz», A.C.F.F., 5 juin 1901.
[146] Tricon (L.), *Une conjuration financière, opération scandaleuse du Crédit foncier et agricole d'Algérie*, Constantine, Imprimerie Émile Marle, 1895, p. 3.
[147] Huon est le directeur de la succursale du C.F.A.A. à Tunis et Doucet est le directeur de celle de Marseille.
[148] A.C.F.F., lettre confidentielle du commissaire du C.F.F. en Algérie envoyée le 5 janvier 1899 au gouverneur de cette société.

Dans une autre lettre confidentielle du 16 décembre 1899, le même commissaire du C.F.F. écrit à son gouverneur que la plus-value des bénéfices de cette année «est obtenue par les succursales d'Alger, d'Oran et de Tunis».

[149] A.C.F.F., chiffres extraits des bilans annuels du C.F.A.A.

[150] A.C.F.F., chiffres extraits des bilans annuels.

[151] A.C.F.F., « Note sur le C.F.A.A », anonyme, 27 janvier 1888.

[152] Les P.V. des C.A. de la B.A. font plusieurs fois allusion à ces propositions de «fusion » avec la B.F. Exemple : le C.A. du 21 avril 1896 qui évoque la publication d'une brochure portant le titre *Vérité sur la Banque de l'Algérie* et proposant sa fusion avec la B.F.

Chapitre III

Le temps de la désillusion : crise de l'Algérie ou de la banque d'Algérie

En pleine euphorie de développement de la vigne et d'extension du crédit à large échelle, mouvement entrepris surtout par la B.A., un événement vient, lors de l'été 1885, dissiper petit à petit le mirage du crédit agricole. Quelques années étaient suffisantes pour prouver aux apôtres du crédit agricole que toutes les solutions proposées à ce sujet n'étaient que des illusions. A l'annonce de l'arrivée du phylloxéra en Algérie pendant l'été 1885, le temps de la désillusion commence pour la B.A. L'édifice du crédit agricole s'avère très fragile et s'ébranle rapidement comme un simple château de cartes. Aussitôt construit, il s'écroule. Autant le phylloxéra, apparu en France, est à l'origine de la création du vignoble algérien, autant le phylloxéra, apparu cette fois-ci en Algérie, est responsable de la fin de cette expérience. Décidément, l'Algérie des années 1880 vit, chante, danse et pleure même, au rythme du vin et de l'argent du crédit agricole. Le vignoble et le crédit agricole sont deux éléments indissociables pendant cette phase de l'histoire économique de l'Algérie, en temps de prospérité, mais en période de crise aussi.

La crise économique métropolitaine, qu'il faut situer dans le cadre de la grande dépression capitaliste de la fin du XIXe siècle, a rapidement touché la Colonie et les secteurs les plus développés de son économie. En Algérie, l'opinion publique secouée par une crise de confiance, accepte mal un deuxième choc, celui du marasme économique qui s'installe sur un fond de crise politique algérienne. La B.A. reste au centre de cette tourmente.

Au demeurant, cette zone de turbulence qu'a traversée la Colonie tout entière montre que le crédit constitue les véritables nerfs de l'économie coloniale. La B.A. est-elle à l'origine de cette crise ? Ou bien est-elle victime de ce retournement de la conjoncture ?

I) La Banque d'Algérie. Vecteur de la crise

1) La crise algérienne

Plusieurs facteurs ont contribué à provoquer cette crise. Tout d'abord le phylloxéra qui a fait son apparition en Algérie pendant l'été 1885. En effet, le 4 juillet de ce mois est signalée la première apparition du phylloxéra dans le vignoble du Mansourah (Tlemcen) et le 4 août de la même année une seconde tache est apparue à Sidi Bel Abbes [1]. Depuis, le mal se répand et se généralise. Paniqués, les colons et les planteurs se trouvent en proie à des difficultés insurmontables. Désarmée, l'autorité coloniale s'incline devant le fait accompli. Le désarroi gagne l'opinion publique qui croyait, quelques semaines auparavant, que le mouvement de prospérité et de progrès était irréversible.

En plus, un autre événement aggrave le choc algérien : la baisse des prix agricoles. Les céréales, notamment celles destinées à l'exportation [2], connaissent une chute de leurs prix à partir de 1884-1885. Les blés qui permettaient aux colons et aux agriculteurs d'avoir des prix rémunérateurs grâce à l'exportation, connaissent un fléchissement sur le marché européen en raison de la concurrence d'autres pays. Au moment où les blés d'Amérique et d'Europe se vendent à 15 F le quintal, les prix des céréales sont tombés en Algérie à 20 F, somme inférieure au prix de revient [3]. La politique de soutien des prix des blés algériens sur les marchés de la Colonie n'a pas empêché l'avilissement des prix des céréales.

A cette conjoncture économique défavorable à l'agriculture algérienne, se sont conjuguées les répercussions de certaines calamités naturelles. Pendant l'année agricole 1886-1887 se succèdent sécheresse d'hiver et de printemps, invasion de sauterelles, et au début de l'été, les orages de grêle viennent détruire presque toute la moisson [4]. Cette situation alarmante pourrait se traduire par le recul des emblavures et la baisse de la production des céréales. L'effondrement des prix des céréales a touché les agriculteurs européens et autochtones, par contre, la dépréciation des vins a affecté uniquement les colons qui ont spéculé sur l'avenir de la vigne en Algérie. En effet, les vins qui se vendaient jusque-là à 35 F l'hectolitre ne furent plus achetés qu'à 11 ou 10 F. Les prix tombèrent même plus bas, et « il arriva, selon certaines études, qu'on laissât couler le vin dans le fossé pour récupérer le tonneau » [5].

La mévente des vins et l'extension du phylloxéra ont dissipé tous les espoirs des colons algériens. La situation est d'autant plus grave que le problème risque de durer. Faute de solution, on se mettait alors à douter du rôle et de l'avenir de la vigne en Algérie [6], mais on songeait aussi à déterminer les responsabilités de ce choc algérien.

Les regards se portent désormais vers la Métropole. On commence, tout d'abord, à accuser celle-ci en lui faisant porter la responsabilité du drame algérien, car au lieu de privilégier les produits algériens, elle laisse la Colonie abandonnée à son propre sort et à ses propres difficultés. Depuis, l'opinion coloniale a pris l'habitude, lors de marasme économique, ou à l'occasion de chaque malaise de tout genre, d'accabler la Métropole de tous les maux et des accusations les plus graves [7]. Se sentant délaissés, les Français d'Algérie se laissent emporter par une crise de confiance qui creuse au fil des jours et des semaines le fossé entre la Colonie et sa Métropole. Ébranlée économiquement et psychologiquement, l'opinion coloniale brandit le drapeau de l'autonomie et du séparatisme [8]. La crise de la colonisation algérienne se transforme ainsi en crise politique mettant en cause le pouvoir métropolitain qui a « trahi » la Colonie et a dissipé tous ses espoirs.

Après le pouvoir politique, le pouvoir financier est, à son tour, mis en cause par les milieux de la colonisation. Aux yeux des Français d'Algérie, ce sont le pouvoir politique métropolitain et le pouvoir financier incarné par la B.A., qui les ont mis dans l'impasse, puis ils se sont, par la suite, dérobés. En effet, après avoir distribué généreusement ses crédits aux colons en temps de croissance, celle-ci a fermé ses vannes dès le renversement de la conjoncture. Ce changement brusque de politique de crédit est venu, aux yeux de l'opinion coloniale, aggraver la situation.

Aux calamités de la nature et aux difficultés de la conjoncture se sont ajoutés le désintéressement de la Métropole et le désengagement de la B.A. Comment cette institution va-t-elle agir en de telles circonstances ?

Contrairement au C.F.A.A. [9], elle a tenté d'ignorer la crise économique, au moins pendant une année. Il a fallu attendre l'année 1886 pour qu'elle accepte de parler de difficultés éprouvées par certains de ses correspondants. En avril 1886, sont signalés les errements de Panariello, correspondant de la Banque à La Calle. « Il y a quelques temps, je m'aperçus, disait son directeur, que M. Panariello ne couvrait plus nos encaissements avec la même régularité. Je n'ai pas hésité à envoyer M. Legendre, notre sous-directeur, avec la mission d'examiner attentivement la comptabilité de notre correspondant. Il résulte de la vérification faite que ce découvert est de 158 529 01 F » [10].

Mais ce découvert n'est pas mis en rapport avec le marasme économique général. Il est, au contraire, cerné comme un acte isolé dû à la situation particulière de la Calle qui a périclité suite à l'occupation de Tunisie, dans la mesure où cette localité a perdu son rôle de zone-tampon qu'elle exerçait avant 1881.

La B.A. semble, encore une fois, ignorer, ou du moins, sous-estimer l'acuité du problème. En effet, en mai 1886, elle continue à distribuer des dividendes semestriels exorbitants malgré l'intervention du ministre des Finances qui l'oblige à les réduire à 40 F [11].

Cette attitude qui cherche à ignorer les méfaits de la conjoncture économique métropolitaine et algérienne pourrait induire en erreur, car elle laisserait entendre qu'elle n'est pas affectée par la crise économique et qu'elle est loin d'en être responsable, d'autant plus qu'elle est restée fidèle à sa ligne de conduite tracée depuis 1880. Le véritable coup d'alarme qui sonne le glas au sein de l'institut d'émission algérien est lancé, toutefois, par les censeurs qui s'attaquent à la direction de la Banque. Après la lecture d'un long rapport présenté au conseil d'administration, le censeur Blasselle demande que :

«1) le correspondant de la Banque à la Calle soit livré à la justice comme exemple pour les autres correspondants de la Banque.

2) M. le directeur de la succursale de Bône soit déclaré responsable des pertes que le correspondant de la Calle a fait éprouver à la Banque.

3) cette responsabilité soit étendue à M. le directeur de la Banque d'Alger [sic]...»[12].

Par cette attitude, le censeur Blasselle essaie d'appréhender le problème dans sa totalité en engageant la responsabilité de la Banque et de ses dirigeants. En évoquant d'autres correspondants, il laisse entendre que La Calle n'est pas un cas unique et que d'autres places connaissent le même sort. Cela n'a pas empêché le directeur et les administrateurs de camper sur leur position en persistant à dire qu'il s'agit d'un seul « cas » et d'une seule affaire, « l'affaire Panariello ».

Pour décliner leur responsabilité dans cette mésaventure du représentant de la Banque à La Calle, ils affirment que les dirigeants des sociétés anonymes « ne peuvent être déclarés responsables pécuniairement des pertes de la société » [13].

Un débat s'engage alors au sein du conseil d'administration concernant l'ampleur de l'événement, la part de responsabilité de chacun et le dénouement de cette affaire. Tous les administrateurs prennent part à ce débat et tentent de proposer des solutions. D'autres « propositions » [14] à ce sujet, plus tempérées que celles de Blasselle, sont avancées. Cela n'a pas empêché ce dernier de mener le combat auprès de ses collègues les censeurs. Le retournement de la conjoncture économique produit alors une scission au sein des dirigeants de l'institut d'émission, puisque les censeurs s'opposent désormais au directeur et aux administrateurs.

Ce conflit, né du déclenchement de « l'affaire Panariello », est un autre symptôme de l'apparition de la crise au sein de la B.A. En effet, Blasselle continue à protester, au nom des censeurs, contre l'extension donnée à certaines fiches et contre des crédits avec renouvellement faits à des industriels pour des chiffres considérables, « opération qui, juge-t-il, est anti-statutaire » [15]. Vu cette situation, il réclame, avec les termes les plus véhéments, « la liquidation la plus prompte de ces opérations » [16].

En dépit de leur gravité, les propos de ce censeur évoquent pour la première fois un fait très important : certaines opérations de crédit sont anti-statutaires. Cela constitue une accusation portée directement contre les responsables de cette institution. Le fossé s'élargit, par conséquent, entre la direction et les censeurs.

Devant une telle détermination de ces derniers, le directeur reconnaît les largesses de crédit de son établissement en avouant « que nous sommes allés un peu loin dans les facilités accordées » [17]. Mais il estime en même temps que de telles opérations « n'ont jamais visé d'autre but que le développement de la richesse publique de la Colonie, les intérêts généraux de la Métropole, et ceux plus particuliers de la Banque »[18].

Après un débat houleux entre les deux parties, une commission de trois administrateurs [19] est nommée pour examiner les mesures à prendre et les ménagements que la situation exige. La nomination de cette commission vient prouver, d'après les propos du directeur Chevallier, que la direction de la Banque admet implicitement l'existence de la crise. Cela ne l'a pas empêché cependant de continuer ses largesses de crédit en augmentant les fiches de certains clients en proie à des embarras financiers. Blasselle n'a pas, non plus, désarmé, puisqu'il continue à contrôler le comportement de la direction en protestant contre les crédits excessifs récemment accordés à l'industriel Altaïrac [20]. Chevallier est alors obligé de reconnaître que ce dernier lui a demandé « une augmentation de fiche de 60 000 F pour terminer certaines installations et lever sa récolte pendante » [21].

Après cette information donnée par le directeur, les censeurs Blasselle et Franck démissionnent [22] en signe de protestation contre les égarements répétés de la Banque. Le départ de ces derniers et la mauvaise récolte de l'été 1886 font grincer les dents de la direction qui se trouve, pour la première fois, devant une situation que la Banque n'a jamais prévue. Les crédits alloués lors de la campagne agricole 1885-1886 sont loin d'être récupérés. L'année agricole s'annonce aussi difficile que la précédente et le temps des périls commence pour l'institut d'émission algérien. Si ce dernier est affecté, tout le système économique de la Colonie s'écroule. Une solution radicale s'impose : forcer la main du directeur Chevallier en vue d'un départ à la retraite. Les pouvoirs publics métropolitains, dont relève cette question, optent pour cette préférence.

Cette intervention de l'autorité métropolitaine cherchant à remplacer le directeur de la B.A. est très significative. Elle prouve, de prime abord, que la crise touche de plein fouet la Banque et qu'on atteint pendant l'automne 1886 le creux de la vague. Elle signifie, aussi, qu'on cherche à imputer à cet homme la responsabilité des errements de la Banque. Il est, de fait, le bouc émissaire de toute une étape à laquelle on a voulu mettre un terme. Pour que ce dernier puisse porter sur le dos tout le fardeau, on lui offre le titre de « directeur honoraire » de la B.A. Mais quelle que soit l'issue favorable qu'on cherche à trouver à Chevallier, son départ reste toujours le signe de l'enterrement de toute une étape. En effet, pour changer de politique, on est contraint de remplacer les responsables par d'autres. La nomination d'un nouveau directeur nous révèle encore que l'administration centrale de Paris est intervenue, en tant qu'arbitre, pour régler le conflit interne au sein de la Banque, voire pour résoudre aussi le contentieux entre cette institution et l'opinion publique algérienne.

Mais faut-il rappeler qu'avant d'arriver à cet état des choses, la crise était à son départ liée à la conjoncture capitaliste et l'effondrement des prix des produits algériens. C'était donc une crise liée à la fragilité du mode de production mis en place en Algérie par le système colonial. La B.A. qui tente par ses propres moyens de résister à la crise ne peut, en aucun cas, parvenir à un résultat efficace, car elle n'est, en fin de compte, qu'un élément de ce système. Ses finances, sa gestion, sa politique de crédit sont aussi précaires que le système lui-même. Un fait est certain : la crise de la Colonie se trouve, dès l'automne 1886, liée à la sienne. Les deux phénomènes s'alimentent et se nourrissent mutuellement pour livrer l'Algérie à son propre sort.

Comment la Banque va-t-elle gérer sa propre crise et celle de la Colonie ? Change-t-elle de politique de crédit ? Ce changement est-il un retour aux sources, à savoir la prudence et l'orthodoxie d'une banque d'émission ? ou bien est-il imposé par la seule volonté du nouveau maître de la B.A., Nelson-Chiérico?

2) La B.A. et la mauvaise gestion de la crise ou l'échec du plan Nelson-Chiérico

Par décret du 26 octobre 1886, le ministre des Finances nomme Félix Nelson-Chiérico directeur de la B.A. Le gouvernement central de Paris semble faire le bon choix car le successeur de Chevallier dispose d'un certain nombre d'atouts qui faciliteraient sa nouvelle tâche.

a) Nelson-Chiérico généreux ou imprudent ?

Ce dernier est né à Alger le 10 juillet 1847 du «Sieur Nelson-Chiérico, italien âgé de 36 ans, et de la Dame Victorine Emile Cécile âgée de 37 ans » [23]. Il fait ses études primaires et secondaires à Alger [24]. Au terme de ses études supérieures à Paris, il obtient un doctorat en droit. Après une courte expérience d'avocat à Alger puis à Paris, il entre dans la carrière administrative. Il est nommé secrétaire général de la Lozère de mars 1877 à mai 1877, secrétaire général de la Côte d'Or de décembre 1877 à octobre 1880. Depuis, il occupe le même poste à la Seine inférieure jusqu'à avril 1883.

Au cours de cette carrière qu'il a entamée depuis l'âge de dix-neuf ans, Félix Nelson-Chiérico est qualifié par les différents services du ministère de l'Intérieur comme « un républicain dévoué, esprit facile et ouvert » [25], mais les mêmes sources ajoutent qu'il est « sans fortune ». Le préfet de Dijon lui accorde les mêmes qualités en précisant que son ambition est de poursuivre sa carrière administrative « dans le Midi pour se rapprocher de sa famille » [26]. Le 4 avril 1883, il est promu préfet de la Nièvre, poste qu'il occupe jusqu'en avril 1885. En 1884, il est nommé chevalier de l'Ordre de la Légion d'honneur [27].

En plus de ce signe de reconnaissance des services de cet homme par ses supérieurs, même ses administrés parmi les plus hostiles admettent sa réussite dans la gestion des affaires. Un journal d'opposition de la Nièvre précise, en parlant de cet homme, « qu'au point politique, tous les fonctionnaires que la République nous envoie sont pour nous des adversaires... mais l'aménité dans ses relations personnelles et l'impartialité dans les rapports administratifs ne distinguent pas à un égal degré tous les préfets actuels et M. Nelson-Chiérico possède ces qualités, nous devons le reconnaître, plus qu'aucun de ses prédécesseurs » [28]. Le 25 avril 1885, ce dernier est nommé préfet de Maine-et-Loire. Le 26 octobre 1886, il est désigné directeur de la B.A.

Il est doté d' « un esprit distingué et sérieux, il a une grande intelligence pratique des affaires et un esprit d'initiative remarquable » [29]. En plus de cela, il est juriste de formation, il a le savoir et l'expérience nécessaires pour réussir une bonne gestion de la B.A. Ses connaissances en droit sont un outil indispensable pour liquider les litiges qui opposent la Banque à ses clients.

La nomination d'un juriste à la tête de l'institut d'émission algérien prouve que les pouvoirs publics cherchent à épurer sa situation interne, à résoudre le contentieux financier algérien et la crise foncière de la Colonie. Le nouveau directeur dispose d'un autre atout : il est « Algérien » [30]. D'ailleurs, une seule chose l'a toujours gêné dans sa carrière préfectorale en France : être loin de l'Algérie. Il a toujours cherché à se rapprocher de l'Algérie pour trouver un climat qui lui convient, près de sa famille [31]. Les pouvoirs publics ne peuvent mieux trouver que cet homme qui connaît bien le milieu algérien.

De même, celui-ci ne peut, à son tour, trouver une situation aussi intéressante que celle de la direction de la B.A. À la tête de cette institution, il est chez lui avec tous les honneurs qui lui manquent, jusque-là, parmi lesquels la fortune. En effet, jusqu'à la veille de sa nomination il est toujours considéré par les services du ministère de l'Intérieur comme un homme « sans fortune » [32]. Toutefois, lorsqu'il achève sa mission en 1896, la même autorité administrative note qu' « il a de la fortune » [33].

Dix ans de direction de l'institut d'émission ont suffi à Nelson-Chiérico pour ancrer ses assises morales et matérielles dans son pays natal. Mais en consolidant son crédit a-t-il renforcé celui de la B.A. et de la Colonie ?

Lors de son arrivée à cet établissement au début de novembre 1886, il n'a pas pris d'initiative et n'a annonce aucun programme d'action. Cet homme, qui n'a jamais pris part à la gestion d'une entreprise, ne dispose pas d'expérience ou d'une stratégie en la matière. Il lui a fallu un certain temps pour prendre connaissance des dossiers et de la situation interne de la Banque. Les deux derniers mois de l'année 1886 étaient, pour lui, une période d'apprentissage, mais en même temps une période de grâce accordée aux colons et aux commerçants écrasés par la crise. Nous pouvons citer deux exemples de faillites présentées au conseil d'administration, mais traitées avec « patience » et compréhension.

Le premier cas est celui de « l'affaire Feraud », entrepreneur et propriétaire à Alger, sollicitant un prêt hypothécaire d'environ 390 000 F réalisable dans la forme et les conditions déjà déterminées [34] par une ouverture de crédit précédente. La somme demandée est destinée à lui permettre l'achèvement d'une construction située au boulevard de la République. Après un examen des engagements contractés par ce propriétaire à la Banque s'élevant à 2 686 000 F, Nelson-Chiérico propose au conseil [35] d'accueillir favorablement la demande de Feraud [36].

Le deuxième exemple traité avec indulgence est celui de Domergue, banquier et propriétaire à Bône, dont la fiche à la Banque s'élève à 1 335 800 F. Un délégué d'un groupe de négociants et de propriétaires de Bône est chargé de venir expliquer au nouveau directeur de la B.A. que Domergue ne peut plus continuer ses affaires [37] et que sa suspension risquerait de ruiner toute la région. Ces émissaires demandent que la B.A. « veuille par une augmentation momentanée de crédit, se chiffrant à 250 000 F au maximum, éviter ce désastre général en maintenant ainsi pendant deux ans encore M. Domergue à la tête de ses affaires » [38].

Réuni d'une manière extraordinaire, le conseil d'administration analyse la situation de cette maison de banque et celle de la place de Bône. Il ressort de cette étude que la crise est présente et que des faillites se profilent à l'horizon. Devant ces périls, la B.A. décide d' « aider » et de « sauver » Domergue ainsi que la place de Bône afin de « sauvegarder » les intérêts de l'institut d'émission et d'éviter le pire, et cela en lui accordant les crédits demandés [39].

Comme son prédécesseur, Nelson-Chiérico a tenté d'ignorer ou même de contourner la crise qui a frappé la colonisation et le commerce. Il reste optimiste quant à l'avenir de la Colonie et de sa société. Son objectif défini lors des derniers mois de l'année 1886, est de « s'opposer par tous les moyens à la suspension des paiements » [40].

En vérité, cet optimisme infondé, qui relève d'un manque d'expérience ou d'une certaine imprudence, ne fait que précipiter la chute de l'Algérie dans les arcanes de la crise. La situation étant devenue alarmante, il est obligé de se ressaisir et d'affronter la crise de la Colonie et de la Banque avec un certain réalisme nourri d'une certaine amertume. Il est peut-être le dernier, sinon parmi les derniers, à poser la question que toute l'Algérie se pose : quel remède faut-il adopter pour juguler la crise ? Mais pour être en mesure de proposer un remède, il faut être, avant tout, capable de faire un bon diagnostic. Or, Nelson-Chiérico ne dispose pas encore, hélas, de ce diagnostic. Sa tournée dans l'Est algérien suite à « l'affaire Domergue », est une occasion pour détecter le mal, ou de ce qu'il croit être le mal, avant de se prononcer sur un quelconque palliatif.

b) Le plan Nelson-Chiérico

D'emblée, après cette visite des principales places de l'Est algérien demandée par le conseil d'administration de la Banque du 14 décembre 1886, Nelson-Chiérico présente à ses collègues le 11 janvier 1887 un rapport détaillé sur la situation des affaires dans ce département. Ce document précise, au sujet de la succursale de Constantine, que le volume du portefeuille s'élève au 15 décembre 1886 à 12 500 000 F, tout en signalant que « certaines situations sont un peu chargées » [41]. Le portefeuille de la succursale de Bône s'élève à 8 800 000 F et celui de Philippeville à 10 700 000 F. Parmi ces chiffres, figurent les engagements des comptoirs d'escompte de la région dont les fiches atteignent 1 500 000 F à Guelma et à Souk-Ahras et 3 200 000 F à Philippeville [42]. Il constate que partout des fiches sont exagérées, notamment aux comptoirs d'escompte, des immobilisations se sont alors produites. Il en évalue le montant à 5 à 6 millions de francs à la succursale de Bône et 8 à 9 millions de francs à celle de Philippeville. Tout en donnant, lors de son voyage, des consignes tendant à faire « disparaître ou réduire les immobilisations » [43], Nelson-Chiérico remet en cause la politique de crédit de la Banque appliquée depuis 1880.

Il constate que, dans les contrées visitées, « de trop grandes facilités de crédit ont été consenties aux agriculteurs de ces régions et que ceux-ci en ont abusé. L'engagement pour la culture de la vigne a été poussé à l'extrême, et les créateurs bien intentionnés mais mal servis par une abondance de crédit, sont arrivés à immobiliser de très grosses sommes représentées par des valeurs dans le portefeuille de la Banque » [44].

Ce constat dénonce toute une expérience engageant la responsabilité de la B.A. beaucoup plus que celle des colons induits en erreur par les bailleurs de fonds. Le processus de la culture de la vigne est, à son origine, une faute grave, mais le crédit exagéré en est une autre. Les abus des colons constituent la conséquence normale des errements de la Banque. D'ailleurs, cette dernière commence à payer le prix de ce type de comportement en ayant une partie de son portefeuille immobilisée. Les propos du directeur reconnaissent d'une manière explicite que la crise économique algérienne affecte maintenant son établissement et ses finances [45].

Le papier des colons et les valeurs impayées sont drainés des comptoirs d'escompte aux succursales puis au fleuve principal, la Banque. Celle-ci est, selon Nelson-Chiérico, à la fois le responsable et la victime du malaise économique et financier algérien. Il va plus loin en condamnant les pouvoirs publics qui ont, dans une certaine mesure, forcé l'institut d'émission à s'engager dans une voie qui n'était pas la sienne. « Si l'on peut mettre, affirme-t-il, en doute l'obligation créée à la Banque par son monopole et son privilège de venir en aide à toutes les branches de l'activité humaine, à la culture et au commerce, on ne saurait nier davantage qu'en tant qu'auxiliaire de l'agriculture, la B.A., banque d'émission, était tenue à une certaine réserve » [46].

Pour obtenir le renouvellement de son privilège en 1880, la Banque, selon cette manière de voir, a cédé malgré elle aux pressions du gouvernement et de l'opinion publique l'obligeant à élargir le champ de son activité au crédit agricole. Ce type d'opérations, d'après les propos du directeur, n'entre pas dans les prérogatives d'un institut d'émission. Ce responsable évoque même la « réserve » émise, au début, par son établissement contre le crédit agricole. Le temps est donc venu, selon cette logique, pour que son établissement se débarrasse de ce lourd fardeau et de cette charge qu'il n'a jamais voulus. Il reconnaît, en fin d'analyse, la crise et il cherche à imputer la responsabilité au gouvernement qui était à l'origine du crédit agricole, expérience à laquelle on veut impérativement mettre un terme. La Banque cherche à retrouver sa liberté de décision pour arrêter sans aucune contrainte une nouvelle stratégie. La crise l'incite à un certain retour aux sources, à savoir l'autonomie et l'orthodoxie financières dignes de tout institut d'émission.

Ce puritanisme financier est plus que jamais indispensable, non seulement pour faire face aux aléas de la conjoncture, mais aussi pour revenir à la voie et à la vie normales d'une machine qui a déraillé en 1880.

En procédant de cette manière, le directeur ne veut pas, à notre avis, surprendre ses collègues administrateurs mal préparés à cette nouvelle stratégie et à cette nouvelle conception du rôle de la Banque. Son plan d'action ne doit pas être conçu par les membres du conseil d'administration comme une rupture, dans la stratégie de la B.A. Bien au contraire, s'il y a rupture elle s'est produite en 1880 lorsqu'on a dérapé vers le crédit agricole. Le moment est donc venu pour fermer la parenthèse du crédit agricole et revenir à la stratégie d'antan, fondée sur la prudence, la sagesse et l'intelligence pratiquées de 1851 à 1880.

Fidèle à cette notion de continuité entre l'avant 1880 et l'après 1886, Nelson-Chiérico [47] rappelle dans une circulaire adressée aux directeurs des succursales la nécessité de « liquider le passé et revenir aux traditions et aux règles imposées à une banque d'émission » [48]. Dans sa nouvelle campagne, il essaie de convaincre et de mobiliser le personnel de son établissement afin de fournir toutes les chances de réussite à sa nouvelle politique.

Après avoir présenté une analyse réaliste de la situation et annoncé sa nouvelle stratégie fondée sur un rappel à l'ordre, il finit par se demander quelles sont les solutions envisageables pour juguler la crise : « Devons-nous, désireux d'effacer le passé, provoquer une liquidation hâtive quelles qu'en soient les conséquences ?» [49]. Cette politique risquerait de provoquer la ruine rapide et totale de l'économie algérienne et, par-là même, celle de la Banque. L'ampleur de la crise exige, certes, une liquidation du passé, mais la complexité de la réalité algérienne exige aussi quelque modération et même, s'il le faut, une certaine indulgence. Nelson-Chiérico est aussi déterminé à rompre avec le crédit agricole qu'à manier avec optimisme chaque situation derrière laquelle il y a une lueur d'espoir.

Évoquant l'état de désagrégation de l'économie coloniale, il considère qu'il faut immédiatement entrer dans la période des liquidations. « Mais cette opération généralisée doit être faite, note-t-il, avec toute la prudence, le tact, les ménagements que comportent le soin de nos intérêts et l'existence même de la Colonie » [50]. Afin de fournir à son plan d'action les chances de réussite, il cherche, avec un certain pragmatisme, à concilier à la fois la prudence et la fermeté. Il nomme Rouget [51], deuxième inspecteur de la Banque. Ce dernier est envoyé immédiatement à Philippeville pour diriger provisoirement la succursale de cette ville après la démission de Molleard. Quant à Piquemal, secrétaire général de la B.A., il est dépêché à Constantine pour commencer la mise en œuvre du nouveau plan. Cet homme connaît bien cette région, puisqu'il y a exercé la fonction d'inspecteur du même établissement.

Pour compléter sa connaissance du terrain algérien et pour apprécier l'étendue de la crise dans toute l'Algérie, Nelson-Chiérico a effectué, à la fin du mois de janvier 1887, une visite au département d'Oran où la Banque a pu traverser une série de difficultés et éviter au Comptoir d'escompte de Sidi Bel-Abbès le contrecoup « des tristes événements qui se sont produits tout récemment sur cette place » [52].

Au cours de cette tournée, le directeur a visité particulièrement les comptoirs d'escompte agricoles où il a constaté l'octroi de certains prêts à long terme. En dépit de cette immobilisation des prêts à long terme et de la dépréciation de la propriété foncière dans le département d'Oran, le directeur estime que la crise, dans cette région, est moins grave qu'au Constantinois. Néanmoins, il rappelle que « conformément à la ligne de conduite que je me suis tracée en arrivant à la direction de la B.A., j'ai pris les mesures propres à faire disparaître le papier hypothécaire progressivement et en usant de tous les ménagements nécessités par les circonstances » [53].

Ainsi donc, son plan est fondé sur une fermeté visant la liquidation des immobilisations hypothécaires et agricoles tout en veillant à aménager certaines situations non périlleuses. Quels renseignements pouvons-nous alors déduire de ce plan ?

Le premier renseignement touche l'élaboration de ce plan d'action. Les pouvoirs publics n'ont été à aucun moment consultés par le nouveau directeur qui était contre le principe d'intervention de l'État dans les affaires économiques et financières et il a même dénoncé l'interventionnisme gouvernemental de 1880 dans la politique de la Banque. Le pouvoir central de Paris semble, lui aussi, avoir tiré la leçon des effets néfastes de cet interventionnisme qui est à l'origine de cette crise algérienne. En 1886, les décideurs politiques métropolitains ont désigné en la personne de Nelson-Chiérico « un algérien » à la tête de la B.A. pour permettre, d'une certaine manière, aux Français d'Algérie de régler leurs problèmes entre eux. Certes, cette qualité d'« Algérien » permet à cet homme de mieux connaître le terrain, mais elle signifie aussi que le pouvoir métropolitain ne veut pas s'immiscer dans les affaires de la Colonie et cherche à rester à l'écart du gouffre algérien.

Il est difficile, dans ces conditions, que cette même autorité dicte ou impose ses directives à Nelson-Chiérico concernant un domaine qu'elle connaît mal. Le marasme économique de l'Algérie de la fin du XIXe siècle étant un problème local, il ne peut être appréhendé que par un « Algérien » [54].

Cependant, l'autorité métropolitaine avait tort de choisir «un Algérien» pour gérer la crise de la Colonie et celle de son institut d'émission. Les choses de l'Algérie ont été, de tous temps, entourées des passions les plus exacerbées et des controverses les plus absurdes. L'origine algérienne de Nelson-Chiérico l'a empêché d'accomplir sa mission. En effet, l'opinion coloniale et les intérêts algériens étant toujours divisés, cet homme est inéluctablement partisan d'une partie de cette opinion, ou du moins considéré en tant que tel. Un exemple révélateur le prouve : l'appartenance confessionnelle de cet homme compte énormément au moment où éclate la crise antisémite en Algérie à la fin du XIXe siècle. Certains journaux, en décrivant « la barbe florissante dorée du juif Nelson-Chiérico » [55] dénoncent ses manœuvres frauduleuses et ses liens favoris avec « la juiverie algérienne » [56]. Chanoine Chiérico, cousin du premier, était obligé d'écrire à ce même journal pour l'informer que la famille Chiérico est une des vieilles familles catholiques de Mantoue [57]. Cela n'a pas empêché le journal de conclure : « Si Nelson-Chiérico n'est pas juif par l'origine, il l'est devenu par la naturalisation et une fréquentation de tous les temps du juif Choétas Thompson » [58] en faisant allusion à Gaston Thomson, député de Constantine. Ce sectarisme algérien a gêné le directeur de l'institut d'émission dans l'accomplissement de sa mission, puisqu'il a rencontré des difficultés ou une certaine opposition occulte au sein du conseil d'administration.

En effet, les administrateurs n'ont jamais contribué, d'une manière ou d'une autre, à l'élaboration du plan Nelson-Chiérico qui parlait souvent de « la ligne de conduite que je me suis tracée » [59]. Il nous semble ainsi que ce responsable a imposé son plan aux administrateurs de la Banque, comme il l'a imposé à toute l'opinion publique coloniale de l'Algérie.

Le deuxième renseignement à déduire de ce même plan concerne l'étendue territoriale de la crise économique. L'Est algérien est la première région touchée. Les plus grandes faillites et les plus importantes immobilisations se font déclarer dans cette même province orientale de l'Algérie. Tout comme la crise de la fin des années 1860, celle de la fin du siècle affecte d'une manière plus aiguë la partie orientale de l'Algérie. Cela nous incite à mettre le doigt, encore une fois, sur le particularisme de cette région qui était la seule à connaître une crise financière et commerciale bien particulière, celle de 1875.

Le troisième renseignement à mettre en évidence se rapporte à la propagation de la crise. Celle-ci était due au départ à une mévente des produits agricoles conjuguée à des calamités naturelles. Cette crise a pris, dans un deuxième temps, un aspect financier manifesté par l'incapacité des colons à rembourser leurs dettes. Le portefeuille des comptoirs d'escompte, puis celui de la B.A., contiennent dès lors un grand nombre de valeurs impayées. Le plan visant à limiter les prêts accordés par la Banque a donné une autre ampleur au marasme économique général, puisque l'Algérie s'est trouvée, depuis le début de l'année 1887, en présence d'une pénurie de crédit. Loin d'être jugulée, la crise économique ne fait que s'accentuer pour prendre, par la suite, d'autres dimensions dues au programme de liquidation entrepris par la direction de l'institut d'émission.

Quoi qu'il en soit, l'attitude de Nelson-Chiérico à l'égard de la crise, depuis sa désignation à la tête de la B.A., est passée par trois phases :

*Pendant les premiers mois qui ont suivi son arrivée en Algérie, il a accordé des délais de grâce avec toute générosité en estimant que la crise n'était qu'un phénomène temporaire.

*Après une certaine prise de conscience de l'ampleur de la crise, il a fixé le plan qui tente de concilier à la fois la rigueur et l'aménagement de certaines situations.

* Pendant la phase aiguë de la crise, ce plan cède la place à un programme de liquidation pur et dur, exprimant la fermeté de la Banque à l'égard de tous ses débiteurs.

c) Le programme de liquidation

Nelson-Chiérico a arrêté ce programme en toute indépendance et toute liberté. Mais en entrant dans la phase d'exécution, il doit aviser l'autorité de tutelle du déroulement de cette opération. Le ministre des Finances [60] lui a demandé de l'informer de toutes les étapes de l'exécution de son programme de liquidation. La réponse à cette demande, déclare Nelson-Chiérico, « a été faite verbalement à M. le ministre des Finances dans une longue conférence au cours de laquelle je lui ai exposé, dans tous ses détails, le programme de liquidation que nous poursuivons. Il m'est difficile, lui ai-je dit, et même impossible de préciser le chiffre des pertes»[61] subies ou à subir par la B.A.

« Dans ces conditions, nous ne pouvons nous prononcer ni sur le détail ni sur l'étendue géographique de ces liquidations. Notre tâche est d'autant plus difficile que les décisions de liquidation ne sont pas toutes mentionnées aux procès-verbaux du conseil d'administration.» Il faut attendre la fin de l'année 1892 pour que la B.A., suite aux exigences de la commission sénatoriale [62], fasse apparaître dans ses écritures des éléments concernant les liquidations, les immobilisations et la gestion de la crise.

En effet, en 1894, un « compte de liquidation » représentant toutes les valeurs mauvaises ou douteuses retirées du portefeuille et amorties de 50% [63] apparaît comme une rubrique nouvelle dans les bilans annuels de la Banque. En 1895, cette dernière était obligée d'envoyer au ministre des Finances une note explicative évoquant les raisons du développement du « compte-liquidations » [64]. L'apparition tardive de ce compte [65] et le manque de données se rapportant à cette question nous obligent à procéder de la manière suivante : se contenter des cas litigieux et « d'affaires » traitées au sein du conseil d'administration de la Banque pour définir, selon leur chronologie, les étapes de mise en exécution du programme de liquidation.

La première affaire traitée par le conseil d'administration est celle des frères Gaultier De Claubry de Jemmapes. Ces derniers avaient 320 000 F de valeurs souscrites et endossées par Llado et Rambert à la succursale de Philippeville. Leur solvabilité personnelle étant considérée nulle par les responsables de la B.A., ils sont forcément entrés dans la voie de liquidation imposée par celle-ci à la suite des exagérations de crédit consenties [66]. Les frères Gaultier De Claubry, possédant 3600 ha évalués à 578 000 F [67] et formant la plus grande partie de leur actif, présentent un passif de 420 000 F. Leur supplément sur l'actif est de 308 000 F. « Ce chiffre est obtenu par des évaluations que la crise actuelle ne laisse pas l'espoir d'atteindre en cas de vente immédiate » [68]. Un autre problème se pose aussi bien à la B.A. qu'aux frères Gaultier : ces derniers se trouvent endettés en même temps à l'égard de Llado et Rambert (325 000 F), de Teissier (50 000 F) et du C.F.A.A. (50 000 F). Tous ces créanciers bénéficient, du 1er, 2e et 3e rang sur plusieurs hypothèques des diverses propriétés des frères Gaultier De Claubry. Pour résoudre cette situation complexe en évitant la ruine totale de ses débiteurs tout en préservant en même temps ses intérêts, la Banque décide la suppression immédiate de l'intermédiaire inutile, Llado et Rambert, le transfert et la cession à la Banque de leurs garanties hypothécaires. Elle prend aussi la décision d'accepter directement à l'escompte avec la signature des frères Gaultier De Claubry le montant des valeurs existantes tout en leur avançant à nouveau les sommes nécessaires pour solder les intérêts arriérés au C.F.A.A. et chez Teissier, de manière à éviter les expropriations éventuelles [69].

Indéniablement, la B.A., d'après cet exemple, ménage les intérêts de ses clients en leur accordant de nouvelles sommes et de nouvelles échéances pour devenir l'unique créancier. Cette même attitude ne constitue, en aucun cas, un traitement de faveur. Elle est adoptée à l'égard d'autres débiteurs dont la plupart sont de l'Est algérien comme le montre l'exemple de Victoriano Prax. Ce dernier était engagé simultanément dans les trois succursales de la B.A. de la province orientale de l'Algérie, mais aussi dans plusieurs comptoirs d'escompte et dans d'autres maisons de banque de la région avec un passif de 961 890 F 80. Après avoir procédé à l'unification de la dette [70] de Prax et sa centralisation à la succursale de Philippeville, les responsables de la B.A. ont exigé de ce débiteur des garanties matérielles plus tangibles [71] en reportant l'expropriation de ses biens. La même solution, c'est-à-dire l'obtention d'une hypothèque générale [72], est utilisée avec un autre débiteur, Rigoutier, engagé à la succursale de Bône avec la somme de 230 055 F. Tout en l'invitant à faire disparaître « son papier arabe qui ne vaut rien », la Banque décide de lui accorder une ouverture de crédit de 6 000 F [73] moyennant un hypothèque générale sur tous ses biens.

Le but de cette décision est d'empêcher Rigoutier d'entrer en liaison avec une maison de banque rivale.

Il semble, à partir de ces quelques exemples cités, que la Banque [74] se comporte encore avec indulgence à l'égard de ces débiteurs. D'ailleurs, son directeur se flatte au printemps 1888, c'est-à-dire un an après l'annonce du programme de liquidation, que « jusqu'à présent, malgré les difficultés considérables de l'heure actuelle, la Banque a justifié son titre d'établissement public et sa qualité de privilégiée en ne provoquant elle-même aucune faillite, aucune expropriation » [75].

Certes, mais en accordant des crédits supplémentaires et de nouveaux délais à ses clients en difficulté, la B.A. ne fait, en réalité, que ménager ses propres intérêts.

En effet, les combinaisons trouvées pour reporter l'exécution de ses débiteurs sont avancées pendant l'hiver et le printemps 1887. Elle est ainsi obligée d'attendre les récoltes de l'été pour demander le remboursement de ses prêts. Une fois l'été 1887 arrivé, elle change de ton. Dans une longue circulaire envoyée le 22 juillet 1887 aux directeurs des succursales, la direction de la Banque rappelle « le devoir... de rechercher la liquidation d'immobilisations autrefois consenties ou imposées par des circonstances toutes particulières. Nous arrivons à l'époque de l'année où nos débiteurs... auront la faculté d'amortir une partie de leur dette... Vous devez donc dès aujourd'hui inviter tous les souscripteurs de papier immobilisé à consacrer le produit de leurs récoltes... à l'amortissement de leurs créances à la banque » [76].

Un autre élément empêche la B.A. de procéder dans l'immédiat à des saisies immobilières, c'est la dépréciation des prix des propriétés foncières. Dans toutes les opérations d'hypothèque qu'elle effectue, elle note la baisse continue des valeurs des biens ruraux. Elle a reconnu, dans sa circulaire du 22 juillet 1887, que « la moins-value qui frappe actuellement la propriété immobilière en Algérie, ne nous permet pas de poursuivre la libération complète de nos débiteurs » [77]. En accordant de nouvelles sommes et de nouveaux délais à ses débiteurs, elle attend le moment opportun et la remontée des prix des propriétés pour effectuer les liquidations jugées nécessaires.

Par ailleurs, un autre facteur nous paraît déterminant pour ce comportement de l'institut d'émission, il est afférent à l'élimination de tous les cobénéficiaires d'une même hypothèque. Il avance des sommes à ses débiteurs en difficulté pour qu'ils puissent rembourser les autres créanciers. Ces derniers perdent ainsi tous les droits hypothécaires au profit d'un seul établissement, la B.A., qui devient le créancier unique. Ayant le contrôle de la situation en main, cette dernière peut, à tout moment et en toute liberté, exécuter son client. Cette politique est clairement formulée à l'occasion de quelques affaires comme l'affaire Llado et Rambert à propos desquels la Banque décide qu'« il conviendrait tout d'abord de désintéresser ces créanciers pour rester maître absolu de la situation. Cela fait, nous exigerions de Llado et Rambert l'abandon complet de leur actif immobilier et mobilier, et la Banque procéderait elle-même à la liquidation de cette affaire » [78].

Après les séries d'ajournement dues aux facteurs indiqués, la Banque pense, au cours de la compagne agricole 1888-1889, que la poire est mûre. Ainsi, les liquidations vont se succéder et s'intensifier. Les clients ayant bénéficié des arrangements antérieurs se trouvent exécutés devant l'autel des saisies immobilières. Pour ne citer qu'un exemple, Rigoutier, après avoir obtenu le 8 mars 1887 une nouvelle ouverture de crédit, se trouve en janvier 1889 débiteur auprès de la Banque d'une somme de 333 000 F. « Ses biens sont mis en vente devant le tribunal civil de

Bône suite à la requête de créanciers chirographaires. Pour sauvegarder ses intérêts, la Banque... a dû acquérir la propriété rurale au prix de 115 000 F » [79].

Au cours de son voyage à Bône en avril 1889, le directeur a procédé à la liquidation de Domergue qui, lui aussi, a auparavant bénéficié de quelques ménagements. Suite à cette opération, la B.A. se trouve propriétaire du vignoble Randon.[80] Après ces quelques cas de saisies immobilières, la vague de liquidations s'intensifie à la fin des années 1880 et au début 1890, particulièrement dans le département de Constantine. La politique intransigeante de la Banque a donné lieu à plusieurs suicides. Le cas le plus révélateur est celui du double suicide, à la fin d'octobre 1891, de Truc père et fils dont l'engagement à la B.A. est de 1 034 000 F [81].

Suite à la ferme exécution de son programme de liquidation, la direction de la Banque estime, en novembre 1894, qu'elle a retiré de son portefeuille, de 1887 à 1894, plus de 33 millions de F de valeurs douteuses. En 1896, elle considère que cette somme atteint le montant de 45 millions de F [82]. La mise en application du programme de liquidation s'est donc soldée par une « purge » du portefeuille de valeurs douteuses, mais aussi par de nombreuses saisies immobilières. Quelles sont alors les conséquences de cette purge financière et foncière sur la situation de l'institut d'émission et sur l'évolution de la crise économique algérienne ?

La mise en œuvre du plan Nelson-Chiérico prouve que la Banque, épargnée dans un premier temps, est à son tour touchée par la crise. Elle risque même d'être emportée par la dépression économique que la direction a eu du mal à cerner, voire à en déterminer la nature et les conséquences. L'Algérie est affectée, selon la direction de la B.A. par « une crise inconnue jusqu'à ce jour. Elle a besoin qu'on lui vienne en aide et son principal établissement de crédit a droit à quelques bienveillances » [83].

Ces difficultés, connues par la Banque, produisent, depuis l'été 1888, une baisse constante de ses actions [84]. Plusieurs lettres émanant d'actionnaires de France sont envoyées à la direction de cet établissement pour demander des explications sur cette dépréciation. Celle-ci a préféré ne pas répondre en maintenant « son silence ordinaire » [85]. Un autre aspect de dégradation de sa situation interne : une série de démission d'administrateurs. Il s'agit d'Aboucaya qui démissionne en octobre 1889, de Giraud, d'Alphandéry et de Marchessaux qui partent en mai 1892.

En plus des conséquences périlleuses de ces retraits, le peu de qualification, l'ignorance professionnelle [86] du personnel des succursales, doublées de défauts d'organisation [87], compliquent la gestion de la crise. Nelson-Chiérico lui-même ne dispose d'aucune expérience en matière de gestion financière. Le problème est d'autant plus grave que la Banque se trouve en présence d'un phénomène nouveau qu'elle n'a pas l'habitude de gérer, à savoir « le domaine ». Après les différentes expropriations effectuées aux dépens de ses débiteurs, elle est devenue, par la force des choses, propriétaire de plusieurs exploitations agricoles. Déjà en avril

1887, elle se trouve en possession au moins d'une vingtaine de propriétés différentes [88]. Sa direction pense qu'il faut recourir à des gérants spéciaux et compétents pour exploiter tout ou une partie de ces terres. Mais, si le mode de faire-valoir de ces propriétés est à présent facilement trouvé, les choses risqueraient de se compliquer pour l'avenir. On annonce déjà, le 5 avril 1887, huit ou neuf cas d'expropriations prévues à la requête de créanciers hypothécaires. En attendant que la crise soit terminée ou diminuée d'intensité, « il sera nécessaire, affirme Nelson-Chiérico, d'acquérir sous peine de faire exploiter, vendre ou louer » [89].

A la fin de l'année 1891, c'est-à-dire trois années après le lancement du programme de liquidation, la Banque gère un domaine réparti en trois régions : Philippeville, Jemmapes et Bône. La plus grande partie de ce domaine est composée de propriétés rurales, mais il comprend aussi, surtout à Philippeville, des propriétés urbaines qui font l'objet de locations multiples [90]. Dans leurs différentes missions, le directeur, le secrétaire général et les inspecteurs procèdent, comme d'habitude, à l'exécution de leurs débiteurs, mais aussi au contrôle du nouveau domaine.

Après avoir accompagné Nelson-Chiérico dans son voyage dans l'Est algérien, Servat, administrateur récemment élu, présente un rapport détaillé sur la gestion du domaine dans lequel il met en évidence la différence notable entre l'excellent état des propriétés de la Banque « gérées, administrées, surveillées d'Alger... et celui de propriétés avoisinantes appartenant à des particuliers gérant eux-mêmes sur place » [91]. D'après ce constat, cette institution a réussi à bien faire valoir et à bien entretenir son domaine qui, suite à cette opération, prendrait une valeur plus importante. Le même administrateur, soutenu dans son rapport par le directeur, considère avec fierté que son établissement « a en ce moment un actif immobilier dont la valeur est réelle et qui sera réalisable facilement dès que la crise perdra son intensité » [92].

Voilà une dérive très grave dans l'évolution de la B.A. et dans la conception des hommes qui la dirigent : le gage d'un institut d'émission n'est plus son encaisse ou sa circulation monétaire ou encore le volume de ses escomptes, mais son actif immobilier. Cette anomalie est d'autant plus sérieuse que la direction se vante de la possession d'un vaste domaine agricole et urbain. Pire, elle se transforme en bon gestionnaire, ou en fermier ou encore en société de colonisation agricole. Après la visite du domaine de la Banque, le censeur Warot a constaté, « non sans satisfaction, combien l'organisation créée par le directeur de la Banque était de nature à nous satisfaire. Un personnel spécial d'agents techniques a été soigneusement recruté » [93].

En pleine crise algérienne, la B.A. est devenue un gros propriétaire foncier et une société de mise en valeur agricole au détriment de nombreux colons dépossédés de leurs biens. De ce point de vue-là, la Banque a profité de la crise économique pour consolider son actif immobilier aux dépens de son rôle d'établissement d'émission. Ses adversaires constatent non sans ironie qu'elle « plante, arrache, laboure, défriche, sème, la voilà banque agricole... Elle achète des charrues, des instruments agricoles, des fourches, récolte du vin, la voilà vigneronne » [94].

En s'écartant des limites qui lui sont imposées par ses statuts, elle a commis une double erreur. Tout d'abord, elle s'est spécialisée dans le crédit agricole, et elle est devenue, de surcroît, propriétaire foncier, deux opérations qui ne doivent jamais faire partie des prérogatives d'un institut d'émission. Elle a ainsi, selon certains témoins, « abusé du mandat qui lui a été confié » [95]. Ses dirigeants, à leur tête Nelson-Chiérico, ne se sont-ils pas rendus compte de cette dérive de leur établissement ?

Ce directeur, qui avait pour mission d'assainir la situation financière de cet établissement, a cherché d'une manière consciente à le doter d'un important domaine. Son programme de liquidation, exécuté en plusieurs étapes, nous a donné l'occasion de voir comment pour chaque débiteur, il écarte dans un premier temps les autres créanciers pour être le maître absolu afin d'acquérir, par la suite, la propriété en question. Suite aux multiples opérations qui précèdent la saisie immobilière, les propriétés sont cédées à la Banque dans un état lamentable sans aucune valeur.

Cette dernière cherche à confisquer ces exploitations au moment où elles sont délaissées pour qu'elles subissent une dépréciation. Aliénées à bas prix, les propriétés vont connaître, aux yeux de la Banque, une plus-value certaine après leur amélioration par ses agents spécialisés. Le censeur Warot mettait à nu cet objectif de Nelson-Chiérico en soulignant que « le programme de M. le directeur consistait à prendre un domaine en mauvais état, sans valeur réalisable et à en faire un gage certain » [96].

Il est évident que cet homme spécule sur l'avenir en espérant accroître la richesse de la Banque et se doter lui-même d'une fortune. En effet, nous avons cité des documents qualifiant Nelson-Chiérico avant sa nomination à la tête de la B.A. comme homme « sans fortune » [97]. Lorsqu'il va quitter cette institution, les mêmes sources considèrent qu' « il a de la fortune » [98].

Ainsi donc, ce dernier est parvenu à accroître son actif et celui de son établissement en temps de crise. La Banque est alors utilisée comme un moyen pour noyer l'Algérie dans sa crise économique. Une fois que la Colonie est engloutie dans la détresse et la misère la plus profonde, certains peuvent mieux respirer et mieux en profiter. Le directeur et certains de ses proches présentent un cas révélateur. Son frère Henri, signalé en 1893 à la tête de plusieurs « opérations de gaz et de pétrole... bien connues » [99], a bénéficié de facilités de crédit auprès de la B.A. Suite à la demande de crédit présentée par Henri Nelson-Chiérico, le conseil d'administration répond favorablement en pensant qu'il « ne doit pas s'y arrêter étant donné la situation commerciale » [100] de ce dernier.

Cet enrichissement personnel de Félix Nelson-Chiérico et de ses proches, mais aussi sa mauvaise gestion de la Banque, ont fait de lui la cible des attaques de l'opinion publique, voire du pouvoir politique. Après une campagne d'hostilité contre lui, son départ et son éloignement de l'Algérie sont devenus une nécessité. Il est ainsi désigné le 15 décembre 1896 receveur percepteur à Paris (18e). Nommé au départ pour sauver la Colonie et épurer la B.A., il devient le symbole de l'échec, des scandales administratifs de l'Algérie coloniale [101] et de l'opportunisme algérien [102]. Au lieu de juguler la crise, son plan et son programme de liquidation n'ont fait que l'accentuer et la prolonger aussi bien dans le temps que dans l'espace. Par sa mauvaise gestion, la B.A. n'a fait que véhiculer la crise à la plupart des branches d'activité économique et à l'ensemble du territoire algérien. Après avoir été, jusqu'à la fin des années 1880, vecteur de la crise, va-t-elle devenir, à son tour, victime de cette crise ?

II) La B.A. Victime de la crise ?

Afin de juger si cette institution est victime ou non de la crise économique et financière, il faut étudier d'autres paramètres inhérents à la vie interne de cette institution. En fait, la crise, apparue jusque-là dans le domaine du crédit agricole, va affecter les autres opérations de la Banque. Le crédit commercial, la circulation monétaire, le compte du trésor, ses dividendes annuels et le cours de ses actions vont subir, à leur tour, les retombées de la crise économique. Par ses propres difficultés, mais aussi par la spéculation, les scandales et les passions qu'elle a suscités, la B.A. est devenue « un Panama algérien ».

1) La B.A. : « un Panama algérien »

L'escompte du papier commercial est, en plus de la circulation monétaire, l'une de ses activités primordiales. Le crédit agricole est, dans une certaine mesure, une tâche secondaire ou officieuse imposée par des circonstances particulières. Hormis cette différence relative à la nature des deux opérations, il est difficile, voire impossible, de distinguer la part de chacune d'elles. En effet, la B.A. n'a jamais précisé dans ses bilans le nombre du papier commercial et celui du papier agricole. La presse financière et l'opinion publique ont toujours signalé cette lacune dans les écritures de la Banque [103].

Cela n'a pas empêché certains de noter que « dans le portefeuille existerait un stock considérable de papier commercial » [104]. Certes, les immobilisations du papier agricole ont réduit les disponibilités financières de la Banque et le crédit commercial s'en est trouvé indirectement touché. Cependant, les procès-verbaux du conseil d'administration et des assemblées générales ne signalent, au temps de Chiérico, aucune restriction volontaire des crédits alloués au commerce. Ce dernier, d'après nos sources, ne s'en est jamais plaint. Cela prouve que l'escompte du papier commercial, malgré les difficultés de la conjoncture, n'était pas directement affecté. C'est seulement après le départ de Nelson-Chiérico que des documents produits par la B.A. évoquent, pour la première fois, au début de l'année 1897, « un malaise chez le commerce occasionné par la crainte des rigueurs de la nouvelle administration » [105].

Celle-ci n'a pas hésité à calmer les esprits et à rassurer le monde du commerce en déclarant « que jamais les réductions n'ont porté sur le papier commercial... Ces réductions ont seulement porté sur le papier d'immobilisation ou de campagne » [106]. La situation du commerce est restée saine parce que le crédit commercial a créé ses bases et ses propres traditions ancrées depuis un demi-siècle. En revanche, le crédit agricole, d'apparition récente, reste fragile et demeure exposé aux aléas de la conjoncture. Concernant le compte du Trésor à la B.A., l'évolution en temps de crise est tout à fait différente.

a) Le compte du Trésor : un lourd fardeau pour la B.A.

Ce compte producteur d'intérêts au profit du Trésor avait connu des fluctuations dues à « des circonstances spéciales, estimait la direction de la Banque, que nous étions impuissants à modifier » [107]. La Banque d'Algérie (B.A) s'était toujours plainte de l'augmentation de ce compte et de la charge que cela faisait peser sur elle. L'immobilisation d'une partie de son capital sous forme de propriétés agricoles a alourdi cette charge. Les intérêts qu'elle paye au Trésor n'ont pas cessé de s'accroître. Une série de lettres est échangée entre le ministre des Finances et la B.A. pour gérer ce compte de la façon la moins néfaste pour elle [108].

L'histoire de ce compte remonte à juillet 1866, lorsque le ministre des Finances a décidé l'ouverture, à la B.A., d'un compte courant à Alger, à Constantine et à Oran aux Trésoriers-payeurs des villes indiquées [109]. Cette institution était alors le caissier du Trésor puisque ces comptes étaient sans intérêt et les trésoriers-payeurs y déposaient leurs fonds qu'ils retiraient selon leurs besoins au moyen de chèques ou quittances. Vu l'accroissement du solde de ce compte, le nouveau pouvoir républicain décida le 24 février 1874 que la Banque paie à l'État un intérêt de 1 % sur toutes les sommes dépassant quatre millions de francs. Au cours des années 1870 et au début des années 1880, de nouvelles données sont venues changer la situation de ce compte.

Cette période correspond à la phase de l'extension de la colonisation et à la croissance de l'économie coloniale. Les importations d'équipements et des produits nécessaires à la Colonie s'accroissent. Les achats algériens sont payés à la Métropole par le moyen de mandats du Trésor. Depuis la conquête de l'Algérie, le Trésor, « pour éviter les envois de fonds à la Métropole et se procurer sur place les ressources nécessaires aux dépenses publiques, délivrait au commerce et aux particuliers des mandats payables à Paris. En attendant l'emploi du produit de ces mandats, les Trésoriers-payeurs en versaient le montant à leur compte courant à la Banque » [110]. Celle-ci se trouvait ainsi dépositaire des recettes de l'État qui provenaient de ces mandats, mais aussi de l'impôt versé à l'administration des finances. La charge la plus lourde qui pesait sur la B.A. consistait surtout dans les sommes versées par le commerce algérien trouvant dans ces mandats du Trésor « l'unique moyen de couverture pour balancer la différence entre les importations et les exportations » [111].

Le compte du Trésor n'est pas alors une affaire liée seulement à la Banque et à l'administration des finances, il est plutôt un thermomètre des fluctuations du change et des transactions commerciales entre les deux pays. Lorsque la balance commerciale est équilibrée, le compte reste stationnaire. Mais dans les années où l'Algérie reçoit de la Métropole plus qu'elle ne peut expédier, elle est débitrice de la France de sommes importantes et, pour se libérer, le commerce a recours au compte du Trésor [112]. Ce compte subit même des variations saisonnières en fonction du mouvement du commerce de la Colonie : il « s'élève toujours pendant l'hiver à l'heure où les importations en Algérie dépassent de beaucoup les exportations » [113].

Il s'ensuit alors deux conséquences évidentes : pour la première, pendant la phase du développement de la colonisation au cours des années 1870 et au début des années 1880, le compte du Trésor augmentait parce que les importations des équipements prenaient de l'ampleur. La deuxième conséquence : lors de la crise des années 1880 et 1890, les exportations ont chuté, le déficit du commerce algérien s'est accentué, d'où l'augmentation spectaculaire du compte du Trésor. Le tableau de la page suivante montre cette étroite liaison entre l'évolution du commerce franco-algérien et celle du compte du Trésor.

Tab. n° 23 : Maximum et minimum du solde du compte du Trésor à la B.A. (1878-1893) [114]

ANNÉES	MAXIMUM		MINIMUM	
	MOIS	SOMMES (Fr)	MOIS	SOMMES (F)
1878	31 mai	1 855 475 344	15 septembre	547 479 373
1879	28 février	2 498 262 136	15 octobre	1 081 908 136
1880	31 décembre	2 153 487 296	15 octobre	790 113 772
1881	31 décembre	3 374 536 433	15 juin	1 891 107 640
1882	15 février	4 167 818 286	31 octobre	2 166 106 826
1883	28 février	3 597 020 414	30 septembre	1 780 378 499
1884	31 décembre	3 895 710 009	15 octobre	2 513 887 509
1885	28 février	4 386 161 992	15 octobre	2 259 425 410
1886	28 février	4105 146 670	31 octobre	2 426 266 018
1887	15 février	2 973 470 910	31 août	911 609 090
1888	31 décembre	2 374 506 175	30 juin	539 168 176
1889	31 octobre	3 855 465 415	15 janvier	2 696 110 005
1890	15 janvier	3 315 432 064	15 octobre	1 302 961 405
1891	31 décembre	3 448 959 619	31 juin	892 636 518
1892	15 janvier	4 760 696 836	31 juin	3 568 367 325
1893	15 décembre	5 903 923 852	30 juin	4 194 112 270

En examinant ce tableau des soldes créditeurs du Trésor, on constate que le maximum des sommes dues par la B.A. au Trésor correspond toujours à la saison hivernale, période pour laquelle les exportations sont très réduites. En revanche, le minimum est toujours lié à la saison estivale, époque pendant laquelle l'Algérie avait de bonnes récoltes et des exportations élevées à l'instar des années 1878, 1879 et 1880. Lorsque les créances du Trésor s'accroissent, cela coïncide avec les années de sécheresse, d'invasion de sauterelles et de récession comme en 1885-1886 et 1892-1893. Pendant ces périodes de difficultés économiques, les Algériens « non seulement ne fournissent aucun aliment d'exportation, mais encore voyaient augmenter les importations de tous les besoins de la consommation locale non alimentée par les produits de la colonie » [115].

Durant ces périodes de marasme économique, le problème de l'institut d'émission algérien est double : en plus de l'accroissement des crédits avancés à l'économie et de l'immobilisation d'une partie de son capital, il doit payer au Trésor les intérêts élevés dus aux dimensions prises par le compte du Trésor. L'ampleur de ces intérêts devient une contrainte et une charge supplémentaires qui aggravent sa situation (voir le tableau et la courbe des intérêts payés au Trésor).

La B.A. a toujours demandé au ministre des Finances de modifier les conditions de ce compte [116] en estimant qu'elle « supporte seule la différence de change entre la France et l'Algérie » [117] sous forme d'intérêts payés au Trésor : « Nous nous trouvons en présence d'une crise économique des plus notoires, nos agios ont diminué et, conséquence fatale, de l'arrêt du commerce d'exportation, le compte du Trésor... a augmenté » [118]. Pour diminuer le poids de ce fardeau qui tend à l'écraser, elle utilise tous les atouts dont elle dispose :

Tab. n° 24 : Intérêts payés par la B.A. au Trésor (1874-1893) [119]

ANNÉES	SOMMES (F)
1874	1 037 329
1875	9 259 690
1876	14 231 318
1877	10 343 637
1878	11 110 688
1879	5 000 000
1880	5 000 000
1881	21 355 824
1882	25 209 148
1883	31 891 391
1884	50 505 382
1885	70 245 578
1886	72 617 842
1887	32 627 185
1888	19 462 033
1889	81 378 259
1890	40 755 883
1891	33 605 034
1892	104 588 891
1893	112 156 755
TOTAL	752 381 867

Graph. n° 11 : Intérêts payés par la B.A. au Trésor (1874-1893)

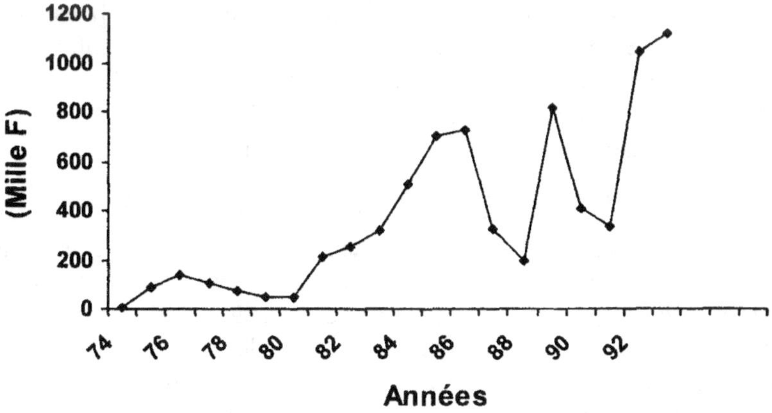

Les relations « personnelles » [120] de Nelson-Chiérico avec le directeur du mouvement général des fonds, ses amitiés politiques en faisant intervenir le député Etienne auprès du ministre des Finances [121], et des arguments juridiques en prétextant qu'elle a un rôle de « banque d'émission et non de banque de dépôts » [122].

La Banque n'a pas manqué de mobiliser la presse. Le journal *Le Temps* du 4 mars 1894, après avoir dressé le tableau des intérêts au compte du Trésor, prend le parti de la défense de la Banque [123].

Grâce à cette campagne menée par la B.A., le ministre des Finances a pensé à plusieurs solutions telles que la suppression des mandats du Trésor ou la participation des autres établissements financiers algériens, comme le C.F.A.A., dans le paiement de ces mandats.

Néanmoins, ces propositions sont refusées par la B.A. Le 1er février 1893, le ministre des Finances, tout en maintenant le compte du Trésor à la Banque, modifie ses bases de la manière suivante : supprimer tout intérêt sur les cinq premiers millions, porter cet intérêt à 2 % sur les sommes de cinq millions à dix millions, à 2,5 % sur la tranche de dix à vingt millions et à 3 % au dessus de vingt millions de francs [124]. Cette décision ne satisfait pas la direction de la Banque. Mais cherchant à trouver une attitude conciliante, celle-ci accepte provisoirement cette proposition « comme charge de son privilège » [125]. Après ce premier pas, un autre est accompli : le 8 mars 1895, les conditions du compte du Trésor sont allégées de la manière suivante : les cinq premiers millions sans aucun intérêt, de cinq à dix millions 1,5 %, de dix à trente millions 2 %, au dessus de trente millions 2,5 % [126]. Toutefois, le compte du Trésor, en tant qu'instrument de change entre la Colonie et la Métropole, continue à être la source de difficultés pour l'institut d'émission. Le ministre des Finances constate que, pendant le quatrième trimestre 1894, la Banque a remboursé au Trésor par l'intermédiaire du Comptoir d'escompte une somme de huit millions, alors que pendant toute l'année 1895, elle n'a « effectué aucun remboursement » [127]. La réponse du directeur au ministre des Finances est très révélatrice, puisqu'elle dresse un constat alarmant en affirmant « que nous nous trouvons encore en face d'une impossibilité absolue [c'est-à-dire de paiement]. Non seulement nos disponibilités sur France font défaut, mais encore nous sommes débiteurs de tous nos correspondants » [128]. Ce déficit n'est pas l'unique aspect de déséquilibres que connaît la Banque lors de la crise [129]. La circulation monétaire en présente un exemple aussi révélateur.

b) La circulation monétaire : une augmentation anti-statutaire

La B.A. continue à émettre ses billets en quantité suffisante pour soutenir le commerce. Le tableau et le graphique suivants montrent qu'à part les accidents de 1881-1882, de 1885-1886, de 1891-1892 et de 1892-1893, les billets de banque en circulation n'ont pas cessé de s'accroître. Mais le plus important en matière d'émission monétaire n'est pas l'évolution de son volume, mais plutôt le rapport entre la masse monétaire et l'encaisse de la Banque. La commission sénatoriale de 1892 et certains détracteurs de la B.A. ont dénoncé « l'émission anti-statutaire de billets dépassant de beaucoup la proportion » [130] tolérée en fonction de son encaisse. Dans une longue correspondance, le ministre des Finances met en garde la Banque contre les dérapages multiples et attire son attention sur le fait que « le montant de circulation monétaire et des comptes courants dépasse encore de près de 15 millions le triple de votre encaisse » [131]. Cet écart n'est pas légal et il doit disparaître. La Banque a fait plusieurs efforts pour rester fidèle aux termes de ses statuts. Dans sa réponse au ministre des Finances, elle fait état de ces efforts dans ce sens. « Pour obéir à vos instructions du 8 mai 1895 et accroître notre encaisse, il nous a fallu, souligne son directeur, escompter par avance tout notre portefeuille sur France. C'est grâce à cette opération que nous sommes parvenus à atténuer l'écart entre l'encaisse et la circulation monétaire » [132].

Tab n° 25: Volume des billets de banque émis par la B.A. (1880-1899) [133]

EXERCICES	BILLETS DE BANQUE EN CIRCULATION (F)
1880-1881	62 746 750
1881-1882	60 448 225
1882-1883	63 710 405
1883-1884	67 307 845
1884-1885	67 647 145
1885-1886	64 448 430
1886-1887	69 946 895
1887-1888	74 831 315
1888-1889	72 963 765
1889-1890	87 784 370
1890-1891	86 693 940
1891-1892	77 170 750
1892-1893	71 636 495
1893-1894	82 935 410
1894-1895	89 290 595
1895-1896	82 629 105
1896-1897	85 853 540
1897-1898	91 351 450
1898-1899	96 804 100

Graph. n° 12 : Billets émis par la B.A. (1880-1899)

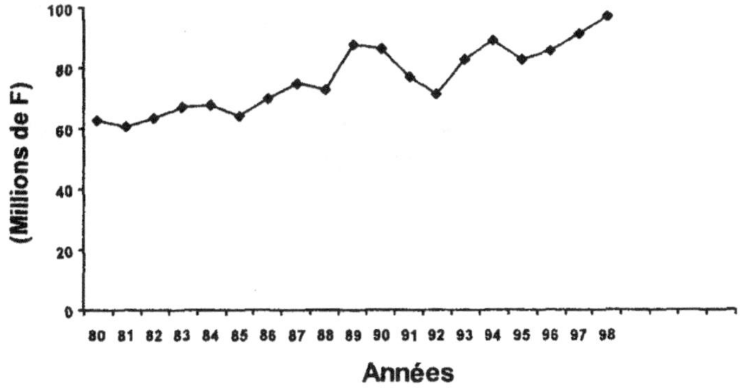

Cependant, à la fin de cette année 1895, les billets en circulation s'élèvent à 88 227 460 F alors que l'encaisse atteint 140 778 784 F 35 dont le triple est de 122 336 353 F 05 avec une différence de billets émis en trop de 2 600 979 F 44[134].

Malgré ses efforts, la Banque reste dans l'irrégularité. Ce fait a été, à maintes reprises, dénoncé par la presse [135]. Pis encore, une certaine complaisance de la part du ministère des Finances, qui « tolère du moins provisoirement » [136] cet état des choses, risque de prolonger cette entorse à la loi et aux statuts de la B.A. . Cela prouve que celle-ci a du mal, en temps de crise, à préserver ses équilibres traditionnels, entre autres, celui des dividendes.

c) Des dividendes élevés en temps de crise

Afin d'apprécier les effets de la crise dans ce domaine, il faut commencer par donner une idée sur les bénéfices distribués par la Banque depuis sa naissance jusqu'à la fin du XIXe siècle. En analysant les données du tableau et celles de la courbe des deux pages suivantes, quelques constatations s'imposent :

* Les bénéfices distribués par la B.A. sont généralement élevés et même très élevés. Les affaires coloniales ont été de tout temps un placement rentable justifié par la part considérable du risque. Ce risque est plus important dans le domaine des finances coloniales que celui des travaux publics (ports, chemin de fer,...). Les profits bancaires sont parmi les plus élevés, sinon les plus exorbitants de tous les investissements coloniaux.

Pour bien apprécier ces dividendes, nous pouvons les comparer à ceux d'une institution bancaire coloniale similaire, la Banque d'Indochine étudiée par Marc Meuleau. Cet auteur, qui n'a pas cité de série statistique à ce sujet, s'est contenté de relever les dividendes les plus élevés de la Banque d'Indochine en cherchant à déterminer le taux qu'ils rapportent par action versée. Il note à ce sujet qu' « en 1876 les actionnaires reçoivent 6,25 francs de dividende par action, soit 5 % de ce qu'ils ont déboursé par titre (125 francs) ; 1884, 16 francs, soit 12, 8 % de leur versement initial » [137].

Pour comparer ces dividendes de la Banque d'Indochine à ceux de la B.A. dont l'action est de 500 F entièrement versée, il faudrait voir le pourcentage de dividende rapporté par chaque titre. Ainsi le

Tab. n° 26 : Dividendes annuels distribués par la B.A. (1851-1900) [138]

EXERCICES	DIVIDENDES ANNUELS (F)	EXERCICES	ANNUELS
1851-1852	21 60	1876-1877	66
1852-1853	30 65	1877-1878	70
1853-1854	32 25	1878-1879	70
1854-1855	36 50	1879-1880	71
1855-1856	37 05	1880-1881	90
1856-1857	35 30	1881-1882	80
1857-1858	36	1882-1883	100
1858-1859	42 80	1883-1884	95
1859-1860	46 50	1884-1885	92
1860-1861	45 10	1885-1886	80
1861-1862	54 45	1886-1887	80
1862-1863	57 20	1887-1888	80
1863-1864	58 15	1888-1889	80
1864-1865	60	1889-1890	80
1865-1866	62	1890-1891	70
1866-1867	63	1891-1892	60
1867-1868	65	1892-1893	50
1868-1869	65 50	1893-1894	37 50
1869-1870	66	1894-1895	30
1870-1871	66	1895-1896	17 50
1871-1872	77	1896-1897	15
1872-1873	80	1897-1898	15
1873-1874	80	1898-1899	15
1874-1875	80	1899-1900	17 50
1875-1876	61		

Graph n° 13 : Dividendes annuels distribués par la B.A. (1851-1900)

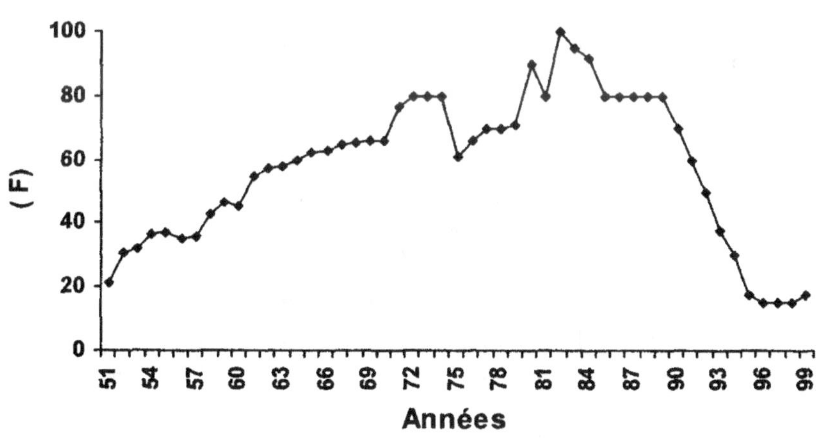

dividende de l'établissement algérien, pour l'exercice 1875-1876, est de 60 F, soit 12 % du capital versé (une action de 500 F). Cela est largement supérieur aux 5 % perçus la même année 1876 par les actionnaires de la Banque d'Indochine. Pour l'exercice 1883-1884, le dividende de la B.A. est de 95 F, soit 19 % par action de 500 F, ce qui est, encore une fois, plus élevé que les 16 % touchés par les actionnaires de la Banque d'Indochine.

Comparés aux dividendes distribués par les banques étudiées par Bouvier, Furet et Gillet [139], ceux de la B.A. sont supérieurs à toutes ces institutions [140]. Les séries statistiques, citées par ces auteurs concernant les profits bancaires [141], démontrent que les bénéfices de l'institut d'émission algérien ne sont assimilables à aucun autre organisme financier, sauf à ceux de la B.F. financier, sauf à ceux de la B.F.

Tab. n° 27 : Dividendes annuels de la B.F. (1852-1899) [142]

Exercices	Dividendes (F)	Exercices	Dividendes (F)
1852	10.767	1876	26.465
1853	14.052	1877	17.340
1854	17.700	1878	17.340
1855	18.250	1879	20.075
1856	24.854	1880.	27.375
1857	30.477	1881	45.625
1858	20.8	1882	52.925
1859	20.987	1883	41.035
1860	25.550	1884	39.055
1861	26.827	1885	33.762
1862	28.835	1886	28.287
1863	30.112	1887	27.375
1864	42.837	1888	25.915
1865	28.100	1889	27.740
1866	28.470	1890	28.652
1867	19.527	1891	29.017
1868	16.425	1892	23.725
1869	19.527	1893	22.630
1870	15.330	1894	20.310
1871	54.750	1895	18.797
1872	58.400	1896	20.987
1873	63.875	1897	18.892
1874	52.012	1898	20.075
1875	36.500	1899	23.725

La représentation graphique de ces dividendes de la B.F. exprime la tendance suivante :

Graphe n ° 14 : Évolution des dividendes annuels de la B.F. (1852-1899)

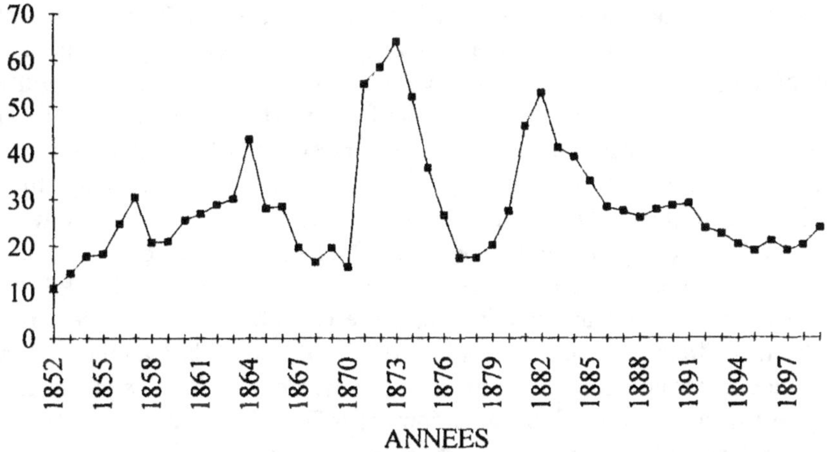

Le tableau et la courbe des dividendes montrent que ceux de la B.A. sont souvent, sauf en période de crise, supérieurs à ceux de la B.F., surtout pendant la période 1875-1883.

* La deuxième constatation à faire concernant les profits de la B.A. est relative à leur évolution dans le temps. L'allure générale de ces profits correspond à la tendance séculaire des profits bancaires au cours de la deuxième moitié du XIXe siècle. Bouvier, Furet et Gillet distinguent deux grandes phases de profits bancaires : la première est antérieure à 1881 pendant laquelle « des masses de profits sont à la hausse » [143], et la deuxième de 1886-1898 période pendant laquelle « les masses de profits subissent à la fois recul et stagnation » [144]. Cette similitude entre l'évolution des profits de la B.A. et les établissements bancaires métropolitains ne doit pas nous empêcher de poser la question suivante : la baisse des dividendes de cette institution, bien qu'elle se situe dans la phase B du cycle Kondratieff, est-elle due aux seuls effets de la conjoncture ou bien est-elle décidée volontairement par la Banque par mesure d'autarcie ? Ou encore est-elle imposée à celle-ci par les pouvoirs publics ? La réponse à ces questions nous permet d'approfondir l'analyse concernant la répartition des dividendes en temps de crise.

Un fait frappant est d'abord à signaler : pendant la récession des années 1880, lors de la direction de Nelson-Chiérico, et surtout pendant l'application du programme de liquidation, les dividendes n'ont pas baissé d'une manière notoire. Ils ont certes diminué par rapport au seuil de 100 F atteint en 1883, mais ils ont gardé lors de la décennie 1880 le même niveau que celui de la décennie précédente (voir le graphique des dividendes de la B.A.).

Tout en faisant abstraction du dividende exceptionnel de 100 F qui se situe dans la décennie 1880, nous avons une moyenne de dividende annuelle au cours de cette décennie difficile équivalente à 83 F, 86 au moment où la moyenne des dividendes de la prospère décennie 1870 est seulement de 73 F. Le maintien d'un dividende élevé en temps de crise prouve que les intérêts des actionnaires passent avant toute chose, à moins que ces dividendes soient « fictifs » [145] et gonflés par la Banque pour maintenir le cours de ses actions. Certains auteurs ont raison d'écrire que cette institution est marquée par plusieurs excès : « Trop d'immobilisations de capitaux par des prêts à long terme, trop de crédits ouverts à la suggestion de personnalités politiques... trop de dividendes distribués » [146]. Il a fallu attendre la décennie de 1890, et notamment le départ de Nelson-Chiérico pour que les dividendes baissent d'une manière concrète passant de 50 F en 1892-1893, à 37 F en 1893-1894, et à 30 F l'année suivante. Cette réduction est due à l'intervention du ministre des Finances et non pas à la propre volonté de la Banque. A maintes reprises, ce dernier empêche la répartition des dividendes décidés par la direction en l'obligeant à les réduire. Cette question est même devenue une source de conflit entre l'autorité de tutelle et l'administration de la Banque.

Le ministre des Finances Cochery rejette pour la première fois en mai 1893 le projet de répartition des bénéfices présenté par le conseil et réduit à 27 50 le dividende à distribuer [147]. Le but de cette décision est de porter à la réserve extraordinaire une somme de 200 000 F au lieu des 100 000 F proposés par la direction de la Banque. En novembre 1894, le dividende du 2e semestre est fixé à 17 F 50 après une « conférence » du directeur avec le ministre des Finances. Il a été reconnu par les deux parties « que dans les circonstances actuelles, il a été prudent de grossir les réserves » [148].

En 1895, la B.A. propose pendant le mois de mai un dividende semestriel de 17 F 50, alors que le ministre des Finances autorise une distribution conditionnelle de 15 F. « La Banque, précise ce dernier, dispose encore d'un reliquat suffisant pour permettre une distribution de 15 F par action. J'ai l'honneur de vous informer que j'autorise cette distribution. Mais je ne l'autorise qu'à cette condition expresse que le complément de la somme revenant à la réserve, soit 187 576 F 78, sera cumulé avec les changes propres au second semestre et prélevé en même temps qu'elles sur les bénéfices » [149].

La fixation du dividende du premier semestre de l'exercice 1895-1896 est de nouveau sujet de différend entre l'autorité de tutelle et la direction. Celle-ci décide le 1er mai 1896 de fixer ce dividende à 15 F par action [150] en estimant que les actionnaires ont fait un sacrifice énorme. La rencontre entre le directeur de la B.A. et le ministre des Finances n'a pas empêché ce dernier de demander la révision de ce chiffre dans le sens d'une diminution [151]. Nelson-Chiérico convoque d'urgence son conseil d'administration, le bras de fer s'engage entre la Banque et le commissaire du gouvernement présent à cette réunion [152]. Cela a nécessité un autre voyage du directeur à Paris au cours de la 3e semaine du mois de mai 1896.

Lors de ce séjour à Paris, il a pu obtenir de son conseil d'administration une délibération l'autorisant à modifier les propositions initiales de la Banque afin « d'écarter un conflit avec le ministre des Finances » [153].

A cause de ces baisses multiples imposées par le ministre des Finances, certains administrateurs et quelques actionnaires protestent en affirmant que l'intérêt de 6 % garanti par action, selon les articles 36 et 38 des statuts, n'est plus assuré. Un administrateur fait observer que « déjà plusieurs réclamations d'actionnaires se sont produites » [154] à cet égard. Le censeur Warot considère, de son côté, que les statuts de la Banque ne sont plus respectés. « Je ne demande pas, dit-il, la distribution d'un dividende, je me borne à réclamer l'intérêt » [155]. Une commission est nommée pour essayer de redresser les dividendes.

Tenu au courant de cette tendance qui s'affirme de plus en plus au sein de la Banque, le ministre des Finances réagit en rappelant les contraintes de rigueur qui nécessitent le maintien de la même ligne de conduite [156]. Suite à ces différentes pressions, la BA. finit par céder. En novembre 1896, elle fixe le dividende semestriel à 7 F 50 par action. Cependant, le conflit rebondit de nouveau entre les deux parties une année plus tard. Après cette trêve, « la bataille est engagée » [157], à la fin de l'année 1897, entre Cochery et la B.A. suite à la décision de cette dernière de répartir l'intérêt statutaire de 6 % du capital versé. En se fondant toujours sur l'article 40 des statuts [158], le ministre des Finances a interdit cette distribution.

Stupéfait, le conseil d'administration s'en prend au ministre des Finances. Par une motion votée par tous les administrateurs sauf le directeur Rihouet fraîchement nommé, il « proteste énergiquement contre la décision arbitraire du ministre des Finances et décide d'en appeler au Conseil d'État » [159]. Cette délibération est envoyée à la presse avec une note sur la situation générale de la Banque et un appel de solidarité lancé aux actionnaires.

Un comité d'actionnaires est composé « d'hommes les plus recommandables et porteurs d'importants titres » [160] afin d'organiser une campagne de protestation contre le ministre des Finances. En publiant ces communiqués de la Banque, la presse s'est donc mêlée de cette l'affaire tout en passionnant le débat. Rares sont les journaux qui se sont contentés des faits [161]. Certains font l'éloge de « la résistance courageuse » [162] du conseil d'administration et estiment que la « B.A. est en butte à la mauvaise humeur de M. Cochery » [163]. D'autres, après avoir décrit ce bras de fer, se contentent de s'interroger : « Quelle sera l'issue de ce conflit? » [164]. La presse a ainsi donné une nouvelle dimension à ce litige.

L'opinion publique algérienne a, elle aussi, pris part à ce débat. Une lettre d'un Français d'Algérie publiée par *La libre parole* essaye de démontrer que le conflit entre la Banque et Cochery est formellement orchestré par les deux parties pour jeter de la poudre aux yeux : «Tout le monde en Algérie a compris. M. Cochery est le beau-frère de M. Hunebelle. On sait que M. Hunebelle et M. Piquemal ne sont qu'un » [165].

La même source soupçonne Cochery d'avoir des intérêts dans l'industrie des raisins secs détenue par Hunebelle. Le tout étant « commandité par la B.A.».

Bien qu'elle soit nourrie par la presse et par l'opinion publique algérienne, la polémique entre le ministre des Finances et la B.A. au sujet des dividendes n'a pas duré longtemps. Après quelques mois de débat sur cette affaire, la Banque est venue, selon le rapport du conseil d'administration à l'assemblée générale du 26 décembre 1897, informer les actionnaires et l'opinion publique qu'elle s'est pliée à la décision du ministre des Finances.

Afin de calmer les esprits des actionnaires emportés par la récente campagne anti-Cochery, le directeur de la Banque a dû longuement expliquer les raisons qui ont incité son établissement à céder face à la détermination des pouvoirs publics. « Ce n'est... qu'après de longues hésitations, affirme-t-il, que nous nous sommes résignés à ne pas insister pour obtenir la distribution de l'intérêt statutaire de 6 %...

Il importait beaucoup plus de se préoccuper de l'avenir de la Banque que de la distribution d'un dividende plus ou moins élevé ; il fallait avant tout consolider les bases de notre institution et conquérir, par notre sagesse, la bienveillance du gouvernement et des pouvoirs publics, sans laquelle nos efforts seraient vains » [166]. L'expiration du privilège le 1er novembre 1897 a pesé lourd dans cette résignation de la Banque.

La pression exercée par le ministre des Finances en matière de répartition des dividendes, inaugurée en octobre 1894, s'explique par sa volonté de l'obliger à liquider progressivement les immobilisations et à fortifier les réserves. [167] Pour appréhender les effets de cette politique de rigueur préconisée par le ministère des Finances, il serait intéressant de dresser le tableau des dividendes semestriels proposés par la direction et réellement distribués suite à la volonté de l'autorité de tutelle.

Tab. n° 28 : Dividendes distribués et réserves réalisées par la B.A. 1894-1898 [168]

Semestres	Dividende semestriel proposé par l'action	Distribution semestrielle autorisée (F)	Montant des dividendes distribués (F)	Montant des sommes mises en réserve (F)
1er novembre 1894	20	17 50	702 000	300 000
1er mai 1895	17 50	15	601 000	100 000
1er novembre 1895	20	15	601 000	570 000
1er mai 1896	15	10	401 000	730 000
1er novembre 1896	20	7 50	301 000	1522 000
1er mai 1897	15	7 50	301 000	327 000
1er novembre 1897	15	7 50	301 000	900 000
1er mai 1898	7 50	7	301 000	595 000
Total			3 509 000	5 224 000

La baisse des dividendes a certes permis la consolidation des réserves, mais elle a eu un impact négatif sur le cours des actions qui ont suivi la même tendance que celle des dividendes : la baisse. Ce mouvement de diminution de la valeur des titres de la B.A. est représenté par le tableau et le graphique des cours moyens de ces actions.

Tab. n° 29 : Cours moyens des actions de la B.A. 1874-1901 [169]

EXERCICES	COURS MOYEN DES ACTIONS (F)
1874-1875	1 217
1875-1876	1 310
1876-1877	1 280
1877-1878	1 250
1878-1879	1 502
1879-1880	1 853
1880-1881	2 235
1881-1882	1 943
1882-1883	2 186
1883-1884	2 203
1884-1885	2 113
1885-1886	1 910
1886-1887	1 687
1887-1888	1 495
1888-1889	1 475
1889-1890	1 620
1890-1891	1 628
1891-1892	1 134
1892-1893	1 059
1893-1894-	746
1894-1895	764
1895-1896	608
1896-1897	561
1897-1898	623
1898-1899	844
1899-1900	992
1900-1901	853

Représentées en graphique, ces données expriment une tendance à la baisse qui s'accentue notamment depuis 1890. Les titres de la B.A. atteignent leur niveau le plus bas en 1896-1897 à cause de la baisse des dividendes.

Graph. n° 15 : Cours moyens des actions de la B.A. 1874-1901

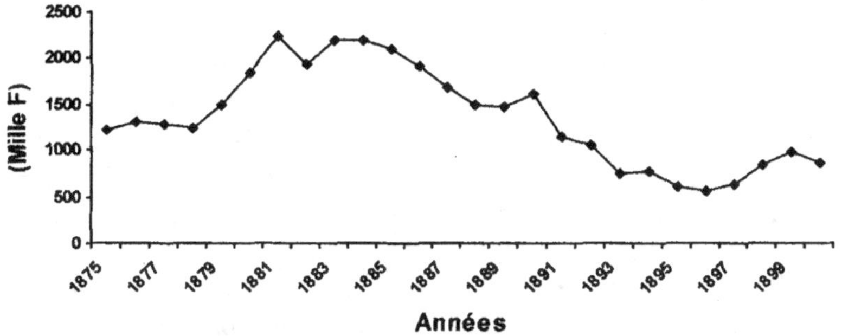

Il faut peut-être rappeler que le capital social de cette institution, fixé par la loi du 3 avril 1880 à 20 millions de francs, est composé de 40 000 actions de 500 F entièrement libérées et au porteur. Ces actions sont admises à la cote officielle à des périodes différentes en fonction de l'augmentation du capital social : les 6 000 actions primitives le 10 octobre 1858, les 14 000 actions de la 2e série le 22 novembre 1874 et les 20 000 actions de la 3e série le 3 avril 1882 [170].

En 1881, après le renouvellement du privilège, les actions de la B.A. ont atteint leur point culminant avec le cours de 2 800 F [171]. Jusqu'à 1886, ces titres se stabilisent, en dépit des vicissitudes de la conjoncture, entre 2 200 et 2 000 F. La dépréciation des actions commence à partir de 1887, puisque leur cours moyen descend à 1 687 F 50 [172]. Depuis, la presse financière suit à la loupe le mouvement des titres B.A. et en trace les différentes oscillations [173].

La « très vive alerte » [174] commence en février 1892 lorsque des actions ont chuté à 1 125 F. La dégringolade se poursuit : le creux de la vague est atteint à 500 F [175] en octobre 1897, période de conflit entre le ministre des Finances et la Banque concernant la distribution des dividendes. Ces multiples oscillations des titres peuvent être illustrées par un tableau des cours les plus hauts et des cours les plus bas.

Tab. n° 30 : Cours les plus hauts et cours les plus bas des actions de la B.A. (1880-1896) [176]

ANNEES	PLUS HAUT (F)	PLUS BAS (F)
1880-1881	2 300	1 680
1881-1882	2 800	1 800
1882-1883	2 100	1 650
1883-1884	2 370	1 940
1884-1885	2 300	2 000
1885-1886	2 240	1 940
1886-1887	2 055	1 842 50
1887-1888	2 060	1 840
1888-1889	1 675	1 225
1889-1890	1 550	1 400
1890-1891	1 830	1 460
1891-1892	1 800	1 350
1892-1893	1 425	920
1893-1894	1 175	850
1894-1895	840	620
1895-1896	812	610

L'action de la B.A. n'est pas un titre régulier et stable. Elle ne constitue plus alors un placement sûr. Ces fluctuations, et notamment la baisse, sont liées aux dividendes annuels qui ont été réduits, suite aux décisions du ministre des Finances. Tel n'est pas le point de vue de la direction de l'institut d'émission algérien qui, suite aux réclamations de certains de ses actionnaires, explique la chute rapide de ses titres en 1892, par le comportement irresponsable d'un « agent maladroit... [qui] avait tout jeté sur le marché, laissant croire ainsi que la situation de la Banque inspirait de telles inquiétudes que plusieurs propriétaires de titres s'empressaient de se débarrasser » [177].

Quoi qu'il en soit, nous pensons qu'en plus des mobiles déjà évoqués, d'autres facteurs entrent en jeu pour expliquer la débâcle des titres B.A. Ses actions sont subordonnées, de prime abord, aux variations de l'économie algérienne qui subit des fluctuations notamment en temps de crise. Deux autres éléments propres à la Banque sont à l'origine de la baisse de ses titres : tout d'abord la chute de ses titres s'accélère au fur et mesure qu'on se rapproche de l'expiration de son privilège en novembre 1897. Un autre fait vient aggraver sa situation : l'accroissement des valeurs impayées qui alourdissent de plus en plus son portefeuille et augmentent les immobilisations. Tant que le portefeuille n'est pas sain, le cours des actions est condamné à demeurer réduit.

La baisse des dividendes et du cours des actions, l'augmentation anti-statutaire de la circulation monétaire démontrent que la situation de cette institution est restée, au milieu des années 1890, périlleuse. Certains assimilent le scandale de la B.A. au scandale de Panama en se demandant « jusqu'à quand va demeurer cette orgie qui sera, avec le Panama, le plus gros désastre financier du siècle » [178]. Le programme de liquidation de Nelson-Chiérico a donné des résultats contraires : les immobilisations augmentent, le domaine s'accroît. Ce dernier a même pensé réaliser une certaine plus-value en offrant de vendre le domaine « en bloc pour la somme de 3 000 000 dont 1 500 000 F comptants, à un riche industriel ayant déjà des intérêts considérables en Algérie » [179]. La B.A. devient un gros propriétaire foncier qui cherche à alimenter la spéculation foncière en Algérie, attitude étrange de la part d'une banque d'émission. Cet égarement est d'autant plus grave que ses échéances se rapprochent, l'année 1897 étant celle de l'expiration de son privilège en même temps que celui de la B.F. Elle devient, dans de telles circonstances, la cible des critiques les plus acerbes.

Une série d'articles de journaux sont écrits [180] pour dénigrer les irrégularités commises par l'institut d'émission algérien. Le Parlement devient à son tour une tribune à partir de laquelle on dénonce ses pratiques illégales et ses opérations anti-statutaires[181]. La Banque est désormais au centre du typhon algérien. Les pouvoirs publics déjà conscients de sa situation alarmante sont alertés par cette campagne anti-B.A. Le ministre des Finances ordonne d'établir une enquête sur la gestion, l'évolution et l'avenir de cette société. Cette enquête présentée à l'autorité métropolitaine en août 1898 révèle que sa situation est plus que jamais compromise [182].

Des solutions radicales, voire des sacrifices, s'imposent pour la sauver. Mais, tout le problème est de savoir comment la sauver ?

2) Comment sauver la B.A. ?

L'une des mesures les plus urgentes à prendre consiste à remplacer le directeur, Nelson-Chiérico. Marc Lafon, sous-directeur et assurant la direction par intérim, reçoit des directives du ministre des Finances pour sauver la Banque. Une nouvelle politique de crédit est jugée indispensable.

a) « L'heure est grave » [183] : gérer avec « un esprit d'ordre et de régularité » [184].

Marc Lafon adresse une lettre confidentielle aux directeurs des succursales les incitant à œuvrer vers un allégement du portefeuille. « Le montant cumulé de nos comptes courants et de notre circulation fiduciaire, souligne-t-il, est depuis longtemps beaucoup plus supérieur au triple de notre encaisse métallique. Cet écart anti-statutaire, qui s'est élevé en octobre dernier jusqu'à 48 millions, est encore de 30 millions. Pour le faire disparaître progressivement nous devons restreindre, dans une certaine mesure, les opérations de la Banque... Nous devons nous attacher à alléger notre portefeuille des valeurs qui, sous des apparences diverses, seraient en réalité des immobilisations » [185].

La nomination de Rihouet comme directeur de la B.A. le 16 mars 1897 consolide cette politique de rigueur. Cet homme, qui a rempli de hautes fonctions dans la Cour des comptes [186], bénéficie d'une connaissance profonde en matière de droit et d'une carrière administrative très solide. La désignation à la tête de la Banque de ce conseiller maître honoraire à la cour des comptes révèle l'objectif du gouvernement. L'institut d'émission algérien a plutôt besoin d'un contrôleur que d'un homme d'affaires [187]. Rihouet tient sa nouvelle fonction de la confiance du président de la République [188] et il a même reçu l'ordre formel du ministre des Finances et du Parlement [189] de dégager le plus promptement possible le capital de la Banque.

Le nouveau directeur est fort de cet appui des pouvoirs publics qui l'ont chargé d'une mission précise : rétablir le crédit de la B.A. Dès sa nomination, il dresse un bilan sombre de la situation. « L'heure est grave à la veille de l'expiration du privilège, affirme-t-il. Nous sommes bien obligés de constater que si la situation de la Banque ne prête pas aux attaques violentes dont elle a été l'objet, il existe cependant une proportion beaucoup trop élevée des immobilisations qui paralysent l'essor de nos affaires » [190]. Après l'annonce des grandes lignes de sa gestion, Rihouet dévoile ses moyens d'actions en rappelant sa carrière administrative lors de laquelle, dit-il, « j'ai eu constamment à appliquer les règles de notre droit financier et à veiller à l'exécution des lois et règlements destinés à assurer le bon emploi des deniers publics. C'est vous dire quel esprit d'ordre et de régularité je compte apporter » [191].

Le nouveau directeur a pris des mesures urgentes et énergiques : baisser le compte du Trésor [192], réviser toutes les fiches, examiner les situations des engagements de tous les présentateurs et arrêter certains types d'opérations comme le crédit de campagne [193]. Il contacte le C.F.F.A. pour l'appeler à traiter ce genre d'opérations [194]. La B.A. est allée plus loin en décidant de réduire, dans la mesure du possible, le papier des comptoirs d'escompte. Le nouveau directeur est entré en liaison avec certains gros débiteurs comme Jérôme Bertagna et Dominique Bertagna [195] pour le règlement rapide de leurs dettes. Une autre mesure de rigueur est prise, elle touche cette fois-ci les membres du conseil d'administration.

En effet, le ministre des Finances a donné à Rihouet des instructions concernant les administrateurs de la Banque ayant un compte dans cet établissement et qui seront en demeure de démissionner s'ils n'arrivent pas à faire disparaître leur papier de renouvellement [196].

Les administrateurs engagés à la Banque doivent servir d'exemple aux autres débiteurs. En effet, la dette d'un certain nombre d'administrateurs est représentée, selon la direction, « pour une plus ou moins grande partie du papier d'immobilisation » [197]. Deux administrateurs, au moins, sont touchés directement par la mesure du ministre des Finances : le sous-directeur Marc Lafon, contraint de présenter sa démission [198] et Altaïrac qui a résisté à la volonté du ministre et du directeur de la Banque. Il retrace dans un long rapport la situation de sa maison qui a pu trouver des crédits chez un autre établissement financier. « Combien je regrette aujourd'hui, conclut-il dans ce même document, ma détermination en voyant l'attitude de plus en plus agressive du ministre des Finances à son égard [c'est-à-dire la B.A.]... Ma maison, à son grand regret, je vous assure, va disparaître comme client de votre banque, mais je reste au poste où la confiance des actionnaires m'a placé » [199].

En dépit de l'opposition de quelques administrateurs, comme Tachet [200] et Altaïrac [201], voire celle des milieux d'affaires d'Algérie [202], cette politique de rigueur a donné des fruits. Pour vaincre cette contestation, Rihouet a fait appel à l'un des plus éminents fondateurs de la B.A., Blasselle [203] qui, pour protester contre les dérapages de la Banque au début des années 1880, avait démissionné. D'autres importantes personnalités entrent au conseil d'administration comme l'industriel Jourdan, et le président de la chambre de commerce d'Alger Mercier [204]. Avec ce nouvel appui, Rihouet continue sa stratégie de rigueur en menant une double guerre : au niveau du conseil d'administration de la Banque et au niveau de l'opinion publique algérienne.

Même si la situation financière de l'institut d'émission s'améliore, l'ambiance générale se détériore et se dégrade. Un exemple pour s'en rendre compte : « La rumeur publique prête à la Banque, rapporte le directeur de cet établissement, l'intention de restreindre brusquement ses crédits en refusant tout renouvellement d'effets présentés à l'escompte » [205]. Ainsi donc, on interprète mal la politique de rigueur du directeur. Ce dernier, s'estimant incompris et voyant sa société placée dans un état d'infériorité manifeste [206] par rapport aux établissements de crédit qui, par le moyen de leurs capitaux considérables, arrivent à réduire leur taux d'escompte [207], a eu « la détermination de se retirer » [208]. Le 18 mai 1898, Marc Lafon est nommé directeur de la B.A. Ce dernier, bien habitué à la réalité algérienne, continue la même ligne de conduite que son prédécesseur, mais en ayant plus d'entente avec ses collègues et avec le milieu algérien.

Dans ce climat général de troubles [209], d'incertitudes et d'antagonismes est discuté le renouvellement du privilège de la B.A. Au sein de cette tourmente, les pouvoirs publics doivent penser à sauver non seulement la Banque, mais aussi le crédit de la Colonie entière.

b) Le renouvellement du privilège : la B.A. dans l'impasse

Le débat autour de cette question du renouvellement du privilège s'est fait, comme nous venons de l'évoquer, sur la base de critères multiples. Cependant, deux éléments fondamentaux vont permettre aux pouvoirs publics de trancher : les résultats concrets de la politique de rigueur menée par la nouvelle direction depuis 1897 et l'attitude de l'opinion publique vis-à-vis de cette institution.

Pour appréhender les effets immédiats de la politique d'épuration, il est intéressant de voir l'évolution des bilans de la Banque durant cette période difficile des dernières années du XIXe siècle.

Tab. n° 31 : Bilans de la BA (1893 - 1898) [210]

Actif

Années (30 juin)	1893	1894	1895	1896	1897	1898
Numéraire	39.2*	41.4*	33.1*	32.8*	43...*	42.5*
Rentes sur l'Etat	11.8	11.8	11.8	11.8	11.8	11.8
Portefeuille	83.1	90.4	90.3	89.8	85.3	69.4
Correspondants	5.3	5.2	6.6	6.2	7.9	6.4
Avances sur titres	0.3	0.3	0.3	0.2	0.3	0.2
Liquidations	6.5	6.4	6.4	6.1	6.1	6.3
Domaine { Hôtel de la Banque	2.3	2.3	2.3	2.3	2.3	2.3
Domaine { (autres domaines)	8.5	8.4	8.4	10.7	10.5	10.4
Avances à l'Etat, aux Départements et aux Communes.....	3.8	4.2	2.1	1.8	2.1	2.4
Comptes divers et Comptes d'ordre	96.5	109.2	97.2	93.4	94.3	85.3
Totaux	257.3	279.6	257.5	254.1	263.6	237

* Sommes indiquées en millions de francs

Passif

Années (30 juin)	1893	1894	1895	1896	1897	1898
Capital	20*	20*	20*	20*	20*	20*
{Réserves {proprement Réserves {dites	8.5	8.9	9.3	10.9	13	14.3
et Profits { Hôtels et Pertes {de la Banque	2.3	2.3	2.3	2.3	2.3	2.3
Billets au porteur	74.2	70.7	80.6	77.6	76.6	75.8
Comptes Courants { Trésor Public	41.9	57.6	33.3	38.5	42.1	22.3
{ Particuliers	4.7	2.1	5.8	4.7	4.4	4.6
{ Corres- pondants	1.8	2.4	3...	2.7	1.1	2.2
Compte à la Banque de France	9...	7.9	9.6	9.6	9.2	8.9
Comptes divers et Comptes d'ordre	94.9	107.7	93.3	87.8	94.8	86.6
Totaux	257.3	279.6	257.5	254.1	263.6	237

* Sommes indiquées en millions de francs

L'étude des bilans de la B.A. pose un grand problème, car ces derniers ont souvent changé de nature et de rubriques. La tâche devient plus difficile lorsqu'il s'agit de bilans publiés dans un contexte de crise [211]. Nous pouvons donner comme exemple la rubrique « comptes extérieurs » introduite par Nelson-Chiérico et ayant suscité quelques critiques. Selon la propre expression de ce dernier, on a « bloqué toutes les valeurs en souffrance » [212] dans cette rubrique.

Le directeur de la Banque a dû, selon certaines sources, « finalement reconnaître que les bilans publiés chaque mois... contenaient des éléments d'actifs purement fictifs dissimulant à dessein des éléments de passif gênants » [213]. Il a fini par se plier aux exigences du ministre des Finances en scindant la rubrique « comptes extérieurs » en trois : « comptes domaine », « comptes correspondants » et « comptes liquidations » [214].

Il est donc difficile, aujourd'hui, de se retrouver dans ces jeux d'écriture auxquels se livrent les différents responsables de la B.A. Néanmoins, nous tentons d'entrer dans le labyrinthe de ses bilans de 1893 à 1898, notre objectif étant de cerner l'évolution générale de cet établissement.

L'actif : l'élément fondamental de l'actif est le portefeuille qui subit une réduction sensible. Il passe de 83,1 millions de francs en 1893 à 69,4 millions de francs en 1898. Mais plus significative est la composition du portefeuille dont la Banque n'offre dans ses écritures ou ses rapports annuels aucun détail. Les services du ministère des Finances ont évalué, pour l'année 1898, le papier commercial à 18 millions de francs et le papier dit « de campagne » à 8 millions de francs. Les immobilisations auraient ainsi, pour cette même année 1898, une valeur de

43,4 millions de francs [215]. S'il est difficile de déterminer la nature exacte de ces immobilisations, il est certain qu'elles contiennent du papier de toute sorte : des créances hypothécaires, du papier des colons, du papier « arabe » et des effets de commerce impayés. Ces immobilisations se composent en grande partie de grosses fiches. Les fiches de plus d'un million, au nombre de 16, représentent à elles seules 33 918 000 F, ce qui prouve que la B.A. a pris des risques énormes sur un très petit nombre de personnes [216].

« Le compte de liquidations » comprend, d'après l'article 35 des statuts, la moitié de la valeur des effets en souffrance. Ce compte doit donc diminuer au fur et à mesure que s'opère l'amortissement des effets tombés en souffrance. Son maintien, de 1893 à 1898, à un même niveau au-dessus de 6 millions de francs, prouve que les immobilisations n'ont pas diminué. Par ailleurs, « le compte domaine » nous révèle que l'évolution s'est faite dans un sens négatif. Mis à part les hôtels de la Banque, le domaine est passé entre 1893 et 1898 de 8,5 millions de francs à 10,4 millions de francs. Cette augmentation n'est, en aucun cas, synonyme d'accroissement des revenus agricoles de la Banque ou d'une quelconque plus-value qu'acquiert ce domaine, elle est plutôt la preuve concrète de l'accroissement de nombre de propriétés saisies par celle-ci. Cela signifie que le capital et les disponibilités financières de l'institut d'émission algérien sont de plus en plus immobilisés sous forme de propriétés terriennes. Cette évolution inquiétante a permis à certains contemporains d'écrire non sans ironie que « les bureaux de liquidation ont remplacé les bureaux d'escompte, et le personnel de la Banque est aujourd'hui aux trois quarts au moins composés d'agents agricoles, techniques disent-ils... Les agents de la Banque ne sont plus que des fermiers qui vendent au marché... les bois et les charbons, les vins et les blés, les œufs et les poules, les bœufs et les moutons élevés dans les propriétés de cette marquise... qui s'appelle la Banque de l'Algérie » [217]. Ainsi, dans ses différentes composantes, l'actif est beaucoup plus proche de celui d'une société de crédit foncier que d'un institut d'émission. Le passif nous permet-il de déduire les mêmes renseignements ?

Le passif : Les réserves de la Banque ont augmenté en passant de 8 500 000 F en 1893 à 14 300 000 F en 1898. Cette évolution s'est faite au détriment des bénéfices. Non seulement ces réserves se sont développées en valeur, mais elles ont augmenté aussi en nombre. En plus des réserves statutaires, il a été créé, sur instruction du ministre des Finances, une « réserve immobilière extraordinaire » et un compte « prévision pour amortissement des risques ». Le solde de ces réserves servirait à compenser les immobilisations et les pertes à subir en cas d'aliénation du domaine de la Banque. Une autre amélioration positive est à signaler, elle est inhérente au compte du Trésor. Ce compte qui atteint 57 600 000 F en juin 1894 n'est plus, en 1898, que de 22 300 000 F. La baisse est ainsi de 50 %. Ce résultat appréciable est dû en grande partie à l'amélioration des récoltes et au développement des exportations algériennes pendant ces quelques années de la fin du XIXe siècle.

En somme, l'analyse des bilans révèle que la situation de la B.A. reste grave en dépit de quelques améliorations. On peut même penser que ces corrections sont artificielles et trompeuses dans la mesure où elles ne sont pas le fruit d'un processus interne propre à cette institution. Elles sont plutôt dues à l'embellissement de la conjoncture de la Colonie et à des décisions imposées par le ministre des Finances. Pour mieux apprécier l'état réel de la B.A. en temps de crise, il faut voir un autre indice : l'évolution de ses escomptes. Nous retraçons le nombre d'effets et la valeur de ces escomptes de 1880 à 1902.

Tab. n° 32 : Nombre d'effets et valeur des escomptes de la B.A. (1880-1902) [218]

Années	effets	Escomptes(F)
1880	423 535	351 062 884 34
1881	505 663	485 014 725 14
1882	540 868	515 730 936 01
1883	490 174	475 909 147 07
1884	505 769	484 780 778 03
1885	538 851	526 393 457 16
1886	512 971	525 395 612 40
1887	430 819	465 882 044 42
1888	378 707	415 036 841 02
1889	386 375	430 324 194 04
1890	352 911	420 451 324 20
1891	311 835	418 643 652 37
1892	340 795	425 572 041 41
1893	322 489	396 638 487 63
1894	353 112	442 370 624 94
1895	343 249	434 499 121 63
1896	355 298	436 925 619 08
1897	324 027	415 904 765 98
1898	127 648	156 622 535 75
1899	336 831	421 196 138 99
1900	410 837	511 784 373 64
1901	400 944	458 064 714 22
1902	545 927	560 673 042 75

La représentation graphique de ces données traduit le mouvement suivant :

Graph. n° 16 : Évolution des effets escomptés par la B.A. 1880-1902

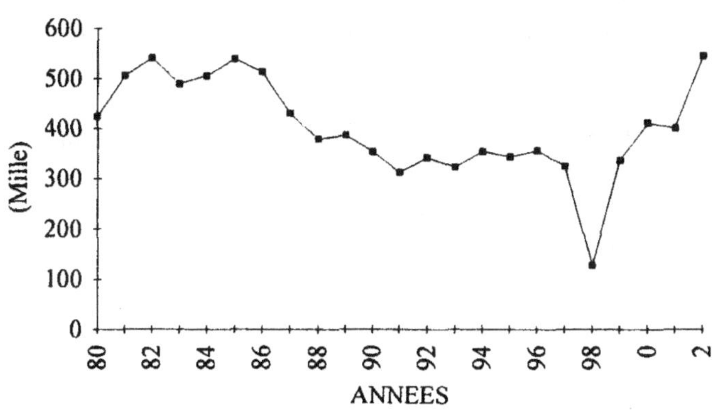

Graph. n° 17 : Évolution de la valeur des escomptes de la B.A. (1880-1902)

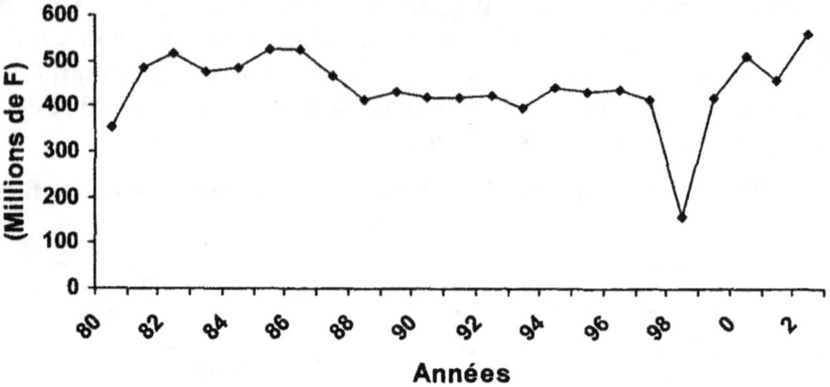

Les deux courbes, presque superposables, montrent que le maximum des escomptes est atteint en 1885. Depuis l'apparition de la crise en 1886, la Banque a commencé à réduire ses escomptes qui se sont stabilisés pendant toute une décennie, de 1886 à 1896. Mais tout s'est écroulé à partir de 1897, année d'expiration du privilège. La crise atteint son paroxysme en 1898. La B.A. est dans un état d'asphyxie tel que le gouvernement ne peut prendre le risque de proroger son privilège. Par ailleurs, les pouvoirs publics ne peuvent, dans cette affaire, ignorer l'attitude de l'opinion publique algérienne.

Le mécontentement algérien vis-à-vis de cette institution datait depuis l'amorce de la crise, c'est-à-dire le milieu des années 1880. A cette époque-là, on protestait contre le programme de liquidation de Nelson-Chiérico et contre sa politique de faveur. On dénonçait surtout les comptoirs d'escompte qui étaient, aux yeux de l'opinion publique, son arme préférée. Ces établissements seraient créés dans un but purement politique. Pour ne citer qu'un exemple, le Comptoir d'escompte de Guelma fut créé par la Banque le 2 octobre 1885, or les élections législatives étaient fixées le 14 du même mois de la même année [219]. Les candidats soutenus par la B.A. étaient Thomson et Treille. La liste des gros actionnaires de l'établissement projetée annoncée par celle-ci comprenait les noms suivants : MM. Laire, Thomson, Treille, Bertagna, Marchis, Lesueur, Duportal, Ferdinand Letellier, tous députés ou conseillers généraux du même parti [220]. Les dirigeants de ce Comptoir d'escompte qui connaissaient la vie politique locale assignaient les prêts en fonction de l'appartenance politique du demandeur de crédit. La règle suivie en ce domaine est la suivante : « Vous n'êtes pas de nos amis, nous ne pouvons pas vous prêter » [221].

On reproche à ces établissements d'être un instrument aux mains d'un même parti politique appuyé par la l'institut d'émission et les grandes figures de la politique algérienne comme Thomson, les frères Bertagna et Etienne, qualifiés par une certaine presse de « débiteurs politiques » de la Banque [222]. Le meilleur exemple est Bertagna dont la fiche atteint 4 millions de francs. Nelson-Chiérico aurait même donné 20 000 F à un journal pour soutenir les Bertagna dans l'affaire des phosphates de Tebessa. [223]

Ces hommes politiques qui ont toutes les faveurs de la Banque la défendent auprès du pouvoir métropolitain pendant cette ère d'opportunisme républicain. Etienne a utilisé tout son poids pour convaincre le ministre des Finances de la nécessité de réduire les intérêts du compte du Trésor à la B.A. [224]. Cette collusion entre la direction de cet établissement et les députés algériens expliquerait le silence du Parlement vis-à-vis de ses égarements [225]. Selon certains contemporains, les comptoirs d'escompte se transforment en comités électoraux [226] ayant une fonction précise : « Soutenir la politique électorale de la Banque » [227].

D'autres sources s'acharnent contre Piquemal, son secrétaire général et Nelson-Chiérico à qui on reproche son inexpérience financière pour ne lui reconnaître qu'une seule qualité : sa compétence politique. Voilà ce qui explique la dérive de cette institution financière vers les magouilles politiques faisant d'elle avant toute chose « une boîte politique ». Son directeur est ainsi à la fois le grand électeur et le grand banquier de l'Algérie [228]. Il devient le symbole de l'opportunisme algérien[229] utilisant avec habileté son réseau de comptoirs d'escompte pour créer, selon certains journaux, une sorte « d'autocratie politico-financière qui cherchait à occuper la première place dans la colonie » [230].

Une autre accusation fut portée à l'encontre de la B.A., en pleine campagne antisémite, être sous la coupe des juifs d'Algérie. Malgré sa confession catholique, Nelson-Chiérico est accusé d'être un israélite [231] placé à la tête de l'institut d'émission par la « juiverie » [232] méditerranéenne. Selon cette même attitude d'une certaine presse antisémite, il « n'a été que le jouet d'un trio de youppins » [233] et il aurait même refusé ses crédits aux anti-juifs.

Ces griefs et ces accusations de l'opinion publique algérienne à l'encontre de la Banque et de son directeur n'ont pas empêché ce dernier de tenter une première fois, en 1891, de solliciter le renouvellement du privilège. Se trouvant à Paris en 1891, il écrit à son conseil d'administration pour l'inviter à réunir une assemblée générale extraordinaire afin de se prononcer sur cette question [234]. Il pense ainsi obtenir un autre mandat pour sa société en profitant du prolongement du privilège de la B.F. qui va être discuté au cours de l'année 1891. Il est confiant dans sa tentative et dans l'avenir de sa société. Il a même annoncé aux actionnaires que le renouvellement du privilège « a fait un pas de plus. Le gouvernement, par l'organe de M. le ministre des Finances, a fait connaître à la tribune de la chambre que le projet de loi était prêt et qu'il serait prochainement déposé » [235].

Néanmoins, la commission sénatoriale envoyée en Algérie en 1892, suite à la campagne de protestations a mis à nu les irrégularités de la B.A., ce qui a retardé le renouvellement de son privilège qui allait se produire d'une manière tacite. La presse métropolitaine a pris part de son côté à cette publicité tapageuse à son encontre. Deux principales objections au renouvellement du privilège sont formulées par la presse parisienne :

«1°) La B.A. n'a point fait disparaître l'usure...

2°) Par le fait de l'existence d'une banque spéciale à l'Algérie, le billet de la B.F. n'a pas plus cours en Algérie que le billet algérien en France » [236].

D'autres journaux, en publiant un état de la situation de l'institut d'émission algérien, aboutissent à la conclusion suivante : « non-renouvellement en 1897 du privilège de la B.A., dont la B.F. serait alors appelée à recueillir la succession » [237].

Contrairement à cette presse métropolitaine très sévère à l'égard de l'institut d'émission algérien, l'opinion publique et la presse locales n'ont pas sollicité sa substitution par la B.F. L'attention des institutions algériennes et des milieux français d'Algérie reste toujours focalisée sur la B.A. Cette dernière est certes arrivée à arracher les vœux favorables des trois départements, des conseils généraux et de quelques chambres de commerce [238], mais elle n'est pas parvenue à vaincre les réticences de la chambre de Bône. Cette organisation a émis, en mars 1891, le vœu « que les députés et les sénateurs d'Algérie interviennent auprès des chambres pour obtenir que la demande de privilège sollicitée par la B.A. ne soit pas prise en considération » [239]. La chambre de commerce de Bône propose, peut-être sous l'effet des frères Bertagna, de permettre aux différentes institutions économiques et politiques algériennes de statuer sur le sujet. Cette suggestion trouve un écho favorable, puisque la Banque et le gouvernement s'entendent pour adopter cette démarche. Ils sont ainsi obligés de coopérer afin de fournir les conditions favorables à une nouvelle négociation du privilège et à un soutien des instances politiques et économiques algériennes.

La B.A. entame alors à partir de 1897 une politique d'épuration de son portefeuille. Cependant, cette nouvelle politique provoque une vague protestation contre de tels agissements. Une vive campagne est organisée contre la politique d'épuration qualifiée souvent « d'impitoyable ». « Les syndicats agricoles en étaient fortement émus... Les conseils généraux d'Alger et de Constantine prenaient aussi des délibérations invitant la Banque à agir avec modération dans l'exécution de ces mesures. Les délégations financières manifestèrent aussi leurs mécontentements » [240] auprès du gouvernement général en l'appelant à intervenir auprès de la Banque. Mais cet acharnement traduit-il, chez l'opinion publique algérienne, une volonté de disparition de cet organisme ?

L'auteur d'une brochure anonyme qui dénonce ses irrégularités conclut que, malgré tout, « l'Algérie a besoin pour le moment de sa banque » [241] et se dresse contre toute tentative « d'imposer la B.F. à la Colonie » [242]. Une preuve, selon la même source, de réussite de la B.A. : ses billets ont fait la conquête pacifique de la Tunisie. Tel n'est pas l'avis des délégations financières qui ont débattu du problème de crédit en Algérie dans leur session de novembre 1899. Évoquant leurs difficultés, les colons estiment « qu'il faudrait... une Banque centrale ayant des capitaux à bon marché, qui faciliterait, dans toutes les régions importantes la création de banques cantonales » [243]. Mais cette Banque centrale serait-elle la B.A. ou un nouvel établissement à fonder ? Le rapport de Deloupy sur l'institut d'émission algérien présenté aux délégations financières au nom d'une commission de crédit nous donne des éléments de réponse. Cette commission « admet le renouvellement du privilège de la B.A.... mais elle insiste sur les avantages qu'en échange de ce privilège on demande à la Banque, notamment sur l'installation définitive par elle ou avec son concours de crédit agricole...» [244].

Bien qu'elles soient dans le même sens que celles des délégations financières, les propositions de la société d'agriculture d'Alger franchissent un pas de plus en faveur de la création d'un établissement de crédit agricole autonome. Le rapport présenté à cet égard par Arthus s'est prononcé pour la création d'une « Banque de crédit agricole » [245]. Un projet de loi sur l'institution d'une Banque territoriale de crédit agricole et des statuts de cet établissement sont élaborés [246]. Quoique ce projet évite de parler de la B.A., il évoque les comptoirs d'escomptes qui « existent déjà » [247] et qui seraient la base de l'établissement projeté. Cela laisse entendre que la Banque de crédit agricole serait, dans l'esprit de ses promoteurs, l'héritière de l'institut d'émission existant. Ce même projet est repris en 1900 avec plus de rigueur et d'insistance par la société des agriculteurs d'Algérie qui parle, pour la première fois, de redevances pécuniaires à imposer à la Banque d'émission en Algérie [248]. Même si la B.A. n'est pas transformée en banque agricole, on tend à lui faire payer le prix du renouvellement de son privilège afin d'instituer un organisme de crédit agricole.

L'étude de François Saulnier est plus révélatrice, puisqu'elle a pour titre *Renouvellement du privilège de la Banque de l'Algérie ou son remplacement : création d'une caisse agricole ayant pour but de favoriser la colonisation et la production du sol* [249]. Ce colon d'Elbiar a signalé une série de reproches à l'encontre de la Banque, entre autres, « d'avoir manqué de force morale pour se soustraire aux influences politiques » [250]. Il a dressé une série de conditions et d'exigences qu'elle devrait réaliser en cas de renouvellement de son privilège.

Nonobstant les divergences au sein de l'opinion publique algérienne, et quels que soient les avantages qu'elle cherche à arracher à l'occasion de la discussion du renouvellement du privilège de la B.A., un fait est certain : tous les intérêts économiques et politiques sont unanimes pour accorder un nouveau mandat à cette institution. La presse fait état « des vœux présentés par tous les corps de la Colonie, quelles qu'en soient d'ailleurs les tendances politiques, que ce sentiment patriotique les inspire tous » [251].

Ce soutien apparaît ainsi comme une question d'intérêt général mobilisant toute la Colonie dans son combat contre la Métropole. Dans ce contexte, l'opinion publique métropolitaine a une attitude tout à fait différente à ce sujet.

Le débat, en France, concernant le statut de l'émission monétaire en Algérie, et dans les colonies d'une manière générale, est relancé en cette fin du XIXe siècle. Des journaux parisiens estiment qu'il « n'y a pas lieu de perpétuer un privilège inutile » [252], tout en se préoccupant dans cette éventualité des effets de cette liquidation sur les intérêts des actionnaires. D'autres, en signalant la baisse des actions de la B.A. et la confusion de ses bilans appellent à sa disparition pure et simple [253].

Une troisième attitude insiste sur les irrégularités commises par cette institution et le non-respect de ses statuts en jugeant qu' « un privilège qui serait maintenu dans les conditions où la B.A. a exercé celui qui lui a été conféré constituerait une véritable monstruosité » [254].

Face au consensus algérien pour le maintien de cet établissement, un consensus opposé se cristallise, de l'autre côté de la Méditerranée, réclamant sa disparition. On se met alors à chercher des solutions de rechange. Après avoir critiqué la B.A. et sa politique de crédit, Paul Bonnard demande à la B.F. de représenter et de défendre les intérêts de la France en Algérie[255]. On s'oriente de nouveau vers l'institut d'émission métropolitain. La presse lance plusieurs appels dans ce sens et se met à discuter les avantages et les inconvénients de chaque système : celui de l'institut d'émission autonome et celui de la fusion entre les deux institutions [256].

Après la presse et l'opinion publique, le débat sur l'éventualité du renouvellement ou non du privilège de la B.A. est transféré au Parlement notamment après novembre 1897, date de l'expiration de son mandat en cours. Des députés ont accusé sa direction en demandant une enquête sur cette institution. Eugène Etienne, son ardent défenseur au Parlement, même s'il approuve cette proposition, présume que « les investigations seraient toutes en l'honneur de ceux qui avaient dirigé l'établissement financier » [257].

Le ministre des Finances, peut-être sous l'effet de ce député d'Oran, s'est opposé à une telle procédure en affirmant que le directeur Nelson-Chiérico n'a commis aucun délit. Lors de ce débat à la Chambre des députés, deux propositions se distinguèrent : celle du député Viviani appuyant l'octroi d'un sursis de 6 mois à la B.A. en attendant l'élaboration d'une décision définitive à son égard, et celle de Lebon rapporteur à la chambre de la commission de la banque. Dans son rapport, ce député s'est appuyé sur les délibérations des institutions algériennes en faveur du maintien de l'institut d'émission algérien. Lebon combat le point de vue de son collègue Viviani par les termes les plus forts. « Actuellement, en Algérie, souligne-t-il, la plupart des opérations de la Banque sont des opérations à large échéance, de sorte que c'est vouloir tuer immédiatement cet établissement que de limiter la durée de son privilège à six mois. Il vaudrait mieux lui refuser toute prorogation que de lui accorder un délai d'aussi courte durée » [258].

André Lebon, futur patron du C.F.A.A. et ayant plusieurs intérêts en Algérie, suggère que l'on accorde un mandat de deux ans à la Banque, délai pendant lequel elle pourrait procéder à la liquidation de son passé. C'est cette solution que le Parlement adopte finalement par la loi du 9 juillet 1897 stipulant dans un article unique que « le privilège de la B.A. est prorogé, dans les conditions de la loi du 3 avril 1880 jusqu'au 31 octobre 1899 » [259]. Un sursis de deux ans est ainsi accordé à la Banque pour mieux se préparer à une nouvelle aventure.

c) Un nouveau sursis accordé à la B.A. et la confiance retrouvée

Après ce délai de grâce accordée à la B.A., les deux parties les plus concernées par le problème de l'émission monétaire, c'est-à-dire le gouvernement et l'institut d'émission algérien, se mettent à travailler pour une prompte décision en faveur d'un deuxième mandat à accorder à la Banque. Celle-ci commence par organiser toute une campagne en vue de la prorogation de son privilège. Elle publie de prime abord une longue lettre adressée à ses actionnaires dans laquelle elle rappelle les sacrifices consentis par elle et l'amélioration positive de sa situation.

Cette action mobilisatrice est couronnée par l'assemblée générale du 25 novembre 1897 qui a connu une présence massive des actionnaires, car le sort de leur institution est en jeu. Une délibération, décidée lors de cette réunion, appelle le gouvernement à statuer de nouveau sur le sort de la B.A. Une commission est nommée au sein de la Banque pour préparer un remaniement des statuts et avancer au gouvernement un projet de prorogation de privilège [260]. Parallèlement à ce travail interne de la commission de renouvellement du privilège, la campagne pour le soutien de la B.A. continue en Algérie et en France. « Des comités de défense » de la Banque sont créés à Paris, à Marseille et à Alger [261].

Le comité le plus actif est celui de Paris dirigé par Hugot, administrateur de la Banque, et membre de la chambre de commerce de cette ville [262]. En janvier 1899, une délibération est prise par cette instance parisienne en faveur du renouvellement de privilège suite au rapport présenté par Hugot, transmis aux ministres compétents [263].

Une autre instance fut créée, semble-t-il avec l'initiative de l'institut d'émission algérien, à savoir une sorte de groupement au nom « d'Études algériennes » dont le président est Flandin, ancien procureur général à Alger et ancien député.

Le rapporteur de cette même instance est Vaury, administrateur de la B.A.[264] A deux reprises au cours du printemps 1899, la réunion d'« Études algériennes » se prononce pour le renouvellement du privilège de la Banque [265]. L'une des deux réunions, celle du 17 mars 1899, s'est distinguée par la riche contribution et l'analyse profonde de Steildorff directeur à Paris de la Compagnie algérienne ayant commencé sa carrière à la B.A. comme sous-chef de comptabilité.

Cette action mobilisatrice a créé une forte solidarité algérienne. Nous n'avons pas rencontré de voix algérienne qui demande sa disparition pure et simple.

L'Algérie coloniale accable son institut d'émission de tous les maux, mais elle n'est pas prête à abandonner ce fils aussi maudit soit-il. En dépit de ses défaillances, de ses égarements et de sa prodigalité, la B.A. reste le symbole de l'autonomie financière de la Colonie dans une période où cette dernière cherche à affirmer sa personnalité civile.

Dans ce contexte de conflit entre l'Algérie et sa Métropole, le renouvellement du privilège de la Banque est devenu un enjeu considérable pour la Colonie tout entière, suscitant une vague de solidarité en sa faveur. Cette solidarité s'est même transformée en complicité entre l'Algérie et sa Banque. En dépit de son attitude hostile à l'égard de cette institution, un journal métropolitain reconnaît ce précieux appui dont elle bénéficie. « Quand il s'agit de poser devant les conseils, les conseils municipaux, les chambres de commerce, la question du renouvellement du privilège, affirme un organe des milieux financiers, tous ont répondu affirmativement, et c'est pour cela que malgré tout ce qui se dit et s'écrit contre la Banque, ce privilège sera voté haut la main par la Chambre et le Sénat » [266].

Le pouvoir central de Paris est conscient de l'action menée par la Colonie afin d'obtenir un nouveau mandat pour son institut d'émission. Le ministre des Finances a reconnu que les vœux des corporations algériennes [267], qui se sont exprimés à différentes reprises, sont presque tous en faveur du renouvellement du privilège. Même une partie de la presse parisienne, grâce à l'action du « Comité de Paris », a changé d'attitude en soutenant la cause de la Banque. Des journaux ont ouvert leurs colonnes à des correspondants « algériens » ou à des actionnaires de cet établissement qui ont invité leurs collègues à « se grouper » [268] pour réaliser l'objectif escompté. D'autres journaux ont pris position explicitement en faveur de la B.A. en affirmant que cette dernière « a une situation telle, qu'il serait aujourd'hui absolument impossible de la dépouiller de son caractère de Banque d'État... [Elle serait même] l'institution algérienne par excellence » [269].

L'attitude du ministère des Finances concernant l'avenir de cette société et le statut de l'émission monétaire en Algérie sont exposés dans un long rapport rédigé le 20 août 1898 par le directeur du mouvement général des fonds [270] et transmis au ministre. Après avoir dressé l'historique de la Banque, ce document propose deux solutions possibles :

1°) L'installation de la Banque de France (B.F) en Algérie.

2°) Le maintien en Algérie d'une banque autonome qui pourrait être la B.A. ou une nouvelle société privilégiée à créer. Le même rapport développe, au fur et à mesure de l'analyse, les avantages et les inconvénients de chacune de ces deux préférences. Selon la même source, plusieurs arguments militent en faveur de la substitution de l'institut d'émission algérien par celui de la Métropole.

Tout d'abord, les garanties de sagesse de la B.F. [271] et la régularité de ses opérations sont un apport favorable pour l'Algérie. Seule cette institution est, comme le soulignent les partisans de son établissement en Algérie, capable de remettre de l'ordre dans le système de crédit de la Colonie. Son installation en Algérie permet, sur un autre plan, la suppression du change au double point de vue du commerce algérien et du Trésor français [272]. Si ses billets obtiennent cours légal et circulent en Algérie, cela résoudra le problème de change entre la Métropole et sa Colonie. Par ailleurs, l'adoption d'une monnaie unique de part et d'autre de la Méditerranée éviterait à l'Algérie l'achat du numéraire en France [273] et éviterait au commerce algérien de payer en France par des mandats [274]. De même, le compte du Trésor, souvent l'objet de litige entre la B.A. et le gouvernement central, disparaîtrait ou il serait très réduit, car il est alimenté en grande partie par les mandats délivrés par le commerce algérien sur France. Malgré ses avantages, l'installation de succursales de la B.F. en Algérie présenterait, toujours selon le rapport du directeur du mouvement général des fonds, des inconvénients. En effet, l'extension de son privilège à l'Algérie s'oppose aux vœux émis par les représentants de ce pays. [275]

Certes, le soutien de l'opinion publique algérienne à la B.A. revêt un caractère politique et passionnel, mais il a des fondements objectifs solides. « On a même été jusqu'à dire que si la B.F. allait en Algérie, elle n'y rendrait aucun service, faute d'y trouver du papier statutaire escomptable » [276].

En fait, la B.F. est obligée par les termes de ses statuts d'escompter du papier à trois signatures, or ce type de papier est très rare en Algérie, pour ne pas dire inexistant. Elle ne peut, de toute évidence, s'établir en Algérie. Par ailleurs, le maintien de la B.A. offrirait l'opportunité de préserver le système judiciaire appliqué dans la Colonie qui demeure en harmonie avec la politique générale suivie en matière de questions algériennes [277]. On reconnaît ainsi que les règles et les conditions du crédit dans ce pays sont différentes de celles de la Métropole. La B.F. risque fort non seulement d'échouer dans sa mission, mais d'être en plus emportée par les aléas du crédit en Algérie. D'autre part, les questions algériennes passionnent l'opinion, il serait alors plus sage de ne pas « y mêler la B.F.» [278]

En plus des risques énormes que prendrait l'institut d'émission métropolitain en s'établissant en Algérie, il créerait une discordance entre le régime financier et le statut administratif de la Colonie : « N'y a-t-il pas quelque chose de contradictoire à parler de décentralisation dans les matières administratives et à centraliser en matière économique, se demande le directeur du mouvement général des fonds ? » [279].

En estimant que l'établissement de la B.F. en Algérie serait nuisible à la Colonie et à l'institut d'émission métropolitain, le rapport du directeur du mouvement général des fonds se prononce en faveur du maintien d'une banque autonome en Algérie. Tout en envisageant l'éventualité de création d'un nouvel institut d'émission, le même document préconise d'attendre les propositions de la B.A. pour juger l'opportunité du renouvellement de son privilège.

Cependant, le ministre des Finances Cochery, toujours imprégné de son hostilité vis-à-vis de cette institution, n'a pas tenu compte des conclusions de ce rapport et il a demandé à la B.F. de venir s'installer en Algérie. Or, celle-ci a toujours affiché son refus d'aller de l'autre côté de la Méditerranée. Elle l'a fait savoir lorsqu'on a évoqué cette question lors de la discussion du renouvellement de son privilège le 17 novembre 1897 [280]. On lui a même « proposé, sans succès... de supprimer la troisième signature » [281] pour se conformer avec la réalité économique de l'Algérie. Cette obstination n'a d'égale que l'acharnement de Cochery qui n'a pas cessé de renouveler ses appels à cet organisme pour étendre ses opérations en Algérie, mais en vain. Cette détermination de la B.F. qui n'a pas voulu se laisser compromettre dans le gouffre algérien a mis le ministre des Finances devant le fait accompli : accepter le renouvellement du privilège de la B.A. Nous pouvons même avancer l'hypothèse de l'existence d'une entente tacite entre les deux établissements pour faire échouer toutes les tentatives de Cochery. Cette entente est d'autant plus possible que les deux institutions ont deux attitudes convergentes, puisque les réticences de la B.F. laissent à la B.A. toutes les chances d'obtenir un nouveau mandat.

Un autre facteur a joué en faveur de cette dernière, à savoir le départ de Cochery et la nomination en 1899 de Joseph Caillaux [282] comme ministre des Finances. Ce dernier ne peut certes se prononcer facilement et rapidement sur une affaire aussi délicate que celle du renouvellement du privilège, mais cela donne un nouvel espoir à l'institut d'émission algérien qui saisit cette opportunité pour obtenir gain de cause.

Bien qu'une délibération de son conseil d'administration [283] demande le renouvellement de son privilège pour une période aussi longue que celle de la B.F., la loi du 8 juillet 1899 accorde à la B.A. un délai jusqu'au 31 octobre 1900. Un sursis de quinze mois est alors accordé à l'institut d'émission algérien en attendant une nette amélioration de sa situation et pour permettre, en même temps, au nouveau ministre des Finances d'approfondir l'étude de ce problème. La Banque a profité de ce nouveau délai de grâce afin de prendre des mesures radicales de nature à faciliter la prorogation de son privilège pour une longue période. Ces mesures gravitent autour de quatre réformes fondamentales :

- La première réforme vise le rétablissement de ses équilibres internes. Les efforts consentis par la direction depuis 1897-1898 ont donné quelques résultats concrets : baisse du solde du compte du Trésor, maintien de la circulation monétaire dans les limites statutaires, augmentation des réserves et épuration du portefeuille. Le ministre des Finances a lui-même reconnu, lors de la discussion du renouvellement provisoire du privilège de la Banque, [284] une amélioration, notamment dans la fortification des réserves, la réduction notable des immobilisations du portefeuille, et l'abaissement de la créance du Trésor [285]. Même certains journaux hostiles à la B.A. ont apprécié cette évolution positive qui s'est opérée au sein de cet établissement [286].

Ces résultats sont obtenus grâce à une politique de rigueur utilisée par la direction pour liquider un grand nombre d'affaires laissées jusque-là en suspens. Au cours des deux années 1898 et 1899, plusieurs réunions du conseil d'administration sont consacrées à l'étude des fiches de clients qui avaient bénéficié auparavant de largesses de crédit. L'attitude de la Banque est impitoyable à l'égard de ces derniers. Nous trouvons, après l'étude de chaque cas, la délibération suivante : « Le conseil, dégagé de toute considération de personne, décide d'en finir avec ce débiteur » [287].

La même attitude de sévérité fut adoptée par les dirigeants de l'institut d'émission à l'égard des comptoirs d'escompte. Le directeur n'a pas cessé de signaler à son conseil d'administration les dangers que ces derniers font courir à son établissement [288]. Au début de l'année 1899, la Banque déclare le Comptoir d'escompte de Djidjelli en liquidation. Après un rapport sur la situation du Comptoir d'escompte de Saint-Denis de Sig, l'administrateur Blasselle constate, concernant les crédits alloués à cet organisme, que « tout s'est passé en dehors du conseil » [289] d'administration. Ce rapport conclut que cet établissement « n'a plus aucun élément sérieux de travail, et on ne saurait longtemps compter sur des bénéfices désormais irréalisables » [290]. Le sort du Comptoir d'escompte de Mila n'est pas moins catastrophique, puisqu'on décide de l'appeler à entrer en liquidation volontaire [291]. Les Comptoirs d'escompte deviennent un élément de gêne pour la B.A. qui, pour pouvoir vivre et espérer des lendemains meilleurs, est obligée de couper cette mauvaise herbe.

Parallèlement à ces mesures de purification qui ont abouti à son redressement financier, elle a créé une commission interne ayant pour rôle d'élaborer de nouveaux statuts et de préparer le renouvellement du privilège.

- Le deuxième type de réformes introduites par la B.A., pour obtenir un mandat pour une longue période, est réalisé par la commission du renouvellement du privilège décidée par l'assemblée générale du 29 novembre 1897 [292]. Tout en faisant des démarches en faveur de la Banque auprès de certaines instances et de quelques personnalités, cette commission a avancé plusieurs propositions dont la plus importante est le doublement de son capital social. Néanmoins, cette suggestion a buté contre le refus du ministre des Finances et celui des actionnaires marseillais. Ces derniers ont adressé une longue lettre au directeur de la Banque l'invitant à œuvrer pour le renouvellement du privilège et « repoussant toute idée d'augmentation du capital, opération qui n'aurait d'autre but que de favoriser, au détriment de porteurs actuels de titres, la spéculation et de procurer aux intermédiaires le bénéfice d'émissions à réaliser » [293].

Le travail fondamental fait par la commission de renouvellement du privilège est celui de l'élaboration de nouveaux statuts. Pour rédiger la nouvelle charte de la Banque, la commission a tenu compte des exigences du ministre des Finances et des intérêts de la Colonie. Plusieurs changements sont introduits dans les nouveaux textes. Le nombre des administrateurs est élevé de neuf à douze dont trois doivent être domiciliés en France [294]. Le nombre d'actions détenues par chaque administrateur est porté de 6 à 10 pour mieux engager ces responsables dans les affaires de la Banque. Les pouvoirs du directeur sont réduits, puisqu'il doit avoir l'autorisation du conseil pour toute opération [295]. Chaque comité d'escompte est complété désormais, dans un souci de plus de surveillance, par 16 actionnaires nommés par le conseil de la Banque. Pour mieux contrôler et à la fois assainir l'émission monétaire, on supprime le droit accordé auparavant aux succursales d'émettre des billets de banque [296].

Parallèlement à cette rigueur introduite dans la direction et dans la gestion de la Banque, des allégements sont proposés : nous pouvons citer l'exemple de la circulation monétaire dont le volume a été fixé au triple du numéraire existant en caisse. Les nouveaux textes modifient cette norme au quadruple du numéraire.

La B.A. bénéficierait ainsi, dans le futur, d'une marge plus importante en matière d'émission monétaire. Une autre latitude est offerte à cette institution au sujet de la gestion de son capital social. Ses statuts de 1880 l'obligent à placer en valeurs de l'État français le produit de ses actions. Ainsi, tout le capital social doit être préservé sous forme de capital de garantie et, de ce fait, la Banque ne peut pas disposer librement de son fonds social. L'article 9 des nouveaux statuts stipule que « la moitié de capital de 20 millions doit être placée en valeurs de l'État français ». Les 10 millions de francs dont elle jouit librement constituent une bouffée d'oxygène introduite dans ses finances. En effet, cette tolérance accordée à la Banque, qui consiste dans la possibilité pour elle de disposer librement de la moitié de son capital social, a deux mobiles : d'une part le gouvernement ne l'ayant pas autorisée à augmenter son capital social, il trouve le moyen de lui fournir cette somme. D'autre part, cette même somme de 10 millions de francs est indispensable à la Banque pour faire face au reste de ses immobilisations.

Sur un autre plan, l'article 10 des nouveaux statuts supprime le droit de préférence accordé aux propriétaires d'actions anciennes dans la souscription d'actions nouvelles. Le but de cette mesure est de répandre les titres de la B.A. parmi un grand nombre de personnes pour lui donner de larges assises et éviter la spéculation et l'enrichissement d'un petit nombre d'actionnaires. Cette volonté de donner une nouvelle ampleur à la Banque est incarnée aussi par l'article 14 des nouveaux textes qui élargissent le cercle de ses opérations : effectuer des prêts sur nantissements, accorder des avances à l'État, aux départements, aux communes et aux chambres de commerce...

Avant d'être présentés au ministre des Finances, les statuts projetés sont approuvés par l'assemblée générale extraordinaire du 16 novembre 1899 qui accorde au directeur tous les pouvoirs pour :

1) poursuivre auprès du gouvernement la prorogation du privilège de la B.A. jusqu'au 1er novembre 1920,

2) présenter les modifications aux statuts qui viennent d'être adoptées [297].

Les nouveaux statuts sont approuvés par le ministre des Finances, mais leur adoption ne serait définitive qu'à une condition : la Banque doit se débarrasser de son domaine.

- La troisième réforme accomplie par cet établissement en vue de préparer le renouvellement de son privilège est relative à l'aliénation de son domaine. Ayant reconnu que la possession et la gestion d'un tel domaine est une anomalie pour un institut d'émission, elle a accepté de vendre toutes ses propriétés terriennes. Toutefois, la vente immédiate de ces terres pourrait se traduire par une moins-value néfaste pour la Banque et pour ses actionnaires. L'assemblée générale du 16 novembre 1899 approuvant les statuts émet le vœu d'insister auprès du ministre des Finances pour qu'il lui soit accordé un délai aussi long que possible pour liquider son domaine. Ce vœu est resté sans aucun effet, car le gouvernement est déterminé à ne proposer au Parlement le renouvellement du privilège qu'à la condition que le domaine soit entièrement réalisé. Le domaine figure dans l'actif de l'année 1899 pour une somme de 10 320 854 F qui correspond à la moitié du capital social de la Banque. Après avoir conféré avec le ministre des Finances, à la fin du mois de novembre 1899, le directeur écrit à son conseil d'administration pour l'informer que « le ministre des Finances persiste à penser que le projet de loi ne pourra être déposé qu'autant que la réalisation du domaine de la Banque sera dès à présent assurée » [298].

Devant une telle détermination, les deux parties sont obligées de trouver une issue favorable ayant le double avantage de se débarrasser du domaine et de préserver les intérêts de la Banque. Après de longues tractations entre la direction et les pouvoirs publics, on a trouvé une combinaison permettant de concilier ces deux éléments, à savoir la création d'une société immobilière ayant pour objet d'acquérir le domaine et d'en payer le prix dans un délai déterminé. Cette solution a le mérite d'éviter une vente hâtive et onéreuse du domaine, mais aussi de répondre aux exigences du gouvernement.

Après l'accord avec le ministre des Finances, le directeur a pris contact avec les membres du comité des actionnaires de Paris concernant la question de la fondation d'une société pour la reprise du domaine [299]. Une lettre est envoyée à la direction par les administrateurs Tachet, Vidaillon et Warot en leur qualité de fondateurs d'une « Société civile qui sera formée dans le but d'acquérir au prix de huit millions de francs, le domaine appartenant à la Banque et qui figure à son bilan au 31 octobre dernier, pour la somme de 10 320 854 F » [300].

D'emblée, comme conséquences de cette opération, la B.A. perd la somme de 2 320 854 F qui constitue une sorte de capital gratuit offert à la future Société domaniale algérienne. D'autres faveurs sont offertes par l'institut d'émission à la

Société domaniale : seule la somme de 1 250 000 F est payée à la Banque lors de la signature de l'acte de vente. Le reste du prix est échelonné de la manière suivante : trois millions d'ici au 1er mars 1900, un million deux cent cinquante mille francs le 31 octobre 1900, un million deux cent cinquante mille francs le 31 octobre 1901, un million deux cent cinquante mille francs le 31 octobre 1902 [301].

La Société domaniale doit, en plus, contracter un prêt de 3 millions de francs. Pour empêcher cette dernière d'emprunter ces fonds auprès de la Compagnie algérienne [302], la B.A. lui propose d'émettre 10 000 actions bénéficiant de sa garantie [303]. Sur un autre plan, les honoraires des fondateurs fixés à dix mille francs sont à la charge de la Banque qui s'engage aussi à prêter à la Société domaniale son personnel pendant six mois.

Grâce à ce concours de l'institut d'émission, la Société domaniale est fondée suite à la signature, le 29 janvier 1900, de l'acte d'achat du domaine. Elle devient propriétaire de tous les biens urbains et ruraux de la Banque avec leurs dépendances. La nouvelle entreprise dispose d'un capital de 5 millions de francs composé de 10 000 actions de 500 F. La souscription du premier quart des actions est décidée pour le 30 décembre 1899, le deuxième quart pour le 31 octobre 1900, le troisième pour le 31 octobre 1901 et le dernier quart pour le 31 octobre 1902. La fondation définitive de l'entreprise s'est faite après la souscription du 1er quart de son capital au cours des mois de janvier et de février 1900.

La création de la Société domaniale est une nouvelle chance accordée aux administrateurs et actionnaires de la Banque pour acquérir de nouveaux intérêts en Algérie. Le domaine est ainsi resté entre les mains des mêmes hommes, ce qui explique l'aide et la protection accordés à la nouvelle société. Le seul élément nouveau dans toute cette opération réside dans la disparition du domaine de l'actif de la B.A. Cela étant fait, la prorogation de son privilège trouve son chemin vers le palais Bourbon, mais une dernière condition devrait être fournie par la Banque pour que le vote du privilège s'opère : le transfert de son siège social à Paris.

- La dernière réforme à entreprendre par la B.A. est donc liée au transfert de son siège à Paris. Il faut préciser que nous ne savons rien sur l'origine de cette question qui n'a jamais été évoquée auparavant par les documents produits par la Banque. Seules deux informations à ce sujet apparaissent subitement : les statuts approuvés par le ministre des Finances notent que « le siège de la société est établi à Paris » [304]. Par ailleurs, le conseil d'administration de la Banque est informé par le directeur, se trouvant à Paris, de l'acquisition d'un immeuble destiné à l'installation du siège social [305], situé aux 217 et 219 boulevard Saint-Germain, et acheté au prix de 1 202 000 F.

Le but de ce transfert est, à notre avis, imposé à la Banque par le ministre des Finances dans un triple objectif :

- mieux la contrôler,

- la soustraire aux différentes influences et aux diverses pressions des milieux politiques et économiques algériens,

- lui permettre d'être, à Paris, proche des milieux d'affaires parisiens afin faciliter le drainage de l'épargne métropolitaine et son orientation vers l'Algérie. N'ayant pas bien réussi auparavant à faire venir le capital métropolitain en Algérie, la B.A. est venue elle-même chercher ce capital à Paris. Cette volonté de l'institut d'émission algérien de se procurer l'argent parisien l'a placé sous l'influence du comité d'actionnaires de Paris qui a été très actif dans la négociation du privilège et dans la constitution de la Société domaniale.[306] Par son installation à Paris, cette institution tend à devenir une importante banque à l'instar de quelques grands établissements de crédit œuvrant dans le monde colonial ou semi-colonial, comme la Banque d'Indochine et la Banque ottomane implantées toutes les deux à Paris.

Avec toutes ces réformes accomplies par la B.A., la prorogation du privilège et le vote des nouveaux statuts ont pu être obtenus sans débat [307]. La loi du 5 juillet 1900 a prorogé le privilège de la B.A. jusqu'au 31 décembre 1920. En plus d'une redevance annuelle de 200 000 F à verser annuellement par la Banque à l'État durant son mandat [308], elle s'engage à mettre à la disposition du Trésor ses intérêts et, pour toute la durée de son privilège, une avance de trois millions [309].

En fait, cette avance et cette redevance sont destinées au crédit agricole en Algérie. Elles constituent le prix à payer à l'agriculture pour œuvrer en Algérie moyennant un troisième mandat. Cette institution doit se limiter à son rôle monétaire, financier et commercial. Son aide à l'agriculture, exigée par les colons, se fait indirectement par le canal du gouvernement auquel elle s'engage à verser une contribution annuelle. L'État se charge de créer les organismes nécessaires de crédit agricole destinés à remplacer les comptoirs d'escomptes. Cela prouve que le crédit agricole, qui a failli ébranler la Colonie et sa Banque à la fin du XIXe, demeure, à l'aube du XXe l'un des défis majeurs de l'Algérie coloniale. Peut-on alors, au terme de cette analyse des différentes péripéties du problème du crédit agricole, établir un bilan de la crise algérienne de la fin du XIXe siècle tout en la comparant à celle de 1875 ?

Il faut rappeler, de prime abord, que la crise économique algérienne s'inscrit dans le contexte de la dépression mondiale de la fin du XIXe siècle. Cette crise capitaliste s'est manifestée partout en Europe par différentes faillites : tel est le cas de l'Union générale en France en 1882 et du Comptoir d'escompte en 1889. Sans doute l'exemple le plus révélateur à l'échelle mondiale est-il celui de la faillite de la Société du Canal de Panama en 1889.

Le directeur de la B.A. constate lui-même l'origine européenne de cette récession tout en insistant sur sa spécificité algérienne. « Une crise aiguë, note-t-il, sévit sur toute l'Europe, y compris la Mère-Patrie. Partout les transactions commerciales sont de moindre importance, plus difficiles et moins fructueuses. En Algérie, cette crise générale devait fatalement se répercuter en s'aggravant par suite de circonstances spéciales du pays » [310].

Cette crise qui a affecté surtout l'Europe et ses colonies est due, entre autres, à la montée de la nouvelle puissance capitaliste américaine et à l'arrivée de ses produits sur le marché européen. Certains témoins sont frappés par la rapidité et l'ampleur de la croissance économique américaine et son impact sur le commerce international. « Tout à coup éclate, rapporte un journal, une révolution économique : les pays étrangers inondent les marchés des produits similaires et l'exportation algérienne est gravement atteinte » [311].

Les produits agricoles des colonies se trouvent, par conséquent, incapables de concurrencer les produits américains de meilleure qualité et à prix plus réduits. Voilà le point de départ de la crise algérienne qui est une sorte de choc après la vague de spéculation et d'optimisme du début des années 1880. Le premier symptôme ou la première étape de la crise algérienne est alors dans le domaine du commerce d'exportation. D'une crise de mévente des produits agricoles, survenue en 1884-1885, le marasme économique, conjugué à de mauvaises récoltes et à des calamités naturelles [312], évolue en crise de crédit. Celle-ci s'amplifie en 1887 lorsque Nelson-Chiérico décide de ne pas renouveler les crédits alloués aux colons. Ainsi la récession économique gagne, dans sa deuxième étape, le crédit et la banque en prenant les aspects d'une véritable crise financière. Dès l'exécution du programme de liquidation, la récession se prolonge en prenant avec la dernière décennie du XIXe siècle de nouvelles dimensions qui correspondent au creux de la vague. La campagne des saisies immobilières, la dépréciation des prix des terres et l'immobilisation du capital de la B.A. sous forme de propriétés agricoles montrent qu'on est passé d'une crise financière à une grave crise foncière.

Par ses trois phases, commerciale, financière, puis foncière, la crise de la fin du XIXe siècle est la plus longue et la plus grave crise connue par l'Algérie depuis l'occupation française. Pour s'en rendre compte, il ne faut pas se contenter des aspects économiques et financiers de cette dépression. L'antisémitisme [313], la déception de l'opinion publique française d'Algérie, la volonté d'autonomie réclamée par certains [314] sont autant de manifestations sociales et politiques de cette crise économique.

Comparée à celle de 1875, la dépression de la fin du XIXe siècle présente des similitudes frappantes : elles ont toutes les deux touché l'Est algérien beaucoup plus que les autres parties de la colonie. Elles sont toutes les deux des crises commerciales et financières s'insérant dans le cadre de l'évolution générale de l'économie capitaliste. Toutefois, la crise de la fin du XIXe siècle est plus intense et plus étendue aussi bien dans le temps que dans l'espace. Un autre élément de différence capital : la première récession, celle de 1875, est une crise financière mais dont le caractère dominant est commercial, puisque les principales faillites sont dans le domaine du négoce. En revanche, la deuxième est une crise financière, mais à dominante agricole dans la mesure où les difficultés majeures sont apparues dans le domaine de la colonisation et de l'agriculture.

Une crise commerciale en 1875, une crise agricole lors des dernières années du siècle, mais la toile de fond de ces deux fractures économiques reste la banque et les finances, en un mot le capital et le crédit. L'économie algérienne est ainsi rythmée par les aléas et les caprices de la nature mais aussi par les aléas et les caprices du crédit. Au surplus, le caractère spéculatif de cet investissement (le meilleur étant celui de la vigne algérienne) est de nature à accentuer les fluctuations de l'économie algérienne.

Notes :

[1] Douel (M.), Un siècle de finance coloniale, op. cit., p. 399.
[2] Nouschi (A.), Enquête sur le niveau de vie des populations constantinoises, de la conquête jusqu'à 1919... op. cit..
[3] Ageron (Ch. R.), Histoire de l'Algérie contemporaine...,t. II, op. cit., p. 101.
[4] Nouschi (A.), Enquête sur le niveau de vie des populations rurales constantinoises..., op. cit., p. 517.
[5] Picard (E.), La monnaie et le crédit en Algérie, op. cit., p. 162.
[6] Isnard (H.), «La viticulture algérienne : erreur économique ?» dans *Revue africaine*, tome C, 1956, pp. 459-473.
[7] Lors de la crise de 1929, le problème des vins algériens réapparaît de nouveau. Les colons se plaignent des difficultés qu'ils trouvent sur le marché français qu'ils considèrent comme «un marché national» qui devait être protégé en leur faveur. Le problème du vignoble et des vins algériens est de nouveau mis sur la sellette. Cette question a fait l'objet de quelques études apparues au début des années 1930 dont nous pouvons citer les plus importantes :
a) Berthault (P.), L'Algérie et la production des vins, Imprimerie alençonnaise, 1929. (Le lieu de publication n'est pas indiqué).
b) Berthault (P.), Quelques aspects du problème viticole en Algérie, Alger, Imprimerie La typo-litho, 1933, 6 pages.
c) Anonyme, Vigne d'Algérie, vigne nationale, 1933, 19 pages, étude déposée aux A.C.F.F. (Le lieu et la date de publication ne sont pas indiqués).
d) Confédération générale des vignerons algériens, Le problème viticole. L'aménagement du marché intérieur et la viticulture algérienne, Alger, Imprimerie La typo-litho, 1932, 20 pages.
e) C.F.A.T., «Enquête sur la situation viticole en Algérie», rapport dactylographié, 1935, 45 pages.
[8] Ageron (Ch. R.), Histoire de l'Algérie contemporaine..., t. II, op. cit., p. 39.
[9] Nous avons démontré dans le précédent chapitre que le C.F.A.A. a détecté d'une manière précoce l'apparition de la crise économique algérienne.
[10] A.O.M.A., 80 S 127, C.A. de la B.A. du 27 avril 1886.
[11] La B.A. distribuait avant mai 1886 un dividende semestriel de 45 F par action, ce qui donnerait un dividende annuel de 90 F. Nous aurons l'occasion de revenir à cette question des dividendes de la B.A. à la fin de ce chapitre.
[12] A.O.M.A., 80 S 127, C.A. du 11 mai 1886.
[13] A.O.M.A., 80 S 127, C.A. du 18 mai 1886. L'administrateur Alphandéry est l'auteur de ces propos.
[14] A.O.M.A., 80 S 127, ibid.
[15] A.O.M.A., 80 S 127, C.A. du 19 mai 1886.
[16] A.O.M.A., 80 S 127, ibid.
[17] A.O.M.A., 80 S 127, ibid.
[18] A.O.M.A., 80 S 127, ibid.
[19] Il s'agit de Tachet, Alcay et Giraud.

[20] Frédéric Antoine Altaïrac, originaire de Gard. Il s'est installé en Algérie à l'âge de 24 ans. Il débuta par un petit commerce à Alger, rue Mac-Mahon. Il se spécialise par la suite dans la confection de fournitures militaires. En 1860, il ouvre «des ateliers importants et qui contenaient une centaine d'ouvriers. A la confection des vêtements, il avait joint celle des ceintures, des guêtres, des souliers,... », Édouard CAT, Biographies algériennes, op. cit., p. 10. Altaïrac devient ainsi le principal fournisseur de l'armée d'Afrique. L'accroissement de ses affaires lui permet d'ouvrir en 1877 de nouveaux ateliers qui emploient 800 ouvriers. «En 1882, il complète l'industrie de la fourniture militaire en créant à Maison-Carrée une importante usine de tannerie... Il crée même une briqueterie-tuilerie», Narcisse Faucon, Livre d'or de l'Algérie, op. cit., pp. 12-13. A côté de ces installations industrielles, Altaïrac plante un vignoble de 110 ha et une orangerie de 45 ha. Altaïrac a participé ainsi, à la grande vague de mise en valeur des richesses algériennes. Il est devenu même le symbole de la réussite algérienne, œuvre qu'il doit en grande partie au soutien de l'administration algérienne et à l'appui de la B.A..
[21] A.O.M.A., 80 S 127 CA du 29 juin 1886.
[22] Cette démission est présentée de la manière suivante : «Les censeurs considérant que malgré leurs protestations et contrairement aux statuts, la Banque maintient les commodités qu'elle a accordées et les augmentent, donnent leur démission. Alger le 29 juin 1886», A.O.M.A., ibid.
[23] A.N.F., F18 I 319, acte de naissance de Félix Nelson-Chiérico enregistré auprès du maire d'Alger.
[24] Faucon (N.), Livre d'or de l'Algérie (de 1830 à 1899), tome I Biographies, Paris, Chalallamel et Cie Éditeurs, 1899, p. 417.
[25] A.N.F., F18 I 319, note du préfet de la Côte d'Or, 15 octobre 1879.
[26] A.N.F., F18 I 319, note du préfet de Dijon, 23 janvier 1880.
[27] *La Nièvre républicaine*, 1er janvier 1885.
[28] *Journal de la Nièvre*, 1er mai 1885.
[29] A.N.F., F18 I 319, fiche de renseignements établie par le ministère de l'Intérieur. Sans date.
[30] Nous entendons par ce terme, souvent utilisé dans nos sources concernant cet homme, qu'il est né et est formé en Algérie.
[31] A.N.F., F18 I 319, note du préfet du département de la Côte d'Or, 15 octobre 1879.
[32] A.N.F., F18 I 319, ibid.
[33] A.N.F., F18 I 319, fiche établie par le ministère de l'Intérieur, sans date, mais ce document est rédigé à l'occasion de la nomination de Nelson-Chiérico receveur percepteur à Paris (18e) le 15 décembre 1896. On pourrait donc estimer que les nouveaux renseignements du ministère de l'Intérieur sont établis à la fin de l'année 1896. Nelson-Chiérico regagnera l'Algérie en mai 1907 en tant que trésorier général à Alger.
[34] A.O.M.A., 80 S 127, lettre d'Henri Feraud à la B.A., 12 octobre 1886.
[35] A.O.M.A., 80 S 127, C.A. du 14 décembre 1886.
[36] L'actif d'Henri Feraud est estimé par la Banque à 4 500 000 F. On lui accorde le nouveau crédit sous garantie d'un acte hypothécaire de certains biens.
[37] A.O.M.A., 80 S 127, C.A. du 14 décembre 1886.
Les engagements de Domergue auprès des établissements de crédit algériens sont :

- à la B.A. :	1 335 800 F
- au C.F.A.A. :	131 000 F
- à la Compagnie algérienne :	75 000 F
- avec Henry Teissier :	65 000 F
- avec Bronde :	61 200 F
Total	1 668 000 F

[38] A.O.M.A., 80 S 127, ibid.
[39] Il serait intéressant de reproduire tout le texte de la délibération du C.A. du 14 décembre 1886 ayant consenti d'accorder de nouveaux crédits à Domergue : «Le conseil, après avoir délibéré, considérant qu'il importe dans la circonstance actuelle de ne pas créer une crise, qu'après les tentatives généreuses de la Banque en vue de rendre pratique le crédit aux colons, il est équitable de ne pas poursuivre à tout prix une liquidation qui ne peut être que funeste à tous les intérêts engagés.
Considérant qu'après avoir pris connaissance du dossier relatif à M. Domergue, le conseil a reconnu

que la suspension des paiements de cette maison de banque, en effet, ne retirerait d'une liquidation ouverte actuellement qu'une très faible partie du montant du papier escompté, que d'autre part la suspension de Domergue aurait immédiatement un contrecoup non seulement sur la place de Bône, mais encore sur celle de Philippeville et de toute la région, le conseil décide :
Le directeur est invité à se rendre sans retard à Bône. Il aura pour mission de s'opposer par tous les moyens à la suspension des paiements de Domergue, et à cet effet, le conseil l'autorise à ouvrir un nouveau crédit qui ne devra pas excéder 250 000 F...», A.O.M.A., 80 S 127, C.A. du 14 décembre 1886.

[40] A.O.M.A., 80 S 127, ibid.

[41] A.O.M.A., 80 S 127, rapport du directeur présenté au C.A. du 11 janvier 1887.

[42] A.O.M.A., , 80 S 127, rapport du directeur présenté au C.A. du 11 janvier 1887.

[43] A.O.M.A., 80 S 127, ibid.

[44] A.O.M.A., 80 S 127, ibid.

[45] L'un des administrateurs s'étonne «que la situation qui vient d'être révélée ait pu se produire sans que l'attention de l'administration ait été mise en éveil», A.O.M.A., ibid.

[46] A.O.M.A., 80 S 127, rapport du directeur présenté au C.A. du 11 janvier 1887.

[47] Il est utile de rappeler que plusieurs administrateurs sont engagés dans des plantations de vigne tel que Tachet et d'autres. Par ailleurs, ces administrateurs vivant dans un contexte algérien et subissant les influences des milieux de la colonisation ne sont pas bien préparés à affronter l'hostilité de l'opinion publique en renonçant à la politique du crédit agricole. C'est dans le souci de gagner la confiance de ses collaborateurs et de préserver la cohésion de son administration que Nelson-Chiérico a présenté son nouveau plan d'action comme un retour aux sources digne d'un institut d'émission.

[48] A.O.M.A., circulaire du 22 juillet 1887 adressée par Nelson-Chiérico aux directeurs des succursales.

[49] A.O.M.A., 80 S 127, rapport du directeur présenté au C.A. du 11 janvier 1887.

[50] A.O.M.A., 80 S 127, ibid.

[51] Il était directeur de l'agence de la Compagnie algérienne à Bône.

[52] A.O.M.A., 80 S 127, C.A. du 8 février 1887.

[53] A.O.M.A., 80 S 127, ibid.

[54] Nous avons constaté la même évolution pour la Compagnie Bône-Guelma qui, lors de sa crise du milieu des années 1880, a changé de président pour être dirigée par «un Algérien» : Villard. Certes le Bône-Guelma est une société privée, son président est élu par l'AG, contrairement à la B.A. dont le directeur est désigné par l'État, mais la même tendance se confirme chez plusieurs entreprises coloniales en Algérie.

[55] *Libre parole*, 21 mars 1896. Il faut rappeler que ce journal représente les milieux de l'antisémitisme français de la fin du XIXe siècle.

[56] *Libre parole*, 24 juin 1896.

[57] Mantoue (en italien Mantova) est une ville italienne située en Lombardie.

[58] *Libre parole*, 7 août 1896.

[59] A.O.M.A., 80 S 127, rapport présenté au C.A. du 8 février 1887.

[60] A.O.M.A., 80 S 127, lettre du ministre des Finances au directeur de la B.A., 16 mai 1888.
Dans cette lettre, le ministre écrit : «Je vous demanderai... de bien vouloir me tenir informé de l'importance éventuelle des pertes que pourrait avoir à supporter la Banque du fait de l'acceptation du papier qui serait exposé à rester impayé. La sollicitude avec laquelle vous dirigez la Banque ne laisse aucun doute sur le soin que vous apporterez à liquider avec toute prudence, que comporte une opération de cette nature, les situations trop engagées. Je désire néanmoins connaître en détail les résultats obtenus jusqu'ici et ceux que l'administration de la Banque poursuit actuellement».

[61] A.O.M.A., 80 S 127, C.A. du 12 juin 1888.

[62] Cette commission a visité l'Algérie au début de 1892. Ses membres se sont entretenus avec les différents représentants de la Colonie, entre autres Nelson-Chiérico directeur de la B.A.. Après sa déposition à cette commission le 16 mars 1892, ce dernier est obligé de prendre en considération les

critiques et les suggestions formulées par cette commission sénatoriale concernant sa gestion de la crise. Nous reviendrons ultérieurement sur les détails de ces critiques adressées à l'encontre de la B.A. et sa direction.

[63] A.O.M.A., 80 S 129, C.A. du 16 novembre 1894, note sur la situation de la B.A.

[64] M.F.F., Carton B 34126, note du 11 mai 1895 envoyée par la B.A. au ministre des Finances.

[65] En 1894, c'est-à-dire six ans après la nomination de Nelson-Chiérico directeur de la B.A. et deux ans avant son départ.

[66] A.O.M.A., 80 S 127, rapport présenté par le secrétaire général de la Banque au CA du 15 février 1887 suite à sa mission dans l'Est algérien.

[67] Cette évaluation est donnée par Llado et Rambert accréditeurs primitifs des frères Gaultier De Claubry.

[68] A.O.M.A., 80 S 127, rapport du secrétaire général de la B.A. présenté au C.A. du 15 février 1887.

[69] A.O.M.A., 80 S 127, ibid.

[70] A.O.M.A., 80 S 127, rapport du secrétaire général de la Banque au C.A. du 8 mars 1887.

[71] A.O.M.A., 80 S 127, ibid. Les garanties obtenues par la Banque sont :

«1°) Hypothèque sur toutes les propriétés de Zénamna et de Praxbourg que M. Prax évalue à 1 500 000 F. En vérité, ces propriétés ont effectivement coûté à l'heure actuelle 1 296 000 F.
2°) Délégation sur les indemnités pour les incendies de 1881...
3°) Endossement au profit de la Banque de différentes polices d'assurance.
4°) En outre M. Prax est propriétaire concurremment avec le capitaine Hoop de la moitié de la forêt du Kaf Djemel coûtant à l'heure actuelle 1 088 000 F».

[72] A.O.M.A., 80 S 127, C.A. du 8 mars 1887, 80 S 127.

[73] A.O.M.A., 80 S 127, ibid.

[74] Les exemples que nous avons abordés ne sont pas les seuls qui montrent cette indulgence de la B.A. La plupart des cas similaires évoqués dans les P.V. du C.A. sont traités avec la même souplesse et le même tact.

[75] A.O.M.A., 80 S 127, C.A. du 30 avril 1888.

[76] A.O.M.A., 80 S 127, circulaire du 22 juillet 1887.

[77] A.O.M.A., 80 S 127, ibid.

[78] A.O.M.A., 80 S 127, C.A. du 5 avril 1887.

[79] A.O.M.A., 80 S 127, C.A. du 2 janvier 1889, 80 S 128.
Cette propriété se compose de 200 ha de terre et 90 ha de vigne de cinq ans.

[80] A.O.M.A., 80 S 128, C.A. du 30 avril 1889. La propriété Randon se compose de 700 ha de terre dont 400 de vignes.

[81] A.O.M.A., 80 S 128, C.A. du 29 février 1889.

[82] A.O.M.A., 80 S 128, C.A. du 29 octobre 1891.

[83] A.O.M.A., 80 S 129, C.A. du 12 mai 1896, 80 S 129. C'est-à-dire de 1887 à 1896, elle a retiré 45 millions de mauvaises valeurs.

[84] A.O.M.A., 80 S 129, lettre du directeur de la B.A. au directeur du mouvement général des Fonds datée du 29 novembre 1893.

[85] A.O.M.A., 80 S 127, C.A. du 3 juillet 1888.

[86] A.O.M.A., 80 S 127, ibid.

[87] A.O.M.A., 80 S 127, C.A. du 5 avril 1887.

[88] A.O.M.A., 80 S 127, ibid. Les succursales de Philippeville, Bône et Tlemcen, celles qui connaissent le plus de difficultés, n'ont jamais eu de contrôleurs. On décide alors le 5 avril 1887 de nommer un contrôleur pour chacune de ces succursales.

[89] A.O.M.A., 80 S 127, ibid.

[90] A.O.M.A., 80 S 127, ibid.

[91] A.O.M.A., 80 S 128, rapport du censeur Warot au C.A. du 29 octobre, 80 S 128.

[92] A.O.M.A., 80 S 128, rapport de Servat au C.A. du 29 octobre 1891, 80 S 127.
Après avoir évoqué les exploitations de Philippeville et Jemmapes, Servat constate dans ce même rapport : «Partout sans exception nous avons fait les mêmes constatations. Les créateurs de toutes

ces propriétés qui sont devenues le gage de la Banque... les avaient abandonnées dans un état lamentable... C'est avec un véritable sentiment d'admiration que nous avons constaté le prodigieux effort fait par la direction de la Banque, surtout dans ces deux régions, pour modifier, améliorer, transformer... Dans la région de Bône, s'il est exact qu'il y avait moins à faire dès le début, les propriétés ayant été prises en moins mauvais état, il est juste aussi de dire que les résultats obtenus sont absolument parfaits».

[93] A.O.M.A., 80 S 128, ibid.

[94] A.O.M.A., 80 S 128, rapport du censeur Warot au C.A. du 29 octobre 1891.

[95] *La Cocarde*, 6 juin 1900. Le vignoble géré par la B.A. est estimé en 1892 à 9 000 ha.

[96] *La Cocarde*, 27 mai 1900.

[97] Ibid.

[98] A.N.F., F18 I 319, renseignements sur Nelson-Chiérico fournis par le préfet de Dijon, note du 23 janvier 1880.

[99] A.N.F, F18 I 319, renseignements sur Nelson-Chiérico, fiche de renseignements établie par le ministère de l'Intérieur non datée. Toutefois, elle est rédigée à l'occasion de la nomination de Nelson-Chiérico receveur percepteur à Paris (18e) le 15 décembre 1896.

[100] A.O.MA, 80 S 129, C.A. du 7 mars 1893.

[101] A.O.M.A., 80 S 129, ibid.

[102] *Libre parole*, 29 mai 1896

[103] *Libre parole*, 5 mars 1897.

[104] Nous pouvons citer, à titre d'exemple, La Revue économique et financière du 12 janvier 1889 qui note à ce sujet que «La Banque de l'Algérie s'abstient à fournir à ses actionnaires la moindre indication sur la composition de son portefeuille».

[105] L'Économie-revue, 11 février 1892.

[106] A.O.M.A., 80 S 129, C.A. du 3 mars 1897.

[107] A.O.M.A., 80 S 129, ibid.

[108] A.O.M.A., 80 S 129, lettre du directeur de la B.A. au ministre des Finances du 1er février 1893.

[109] Exemple : lettres du directeur de la B.A. des 12 juillet 1892 et 10 janvier 1893 au ministre des Finances demandant la réduction des intérêts du compte de Trésor, A.O.MA, 80 S 129.

[110] Voir dans la deuxième partie de cette étude le chapitre relatif aux rapports de la B.A. avec l'Etat qui traite le contexte dans lequel ce compte était créé.

[111] A.O.M.A., 80 S 129, note sur les rapports du Trésor avec la B.A. présentée au C.A. du 23 janvier 1894.

[112] *Le Temps*, 14 février 1894.

[113] Ibid.

[114] *Le Réveil financier*, 12 mars 1892.

[115] A.O.M.A., 80 S 129, note sur les rapports du Trésor avec la B.A., présentée au C.A. du 23 janvier 1894.

[116] Ibid.

[117] M.F.F., carton B 34127, lettres de la B.A. des 12 janvier 1882, 31 mai 1882, 10 mars 1883, 19 avril 1884, 6 janvier 1885.

[118] A.O.M.A., 80 S 129, lettre du directeur de la B.A. au ministre des Finances du 16 novembre 1893.

[119] A.O.M.A., 80 S 129, ibid.

[120] A.O.M.A., 80 S 129, C.A. du 16 novembre 1893.

[121] A.O.M.A., , 80 S 129, CA du 16 novembre 1893.

[122] Eugène Etienne est député d'Oran et vice-président de la chambre puis sous-secrétaire d'État aux colonies. Il est l'un des fondateurs les plus actifs du Parti colonial. Il a joué un rôle important dans la vie politique et économique de l'Algérie et de la France et même de certaines colonies françaises. Voir à ce sujet Ch. R. Ageron, *La France coloniale ou le parti colonial, op. cit.*, pp. 131-164.

Le directeur de la B.A., en présentant au CA les démarches entreprises auprès du ministre des Finances, déclare qu' «il avait été accompagné... par l'honorable M. Etienne... M. Etienne avait bien voulu se charger, après mon départ de Paris, de reprendre la question avec M. le ministre des Finan-

ces. J'ai la satisfaction de vous annoncer que je viens de recevoir de M. Etienne une lettre par laquelle il m'informe que M. le ministre des Finances a pris une décision de principe... Le taux d'intérêt à payer au Trésor sera diminué...
M. le président fait connaître au conseil que chaque fois qu'il a dû aller à Paris pour s'occuper des affaires intéressant la Banque, il a trouvé auprès de M. Etienne le concours le plus dévoué... J'ai le devoir d'exprimer devant vous, messieurs, toute ma reconnaissance à M. le député Etienne que nous trouverons toujours au premier rang lorsqu'il faudra défendre les intérêts de l'Algérie et ceux de notre institution», A.O.M.A., 80 S 129, CA du 23 janvier 1893.

[123] A.O.M.A., 80 S 129, note sur les rapports du Trésor public avec la B.A. communiquée au CA du 23 janvier 1893.

[124] Nous pouvons lire dans ce journal le paragraphe suivant : «Grâce à ce mécanisme des opérations de la Banque de l'Algérie, la question du change dans notre colonie n'existe pas. La balance commerciale lui étant déficitaire en ce moment, la difficulté de se procurer du numéraire et du papier sur France aurait bien vite créé dans un autre pays une prime sur l'or importante. Mais grâce à la délivrance aux caisses de la B.A. des mandats sur le Trésor public, le change est nul. C'est la Banque de la colonie qui... en supporte la charge», *le Temps*, 4 mars 1894.

[125] Il faudrait peut-être rappeler les différents décisions qui gèrent le compte du Trésor à la B.A..
24 février 1874 ---> 1 % sur les sommes excédant quatre millions.
20 novembre 1878---> 1 % sur les cinq premiers millions seulement.
15 janvier 1881---> 1 % sur le montant intégral du solde créditeur.
23 mars 1881 ---> 1 % sur les dix millions suivantes, 2 % sur le surplus.
10 août 1883 ---> 1 % sur le solde créditeur journalier.
11 avril 1883 ---> Aucun intérêt sur les cinq premiers millions.
1 % de cinq à quinze millions.
2,5 % sur le surplus.
24 mars 1885 ---> Aucun intérêt sur les cinq premiers millions.
2 % de cinq à dix millions.
2,5 % de dix à vingt millions.
3 % de vingt à trente millions.
3,5 % au dessus de trente millions.
1er février 1893 ---> Aucun intérêt sur les cinq premiers millions.
2 % de cinq à dix millions.
2,5 % de dix à vingt millions.
3 % au dessus de vingt millions.

[126] A.O.M.A., 80 S 130, note sur les conditions compte courant du Trésor présentée au CA du 16 novembre 1894.

[127] A.O.M.A., 80 S 130, lettre du ministre des Finances à la B.A. du 8 mars 1895.

[128] A.O.M.A., 80 S 130, lettre du ministre des Finances à la B.A. du 7 décembre 1895.

[129] A.O.M.A., 80 S 130, lettre du directeur de la B.A. au ministre des Finances du 25 décembre 1895.

[130] En 1899, la situation «s'est entièrement renversée, le compte courant du Trésor à la B.A. est tombé, progressivement à moins de sept millions», M.F.F., carton B 34127, note du directeur du mouvement général des fonds du 27 juin 1899.

[131] Barbedette (F.), La vérité sur la Banque de l'Algérie, op. cit., p. 31.

[132] A.O.M.A., 80 S 130, lettre du ministre des Finances du 8 mai 1895.

[133] A.O.M.A., 80 S 130, lettre du directeur de la B.A. au ministre des Finances du 23 décembre 1895.

[134] A.N.F., 65 AQ A 171, «État de statistique générale» présenté à l'A.G. du 28 novembre 1901. Représenté en graphique, le mouvement de l'émission de billets de banque exprime la tendance suivante :

[135] C'est l'article 6 des statuts qui oblige la Banque à avoir une circulation monétaire dans les limites du triple de son encaisse.

[136] Nous citons, à titre d'exemple Le Temps du 14 février 1892. «Nous constations déjà l'année der-

nière, note ce journal à propos de la B.A., que sa circulation de billets, cumulée avec des comptes courants excédait de 38 852 723 F le triple du numéraire existant en caisse au 31 octobre 1890. Cette situation ne s'est guère modifiée, jusqu'au 31 octobre 1891, la circulation illégale dépasse 22 millions. Et notons que dans ce calcul, nous ne faisons pas entrer le montant du compte du Trésor qui, si l'on en tenait compte, ferait ressortir le montant de la circulation illégale au 31 octobre dernier à près de 40 millions».

[137] *Le Messager*, 13 octobre 1892.

[138] Meuleau (M.), Des pionniers en Extrême-Orient. Histoire de la Banque d'Indochine..., op. cit., p. 113.

[139] A.N.F., 65 AQ A171, «État de statistique générale» annexé au rapport du C.A. à l'A.G. du 28 novembre 1901.

[140] Le mouvement du profit en France au 19 ème siècle, op. cit., pp. 219-270.

[141] Il s'agit du Crédit Lyonnais, de la Banque d'Indochine, de la Banque impériale ottomane, de la B.P.P.B., du Comptoir d'escompte de Paris, du Crédit industriel et commercial, de la Société Marseillaise, de la Société lyonnaise et de la Société générale.

[142] Bouvier (J.), Furet (F.), Gillet (M.), Le mouvement du profit en France..., op. cit., pp. 433-455.

[143] Bouvier (J.), Furet (F.), Gillet (M.), ibid., p. 434.

[144] La somme de 587 F divisée par 7 ans est égale à 83 F, 86.

[145] La somme de 730 F divisée par 10 ans est égale à 73 F.

[146] Finance nouvelle, 14 décembre 1893 et La Cocarde du 3 juillet 1900.

[147] Demontes (V.), L'Algérie économique, Gouvernement général de l'Algérie, Alger, 1922, p. 478.

[148] A.O.M.A., 80 S 129, C.A. du 8 mai 1893.

[149] A.O.M.A., 80 S 129, C.A. du 16 novembre 1894.

[150] A.O.M.A., 80 S 130, lettre du ministre des Finances du 8 mai 1895.

[151] A.O.M.A., 80 S 130, C.A. du 1er mai 1896.

[152] A.O.M.A., 80 S 130, C.A. du 8 mai 1896.

[153] A.O.M.A., 80 S 130, C.A. du 11 mai 1896.

Au cours de cette réunion, le commissaire du gouvernement déclare «qu'il n'a de compte à rendre à personne». La direction de la Banque réagit en décidant le maintien du dividende de 15 F initialement proposé au ministre des Finances.

[154] A.O.M.A., 80 S 130, C.A. du 21 mai 1896, 80 S 130. Au cours de ce conseil d'administration, la position de certains administrateurs se durcit en refusant d'accorder au directeur se trouvant à Paris une dérogation en vue de réduire le dividende.

[155] A.O.M.A., 80 S 130, C.A. du 27 mai 1896.

[156] A.O.M.A., 80 S 130, C.A. du 2 novembre 1896.

Plusieurs administrateurs, notamment Tachet, appuient le point de vue du censeur Warot.

[157] Le ministre des Finances écrit à ce sujet : «Le conseil paraît avoir été déterminé par cette considération que les actionnaires de la Banque... auraient droit indépendamment du dividende proprement dit à un intérêt fixe de 6 % ou de 30 F par action... je regrette au surplus que le conseil d'administration ait paru perdre de vue que les immobilisations de la Banque commandent la plus grande prudence... » A.O.M.A., 80 S 130, lettre du ministre des Finances du 11 novembre 1896.

[158] *Le Comptant*, 26 octobre 1897.

[159] Cet article stipule qu' «aucune répartition d'intérêt et de dividende ne peut avoir lieu sans l'autorisation du ministre des Finances».

[160] A.O.M.A., 80 S 131, C.A. du 5 octobre 1897.

Le directeur président « fait de nouveau toutes ses réserves au sujet de cette motion. Il rappelle ce qu'il a dit tant de fois que les droits du ministre est absolu ».

[161] *Le Comptant* du 26 octobre 1897.

Ce comité est composé des administrateurs : Altaïrac, Bertrand, Blaselle, Caston, Mercier, Pareux, Tachet, Tine, Nidaillon et Warot (censeur).

[162] Exemple : *L'épargne française*, 20 novembre 1897.

[163] *Le Comptant*, 26 octobre 1897.

[164] Ibid.

[165] *Le Correspondant financier*, 7 novembre 1897.
[166] *La Libre parole*, 1er novembre 1897, lettre signée J.D.
[167] A.N.F, 165 AQ A 171, rapport du C.A. à l'A.G., 26 décembre 1897.
[168] M.F.F., carton B 34125. «Banque d'Algérie», rapport établi par le directeur du mouvement général des fonds le 20 août 1898.
[169] M.F.F., carton B 34125, ibid.
[170] A.N.F., 65 AQ A 171, «État de statistique générale» annexé au rapport du C.A. à l'A.G. du 28 novembre 1901.
[171] *Moniteur de la Banque et de la Bourse*, 30 décembre 1899.
[172] *La Finance nouvelle*, 2 décembre 1892.
[173] Ibid.
[174] Nous pouvons donner certains exemples rapportés par la presse financière :
- «La B.A. est remise en partie de la très vive alerte qu'elle avait subie la semaine dernière. L'action se relève de 1 125 F à 1 250 F», La Revue du 13 février 1892.
- «La BA a baissé de 725 à 670 F», Le Temps, 19 mars 1893.
- «Les cours sont faibles sur les actions de la B.A., à 855 après 880», La Rente, 14 janvier 1894.
- «Brillante tenue de la B.A. à 708», Épargne française, 28 juillet 1894.
- «La Banque de l'Algérie s'est légèrement améliorée de 500 à 529 F», Moniteur des rentiers, 4 octobre 1897.
[175] *La Revue*, 13 février 1892.
[176] *Moniteur des rentiers*, 24 octobre 1897.
[177] *Moniteur de la bourse et de la Banque*, 20 septembre 1897.
[178] *La Revue*, 13 février 1892.
[179] *La Libre parole*, 7 août 1896.
[180] Barbedette (F.), La vérité sur la Banque de l'Algérie, op. cit., p. 31.
[181] Nous avons déjà utilisé certaines de ces publications comme référence. Il faut peut-être rappeler que de tels documents, écrits en pleine période d'antisémitisme de la fin du XIXe siècle, doivent être maniés avec prudence.
[182] Nous pouvons citer à titre d'exemple les interventions des députés Léopold Goirand et Francis Laur à la chambre lors de la séance du 14 juin 1892. Ces deux députés accusent la B.A. de publier des bilans fictifs. «Ne croyez pas cependant, dit M. Goirand que le milliard ainsi escompté représente un chiffre d'opérations sérieuses. Ce sont simplement des billets à ordre qu'on renouvelle quatre fois par an pendant un nombre illimité d'années», cité par F. Barbedette, *La vérité sur la Banque de l'Algérie, op. cit.*, p. 31.
[183] M.F.F., carton B 34125 rapport intitulé «Banque de l'Algérie» établi par le directeur du mouvement général des fonds, 20 août 1898.
[184] A.O.M.A., 80 S 130, propos du directeur de la B.A. Rihouet, annoncés au C.A. du 6 avril 1897.
[185] A.O.M.A., 80 S 130, ibid.
[186] A.O.M.A. , 80 S 130, lettre du 9 février 1897.
[187] A.O.M.A., 80 S 130, C.A. du 6 avril 1897.
[188] Dumenil (G.), La banque de l'Algérie..., op. cit., p. 124.
[189] A.O.M.A., 80 S 130, C.A. du 6 avril 1897.
[190] A.O.M.A., 80 S 130, ibid.
[191] A.O.M.A., 80 S 130, ibid.
[192] A.O.M.A., 80 S 130, ibid.
[193] A.O.M.A., C.A. du 14 mai 1897, 80 S 130.
[194] «Le crédit de campagne est accordé aux négociants en vin ou en céréales pour leur permettre de s'approvisionner en attendant la vente de leurs produits. Il dure ainsi quelques mois. Si la durée de ce genre d'opérations est théoriquement facile à déterminer, de nombreuses difficultés surgissent dans la pratique notamment lors du remboursement. Le renouvellement de ces opérations par la Banque et le report des délais n'arrange pas souvent les choses. C'est ainsi qu'on commence par le papier de campagne et on finit souvent par le papier d'immobilisation », A.O.M.A., 80 S 131, CA du 27 juin 1897.
[195] A.O.M.A., 80 S 130, C.A. du 11 mai 1897.

[196] A.O.M.A., 80 S 131, C.A. du 15 juin 1897.
[197] A.O.M.A., 80 S 131, C.A. du 5 octobre 1897.
[198] M.F.F., carton B 34125 «Banque d'Algérie», rapport du directeur du mouvement général des fonds, 20 août 1898.
[199] A.O.M.A., 80 S 131, C.A. du 28 septembre 1897.
[200] A.O.M.A., 80 S 131, C.A. du 5 octobre 1897.
[201] A.O.M.A., 80 S 130, C.A. du 4 mai 1897.
[202] A.O.M.A., 80 S 131, C.A. du 5 octobre 1897.
Altaïrac adresse dans un long rapport un véritable réquisitoire dénonçant la politique du directeur Rihouet et la volonté du ministre des finances de s'immiscer dans les affaires internes de la B.A. : «La situation économique de notre colonie dépend absolument de la bonne marche de la B.A., nous défendons une bonne cause et nous avons raison des étranges procédés de M. le ministre des Finances que son ignorance de la situation de notre commerce et de ses besoins peut seule excuser ». Rihouet était obligé «de protester comme représentant du gouvernement» contre ces propos.
[203] Certains membres du Conseil général d'Alger ont protesté contre la nouvelle politique de Rihouet. En effet, ce dernier a parlé de «l'intention qu'on lui a prêtée de prendre des mesures pouvant nuire aux intérêts du crédit de l' Algérie», A.O.M.A. : C.A. du 11 mai 1897, 80 S 130.
[204] Tout en faisant l'éloge du nouvel administrateur, Blasselle, qui réintègre sa fonction, Rihouet déclare : « Aussi comptons-nous absolument sur vous pour nous aider de vos lumières et joindre vos efforts à ceux que nous ne cessons de tenter pour obtenir que la B.A.... soit traitée avec bienveillance», A.O.M.A., 80 S 131, C.A. du 12 octobre 1897.
[205] Mercier jouera un rôle important pour obtenir des chambres de commerce d'Algérie des délibérations de soutien à la B.A..
[206] A.O.M.A., 80 S 131, C.A. du 1er novembre 1897
[207] A.O.M.A., 80 S 131, C.A. du 12 octobre 1897.
[208] A.O.M.A., 80 S 131, C.A. du 15 mars 1898.
[209] A.O.M.A., 80 S 131, C.A. du 24 mai 1898. Propos de Tachet l'un des administrateurs hostile à Rihouet.
[210] Le directeur de la B.A. a utilisé l'expression «moment de trouble», A.O.M.A., 80 S 131, C.A. du 12 octobre 1897.
[211] Tableau établi à partir des bilans annuels de la B.A., A.N.F., 65 A Q A A 17 et à partir des archives du M.F.F., carton B 34125, «Banque de l'Algérie»,
[212] La presse a relevé un grand nombre d'anomalies dans les bilans de la B.A.. Quelques exemples peuvent être cités :
- «Nous avons signalé les irrégularités des comptes du bilan», Nouveau journal financier, 28 février 1892.
- «Il y a dans tous ces comptes sommaires des inconnues volontairement cadrées ; il y a dans la situation accusée par le bilan des anomalies étranges», L'économie revue, 11 février 1892.
- «Nous avons démontré ce que tout le monde sait, que les inventaires sont faux, qu'ils présentent une situation inexacte», La Corcade , 3 juillet 1900.
[213] Cité par Barbedette (F.), La vérité sur la Banque de l'Algérie, op. cit., p. 31.
[214] Barbedette (F.), ibid., p. 30.
[215] Ce compte liquidations est à son tour sujet de désaccord entre la Banque et le ministre des Finances, M.F.F., carton B 34126, «Note pour le directeur du mouvement général des fonds», anonyme, 11 mai 1895.
[216] Il faut soustraire du portefeuille (69,4 millions de francs) le total du papier commercial (18 millions de francs) et du papier de campagne (8 millions de francs), le reste est composé de papier douteux qui doit entrer dans le cadre des immobilisations. L'opération est la suivante 69,4 - (18+8) = 43,4 millions de francs.
[217] M.F.F., carton B 34125, «La Banque de l'Algérie», rapport établi par le directeur du mouvement général des fonds, 20 août 1898.
[218] Garrot (H.), *La Banque de l'Algérie..., op. cit.*, p. 34.
[219] Chiffres retracés à partir des bilans annuels de la B.A., A.N.F.: 65 AQ A 171 et 65 AQ A 172.

[220] Anonyme, Mémoire en défense pour le comptoir d'escompte de Guelma contre la Banque de l'Algérie, op. cit., p. 22.
[221] Anonyme, Mémoire en défense, ibid., p. 22.
[222] Cité par CUNIAC, Le crédit agricole en Algérie, op. cit., p. 88.
[223] *La Libre parole*, 4 juin 1896.
[224] *La Libre parole*, 29 mai 1896. Ce journal parle, dans ce numéro, d'hommes politiques « subventionnés » et « arrosés» par la Banque.
[225] A.O.M.A., 80 S 129, C.A. du 23 janvier 1894.
[226] Certains auteurs ont pu écrire que «ces mandataires du peuple opposent tout l'appui de leur position au parlement en faveur du maintien d'une association d'accapareurs [c'est-à-dire la B.A.]... Nos représentants qui nous ont laissés sans défense contre les déprédations auxquelles se livre la Banque, ont, par leur attitude, donné crédit à l'opinion qui déjà se répand : que l'Algérie est un fief qui relève de trois sénateurs et de six députés, et que ces derniers relèvent à leur tour de la Banque de l'Algérie qui tient leur sort entre ses mains... Il est passé en proverbe qu'une élection ne peut réussir, au profit d'un candidat qu'autant que Chiérico est dans l'affaire», Garrot (H.), *La Banque de l'Algérie..., op. cit.*, pp. 136-137.
[227] Barbedette (F.), La vérité sur la Banque de l'Algérie, op. cit., p. 8.
[228] Barbedette (F.), ibid., p. 13.
[229] Garrot (H.), La Banque de l'Algérie..., op. cit., p. 138.
[230] *La Cocarde*, 6 novembre 1900.
[231] Garrot (H.), La Banque de l'Algérie..., op. cit., p 18.
[232] *La Libre parole*, 4 juin 1896.
[233] Ibid., 7 août 1897.
[234] *La Cocarde*, 6 novembre 1900.
[235] A.O.M.A. 80 S 127, C.A. du 19 février 1891.
[236] A.N.F., rapport du C.A. à l'A.G. du 24 novembre 1892, 65 AQ A171.
[237] *Le Moniteur des tirages financiers*, 8 décembre 1892.
[238] *Le Compte-rendu*, 10 février 1892.
[239] Garrot (H.) , La Banque de l'Algérie..., op. cit., p. 38. Ces vœux favorables sont possibles puisque un grand nombre de conseillers généraux sont des «amis politiques» de la Banque. De même, un certain nombre de membres des chambres de commerce sont des clients favoris de la Banque.
[240] Cité par Garrot (H.), ibid., p. 39.
[241] Cuniac, Le crédit agricole en Algérie, op. cit., p. 85.
[242] Anonyme, Quelques courtes réflexions sur la Banque de France..., op. cit., p. 20.
[243] Ibid., p. 20.
[244] Délégations algériennes, Session de novembre 1899, Alger, Imprimerie Calmiche, Séance du 14 novembre 1899, p. 232.
[245] Ibid., p. 239.
[246] Société d'agriculture d'Alger, Étude sur le crédit agricole en Algérie, Alger, Imprimerie orientale Fontana, 1897, p. 12.
[247] Société d'agriculture d'Alger, ibid., p. 12-42.
[248] Société d'agriculture d'Alger, ibid., p. 11.
[249] Société des agriculteurs d'Algérie, Institution et organisation du crédit agricole en Algérie, Alger, Imprimerie orientale Fontana, 1897, p. 8.
[250] Alger, Imprimerie orientale Fontana, 1897.
[251] Saulnier (F.), Renouvellement du privilège, ibid. p. 4.
[252] *Le Comptant*, 31 janvier 1899.
[253] Journal financier français, 20 mai 1894.
[254] Nouveau journal financier, 28 février 1892.
[255] *La Cocarde*, 27 mai 1900.
[256] Bonnard (P.), Création des succursales de la Banque de France à Alger et à Tunis, Paris, Librairie Guillaume et Compagnie, Paris, 1892, p 11.

[257] Nous pouvons citer à titre d'exemple le débat résumé par le journal Compte-rendu du 10 février 1892 : «L'extension du privilège de la B.F. en Algérie présenterait, à côté de certains avantages évidents, de tels inconvénients que la B.F. elle-même ne l'a jamais sollicité... On a bien souvent répété que le crédit de la Banque est le véritable Trésor de guerre de la France, il mérite par conséquent d'être ménagé à peu près autant que le crédit de l'État lui-même... Or non seulement l'extension des opérations de la B.F. à l'Algérie ne pourrait en rien augmenter son crédit, mais elle n'irait pas sans exposer la Banque à un aléa qui n'existe pas pour elle en France».

[258] *Le Comptant*, 2 novembre 1897.

[259] Débat rapporté par *Le Comptant*, 2 novembre 1897.

[260] A.N.F., 65 AQ A 171.

[261] Cette commission comprend, en plus du directeur et du commissaire du gouvernement, les administrateurs les plus éminents de la Banque :
- Hugot, ancien président de section au tribunal de commerce de la Seine, membre de la chambre de commerce de Paris.
- Rostand, directeur général du Comptoir national d'escompte (correspondant de la Banque à Paris. Cet homme d'affaires a de nombreux intérêts à Marseille et en Algérie parmi lesquels la compagnie des chemins de fer de l'Est algérien).
- Alcay, négociant à Paris.
- Barbaroux, avoué à Marseille.
- Vaury, avocat, ancien défenseur à Sétif.

[262] *Le Comptant*, 7 décembre 1897.

[263] Ce comité comprend les administrateurs Vaury, Alcay et Hugot. L'influence de cette instance, dite souvent «Comité de Paris», est tellement forte qu'elle a pu mener une campagne contre le nouveau directeur de la Banque Rihouet, ce qui explique son départ. Dans une lettre du 9 novembre 1898 adressée aux actionnaires de la Banque, ce comité écrit : «L'an dernier, lors du conflit entre le conseil d'administration et la direction de la B.A., nous nous avons prié de ne pas envoyer au directeur votre pouvoir pour vous présenter à l'A.G. Il n'en est pas de même aujourd'hui... Le nouveau directeur M. Marc Lafon, laborieux et très apte à ses fonctions, dévoué au renouvellement de la Banque, mérite toute notre confiance», cité par Le Comptant, 15 novembre 1898.

[264] *Le Comptant*, 31 janvier 1899.

[265] *La Revue économique et financière*, 20 mai 1899.

[266] *La Libre Parole*, 2 avril 1899.

[267] *Le Réveil financier*, 12 mars 1892.

[268] M.F.F., carton B 34125, «La Banque de l'Algérie», rapport du directeur du mouvement général des fonds, 20 août 1898.

[269] *L'Économiste européen*, 18 octobre 1897.

[270] *Le Comptant*, 31 janvier 1899.

[271] M.F.F., carton B 34125, «La Banque de l'Algérie», rapport du directeur du mouvement général des fonds, 20 août 1898.

[272] M.F.F., carton B 34125, ibid.

[273] M.F.F., carton B 34125, ibid.

[274] L'achat du numéraire par la B.A. lui coûte 0 F 50 % à 0 F 60 %, ce qui est à peu près équivalent aux frais du transport de ces espèces.

[275] Le commerce algérien paye 0 F 25 % à 0 F 60 % ses transmissions en France.

[276] M.F.F., carton B 34125, «La Banque de l'Algérie», rapport du directeur au mouvement général des fonds, 20 août 1898.

[277] M.F.F., carton B 34125, «La Banque de l'Algérie», ibid.

[278] M.F.F., carton B 34125, «La Banque de l'Algérie», ibid.

[279] M.F.F., carton B 34125, «La Banque de l'Algérie», ibid.

[280] M.F.F., carton B 34125, «La Banque de l'Algérie», ibid.

[281] *Le Comptant*, 31 janvier 1899.

[282] M.F.F., carton B 34125, « Banque de l'Algérie », rapport du directeur du mouvement général des fonds, 20 août 1898.

[283] Pour la biographie de Joseph Caillaux voir notre étude Le capital français... op. cit., p. 307, note2.
[284] A.O.M.A. C.A. du 16 mars 1899, 80 S 131. Cette délibération est la suivante : «Considérant que tous les corps élus d'Algérie... ont été unanimes à demander le renouvellement du privilège..., considérant que depuis deux ans, entrant résolument dans la voie des réformes, la B.A. a pu améliorer sa situation générale... le conseil prie M. le gouverneur général défenseur des intérêts de la Colonie de vouloir bien s'intéresser au sort du premier établissement financier de l'Algérie... et de plaider sa cause».
[285] Du 8 juillet 1899 au 31 octobre 1900.
[286] A.O.M.A., 80 S 132, propos rapportés par le directeur au CA du 18 juin 1899.
[287] Nous pouvons citer *La Libre Parole* qui écrit le 2 avril 1898 : « La B.A. dont *La Libre Parole* s'est occupée à diverses reprises, n'est plus l'institut néfaste que M. Nelson-Chiérico en avait fait sous la pression des Etienne et Thomson ».
[288] A.O.MA., 80 S 132, C.A. du 3 février 1899.
Cette délibération est prise à l'égard de Félix Dessolier. Il serait intéressant de citer, à titre d'exemple, comment ce client a bénéficié de largesses de crédit. Les Dessollier sont propriétaires d'une usine à Maison Carrée et de diverses propriétés rurales. Avec des augmentations de crédit incessantes au cours des années 1880, les Dessollier se trouvent avec «une fiche anti-statutaire». L'argent obtenu n'a jamais servi «à l'extension de l'industrie des minotiers... il n'était en réalité qu'une opération de pure commodité». Félix Dessollier a bénéficié de la complicité de sa femme qui fournit la deuxième signature et de plusieurs «autorisations complaisantes de la direction précédente». Les immobilisations de Félix Dessollier atteignent 1 434 000 F.
[289] A.O.M.A., 80 S 131, C.A. du 9 août 1898.
[290] A.O.M.A., 80 S 131, C.A. du 3 janvier 1899, 80 S 131.
[291] A.O.M.A., 80 S 131, ibid.
[292] A.O.M.A., 80 S 131, C.A. du 2 mai 1899, 80 S 131.
[293] Cette commission se compose du directeur de la Banque, du commissaire du gouvernement et des administrateurs Hugot, Vanry, Alcay, Barbaroux et Rostand directeur général du Comptoir d'escompte de Paris et correspondant de la B.A. à Paris.
[294] A.O.M.A., 80 S 131, lettre du 19 novembre 1898 envoyée par le comité des actionnaires marseillais.
[295] A.N.F., 65 AQ A171, statuts de la B.A., art. 51.
[296] A.N.F., 65 AQ A171, ibid., art. 53.
Cette mesure trouve son origine dans les abus et les errements de Nelson-Chiérico qui a pris un grand nombre d'initiatives désastreuses pour la Banque, période pendant laquelle, selon les propos du directeur Marc-Lafon, la plupart des affaires se traitaient «hors conseil».
[297] Ce droit est accordé par l'article 9 des statuts de 1880.
[298] A.O.M.A., 80 S 6, A.G.E. du 16 novembre 1899.
[299] A.O.M.A., , 80 S 132, C.A. du 27 novembre 1899.
[300] A.O.M.A., 80 S 132, C.A. du 4 décembre 1899. Il est à signaler que le directeur se trouve à Paris à la fin de novembre et au début de décembre 1899 dans le but de discuter avec les différents parties le renouvellement du privilège de la Banque.
[301] A.O.M.A., 80 S 132, lettre du 16 décembre 1899, 80 S 132.
[302] A.O.M.A., 80 S 132, acte de vente du domaine de la B.A. signé le 29 janvier 1900 devant Pareux notaire à Alger, 80 S 132.
[303] A.O.M.A., 80 S 132, C.A. du 10 janvier 1899, 80 S 132.
[304] «La Banque pourrait faciliter la constitution d'un groupe qui garantirait dès à présent l'émission en allouant une prime de 10 F par obligation garantie», A.O.M.A., 80 S 132, ibid.
[305] A.N.F, 65 AQ A171, statuts annexés à la loi du 5 juillet 1900.
[306] A.O.M.A., 80 S 132, C.A. du 10 juillet 1900.
[307] Le comité d'actionnaire parisien a même mené une campagne contre le directeur Rihouet ce qui explique son départ une année après sa nomination à la tête de la B.A..
[308] *La Cocarde* du 3 juillet 1900. Ce journal estime qu'on «ne pourrait rencontrer dans la Chambre plus de soumission aux ordres du gouvernement qui a présenté le projet, ni plus de bassesses à les

exécuter... la représentation dite nationale a passé l'éponge sur le passé de la Banque».
[309] A.N.F., 65 AQ A 171 , loi du 5 juillet 1900, art. 5.
[310] A.N.F., 65 AQ A 171 , ibid., art. 6.
[311] A.N.F, 65 AQ A 17 1, rapport du CA à l'AG du 23 novembre 1893.
[312] Cote de la bourse et de la banque, 2 décembre 1892 .
[313] Gharbi (M.L.), « Les crises économiques au Maghreb de la deuxième moitié du XIXe siècle » dans RAWAFID, n° 7, 2002 pp. 7. 23.
[314] Gharbi (M.L.), «La crise anti-juive en Algérie de la fin du XIXe siècle : l'échec d'un métissage ? » dans Historie des métissages hors d'Europe : nouveaux mondes ? nouveaux peuples ? », L'Harmattan , Paris, 1999, pp. 133-142.
[315] Dermenjian (G.), la crise anti-juive oranaise (1895-1905)..., op. cit., pp. 65-111.

Conclusion de la deuxième partie

Les Français d'Algérie ont cherché, par la mobilisation du crédit agricole et en s'appuyant sur leur institut d'émission, à réaliser leur décollage économique afin de se libérer de l'emprise du capital métropolitain. La crise de la fin du XIXe est venue briser cette stratégie du capital « algérien ».

Néanmoins, les Français d'Algérie, tout en restant fidèles à leur volonté d'autonomie, revendiquent à l'aube du XXe siècle une certaine personnalité administrative et financière. « L'Algérie, selon Sabatier, ancien député d'Oran, n'existe pas. N'ayant pas de personnalité civile, elle n'a pas de signature. Faites ce que l'Angleterre a fait pour toutes ses colonies, donnez-lui une personnalité civile et une signature ; et confiante dans son avenir, l'Algérie empruntera et trouvera... Au lieu de l'argent, donnez-lui la liberté financière » [1].

Le décollage économique et financier ne peut se faire désormais, selon l'opinion française d'Algérie, qu'avec un certaine affirmation politique et civile de cette Colonie. Ainsi, le décollage économique de l'Algérie s'est révélé, pour la Colonie tout entière, un simple mirage qui s'est rapidement dissipé. Avec l'avilissement des prix de la vigne, tout un rêve s'est brisé. Le comportement « égoïste » de la Métropole qui n'est pas venue au secours de la Colonie sinistrée a transformé la crise de la colonisation et du crédit en crise de confiance entre les deux parties. « Le séparatisme algérien » de la fin du XIXe siècle, tout comme la tentative de sécession américaine des années 1860, est un litige politico-moral, mais à fond et à substrat économiques.

Dans cet ensemble de déceptions politico-économiques de l'Algérie, la B.A. assume une double responsabilité. Tout d'abord suite au renouvellement de son privilège en 1880, lorsqu'elle est sortie de sa prudence traditionnelle pour adopter une politique de largesses de crédit, puis en modifiant subitement son comportement en période de marasme économique. C'est donc ce changement d'attitude qui relève d'un manque d'expérience, qui a englué l'Algérie et sa Banque. D'autres institutions bancaires algériennes ont mieux résisté face à au marasme économique. Tel est le cas du C.F.A.A. qui a condamné les exagérations de crédit de l'institut d'émission et la vague de spéculation liée à la culture de la vigne. Par la puissance des capitaux de son allié, le C.F.F., et par sa politique pondérée, cet établissement a sauvé l'essentiel et n'a été, à aucun moment, menacé par la disparition. Cela montre que la crise n'est pas une fatalité et cela prouve, encore, la responsabilité de la B.A. qui n'a pas pu concilier son rôle d'institut d'émission et son concours à l'agriculture. Nous pouvons citer l'exemple d'autres banques qui, dans d'autres pays, ont pu réussi à le faire notamment pendant les périodes troublées.

La Banque d'Angleterre s'est scindée en 1840 en deux départements : le premier se charge de l'émission monétaire alors que les opérations de banque et les investissements incombent au deuxième. De cette manière, l'émission monétaire est protégée et ne peut être affectée par les risques des investissements économiques. La B.F., elle aussi, a pu, suite à la loi du 9 juin 1857, fournir son aide aux compagnies ferroviaires en péril tout en préservant son rôle et sa sagesse d'institut d'émission. La Banque d'Indochine au cours des années 1880-1890, dans un milieu colonial similaire à celui de la B.A., est arrivée, avec ses succursales, à financer la culture du riz, du ver à soie, les plantations de tabac et de café [2]. Le financement par la Banque d'Indochine de tout le cycle agricole n'a jamais affecté ses équilibres internes et ne s'est pas fait au détriment de ses règles de prudence, de sagesse et d'indépendance [3].

Cela prouve que le crédit agricole n'est pas toujours un terrain miné et qu'une crise économique n'est jamais une fatalité.

Notes :

[1] SENAT, Commission d'étude des questions algériennes, déposition de Sabatier à la commission sénatoriale de 1892, op. cit., p. 129.
[2] Meuleau (M.), Des pionniers en Extrême-Orient..., op. cit., pp. 80 et 131.
[3] Ibid., pp. 96 et 112.

Conclusion générale

Quelle était la politique de crédit de la B.A. dans ses rapports avec l'économie coloniale ? Telle est la question à laquelle nous devons répondre au terme de cette étude tout en se limitant au cadre chronologique de la deuxième moitié du XIXe siècle.

La politique de crédit de cette institution est passée par deux périodes qui ont déterminé notre plan : la première allant de 1851 à 1880, et la deuxième correspond aux vingt dernières années du XIXe siècle. Pendant la première étape de son histoire, la B.A., faute d'expérience et de capitaux suffisants et vu la nature du milieu colonial, s'est dotée d'une stratégie fondée sur *la prudence.* Prudente, elle l'était à plus d'un titre : elle tenait à garder de bons rapports avec le gouvernement qui était à l'origine de sa mission. Ses liens étroits avec le Second Empire, et particulièrement, A. Fould ont failli compromettre son existence. Malgré une crise passagère, elle a su montrer, au prix de certaine sacrifices, son allégeance au nouveau pouvoir républicain. La *prudence* était aussi le mot d'ordre sur le plan monétaire, puisqu'elle a toujours préservé un équilibre entre son encaisse et le volume des émissions monétaires en cherchant à satisfaire, dans la mesure de ses moyens, les besoins du commerce. Elle a aussi servi le commerce autrement, à savoir l'escompte du papier commercial à deux signatures. Tout en refusant un certain type de papier, le volume de ses escomptes n'a cessé d'augmenter. Le commerce réclamait plus d'engagement de sa part, mais elle est restée fidèle à sa ligne de conduite.

Elle a escompté le papier des maisons de banques privées tout en restant à l'écart de la politique de mobilisation de crédit adoptée par la S.G.A. et en tournant le dos à l'expérience de crédit agricole tentée par le C.F.F. en Algérie. Elle cherchait à asseoir son crédit plutôt que de s'imposer comme « banque des banques ».

Cette stratégie d'orthodoxie financière et monétaire a permis à la Banque de concilier son monopole public (émission monétaire, gestion du compte du Trésor, son rôle de banque des banques) et son monopole privé (escompte du papier commercial, ses propres intérêts et ses profits en tant qu'entreprise). On pourrait même affirmer qu'elle était avant tout un établissement public beaucoup plus qu'autre chose.

Cette politique de crédit lui a permis de faire face à deux crises économiques tout en sauvant le commerce, à savoir celle de la fin des années 1860 et celle de 1875. Elle s'est toujours comportée comme prêteur de dernier recours. Cette réussite lui a valu d'être comparée à la B.F. Mais cette orthodoxie avait un prix : d'une part les milieux d'affaires et ceux de la colonisation lui reprochent d'être trop méfiante et la qualifient de *parcimonieuse,* d'autre part ses intérêts privés sont sacrifiés avec les perspectives qu'ouvre le développement des affaires coloniales. Bref, la B.A. a réussi pendant cette phase à instaurer et à consolider son crédit auprès des commerçants des colons et des pouvoirs publics algériens et métropolitains. La Banque ne pouvait ainsi longtemps se retenir face à certaines opérations alléchantes qu'offre le contexte colonial.

Forte de son capital moral, la B.A. a obtenu sans le moindre problème le renouvellement de son privilège en 1880 au même moment que la B.F. et pour un mandat pareil allant jusqu'à la même échéance, 1897. C'est dire que les pouvoirs publics assimilent désormais l'institut d'émission algérien à celui de la Métropole. Cette institution algérienne ne pouvait mieux espérer d'autant plus que le gouvernement lui exprime un autre signe de confiance en l'appelant à venir au secours de la colonisation par le moyen du crédit agricole. Dans une nouvelle conjoncture de croissance économique métropolitaine et algérienne du début des années 1880, on a voulu instaurer les règles du crédit agricole en Algérie, d'où la création du C.F.A.A.

Confiante de cet appui gouvernemental et voulant répondre aux appels de la colonisation pour faire fructifier ses capitaux, la B.A. change de stratégie. Le contexte d'optimisme aidant, elle adopte désormais une politique de mobilisation. Elle entame un nouveau genre d'opérations : le crédit agricole. Les prêts sont accordés aux colons sous plusieurs formes : comptoirs d'escomptes, crédit de campagne... Toutefois, la crise économique mondiale de la fin du XIXe siècle a révélé que toutes ces solutions n'étaient que des illusions. Les institutions de crédit agricole sont créées à la hâte, leur rôle et leur domaine d'intervention ne sont pas définis. On veut faire vite sans savoir comment faire. Par ailleurs, le crédit agricole est souvent assigné en fonction de critères peu économiques, pour ne pas dire a-économiques. Les influences de personnes et de partis politiques ont été décisives dans l'octroi de prêts entraînant souvent les exagérations de crédits et par-là même les multiples immobilisations. Depuis 1880, la B.A. a engagé l'économie coloniale dans une vague de spéculation et d'euphorie emportant la Colonie entière dans une sorte de folie sans merci.

Ce changement brusque et radical de politique de crédit de la Banque a bouleversé les comportements et a affolé le monde des affaires et de la colonisation en Algérie. Certes, elle est appelée par le gouvernement à apporter son aide à l'agriculture, mais elle l'a fait en violant ses statuts et en dépassant les limites de la sagesse. Au lieu de faire preuve à la fois de pondération et d'initiative, elle a, au contraire, fait preuve de laxisme et de maladresse.

Mais, lorsque sous l'effet du renversement de la conjoncture capitaliste, elle change de politique de crédit en fermant ses vannes, l'Algérie entière est de nouveau secouée. En plus, des retombées de la récession capitaliste, la B.A. a provoqué, par la vague des saisies immobilières, une autre crise qui a affecté le monde de l'agriculture. La dépression capitaliste se transforme ainsi en crise de crédit puis en crise foncière. Mais en asphyxiant l'économie algérienne par la limitation de ses prêts et par les saisies immobilières impitoyables, elle a coupé l'herbe sous ses propres pieds. En se privant d'une partie de sa clientèle et en immobilisant son capital dans un domaine foncier, la Banque ne fait que hâter son écroulement. Derrière elle, le système bancaire algérien se trouve menacé. La dépression économique se transforme, dans cette dernière phase, en crise bancaire, puisque la grande et « honorable » B.A. n'arrive pas a obtenir la prolongation de son privilège qui expire en novembre 1897. Le discrédit de la Banque a même affecté la Colonie tout entière puisque l'Algérie se trouve, en cette fin du XIXe, « lâchée » par la Métropole.

Dérive de l'institut démission, déroute de l'opinion coloniale, voilà ce qui prouve que la crise de l'Algérie et celle de la B.A. s'alimentaient mutuellement, et on ne peut couper le cordon ombilical entre l'Algérie et sa Banque. Cette communauté de destin, pour le meilleur comme pour le pire, s'est manifestée, encore une fois, dans le soutien de l'opinion coloniale au combat de la B.A. pour le renouvellement de son privilège. En dépit de l'acharnement des Français d'Algérie contre leur Banque et ses agissements, ils la défendent devant le pouvoir métropolitain à tel point qu'elle se transforme en symbole de la personnalité algérienne et de l'autonomie financière de la Colonie.

Grâce à cette solidarité, la B.A. a pu, au prix de quelques sacrifices, rentrer dans les rangs de ses statuts. L'aide bienveillante du ministre des Finances Joseph Caillaux a facilité l'épuration de son portefeuille et l'aliénation de son domaine à une nouvelle société. Après ces différentes « réformes », la B.A. a pu obtenir la prorogation de son privilège par la loi du 5 juillet 1900. Installé à Paris, l'institut d'émission algérien n'est pas seulement sauvé, mais il est destiné à jouer un grand rôle et une nouvelle mission dans les autres pays maghrébins et particulièrement en Tunisie occupée depuis une vingtaine d'années.

Sources et bibliographie

Sources

1) Archives

Pour la présente étude, nous avons utilisé deux sources essentielles, à savoir les archives de la Banque d'Algérie déposées aux Archives nationales d'Aix-en-Provence et celles du Crédit foncier d'Algérie et de Tunisie dont le Crédit foncier de France a mis une partie à notre disposition. Nous tenons à en remercier sa direction. Nous avons utilisé aussi la presse de l'époque pour tenter de déceler l'attitude de l'opinion coloniale et métropolitaine. Nos sources sont citées au fur et à mesure de l'analyse.

2) Études et publications antérieures à 1900 (sources publiées et sources assimilées)

Anonyme, *Considérations sur les Banques d'émissions*, Conférences scientifiques et littéraires de 1869 sous le patronage de la Société Industrielle de Mulhouse. Allocution anonyme, Paris, Typographie d'Henri Plon, sans date.

Anonyme, *L'œuvre des anti-Juifs d'Alger*, Alger, Imprimerie commerciale, 1899.

Anonyme, *Mémoire en défense pour le comptoir d'escompte de Guelma contre la Banque de l'Algérie*, Constantine, D. Braham imprimeur, 1901.

BONNARD (P.), *Création des succursales de la Banque de France à Alger et à Tunis*, Paris, Librairie Guillaume et Compagnie, 1892.

CUNIAC (E.), *Le crédit agricole en Algérie*, thèse de droit, Paris, Librairie de la société de recueil général des lois et des arrêtés, 1903.

DENIZET (P.), *Essai sur les banques coloniales*, thèse de doctorat de droit, Paris, Pedone Éditeur, 1899.

DE PEYRIMMOF, *Enquête sur les résultats de la colonisation officielle de 1871 à 1895*. Rapport à M. Jonnart, gouverneur général. Direction de l'agriculture, du commerce et de la colonisation, Alger, (s.d.).

FINAT (H.), *M. Thomson député de Constantine et l'affaire du Crédit foncier*, Philippeville, étude parlementaire, Imprimerie administrative et commerciale, 1895.

FRACONIE (J.), *La transformation des banques coloniales*, Paris, Imprimerie F. Leve, 1902.

GANZIN (E.), *De la situation du crédit commercial, industriel et agricole en Algérie et son organisation par la Banque de France*, Alger, Imprimerie algérienne Dubos frères, 1858.

GARROT (H.), *La Banque de l'Algérie. Ses origines, ses modes d'opérer et ses résultats en Algérie*, Paris, Albert Savine Éditeur, 1892.

GAUCHER (L.), *Le crédit agricole en Algérie. Étude théorique et pratique*, Alger, Imprimerie Ernest Maallebey, 1897.

Gouvernement général de l'Algérie, *Délégations financières, session de juin 1901, P.V. des délibérations*, Alger, Imprimerie Galmiche, 1901.

JOURDAN, *Projet de création d'une banque agricole et d'amortissement*, Alger, Imprimerie algérienne Dubos Frères, 1859.
LEROY-BEAULIEU (P.), *L'Algérie et la Tunisie*, Paris, Librairie Guillaumin et Cie, 1887.
LEROY-BEAULIEU (P.), *De la colonisation chez les peuples modernes*, 5e édition, Paris, 1902.
REY (J.A.), *La Banque en Algérie*, Alger, Imprimerie A. Brouge , 1858.
ROBERT (E.), *De la transformation nécessaire de la Banque de l'Algérie en succursale de la Banque de France*, Paris, Imprimerie H. Carion, 1860.
ROBERT (E.), *Banque agricole de l'Algérie*, Alger, Imprimerie Duclaux, 1861.
SAULNIER (F.), *Renouvellement du privilège de la Banque de l'Algérie ou son remplacement, création d'une caisse agricole ayant pour but de favoriser la colonisation et la production du sol*, Alger, Imprimerie orientale Fontana, 1897.
SENAT (Le), *Commission sénatoriale d'étude des questions algériennes. Déposition de M. Léon Bequet le 1er mai 1891*, Paris, Imprimerie du Sénat, (s.d.).
Société d'agriculture d'Alger, *Étude sur le crédit agricole en Algérie*, Alger, Imprimerie orientale Fontana, 1897.
Société des agriculteurs d'Algérie, *Constitution et organisation du crédit agricole en Algérie* ; *rapport et projet de loi,* Alger, Imprimerie orientale Fontana et Cie, 1900.
Société des agriculteurs d'Algérie, *Institution et organisation du crédit agricole en Algérie*, Alger, Imprimerie orientale Fontana, 1897.
TAUPIAC (C.), *Étude sur la Banque de l'Algérie*, Bône, Imprimerie du Courrier, 1873.
TRICON (L), *Une conjuration financière, opération scandaleuse du Crédit foncier et agricole d'Algérie*, Constantine, Imprimerie Émile Marle, 1895.

Bibliographie

1) Ouvrages et études sur l'Algérie

AGERON (Ch. R.), *Histoire de l'Algérie contemporaine, t. II. De l'insurrection de 1871 au déclenchement de la guerre de libération,* Paris, PUF, 1979.
AGERON (Ch. R.), *Histoire de l'Algérie contemporaine (1830-1982),*Que-sais-je ? n° 400, Paris, PUF, 1983.
AGERON (Ch. R.), *Les Algériens musulmans et la France (1871-1919),* Paris, PUF, 1968.
Anonyme, *Vigne d'Algérie, vigne nationale*, étude publiée, 1933 (sans lieu d'impression), 19 pages, étude déposée aux A.C.F.F.
Anonyme, *Centenaire de la chambre de commerce d'Alger, 1830-1930*, Alger, Imprimerie Baconnier frères, 1930.
BERNARD (A.), *L'Algérie*, Librairie Félix Alcan, 1929.
BERTHAULT (P.), *L'Algérie et la production des vins*, Imprimerie alençonnaise, 1929. (Le lieu de publication n'est pas indiqué.)

BERTHAULT (P.), *Quelques aspects du problème viticole en Algérie*, Alger, Imprimerie La typo-litho, 1933.
CHABERT (A.), «Le comportement économique des musulmans, une exception, les Mozabites», dans *Revue d'Histoire Économique et Sociale*, 1961, N° 1.
Chambre de commerce d'Alger, *Centenaire de la chambre de commerce d'Alger, 1830-1930*, Alger, Imprimerie Baconnier frères, 1930.
Conseil supérieur de l'agriculture, du commerce et de l'industrie, *Enquête sur les principes et les faits généraux qui régissent la circulation monétaire et financière,* Paris, Imprimerie Impériale, (s.d.).
COLLOT (C.), *Les institutions de l'Algérie pendant la période coloniale (1830-1962*), Alger, Édition du CNRS, Office des publications universitaires, 1987.
Confédération générale des vignerons algériens, *Le problème viticole. L'aménagement du marché intérieur et la viticulture algérienne,* Alger, Imprimerie La typo-litho, 1932.
DEMONTES (V.), *L'Algérie économique*, gouvernement général de l'Algérie, Alger, 1922.
DEMONTES (V), *L'Algérie industrielle et commerçante*, Paris, collection du centenaire de l'Algérie, Larose, 1930.
DERMENJIAN (G.), *La crise anti-juive oranaise (1895-1905). L'Antisémitisme dans l'Algérie coloniale*, Paris, L'Harmattan, 1986.
EMERIT (M.), *Les saint-simoniens en Algérie*, Paris, 1941.
EMERIT (M.), « Pour une histoire de l'Algérie », dans *Annales ESC,* n° 3, mai - juin, 1960.
GALLISSOT (R.), « Marx et l'Algérie », dans *Le mouvement social* n° 71, avril-juin 1970.
GAUTIER (E.F.), *Un siècle de colonisation, études microscopiques*, Paris, collection du centenaire de l'Algérie, Librairie Félix Alcan, 1930.
GHARBI (M.L.), « L'affaire l'Ouenza, 1900-1914 », dans *Revue d'Histoire Maghrébine*, n° 63-64, juillet 1991.
GHARBI (M.L.), « La crise anti-juive en Algérie à la fin du XIXe siècle : l'échec d'un métissage ? » dans *Histoire des métissages hors d'Europe* : *nouveaux mondes* ? *nouveau peuples* ? » L'Harmattan, Paris, 1999.
GUIRAL (P.), « Marseille et l'Algérie », dans *Revue Africaine*, tome C, 1956.
ISNARD (H.), « La viticulture algérienne, erreur économique ? » dans *« Revue Africaine »,* tome C, 1956.
JULIEN (Ch-A), *Histoire de l'Algérie contemporaine, conquête et colonisation (1827-1871),* Paris, PUF, 1964.
LEFEUVRE (D.), *L'industrialisation de l'Algérie (1930-1962), échec d'une politique*, thèse de doctorat en histoire, dactylographiée, Université de Paris I, 1994.
LENTIN (P.L.), « L'Algérie sous le règne des ultras, l'apogée du capitalisme (1896-1936) », dans *Cahiers internationaux,* n° 78, juillet 1950.
MEYNIER (G.), *L'Algérie révélée*, Genève- Paris, Librairie Droz, 1981.

NOUSCHI (A.), *Enquête sur le niveau de vie des populations rurales constantinoises, de la conquête jusqu'à 1919. Essai d'histoire économique et sociale*, Paris, PUF, 1961.

NOUSCHI (A.), « La crise commerciale et financière de 1875 en Algérie et dans le Constantinois», dans *Revue d'Histoire Économique et Sociale,* 1958, n°1.

REY-GOLDZEIGUER (A.), *Le royaume arabe. La politique algérienne de Napoléon III (1861-1870),* Alger, SNED, 1977.

REY-GOLDZEIGUER (A.), « Les plébiscites en Algérie sous le Second Empire », dans *Revue Historique*, 1963.

SALPHATI (J.J.), *Le crédit agricole mutuel en Algérie*, thèse de doctorat en droit, Université d'Alger, Alger, Imprimerie La typo-litho, 1914.

VILAR (J.B.), « Le commerce espagnol avec l'Algérie au début de la période coloniale », dans *Revue d'Histoire Maghrébine*, n° 12 juillet 1978.

2) Publications biographiques

Anonyme, *Lebon et Cie, un centenaire 1847-1947*, Paris, imprimé par E. Baudelot, 1947.

AUTIN (J.), *Les frères Pereire, le bonheur d'entreprendre*, Paris, Perrin, 1984.

BARBIER (F.), *Finance et politique. La dynastie des Fould XVII°- XIX° siècle*, Paris, Armand Colin, 1991.

BARBIER (F.), « Les origines de la Maison Fould, Berr-Léon et Bénédict Fould (vers 1740-1864) », dans *Revue Historique*, n° 569, janvier-mars 1989.

BENBASSA (E.), « Les stratégies associatives dans la société juive ottomane (XIXe-XXe siècles) », dans *Revue d'Histoire Moderne et Contemporaine,* avril-juin 1991.

BERGERON (L.), « Négociants et manufacturiers français dans les premières décennies du dix-neuvième siècle, d'une approche typologique à une analyse sociologique », dans *Revue Historique* n° 529, 1979.

BOUVIER (J.), *Les Rothschild*, Paris, Éditions Complexe, 1983.

CAT (E.), *Biographies algériennes, colons, fonctionnaires, savants, commerçants et industriels,* Alger, Imprimerie spéciale de l'Algérie, nouvelle, (s.d.).

COLLOMB (J.P.), « La communauté protestante de Marseille du Consulat au Second Empire. Origine géographique et composition sociale », dans *Provence Historique*, fascicule 151, janvier-mars 1988.

COSTON (H.) (sous la direction), *Dictionnaire des dynasties bourgeoises et du monde des affaires*, Paris, Éditions Alain Moreau, 1975.

DE MAISON (A.), *Les grandes figures coloniales*, Paris, Librairie Plon, 1932.

ESTEBE (J.), «Les gouvernants de la IIIe République et leur fortune 1871-1914», dans *Revue d'Histoire Économique et Sociale,* 1976, 54, Vol. n° 2.

FAUCON (N.), *Livre d'or de l'Algérie (de 1830 à 1889),* Tome I *biographies*, Paris, Challamel et Compagnie Éditeurs, 1889.

GILLE (B.), *Histoire de la maison Rohschild, t. II (1848-1870),* Genève, Librairie Droz, 1967.

GUIRAL (P.), «Les éléments de la fortune des grands notables marseillais au début du XIXe siècle», dans *Provence Historique*, fascicule 28, avril-juin 1957.
MAC MAHON (P.M.), *Mémoires du Maréchal Mac Mahon Duc de Magenta, souvenirs d'Algérie*, Paris, publié par Guy de Miribel, Librairie Plon, 1932.
PLESSIS (A.), *La Banque de France et ses deux cents actionnaires sous le Second Empire*, Librairie Droz, Genève, 1982.
PLESSIS (A.), *Régents et gouverneurs de la Banque de France sous le Second Empire*, Librairie Droz, Genève, 1982.
RIMBAULT (P.), *Les grandes figures du centenaire (1830-1930)*, Paris, Larose, 1930.
SEDILLOT (R.), *Les deux cents familles, vérités et légendes*, Perrin, Paris 1989.
VAPEREAU, *Dictionnaire des contemporains*, Paris, 1984.
ZITZMANN (E.), *Dictionnaire des biographies des hommes célèbres de l'Alsace depuis les temps les plus reculés jusqu'à nos jours*, Paris, Éditions du Palais royal, 1973.

3) Études sur le capitalisme et l'histoire économique de la France

BERGERON (L.), *Les capitalistes en France (1870-1914)*, Paris, collection des Archives, Gallimard, 1978.
BLET (H.), *France d'Outre-mer, l'œuvre coloniale de la IIIe République*, éditions Arthaud, Grenoble, 1950.
BONIN (H.), «L'Outre-mer, marché pour la banque commerciale (1875-1985)», communication présentée au colloque *La France et l'Outre-mer, un siècle de relations monétaires et financières* tenu à Bercy les 13, 14, 15 novembre 1996, dactylographié, 49 pages.
BOUDET (J.), *Le monde des affaires en France de 1830 à nos jours*, Paris, Sede, 1952.
BOUVIER (J.), *L'historien sur son métier, études économiques XIXe-XXe siècles*, Paris, éditions des Archives contemporaines, 1989.
BOUVIER (J.), FURET (F.), GILLET (M.), *Le mouvement du profit en France au XIXe siècle*, Paris-La Haye, Mouton, 1965.
BRAUDEL (F.), *La dynamique du capitalisme*, Paris, Arthaud, 1985.
CAMERON (R.), *La France et le développement économique de l'Europe (1800-1914)*, Paris, Seuil, 1971.
CARDIER (G.), « Les conséquences du traité de 1860 siècle sur le commerce franco-britanique », dans *Histoire Économie et Société*, 3e trimestre 1988.
CATY (R.) et RICHARD (E.), « Négoce maritime à Marseille au XIXe siècle, exemples d'adaptation et de spécialisation », dans *Provence Historique*, fascicule 170, décembre 1992.
FRIDENSON (P.) et STRAUS (A.), *Le capitalisme français 19ème-20ème siècle, blocages et dynamismes d'une croissance*, Paris, Fayard, 1987.
GILLE (B.), « Un épisode de l'histoire des métaux, le krach des cuivres » dans *Revue d'Histoire de la Sidérurgie*, 1969.

LEON (P.) (sous la direction), *Histoire économique et sociale du monde*, t. IV *La domination du capitalisme 1840-1914*, Paris, A. Colin, 1978.
LESCURE (M.), *Les sociétés immobilières en France au XIXe, contribution à l'histoire de la mise en valeur du sol urbain en économie capitaliste*, Paris, Publications de la Sorbonne, 1980.
LEUILLIOT (P.), « activités économiques et financières en Alsace au début du XIXe », dans *Revue d'Histoire Économique et Sociale*, volume XXIX,1951.
LEVY-LEBOYER (M.), « L'héritage de Simiand, prix, profits et termes de l'échange au XIXe », dans *Revue Historique* n° 439, janvier-mars 1970.
LEVY-LEBOYER (M.), « La croissance économique en France au XIXe siècle. Résultats préliminaires », dans *Annales ESC* n° 4, juillet-août 1966.
MARCO (L.), « Faillites et crises économiques en France au XIXe », dans *Annales ESC*, mars-avril 1989, n° 2.
MORIN (F.), *La structure financière du capitalisme français, situation et transformations*, Paris, éditions C. Levy, 1977.
POIDEVIN (R.), « Protectionnisme et relations internationales, l'exemple du tarif douanier français de 1910 », dans *Revue Historique* n° 497, janvier-mars 1971.
TUDESQ (A.J.), *Les grands notables en France (1840-1849). Étude historique d'une psychologie sociale*, thèse pour le doctorat ès-Lettres - Université de Paris-Bordeaux, Imprimerie-Librairie Delmas, 1964 – t, II.
WALLERSTTEIN (I.), *Le capitalisme historique*, Paris, éditions La Découverte, 1985.

4) Ouvrages et études sur le colonialisme

AGERON (Ch.R.), *France coloniale ou parti colonial*, Paris, PUF, 1978.
BOBRIE (F.), « Finances publiques et conquête coloniale, le coût budgétaire de l'expansion française entre1850 et 1913 », dans *Annales ESC* n° 6, novembre-décembre 1976.
BONIN (H.), *Suez du canal à la finance (1858-1987)*, Paris, Economica, 1987.
BOUVIER (J.), « Les traits majeurs de l'impérialisme français avant 1914 » dans *Mouvement Social*, janvier-mars 1974, n° 86.
BOUVIER (J.) et GIRAULT (R.), *L'impérialisme français d'avant 1914*, Paris-La Haye, Mouton, 1976.
BOUVIER (J.), GIRAULT (R.), THOBIE(J.), *L'impérialisme à la française 1914-1960*, Paris, éditions La Découverte, 1986.
BRUNSCHWIG (H.), *Le partage de l'Afrique Noire*, Questions d'histoire, Paris, Flammarion, 1971.
BRUNSCHWIG (H.), *Mythes et réalités de l'impérialisme colonial français 1871-1914*, Paris, Librairie Armand Colin, 1960.
BRUNSCWIG (H.), « L'impérialisme en Afrique noire », dans *Revue Historique* n° 505, janvier-mars 1973.
DOUEL (M.), *Un siècle de finance coloniale*, Paris, librairie Félix Allan, 1930.
GHARBI (M.L.), *Impérialisme et réformisme au Maghreb : Histoire d'un chemin de fer algéro-tunisien*, Cérès Production, Tunis, 1994.

GHARBI (M.L.), « Les crises économiques au Maghreb de la deuxième moitié au XIXe siècle » dans *RAWAFID*, n° 7, 2002.
GANIAGE (J.), *L'expansion coloniale de la France sous la troisième république (1871-1914)*, Paris, Payot, 1968.
GILBERT (R.), « Spéculation et développement, Égypte 1900-1914 », dans *L'information Historique*, 1987, n° 49.
GULLAUME (P.), *Le monde colonial XIXe-XXe*, Paris, Armand Colin, 1994.
HOBSBAWM (E.J.), *L'ère des empires 1875-1914*, Paris, Fayard, 1987.
MARSEILLE (J.), *Empire colonial et capitalisme français. Histoire d'un divorce*, Paris, Albin Michel, 1984.
MARX (K.), *Le capital*, Paris, Flammarion, 1985.
MEYER (J.), TARRADE (J.), REY-GOLDZEIGUER (A.) et THOBIE (J.), *Histoire de la France coloniale des origines à 1914*, Paris, Armand Colin, 1991.
MOLLIER (J.Y.), *Le scandale de Panama*, Paris, Fayard, 1991.
PAILLARD (Y.G.), *Expansion occidentale et dépendance mondiale*, Paris, Armand Colin, 1994.
PANNIET (J.) et MONDAIN (G.), *L'expansion française d'Outre-mer et les protestants français*, Paris, Société des missions évangéliques, 1931.
THOBIE (J.), *La France impériale 1880-1914*, Paris, Éditions Megrelis, 1982.
WEBER (M.), *Histoire économique, esquisse d'une histoire universelle de l'économie et de la société*, Paris, Gallimard, Bibliothèque des sciences humaines, 1991.

5) Ouvrages sur les banques

AGLIETTA (M.), « Genèse des banques centrales et légitimité de la monnaie », dans *Annales ESC*, mai-juin 1992, n° 3.
ALLINNE (J.P.), *Banquiers et Bâtisseurs, un siècle de crédit foncier 1852-1940*, Paris, Éditions du CNRS, 1983.
BAUDIN (L.), *Le crédit*, Paris, Éditions Montaigne, (s.d.).
BEAUJOUAN (G.) et LEBEE (E.), « La fondation du crédit industriel et commercial », dans *Histoire des Entreprises*, n° 6 - novembre 1960.
BERGERON (L), *Banquiers, négociants et manufacturiers parisiens, du Directoire à l'Empire*, Thèse, Paris IV, 1975.
BIGO (R.), *Les banques françaises au XIXe siècle*, Paris, Librairie du Recueil, 1947.
BONIN (H.), *La Société générale en Grande-Bretagne*, publication de la Société générale, Paris, 1996.
BONIN (H.), «Le Comptoir d'escompte, une banque impériale (1848-1940), dans *Revue Française d'Histoire d'Outre-mer*, n° 293, 1991.
BONIN (H.), «L'Outre-mer, marché pour la banque commerciale (1875-1985)», communication présentée au colloque *La France et l'Outre-mer, un siècle de relations monétaires et financières* tenu à Bercy les 13, 14, 15 novembre 1996, dactylographié, 49 pages.
BONIN (H.), *L'argent en France depuis un siècle. Banquiers, financiers et épargnants dans la vie économique et politique*, Paris, éditions Masson, 1990.

BOUVIER (J.), « Les Pereire et l'affaire de la Banque de Savoie », dans *Cahiers d'histoire*, t. V, n° 4, 1960.
BOUVIER (J.), « L'installation du Crédit lyonnais en Russie tsariste et la préhistoire des emprunts russes », dans *Revue d'Histoire Économique et Sociale*, n° 1, 1961, pp. 85-112.
BOUVIER (J.), *Naissance d'une banque, le Crédit lyonnais*, Paris, Flammarion, 1968.
BOUVIER (J.), *Un siècle de banque française, les contraintes de l'État et les incertitudes du marché*, Paris, Hachette, 1973.
BOUVIER (J.), « Sur la banque de France au XIXe siècle », dans *Annales ESC* , juillet-août 1988 n° 4.
BRIDEL (P.), « Banque centrale, système de taux de change et relations économiques extérieures », dans *Relations Internationales*, n° 56, hiver 1988.
CAMERON (R.), *Banking in the early stages of industrialization. A study in comparative economic history*, Oxford, Oxford University Press, 1967.
CARON (F.), « La stratégie des investissements en France aux XIXe et XXe siècles», dans *Revue d'histoire économique et sociale*, année 1976, 54e volume, n° 1.
CHALINE (J.P.), « La banque à Rouen au XIXe siècle » dans *Revue d'Histoire Économique et Sociale*, 52e volume, 1974.
CLAUDE (H.), *Histoire, réalité et destin d'un monopole. La Banque de Paris et des Pays-Bas et son groupe (1872-1968)*, Paris, Éditions sociales, 1969.
Conseil Supérieur de l'agriculture, du commerce et de l'industrie, *Enquête sur les principes et les faits généraux qui régissent la circulation monétaire et financière*, Paris, Imprimerie Impériale, (s.d.).
COURTHEOUX (J.P.), « Le problème d'un étalon de valeur et les paradoxes de l'histoire des prix », dans *Revue d'Histoire Économique et Sociale*, n° 2, 1965.
DERTILIS (G.) (sous la direction), *Banquiers, usuriers et paysans, réseaux de crédit et stratégies du capital en Grèce (1780-1930)*, Paris, fondation des Treilles, édition La Découverte, 1988.
DOUEL (M.), *Un siècle de finance coloniale*, Paris, librairie Félix Allan, 1930.
DUMENIL (G.), *La Banque d'Algérie et son rôle économique et financier*, Paris, E. De Boccard Éditeur, 1927.
FLAMANT (M.) et SINGER-KERELL (J.), *Crises et récessions économiques*, Que sais-je ?, Paris, PUF, 1974.
GHARBI (M.L.), Le capital français à la traîne. Ébauche d'un réseau bancaire au Maghreb colonial, Faculté des Lettres, Mannouba, Tunis, 223.
GHARBI (M.L.), «Rapports financiers de la Compagnie Bône-Guelma avec l'Etat et la Banque de Paris et des Pays-Bas», dans *Revue d'histoire des chemins de fer* n° 7, automne 1992.
GILLE (B.), *La Banque en France au XIXe*, Genève-Paris, Librairie Droz, 1970.
GILLE (B.), *La Banque et le crédit en France de 1815 à 1848*, Paris, collection Mémoires et documents, publié par la Société de l'école des chartes, P.U.F, 1969.
HARA (T.), « Les investissements ferroviaires français en Algérie aux XIXe siècle» dans *Revue d'Histoire Économique et Sociale*, année 1976, 54e volume, n° 2.

KAFADAR (C.), «Les troubles monétaires de la fin du XIXe siècle et la prise de conscience ottomane du déclin», dans *Annales ESC*, mars-avril 1991, n° 2.

LANDES (D.), «Vieille banque et banque nouvelle, la révolution financière du XIXe siècle» dans *Revue d'Histoire Moderne et Contemporaine*, juillet-septembre 1956.

LEMENOREL (A.), « La banque et la province, La faillite du Comptoir d'escompte de Bayeux (1853-1869) », dans *Revue Historique*, octobre 1988, n° 568.

LESCURE (M.), *Les banques, l'État et le marché immobilier en France à l'époque contemporaine (1820-1940)*, Paris, École des hautes études et sciences sociales, 1982.

LEUILLIOT (P.), « Activités économiques et financières en Alsace au début du XIXe », dans *Revue d'Histoire Économique et Sociale*, volume XXIXe, 1951.

LEVY-LEBOYER (M.), *Les banques européennes et l'industrialisation internationale dans la première moitié du XIXe siècle*, Paris, PUF, 1964.

LEVY-LEBOYER (M.), «Le rôle historique de la monnaie de banque », dans *Annales ESC*, janvier-février 1968, n° 1.

MAZARD (J.), « Les monnaies coloniales », dans *Revue Africaine*, n° 442-443, 1955.

MEULEAU (M.), *Des pionniers en Extrême-Orient, histoire de la Banque d'Indochine, 1875-1975*, Paris, Fayard, 1990.

NOUSCHI (A.), «Note sur les investissements français en Algérie. Essai méthodologique», dans *Les Cahiers de Tunisie*, n° 89-90, 1975.

PICARD (E.), *La monnaie et le crédit en Algérie depuis 1830*, Alger, collection du Centenaire de l'Algérie, Jules Carbonnel et librairie Plon, Paris, 1930.

PLESSIS (A.), *La politique de la Banque de France de 1851 à 1870*, Genève, Librairie Droz, 1985.

PLESSIS (A.), « Recherches pour un portrait-type d'une succursale de la Banque de France sous le Second Empire », dans *Revue du Nord*, janvier-mars, 1967.

RAMON (G.), *Histoire de la Banque de France d'après les sources originales*, Paris, Publications Bernard Grasset, 1929.

RENOUVIN (P.), « Finance et politique, l'emprunt russe d'avril 1906 en France », dans *L'impérialisme français d'avant 1914*, ouvrage collectif, sous la direction de J. Bouvier et R. Girault, Mouton, Paris, La Haye, 1976.

SHINONAGA (N.), *La formation de la Banque industrielle de Chine et son écroulement, défi des frères Berthelot*, thèse de IIIe cycle, dactylographiée, Université de Paris VIII, mai 1988.

THOBIE (J.), «La Banque impériale ottomane et la banque impériale de Perse jusqu'en 1914 , stratégies comparées de deux banques centrales dans un contexte semi-colonial», dans *Relations Internationales*, n° 56, hiver 1988.

THOBIE (J.), « Les choix financiers de l'Ottomane en Méditerranée orientale de 1856 à 1939 », actes du colloque tenu à Marseille les 4 - 5 février 1982, *Banque et investissements en Méditerranée à l'époque contemporaine*, publié par la chambre de commerce de Marseille, 1985.

THUILLIER (G.), *La monnaie en France au début du XIXe siècle*, Genève, Librairie Droz, 1983.
THUILLIER (G.), « Pour une histoire monétaire de la France au XIXe siècle, le rôle des monnaies de cuivre et de billon », dans *Annales ESC*, janvier-mars 1969 n° 1.
TUDSEQ (A.J.), « La Banque de France au milieu du XIXe siècle. Étude des structures sociales », dans *Revue Historique*, 85e année, 1961.
VILAR (P.), *Or et monnaie dans l'histoire*, Paris, Flammarion, 1974.

PRINCIPALES ABREVIATIONS UTILISEES

A.C.F.F. : Archives du Crédit Foncier de France (Paris).

A.G.E. : Assemblée générale extraordinaire.

A.G.O. : Assemblée générale ordinaire.

A.M. F.F. : Archives du ministère (français) des Finances.

A.N.F. : Archives nationales (françaises, Paris).

A.O.M.A. : Archives nationales d'Outre-mer (Aix-en-Provence).

art. : article.

A.S.S. : Archives des saint-simoniens (Bibliothèque de l'Arsenal, Paris).

B.A. : Banque de l'Algérie.

B.F. : Banque de France.

B.P.P.B. : Banque de Paris et des Pays-Bas.

C.A. : Conseil d'administration.

C.F.A.A. : Crédit foncier et agricole d'Algérie.

C.F.F. : Crédit foncier de France.

d. : dossier.

F. : folio (pagination archivistique).

Graph. : Graphique.

M.A.E. : Ministère des Affaires étrangères (Quai d'Orsay).

P.V. : Procès-verbaux.

s.d. : sans date.

[.....] : propos que nous ajoutons pour compléter un texte.

Tab. : tableau.

Tables des matières

DEUXIEME PARTIE
LE CREDIT AGRICOLE EN ALGERIE :
SOLUTIONS ET ILLUSIONS

www.ingramcontent.com/pod-product-compliance
Lightning Source LLC
LaVergne TN
LVHW050636051026
849532LV00002B/408